イ・ヒャンジン

コリアン・シネマ

北朝鮮・韓国・トランスナショナル

武田珂代子訳

みすず書房

CONTEMPORARY KOREAN CINEMA

Identity, Culture, Politics

by

Hyangjin Lee

First published by Manchester University Press, 2000

日本語版によせて

韓国映画の研究書は、今でこそさまざまな言語で数え切れないほど刊行されているが、『コリアン・シネマ』の原著である *Contemporary Korean Cinema: Identity, Culture, Politics*（現代コリアン・シネマ――アイデンティティ、文化、政治）が世に出た二〇〇〇年以前では、韓国映画に関する書籍を韓国語以外で見つけることは難しい状況だった。また、韓国映画自体も、外国の観客や映画研究者たちにとってはアクセスしにくい「ローカルシネマ」であった。本書で取り上げる映画もほとんどの場合、字幕がないのはもちろんのこと、タイトル、製作会社、監督名などの英文表記も存在せず、英文表記があったとしても、それを記録文書で確認することは困難を極めた。しかし、韓国映画は一九九〇年代、三十年近く自国市場を支配してきたハリウッド映画に対抗して、六〇年代に享受していた大衆的人気を取り戻した。それは、社会性が強く、政治的メッセージを発信する作品を通して、差別化できる民族映画の美学を追求した結果であり、韓国映画はアジア映画に大きな地殻変動を起こしたのだった。

二〇〇〇年から二十年も経っていない現在、韓国映画はもはや映画祭でまれにお目見えする特別な映画ではない。一年を通して大小の国際映画祭に招待され、世界各地の一般映画館で日常的に上映されている。また、世界の多くの大学で、韓国映画論や韓国映画を教材とするさまざまな講座が開設されている。さらに、一九九六年に始まった釜山《プサン》国際映画祭は、東京、香港とともにアジア映画の代表的なハブへと成長した。二〇一四年、多くの高校生を含む三〇四人の犠牲者を出したセウォル号沈没の惨事を扱った『ダイビング・ベル』の上映をめぐる政治的混乱で軋轢が生じたものの、同映画祭は今なお「アジア映画の窓」であり、若い世代の映画ファンがグローバル社会のさまざまな映画を身近に楽しめる「お祭り」の役割を果たしている。一方、北朝鮮映画では、古くから国際的にも有名な芸術映画『血の海』(一九六九)や『花を売る乙女』(一九七二)があり、キム・ジョンイル(金正日)自らが執筆したとされる『映画芸術論』(一九七三)で北朝鮮独自の映画美学における政治的特性が提示されたことも知られていた。八〇年代以降は、徐々に押し寄せる西洋文化の影響に積極的に対応する中で、北朝鮮映画は大衆娯楽としての変貌を遂げた。その後、二〇〇〇年の南北首脳会談が世界的なニュースとなり、北朝鮮映画も新しいグローバルシネマとして国際的な注目を集めるようになった。韓国映画に関しては、十年を周期とする波のようにその人気や期待もすぐに消え去るだろうという懸念や、暴力的で、商業映画の観客に迎合しすぎているという批評家たちからの批判もあった。しかし、そうした懸念や批判にもかかわらず、韓国映画は今も汎アジアあるいはトランスナショナルな映像文化をリードしつづけている。

世界中の映画産業がグローバリゼーションの影響を受け、各地域の映画間の人的交流や合作が増える中で、韓国映画も安定した実力を発揮し、ナショナルからトランスナショナルな映画へと成長したわけだが、韓国映画がグローバルシネマの観客から注目されるようになった二〇〇〇年ごろ、筆者はある貴重な経験をしたことを覚えている。一九九〇年代初頭、韓国映画と北朝鮮映画の比較研究というテーマで、英国で博士論文を執筆し始めたときに、筆者が最初にぶつかった壁は、韓国映画に対する無関心と偏見だった。さらに、映画そのものもまっとうな学問分野とみなされない文化的保守主義が存在し、伝統的な人文学が主導権を握っていたヨーロッパでも、映画研究やアジア研究に対して似たような見方があった。九〇年代末、ロンドンのある大学でイ・ジョンヒャン（李廷香）の『美術館の隣の動物園』（一九九八）における女性監督の視点というテーマで講演をすることがあった。その際、偶然、中世朝鮮社会の研究者として有名な重鎮の歴史家にお会いしたのだが、その方は、講演会場の外のポスターを見ながら、「最近の若い方はおもしろい研究をするわね」と皮肉ともとれる物言いをされたのだった。

韓国映画が重要な研究分野だとみなされない状況は、当時の韓国や日本でも同様だったと思われる。韓国では、自国映画を日本の植民地時代の名残である「邦画」として蔑視する人たちがいた。また、北朝鮮映画が韓国社会にまもなく紹介されようという時期ではあったが、一般の人びとの間では、北朝鮮映画を見ることは反政府行為だという意識が支配的だった。韓国映画はそうした偏見を克服し、今日では、日本をはじめ多くの国の一般的な映画館で日常的に上映されている。この文章を書いている今現在（二〇一七年十月）、ゾンビ映画『新感染　ファイナル・エクスプレス』（ヨン・サンホ（延尚昊）監督、二〇一六）が日本各地で上映されている。ヨン監督は韓国では珍しい独立系アニメーションの大家である。優れた作品性とともに軍隊や宗教、校内暴力などの深刻な社会問題を主な素材として扱う社会派監督として知られている。二〇一一年、ヨンの『豚の王』は世界の長編アニメーション史上初めてカンヌ映画祭監督週間に招待された。『新感染　ファイナル・エクスプレス』はヨン監督初の実写劇映画である。

同作品は、社会的メッセージ性と娯楽性を同時に取り入れた災害映画で、衝撃とスリルを極大化する特殊撮影を用いており、予測できない展開で最後に逆転効果を狙うハリウッドのゾンビ映画とは異なる。セウォル号の惨事以降、韓国社会で広がった市民の批判意識を反映し、市民の安全より資本主義経済の論理を優先する新自由主義のモラルハザードに対する自省を訴え、災害に対する政府の無責任な対応を風刺する作品となっている。列車の中に閉じ込められた市民を救助しようとしない公権力に対する望みを捨て、自分の家族を守ろうとする主人公たちの死闘と自己犠牲が描かれ、現代韓国社会のさまざまな社会問題が示唆されているのだ。同作品は、二〇一六年カンヌ国際映画祭のミッドナイト・スクリーニングに招待され、大好評を得た。韓国では、同年最初に一千万人以上の観客を集めた大ヒット作となり、現在も国内歴代興行成績十三位という記録を保持している。その作品が今、東京中心部のマルチプレックス館で上映され、好評を博している。これは、韓国歴代興行成績第五位を誇るポン・ジュノ(奉俊昊)監督の怪獣映画『グエムル―漢江《ハンガン》の怪物―』(二〇〇六)が、日本では興行的に不振だったのとは対照的である。筆者は、二〇一八年に本書が『コリアン・シネマ』として刊行されることの最大の意味は、昔と違い、映画や俳優の国籍を問わないトランスナショナルな映像文化が国境を越えて受容され、主流映画の観客が成熟したことで社会批評と娯楽性を備えた映画が求められるようになった、という肯定的な変化にあると考える。

また、ニューメディア時代において韓国映画が研究素材として瞬時に入手可能になったことで、世界的にはマイナーな韓国映画や北朝鮮映画の研究が日本や他の地域でも実現でき、言語は異なるものの、映画をともに鑑賞し話を交わせる喜びがもたらされた。二〇〇八年に映画産業データベースの共用ネットワークを構築した韓国映像資料院は、古典から最新作まで数多くの韓国映画資料を字幕付きで公開し、世界中の大学や研究者にDVDを寄贈する活動を行っている。同委員会は、多くの作品の著作権を買いとって外国語字幕を作成し、ホームページとユーチューブで公開する作業を続けており、映画研究を間接的に支援すると同時に、オンライン上の一般視聴者層を拡大させている。また、最近になって、キム・ジョンウン(金正恩)指導下の北朝鮮政府も数多くの北朝鮮映画をオンラインで公開し、無料で視聴できるようにしている。キム・ジョンウン体制の北朝鮮が映画を対外的な宣伝ツールとして積極的に活用していることは、こうした無料のオンラインサービスを本格的に実施する中で、一九五〇年代の作品まで含めて公開しているという事実からも窺える。本書の刊行に際し、最も嬉しく思うことは、（字幕が日本語ではなく、英語やフランス語、イタリア語ではあるが）こうして南北のコリアン・シネマに興味を持つ人びとがオンライン上で簡単に作品を視聴できるようになった点である。これは、映画を愛する私たちに対しニューメディア時代がもたらした最大の恩恵といえる。

本書が扱う作品のほとんどは各時代を代表する秀作であり、分断国家における民族映画として、汎アジア映画を先導しグローバルシネマへと進化する韓国映画ともう一つのコリアン・シネマである北朝鮮映画の歴史的変遷を示してくれるものである。映画研究者が注目する作品の多くにはいつまでも記憶に残る社会的生命力が宿っている。本書で論じる作品も映画祭やテレビ放送を通じて着実に新しい世代に導入され、デジタルリミックスによるDVDやブルーレイで発売されている。さらに、ユーチューブや無料オンラインサービス、衛星放送の映画専門チャンネル、ネットフリックスのようにDVDレンタルだけでなく有料ストリーミングを提供する新たなプラットフォームの登場で、古典はもちろんのこと、DVDに保存できなかった時代の作品も、個人的空間においていつでも簡単に視聴することが可能になった。こうした変化を遂げるメディア環境に支えられ、本書で紹介する作品のほとんどは一般の読者にも容易にアクセスできる状態にある。したがって、一次テクストである映画作品と、それを社会学的な観点から分析した本書、つまり二次テクストの両方を筆者と読者が共有できることを願っている。

コリアン・シネマは、日本の植民地支配時代の朝鮮映画に始まり、朝鮮半島の南北分断と戦争を経るなかで二つの民族映画に分かれ、今日に至っている。まず、一九五〇年代後半から韓国映画の「ルネサンス期」と呼ばれる状況があったが、一九六一年の軍事クーデターによって六〇年代半ばには衰退し始め、植民地支配時代のように再び表現の自由を失った。民主化以前、軍事独裁時代が続いた八〇年代後半までの韓国と、キム・イルソン（金日成）が一党独裁体制を永久化した北朝鮮との間には敵対的な政治関係があったために、南北の交流はもちろんのこと、お互いの存在自体を否定するような映画が南北両方で作られた。韓国映画と北朝鮮映画はともに独裁政権下で生き残るために政治的圧力に対応しながらも、互いに性質を異にする形で進展したのだった。そして、二〇〇〇年の南北首脳会談が象徴するように、民主化後の時代には、合作映画の製作や映画による交流も可能となった。映画館、テレビ放映、公共の場での上映など、二つの社会の人びとが互いの映画を共有できるプラットフォームも登場した。映画がプロパガンダとして政治的に利用される単純な娯楽ではなく、変化する国際社会の流れを反映し、平和的統一のためのコミュニケーション手段としても活用されることになったのだ。そこには、比較的友好的だった当時の南北関係と平和的統一に対する人びとの期待が反映されていた。

しかし、二〇〇八年には保守的なイ・ミョンバク（李明博）政権が発足し、「南南葛藤」などに象徴される政治的時流の変化によって、韓国社会ではポスト反共主義の戦争映画や南北分断を扱ったドラマ、脱北者によるナラティブを素材とした作品などが登場するようになった。特にこの時期の作品は、民主化後の時期に北朝鮮社会や南北統一に寄せられていた希望と期待が非現実的な幻想だったことを訴えたり、脱北者と朝鮮族の否定的なイメージが映画を通して再生されるなど、統一に対して韓国社会が持つ錯綜した見方を反映する傾向を示した。キム・ジョンイルの死後、三代目の政権世襲があった北朝鮮社会においても、キム・ジョンウンが直接編成したというモランボン（牡丹峰）楽団がディズニー音楽とアメリカのジャズを演奏しながら華やかなダンスを披露し、旧ユーゴスラビアのロックバンドであるライバッハが公演するという世紀のニュースがあったにもかかわらず、映画は時代に逆行するような保守的性向を示している。また、核開発や軍事的挑発で世界の耳目を引くキム・ジョンウン政権下の北朝鮮映画はさらに孤立化し、年間製作本数が著しく減少しただけでなく、大衆の人気を集めるものとしての映画、また国民に対する宣伝媒体としての映画の重要性が目に見えて弱体化している。これに対し、韓国映画の場合、たとえ政治的圧力があったとしても、また商業性が優先される製作環境であったとしても、さまざまな社会性をもつ作品が作られ、グローバル映画市場への飛躍を図ってきた。つまり、近年の韓国映画は、民族映画にありがちな閉鎖的な概念であるナショナルアイデンティティや境界を超越し、先導的な汎アジア映画ないしはトランスナショナル・コリアン・シネマへと進化しているのだ。本書を通して読者には、南北コリアの映画で観察できるグローバル・アイデンティティ・ポリティックスの歴史的変化を、二〇一七年時点の日本に引き寄せた視点から考えていただきたい。

今日、私たちは排他的な意味での民族映画という概念で数々の映画を判断することはもはやできなくなっている。日韓合作映画は今や目新しいことでもなく、汎アジア映画やハリウッド映画にさまざまなアジア人が登場する多国籍映画が韓国資本または韓国の監督によって作られ、ネットフリックスなどを通して日本にも紹介されている。韓流が社会現象となり多くの人びとの心を躍らせた日本では、今や韓国映画は一般映画館の通常の上映スケジュールの一部にすぎない。また、キム・ジョンウン体制下の核問題によって戦争の脅威が懸念される現在においても、米国やヨーロッパ諸国との合作で製作された北朝鮮に関する映画は、世界各国で上映されている。さらに私たちは「在日映画」についても検討すべきである。在日コリアンの歴史を記録し、日本の主流社会へ向けた情報発信や日本で育つ子どもたちの教育のために製作された初期のドキュメンタリー作品や、在日コリアンたちの証言や日常生活、苦悩を描くために現代の監督たちが制作した「在日映画」、さらに、崔洋一、李相日、ヤン・ヨンヒ（梁英姫）といった日本映画における「在日監督」に関する研究が、何よりも必要とされている。

こうしたコリアン・シネマのトランスナショナリティについての議論にも増して、最後に強調したいのは、『コリアン・シネマ』の「コリアン」という概念である。本書の刊行を準備し、翻訳を引き受けてくれた大切な友人の武田珂代子氏とともに、英語の Korean という語をどのように翻訳するかについては議論を重ね、大いに悩んだ。「韓国」か、「朝鮮」か、「北朝鮮」か。英語に忠実に訳せば北朝鮮は「北韓」、韓国は「南韓」とすべきなのか。北朝鮮の人びとは日本を「日本」と呼ぶのに、なぜ私たちは、北朝鮮を彼らが望むように「朝鮮（朝鮮民主主義人民共和国）」と呼ばないのか。北朝鮮映画が「朝鮮映画」なら、日本の植民地支配時代の映画はどのように呼ぶのか。こうした議論を重ねても、そのほとんどは結局、振り出しに戻るのだった。このような複雑なプロセスを経た後、私たちは、Korean をカタカナ読みの「コリアン」とすることにした。何よりもこれは、すでに日本社会で在日コリアンといった用語で比較的多く使われているからである。しかし、日本社会だけで用いられる「コリアン」という言葉は、複雑かつ流動的であり、さまざまな意味で使われているのではないだろうか。明らかに、私たちが言及する「コリアン」は、決して一つの定まった、統一されたアイデンティティを意味しているわけではない。こうした葛藤の根っこには、朝鮮半島の分断がいまだにポストコロニアル的状況として続いているという理由があるのだろう。また、日本社会が「北朝鮮」という国名を使うのは、植民地時代の歴史的残滓に関連するのかもしれない。こうしたあらゆる推論をめぐり苦闘したわけだが、結局、「コリアン・シネマ」は「映画を作り楽しむ人びとが共有する歴史的、文化的ルーツ、家族や地域社会を通して探求される新しいアイデンティティ」を扱った作品を紹介するものであり、「コリアン」は複数の要素が絡み合った、複雑で流動的なアイデンティティを総称する言葉だといえる。つまり、本書のタイトルである『コリアン・シネマ』は、排他的な意味で韓国や北朝鮮の映画を意味するものではない。国境を越え、政治的信念や地域の違いを越えて文化的つながりを持ち、トランスナショナルな社会のなかで生きる「コリアン・シネマ」は文化的、歴史的ルーツ、家族と自分が育った地域社会が自らのアイデンティティを決定すると信じる人びとのストーリーであり、本書はそうした作品の研究書であるということを明らかにしておきたい。

本書は、訳者である武田珂代子氏、みすず書房の守田省吾社長、企画段階の担当者だった島原裕司氏、そして編集担当の松原理佳氏による継続的なご支援と激励がなければ出版にたどりつくことはできなかった。原著である *Contemporary Korean Cinema* は、それほど昔でもない二〇〇〇年に出版されたわけだが、当時は、現在のように韓国映画の資料のデータベース化はされておらず、北朝鮮映画に関しては（今も同様だが）体系化された情報がまったくなかったので、資料を探すのに多くの時間が必要だった。そして、同書がイタリア語やスペイン語などに翻訳されるにあたっては、翻訳者がその言語地域で通用する映画のタイトルや資料を探すこととした。また、出版年と地域に合わせて、新たな映画も扱った特別な章を執筆し、映画監督のリストを追加し、その時点での視点に基づく追加修正を行った。しかし、『コリアン・シネマ』の翻訳を担当した武田氏、そして編集の松原氏と作業をする中で感じた彼女たちの高いプロ意識は、これまで経験したものとはまったく違っていた。著者が気づかなかったものも含めて、大量の二次資料に目を通していた彼女たちと著者との間では質疑応答が何度もくり返された。そうした「長い旅」を経験し、彼女たちの専門家としての情熱と力量を感じた。暖かい支援をいただいた仲間としての武田氏と松原氏にあらためて敬意を表し、お礼を述べたい。彼女たちとは、単語や文章の一つ一つの正確な表現やニュアンスを確認し、適切な語彙を選び、関連資料を見返すなどの確認作業をしたのだが、もし『コリアン・シネマ』のどこかに隠れて私たちの注意が届かなかった問題があるとすれば、それは完全に著者に帰するものであることを明らかにしておきたい。

映画研究を専門とする社会学者の母をもつ娘が、まだ幼稚園にも行かない頃、カール・マルクスは、マルクス兄弟（米国のコメディアン四兄弟）のうちのどれかと尋ねたことがあった。その娘が大学に入り、自分が通っていた大学の図書館で *Contemporary Korean Cinema* を見つけて読んだように、今回、『コリアン・シネマ』で映画に対する著者の社会学的想像力を日本の読者と共有できるという事実をたいへん有難く思っている。キャンパス前のレストランで好きなそばの種類を注文するのがせいぜいの日本語力の時に、日本の大学で教え始めた。九〇分の授業のためにすべて敬語で講義ノートを作成し、丸ごと暗記して講義に臨んだこともある。そういう私の授業を熱心に聞き、紹介された映画を見て喜ぶ若い学生たちにとって、『コリアン・シネマ』が少しでも役立つのではないかと期待している。二十年近い英国生活を捨てて、自分が生まれた韓国ではなく、見知らぬ国、日本に来たのは、武田氏のような貴重な友人を得るためだったと信じている。武田氏との翻訳作業は楽しく、自分の研究をふり返り、さらに深く考えさせられる時間だった。映画研究者として自分の研究を大切に思い、自身を愛する方法を教えてくれる「ヒーリング」のような時間でもあった。非常に多くの人びととの貴重な時間と努力で完成にたどりついた『コリアン・シネマ』が、ハリウッドという大きな影の下でニッチ的存在となっている数多くのグローバル・マイノリティ映画の研究を少しでも刺激するきっかけになれば幸いである。

二〇一七年十月

イ・ヒャンジン

コリアン・シネマ——北朝鮮・韓国・トランスナショナル　目次

図版一覧

以上の図版は、韓国映像資料院、チョン・ジョン氏、チョン・ジョンファ氏、ハン・サンフン氏、イ・グァンモ氏、パク・クァンス氏、イム・グォンテク氏、パク・チャヌク氏、チョ・ジョンネ氏、キム・ドンウォン氏、ビョン・ヨンジュ氏、土井敏邦氏、ヤン・チンジャ氏、ネットフリックス、ニコラス・ボーナー氏より素材の提供を受け、複製したものである。

凡例

＊　著者と訳者の話し合いに基づき、Korea, Korean の訳は、朝鮮半島の南北分断以前の文脈では「朝鮮」「朝鮮人」とし、韓国に言及している場合は「韓国」「韓国人」、北朝鮮に言及している場合は「北朝鮮」「北朝鮮人」、分断後の朝鮮半島全体に言及している場合は「コリア」「コリアン」とした。また、nationalism, national の訳は、原則的に「民族主義」「民族的」としたが、文脈で訳し分けた。

＊　実在のコリアンの人物名については、基本的に「カタカナ（漢字—初出のみ）」（例：イム・グォンテク（林権澤））で表記しているが、漢字表記が不明の場合はカタカナのみとした。また、映画の登場人物名は基本的にカタカナ表記としたが、「春香」のように漢字での表記が日本で通用している人物名については漢字を用いた場合がある。日本統治下の朝鮮における企業名や新聞名は漢字表記とし、ルビを付した。

＊　コリアンの人物名をカタカナで表記する際は、姓と名を中黒（・）で区切る方法を用いた。読み方は、原則として日本で通用している読みとしたが、その他の場合は姓名を続けて読む場合の表記とした。

＊　映画作品は、タイトルを『　』に入れ、初公開年または製作年を（　）に入れて表記した。

＊　映画の作品名は、日本で公開された作品については原則的に公開時の日本語タイトルを用いたが、未公開作品については主に左記のデータベースおよび書籍を参考として日本語にした。

〈データベース〉　韓国映画データベース KMDb（http://www.kmdb.or.kr/）

〈書　籍〉　門真貴志『朝鮮民主主義人民共和国映画史』現代書館、二〇一二年／キム・ミヒョン『韓国映画史　開化期から開花期まで』根本理恵訳、キネマ旬報社、二〇一〇年／扈賢賛『わがシネマの旅　韓国映画を振りかえる』根本理恵訳、凱風社、二〇〇一年

＊　原著にある人名や作品名などの英語表記に関する説明については、日本語版では省略した。

＊　引用文の翻訳は、既訳がある場合も含め、すべて訳者による。

＊　参考文献の表記は原則的に原著通りとしたが、日本語文献については日本語で表記した。

第Ⅰ部　コリアン・シネマ

まえがき

韓国映画に対する外国の批評家や研究者の関心が高まったのは一九八〇年代後期からだ。韓国映画研究の進展にとっては歓迎すべき動向だが、北朝鮮を含む「コリアン・シネマ」について深く掘り下げた研究はこれまで存在しなかった。本書はこの空白を埋める試みであり、現代を生きる北朝鮮と韓国の人びとの文化的テクストとして映画が果たす役割を批判的に考察することによって、政治的に分断された民族の相反的なアイデンティティを明らかにしていく。本書の出発点となったのは、Common Culture/Divided Nation: A Comparative Study of North and South Korean Film（共通する文化／分断された民族――北朝鮮映画と韓国映画の比較研究）と題した筆者の博士論文である。同論文を発展させ、詳細なテクスト分析や歴史的資料を加えた本書では、コリアン・シネマをその社会と歴史に対する認識の表出としてとらえ、包括的に概観する。

ここで、貴重な助言や有益な意見をくださった以下の方々に感謝の意を表したい。リーズ大学のリチャード・ハウエル氏、グレアム・ロバート氏、シェフィールド大学のフレッド・イングリス氏、ジョージア大学のイ・ヒャンスン氏、シェフィールド大学のジョージ・ターナー氏、フィリップ・シャリエ氏、リック・シドル氏。また、本書執筆のための研究休暇を与えてくれたシェフィールド大学東アジア学部の支援に感謝する。最後に、マンチェスター大学出版会の援助と助言に対し謝意を表したい。

はじめに

本書は、コリアン・シネマのなかで、それを制作し流通させる社会のイデオロギーの指向性がいかに表出されているかを考察するものである。分断国家としての現代コリアにおけるイデオロギーの機能を理解するために、ジェンダー、民族意識、階級に目を向けながら北朝鮮映画と韓国映画を比較する。対象作品におけるイデオロギーの表出を比較分析することによって、まず、分断された民族として現代を生きるコリアンが、自らのアイデンティティについて相矛盾する複数の考えをもっていることが明らかになる。また一方で、二つの国に分断され、その結果として両国間で政治的対立が存在するにもかかわらず、南北両方の人びとが共通する文化的伝統にいまだに強くかかわっていることも示される。

韓国と北朝鮮のいずれの社会においても映画は不可欠な媒体である。映画は大衆の娯楽として社会を描く。ドキュメンタリーだけでなく劇映画も観客に対して彼らが生きる社会のイメージを提供しているのだ。映画が社会的、歴史的題材を具体的かつ現実的に描きだすとき、映像イメージと現実の区別はしばしば曖昧になり、観客はスクリーン上の虚構世界を現実社会の正確な投影とみなす傾向がある。

映画は社会のなかで生成される文化的テクストである。文化的テクストとしての映画が提起する多様な問題のなかでも、イデオロギーに関するものは極めて重要だ。グレアム・ターリーによると、イデオロギーはカルチュラル・スタディーズにおいて最も重要な概念カテゴリーである(1)。映画テクストが表出するメッセージの背後にあるイデオロギーの影響力は、社会的現実と映画的表現との関係に関心をもつ理論家や批評家にとって価値ある研究材料だ。アネット・クーンが指摘するように、映画におけるイデオロギー分析は、映画テクスト内に隠れたイデオロギーの作用をすくいあげ、考察することを目指している。(2)

映画における社会描写をその社会における支配的イデオロギーと切り離して理解しようとしても、それは不十分なものになる。ジェイムズ・スペラーバーグは、映画がその誕生以来、イデオロギーへの加担と無関係だとみなされることはほとんどなかったことを強調する。(3) 他の文化的産物と同様、映画はその根底に埋めこまれたイデオロギーを露呈させる傾向がある。映画は社会の支配的イデオロギーを反映すると同時に、そのイデオロギーを永続化させもする。セルゲイ・エイゼンシュテインの『戦艦ポチョムキン』(一九二五)は、支配的イデオロギーが映画の内容と形式におけるさまざまな側面でどのように表出するかを示すよい例だ。肯定的に社会を描くことにより、映画は既存の政治体制を支持する特定のイデオロギーを効果的に拡散させ、ある社会状況を歴史的な必要性や要求に沿ったものとして投影することもできる。したがって、映画が描く社会の姿は、必然的に現実との隔たりをもつ可能性を抱えている。

映画で描かれる社会は、本質的には構成物(construct)である。つまり、実存する社会ではなく、支配的イデオロギーの顕著な側面を反映した創造物なのだ。観客は映画を通して、歴史上の特定の時点における特定の視点から映画制作者が再構成した架空の社会を見ることができる。ゆえに、実際の社会状況に近似させる意図で作られた映画の場合、観客は、映画上のイメージとそのモデルの間の模倣的一致を社会的現実の真正な描写として受容する傾向があり、そのイデオロギーの影響は劇的に拡大する。映画研究の文献でくり返し強調されているように、カメラは生活のなかで起こることを単純にとりこみ、記録し、伝えるだけではなく、架空の世界を造りだすのだ。[4]「事実」を忠実に扱っているようにみえる作品でさえ、映画制作者の解釈の目を通したものである。たとえ現実をそっくりそのまま映し、意図的歪曲や暗示的偏見などはないという主張があったとしても解釈が介在しているのだ。どれほど現実と酷似していようとも、映画は、（制作者の美的観点はさておき）根本的には政治、経済、社会、文化などさまざまな力によって形成された複雑な仕組みの産物である。つまり、これらすべての力が要因となって、ある特定のイデオロギーの枠組みにはまった映画が作られるのだ。

本書では、社会的、歴史的なテーマを扱うコリアン・シネマ十七作品を分析する。歴史は題材の宝庫だ。それゆえ、映画で過去の出来事や状況を取り上げ、強力な真実味をもって再構成することも可能である。映画人の間で広く扱われる歴史的題材の一つに、民話がある。伝統的民話の語りは、社会集団の構成員のさまざまな生活の場における集団的共有体験に基づいている。したがって、こうした語りには、時を超えて永続し、聞き手に馴染みのあるモチーフやテーマが含まれている。それらのモチーフやテーマを利用することで、映画は観客の感情に瞬時に訴えながら、虚構空間を「望ましい世界」へと効果的に転換させることができる。このため、映画は、観客が自身の生活で実際には満たせない願望を想像的に投影したものになることが多い。それゆえ、観客が、歴史映画において描かれた過去を、苦しみと困難に満ちた現代社会が求める理想であるかのように受けとるのも珍しいことではない。[5]

映画で歴史的題材を扱うことによって、二つの目的が果たされる。まず、過去の社会を映画で再構成することによって新たな視点で歴史をとらえること、そして第二に、それによって現在の状況についての洞察が得られることだ。本書では、歴史映画におけるこれらの相関する二つの側面を考察するが、特に後者の影響に重点を置く。つまり、映画が過去のイメージを通して伝える現代社会をめぐるイデオロギー的なメッセージに注意をはらう。過去の経験がスクリーン上でどのように再構成されているかを研究することで、日常生活における現代のイデオロギーの複雑で微妙な働きを認識することができる。歴史映画では、現代における特定の社会的、政治的事象が、時代を超越したかのような物語のなかに織りこまれていることがしばしばあるのだ。

本書における主たる方法論的課題は、いかにして映画テクストを批判的に解釈し、その根底に横たわる現代社会に関するメッセージを把握できるかということである。この問いへの適切な答えを導き出すには、テクストに対するイデオロギーの作用とそのテクストの歴史的、文化的コンテクストとのつながりを探るアプローチをとるべきだろう。この意味で、映画はイデオロギー実践の社会的、文化的形態の一つである。研究対象とするそれぞれの映画のイデオロギー的要素を分析するために、本書はまず、特定の社会的、歴史的題材が映画のなかでどのように再構成されているかを検討する。次に、映画テクストに潜在する意味を探る。その際、現代社会における特定のイデオロギー的ニーズと、その社会に対する観客の一般的態度に影響すると思われる昔からの文化的伝統との間にある衝突に注意を向ける。しかし、これらの問いは、「客観的な」歴史の真実性ではなく、構成されたイデオロギーによって生み出された過去に対する解釈に照準を合わせたものである。こうしたイデオロギーは現代の社会的規範や価値観を反映する傾向があるためだ。

分断された民族として現代コリアンが最も心を揺るがされるイデオロギーの問題に取り組む上で、本書は、北朝鮮と韓国の映画を三つの群に分けて考察する。第一群は、南北が共有する近代以前の朝鮮からの文化的伝統を扱う映画である。第二群は、民族分断の歴史的経緯とその後に関わる映画である。そして第三群は、分断国家の社会的現実を描く映画である。分析では、登場人物の描き方や中心テーマに焦点を当てる。韓国と北朝鮮の映画を比較研究することで、イデオロギーの指向性という点から見た類似点と相違点のパターンが示される。特に、同じ主題を扱う映画作品群は、韓国と北朝鮮の映画制作者の間で異なる認識や表現を明示的に対比できるという点で有用である。そうした作品においては、イデオロギー的潤色の趣旨が明白に認識できる。それは社会の映画的表象に対する一般的な考察にも結びつけられうるものだ。

コリアン・シネマでくり返し登場するテーマの一つは、北朝鮮の共産主義と韓国の資本主義の間に存在するイデオロギーの異質性という重荷である。皮肉なことに、このテーマの複雑さは、コリアンが自分たちの文化的同質性を明確に認識していることに由来する。この認識は、昔から共有してきた伝統に根づいており、近年の政治的分断にもかかわらず、本質的には変わることなく残っている。このように相反する要素が同時に存在することが現代コリアンの自己認識の特徴となり、コリアン・シネマにおいても二つの異なる性質があらわれている。まずもって、韓国と北朝鮮の政治体制はいずれも、一方がもう一方に勝る歴史的正当性を有することを主張しているとして描かれている。

しかし同時に、コリアン・シネマは南北ともに「一つの民族」というレトリックをさりげなく取り入れており、国家再統一の必要性を正当化している。このレトリックは、ある意味で、文化的同質性と連帯を回復したいというコリアンの真の願望を反映している。彼らは文化的同質性と連帯意識が今日のイデオロギーの対立を超越すると信じているのだ。「一つの民族」という理念は、彼らが極めて大切にするものであり、南北両方の一般の人びとがもつ強い民族的同質性に基づいている。民族統一の理念は、朝鮮民族が千年以上も朝鮮半島で一つの国家形態を維持したという事実によって強く支えられている。

朝鮮の政治的統一体が途絶えたのは、日本による植民地支配から解放された一九四五年であり、古いことではない。単一国家としての長い歴史があるために、資本主義国家と共産主義国家に分裂して半世紀が経った後も、朝鮮半島の人びとは強い民族的結束力でつながっているのだ。現代コリアンの自己認識にある「一つである」という考えは、彼らがしばしば国を家族の延長のように言及する点によくあらわれている。この家族主義からくるメタファーは、朝鮮文化に特有のものではないが、政治的イデオロギーに及ぼす影響は非常に強力であり、深く根づいている。

家族主義は、個人間あるいは個人と国家との間の「適切な」あるいは「望ましい」関係性を定義づける一つの方法として、南北両方の映画でよく取り上げられている。どちらも儒教の影響を受けた歴史を有し、そこから生まれたこの種の文化的規範は、比較的最近になって強要された異質な政治的イデオロギーに抵抗する文化的遺産が永続的にもつ力の存在を裏づけるものだ。

本書では、イデオロギーに関する諸理論を踏まえた議論をしていく。これらの理論は、社会における不平等な力関係だけではなく、そうした関係性を決定づけるジェンダー、階級、民族意識などの鍵要因を説明するための基本用語を提供するものだ。注意を向けるのは、主に、マルクス主義、ポスト構造主義、ポスト・モダニズムなど、政治的観点からの映画研究に直接関連する理論である。これらの学派はいずれもイデオロギー装置としての映画の意義の解明に取り組んでおり、映画は本質的に支配的イデオロギーのふるいにかけられて構成された社会のイメージだとするアプローチをとっている。したがって、映画による社会的現実の構成とイデオロギーとの関係性に対してこれらの理論が導く洞察は、本書にとって不可欠な概念を提供するものである。

映画研究において、映画とイデオロギーというテーマに対する学術的関心は、従来から独立した領域として存在していた政治批評へと展開していった。マルクス主義は、政治的観点からの映画研究の基盤となる理論的枠組みの確立において非常に重要であった。マルクスは社会的存在が意識を決定づけるとして、下部構造が上部構造の内容と形式を定めるという基本的教義を構築した。この定義は、文化とイデオロギーに関するマルクス理論の基礎を構成するものである。マルクスによれば、「文化は歴史の主要な力にはなりえないが、歴史的変化の活性剤や、社会的安定の下僕になりうる」[6]。『ドイツ・イデオロギー』で、マルクスは「支配階級の思想はどの時代にも支配階級である。つまり、階級は社会における物質的な力であると同時に支配的な精神的な力なのだ」[7]と主張している。したがって、マルクスは、大衆文化は「上部構造のイデオロギー的形態」の一つであり、イデオロギーは階級的搾取やブルジョア社会による圧迫という現実を隠蔽する機能を果たすととらえている。[8]この考えにおいてイデオロギーは「虚偽意識」あるいは「幻想」であり、支配階級の利害の表出にすぎない。[9]

マルクス主義における「イデオロギー」の概念は経済に焦点を置く唯物史観に基づいており、その決定論的性向は近年、カルチュラル・スタディーズから多くの批判を受けている。ジコン・ストーリーは、イデオロギーに対する決定論的アプローチが多くの場合、俗流マルクス主義による文化の「反映」論[10]に終わることを指摘した。マルクス主義的社会学者にしてみれば、イデオロギーは主に「現実」を偽りいかなる政治的闘争も隠す手段として機能しているが、一方でカルチュラル・スタディーズの研究者にとっては、イデオロギーはまさに「闘争の現場」[11]なのだ。それゆえ、文化理論家はイデオロギーに関するマルクス主義の考えを拒絶し、論考の焦点をイデオロギーの経済的下部構造からその文化的意味合いへと移している。たとえば、ジョン・B・トンプソンは、イデオロギーを研究することは「その意味（あるいは意義）が支配関係を維持する上でどのように機能しているかを研究する」[12]ことだと述べている。

このような批判があるにもかかわらず、マルクス主義、特にその上部構造とイデオロギーという概念は、映画の社会的、政治的側面に関心を寄せる多くの批評家が着想を得る主要な源泉でありつづけている。[13]マルクス主義におけるさまざまな学派のなかでも、ルイ・アルチュセールのイデオロギーに対するアプローチは、社会の映画的表象を分析する上で最も啓発的であり、本書に関連する有用な概念的基盤を提供するものである。

アルチュセールは、イデオロギーを「個人の存在の実際状況に対するその個人の想像上の関係」[14]と定義している。この定義は、支配的イデオロギーがなぜ、そしてどのようにして現存する社会を正当化する役割を果たすのかという問題を探究する上で、批評家たちに理論的手引きを提供するものだ。アルチュセールは、歴史とイデオロギーの相互作用という大きな枠組みのなかに映画を位置づけることを促した。そして、古典的マルクス主義における主要概念のいくつかを修正し、映画のイデオロギー的操作の研究に関連づけられるようにした。新マルクス主義はアルチュセールの考えを多く取り入れ、今日の政治的観点からの映画批評の強力な基盤となっている。

特に、映画のイデオロギー批評は、社会構成体とその上部構造の相対的自律性に関するアルチュセールの説明に依拠している。上部構造の相対的自律性という概念は、アルチュセールのイデオロギー論において重要な要素となっている。下部構造と上部構造の間の「矛盾と過度な決定主義」にアルチュセールが言及したことで、上部構造の下部構造に対する相互作用に光が当てられた。[15]アルチュセールはフリードリヒ・エンゲルスとアントニオ・グラムシを参照し、資本主義的マルクス経済学の従来モデルを修正するためにこの概念を導入している。上部構造に自律性を与えることで、アルチュセールは「上部構造」[16]という概念のマルクス主義における元来の定義から大きく前進した。アルチュセールの理論によって、階級社会の経済的、政治的、文化的側面との機能的関係においてイデオロギーが歴史上どのように作用してきたかを映画批評で扱うことが可能となる。アルチュセールのイデオロギー論は、政治的観点からの映画研究がポスト構造主義／ポスト・モダニズム時代に突入することを間接的に促したのだ。

アルチュセールによるマルクス主義理論の修正、特に上部構造の「相対的自律性」という概念は、いくつかの点で、グラムシに同調するものである。グラムシはマルクス主義の経済決定論を批判し、「支配」や不平等な階級関係への同意を獲得するような「知的で道徳的なリーダーシップ」に言及するヘゲモニーの概念を提案した。[17] グラムシは、支配‐従属関係は経済的な力だけではなく、文化あるいはイデオロギーの力にも依存すると主張し、大衆文化を「社会における従属側が抵抗する力と支配者側がとりこもうとする力のせめぎあいの場」[18]として考えたのである。経済から文化へ焦点を移すことで、グラムシはアルチュセールと同様、マルクス主義が教義的あるいは機械的に上部構造を唯物論的要素に減縮することを批判した。

ポスト構造主義とポスト・モダニズムは近年、政治的観点からの映画批評においてもう一つの重要な概念的基盤を提供している。マルクス主義の映画理論家は経済的対立と階級的対立に重点を置くが、ポスト構造主義者やポスト・モダニストは、イデオロギー的主題や文化的主題を基に形成されたヘゲモニー的合体を強調する傾向がある。マルクス主義者は、搾取する側とされる側という唯物論的関係を、支配する側とされる側という非唯物論的関係に置き換えてしまうとして、ポスト構造主義者やポスト・モダニストを批判している。マルクス主義者はさらに、支配と抵抗というポスト・モダニズムの考え方は映画の独自性や個体性を強調しているが、それは冗長な説明にすぎないと主張する。[19] こうした意見の衝突は、現代の政治的観点による映画研究で必要不可欠な理論の源泉となっている。マルクス主義、ポスト構造主義、ポスト・モダニズムは共通して「権力」という概念を中心的主題とし、映画テクストのなかのイデオロギー的要素を探求するための、互いに異なるが等しく有用なパラダイムを映画批評や映画史に提供しているのだ。

突き詰めると、ポスト構造主義やポスト・モダニズムは、支配する側とされる側の力関係における問題を考察するコンテクストを拡張してきたといえる。ポスト構造主義とポスト・モダニズムがマルクス主義と顕著に異なることのよい例として、主流映画における女性像のフェミニズム的分析が挙げられる。フェミニストの映画制作者や評論家は、家父長制社会における女性の抑圧が複数の経路を経て補強されていると指摘する。この多方面にわたる抑圧のメカニズムは、女性に対する経済的搾取、政治的排除、文化的差別を通して機能するのだ[20]。女性へのさまざまな政治的権力の行使が目に見えない形でからみあい、一つのメカニズムとなっていることは、経済的階級が社会の権力構造における多くのカテゴリーの一つにすぎないことを示している。政治的視点をもつ現代の映画評論家は、権力の問題に対しフェミニストと似た立場をとっている。つまり、映画にあらわれるさまざまな抑圧を識別しようとしているのだ。マルクス主義的映画研究では、「映画を政治的に見ること」は単一の要素、つまり映画と階級社会の間にある経済的関係のメカニズムを露呈させることを意味する。それに対し、ポスト構造主義者やポスト・モダニストは、政治、経済、文化からイデオロギーまで、それぞれ異なる要素が相関するネットワークのなかで映画を考察すべきだと主張する。

この二十年の間に、ポスト構造主義やポスト・モダニズムを志向する理論家は、映画研究に重要な影響を与えてきた。彼らは「ポストモダン文化」をめぐって進行中の議論に直接影響を受けている。そして、そうした理論家の多くが、イデオロギーに関する中心的課題に対してさまざまな見方を提案することによってポストモダン文化についての議論を充実させたのだった。このテーマにふれた数多くの著作のなかでも、ミシェル・フーコーが権力と知の関係を論じたものは、ポストモダンの文化的ディスコースを明確化する上で非常に重要な役割を果たしている。系譜に関するフーコーのニーチェ的概念は権力と知識の関係をたどるものであり、カルチュラル・スタディーズから多くの注目を集め、政治的観点からの映画研究においてもかなりの共鳴を呼び起こした。[21]

フーコーによる権力の「系譜的」研究で、ポストモダンの映画研究に「支配」や「抵抗」という新しい概念が導入された。[22] これらの概念の意味は、フーコーの「権力関係があればすぐに抵抗の可能性が生まれる」[23]という言葉に簡潔に要約されている。映画のコンテクストにおける「抵抗」という言葉は、映画のイデオロギー的影響による「支配」を拒否することを指す。それは、経済や政治の場だけではなく、文化やイデオロギーの場にもある抑圧的な力を否定することである。支配と抵抗の概念は、ヘゲモニー的合体という考えとともに、映画テクストに記されているイデオロギー的、文化的闘争を研究する現代の映画評論家によって熱心に受け入れられている。彼らはフーコーの理論を、映画制作と映画視聴における活動のあらゆる側面に適用しているのだ。[24]

権力と知の関係についてのフーコーの論考は幅広い影響を及ぼしてきた。たとえば、著名な評論家であるエドワード・W・サイードは『オリエンタリズム』のなかで、フーコーの考えは東洋に対する西洋のディスコースを見極める上で有用だと述べている。[25] フーコーは、セクシュアリティをめぐるディスコースはセクシュアリティについての知を構築し、セクシュアリティの歴史はセクシュアリティに関する権力と知の関係を明らかにすると主張している。この理論に基づいて、サイードは「東洋を支配、再構成し、東洋に対する権威をもつための西洋的様式[26]」としてオリエンタリズムを説明している。いいかえると、「東洋」というのはヨーロッパによる「発明品」であり、「東洋は、ヨーロッパ（あるいは西洋）をそれとは対照的なイメージや考え、性格、経験として定義する上で役立ってきた[27]」ということだ。

サイードがフーコーの理論を応用して示しているように、イデオロギー的解釈は、社会的、歴史的な題材を扱う映画作品で最も効果的に機能する。この意味で、フーコーの考えは本研究に適している。とりわけ、フーコーの理論は、なぜ複数の視点からテクストの隠れた意味に注目する必要があるのかを示している。また、映画のイデオロギー的側面を理解する最も有意義な方法は、映画における背景的要素の機能的関係を分析することであることも示唆している。こうした方法により、歴史上の特定の時点における権力が作用するイデオロギー的部分を映画テクストのなかで突き止めることができる。

もちろん、映画は内在する美的価値のみに対象を限定して研究することもできる。しかし、本研究では、映画に対する美学的アプローチのみを対象にすることはしない。映画が社会における文化的テクストとして機能する限り、本研究は映画テクストをコンテクストと関連づけるという点で、政治的観点からの映画批評と同じアプローチをとる。個人間あるいは、個人と共同体の間の権力関係を検討することなしに文化的テクストを適切に理解することはできない。それは社会における表面的な相互作用からはかならずしも観察できるものではないのだ。コリアン・シネマの隠れたイデオロギー的意味を読みとる上で、本書は映画作品を朝鮮半島の人びとが自分たちの日常生活について語った物語として扱い、それらの作品を特定の時間と場所のコンテクストに位置づけることでその複雑な意味合いを考察する。

映画テクストの隠れた意味を解釈する手続きとして、本書は解釈学と記号論を適用する。文化的テクストの解釈学的研究における先行文献で、クリフォード・ギアツの研究は本研究にとって特に重要である。ギアツのエッセイ「ディープ・プレイ――バリの闘鶏に関する覚書」は、映画を文化的テクストとして扱うための多様な概念的洞察と実用的方略を示している。ギアツが記しているように、一民族の文化は「テクストの集合体」である[28]。さらに、文化の概念は本質的に記号論的であり、文化の分析は法則を求める実験科学ではなく、意味を求める解釈学的なものである[29]。解釈学的な見地を適用するにあたり、本研究が特に注意をはらうのは、バリ人の生活に関するギアツの研究でも適切に指摘されている解釈学の限界である。それは、解釈学的アプローチはテクストに対する「唯一の鍵」とみなすべきでないということだ[30]。

解釈学的アプローチは、方法論として、自然科学から得られる伝統的な方法論よりもいくつか有利な点がある。第一に、文化的テクストの解釈学的理解は、社会生活の「科学的な」説明より対象範囲が広く多元的になる。解釈学的アプローチは、人びとが自身の生活を構成する特定の方法だけでなく、その理由に焦点を合わせることを可能にする。社会現象における経験的な意味は、特に人びとが特定の行動様式をとる理由などは、統計学的測定に頼る実験的方法からは十分に考察できない。第二に、解釈学的アプローチではテクストの質に関する議論を回避できる。解釈学の中心的関心は、ある文化的テクストの意味を研究対象者がどうとらえているかを明らかにすることであり、研究者の基準でテクストの価値を判断することではない。芸術作品は、解釈学の基本的前提における例外ではないのだ。ギアツが述べているように、「芸術作品は社会的関係を定義したり、社会的規則を維持したり、社会的価値観を強化したりするための精巧なメカニズムである」[31]。解釈学的な視点では、人びとがそれぞれのコンテクストでいかに、そしてなぜ芸術作品に意味を持たせるのかということが研究の中心となるべきだ。

解釈学的なアプローチでは、解釈の再解釈という二重の作業を行う。この解釈学的方法論の主な特徴は、ギアツによって以下のように明記されている。「社会は生活と同様にそれ自体の解釈を有する。それらの解釈にどうアクセスできるかを学びさえすればよい」[32]。テクストの読み手は、物語のなかに入ることができたとき、解釈の仕組みにおける本質的な構成要素になる。結局、文化的テクストの意味を理解することは、人びとの物語を研究者の視点からもう一度語り直すことなのだ。ハンス＝ゲオルク・ガダマーはこれについて「理解することは理解されているものに属する」[33]と端的に述べている。

分析の解釈学的パラダイムは、文化的テクストを解釈する全過程における読み手の場所を確保することにつながる。解釈学で議論されるような解釈の重要性についてはダドリー・アンドリューのような映画理論家も言及している。アンドリューは *Concepts in Film Theory*（映画理論における諸概念）のなかで「映画的表象を完成させるためにはそれを公に解釈する作業を要する。それらの表象が構成する特定のディスコース構造にとって解釈は不可欠である」[34]と述べている。アンドリューの主張は、映画を文化的テクストとして完成させるためには、かならずそれを解釈する主体が必要だということを示唆している。解釈学的方法論の複雑さは、解釈の主体と研究者という複層的な視点に関わるものだ。これがまた、解釈学的アプローチの多面性・多次元性を強めている。

文化的テクストのより深い意味を探るにあたっては、解釈学的視点をロラン・バルトの方法論モデルで補強することもできる。クリスチャン・メッツの著作では科学的な映画記号論が適用されているが、それと比べてバルトの理論は、映画テクストのイデオロギー的側面に関心をもつ研究者にとって、より適切で説得力のある理論的枠組みを提供する。いうまでもなく、バルトは言語学的規則に厳密に基づいた記号論の枠組みに満足していない。かつての映画記号論の理論家や実践者と違って、バルトは意味作用の過程をデノテーション（明示的意味）とコノテーション（暗示的意味）という二つの意味段階に分けることによって言語学的モデルを超える試みをした。前者はテクストの文字通りの意味を示し、後者は文化的な意味を表す。デノテーションは意味作用の最初の段階であり、見てわかるそのままの記号の意味であるのに対し、コノテーションは意味作用の次の段階にあたり、意味作用の対象が惹起する連想的意味のことを指す。バルトは、テクストの表面下に横たわる多層的意味が、意味作用の最初の段階における単純な記述を打ち消したりそれと矛盾したりすることがしばしばあると強調する。バルトの主眼は本研究に興味深い視点をもたらすものだが、それは第二段階の解釈には、テクストが位置する文化についてより深い知識を有し、熟知している必要があるということである。この点が、バルトのアプローチが文化的テクストに内在するイデオロギーを暴くのに有用だと考えられる理由である。バルトのテクスト分析は、いかに記号論の領域が解釈学の領域と密接しているかを明らかにしている[35]。

バルトの記号論的論考で補強された解釈学的パラダイムは、コリアン・シネマにおけるイデオロギーの作用を理解する上で有用である。本書で分析するテクストはすべて歴史あるいは社会史的な題材を扱っている。これらの映画は、その歴史的性質ゆえに、過去について今日のコリアンがもつ認識をほかのどのジャンル作品よりもはっきりと反映している。いいかえると、コリアン・シネマにおける歴史の表出は、コリアンの自らに対する多様なイメージを含んでいるのだ。解釈学と記号論に基づく解釈の方法論は、自国の過去を扱った韓国・北朝鮮の映画における類似点と相違点を、二つの国家のイデオロギーの指向性に関連づけて説明するのに特に有効である。

本稿は四章から成る。第一章では、日本の植民統治下で朝鮮映画産業が誕生、発展し、韓国映画と北朝鮮映画に分岐するまでの社会的、政治的状況を考察する。一九〇三年、朝鮮に映画が導入されて以来、コリアン映画産業は政府の厳しい統制下にあった。それゆえ、第一章のかなりの部分は、まず植民統治当局、その後、北朝鮮、韓国各政府が行った政治的、経済的な干渉を説明することに充てられている。またこの章では、南北両政府の一見相反する国家イデオロギーが、実際には、政治経済の現状を正当化する目的で本質的には似通った映画政策を打ち出していた状況を明らかにする。

第二章から第四章では、一九六〇年から一九九〇年の間に製作された映画作品を批判的に分析する。分析対象とする作品の選択においては、ジェンダー、民族意識、階級という、現代のコリアンの文化的アイデンティティを定義する上で重要な三要素を扱う範囲や程度を基準とした。第二章では、朝鮮の伝統的恋愛物語として有名な「春香伝《チュニャン》」を翻案した五作品をジェンダーの扱いに着目しつつ分析する。作品によって異なる春香の描かれ方は、現代コリアの理想の女性像に対する見方が変化してきたことを示す。本書では、こうした春香の姿と、北朝鮮と韓国のそれぞれのイデオロギーとの関連づけを試みる。しかしながら、この比較を通して、五つの翻案作品がすべて最終的には儒教的な家族観や性道徳へと立ち戻っていくことが明らかになる。この伝統的な価値観が共通の文化遺産を形成し、政治的イデオロギーの不一致とは無関係に、北朝鮮映画と韓国映画におけるジェンダー認識に影響を及ぼしている。

ジェンダーの問題に加えて、第二章では、伝統的社会の階級格差に対する解釈をめぐる北朝鮮と韓国との相違点を考察する。イデオロギーは異なるものの、両国の映画は、支配者と従属者の「理想的」関係に対する基本的指針として伝統的な儒教倫理を支持する点で共通している。この傾向はテクストの表面にはあらわれないが、深いレベルでは検知される。儒教的な父権主義を擁護することは、北朝鮮と韓国における社会階層の現状を暗に正当化することでもあるのだ。

第三章では、民族意識というテーマに焦点を当て、北朝鮮と韓国の映画が国家分断の発端と結果をどのように描いているかを検討する。この章で分析する六作品はすべて、南北の対立するイデオロギーに基づいてそれぞれの政府の盛衰を描いている。北朝鮮の映画は常に無階級社会を築く必要性を示そうとし、反帝国主義を北朝鮮のナショナリズムの中心的要素として明確に打ち出している。それらの作品はキム・イルソン（金日成）とその息子であるキム・ジョンイル（金正日）に対する不断の忠誠を強調するものでもある。一方、韓国の場合、表面上それほど厳格ではないものの、三十年に及ぶ統治において軍事政権が取り入れた反共イデオロギーが、映画産業に対しても同様に強要された。同政権は、映画制作者の表現の自由を抑圧するための手段として意図的に反共主義を利用したのだった。

六つの映画作品の分析に続き、同章では、北朝鮮と韓国の映画で理想的なコリアンの民族意識を描写するために用いられる文化的要素を概説する。ここでの対象作品は、北朝鮮と韓国が将来ともにイデオロギー対立を乗り越え、統一国家を築く上で拠り所とするのに適切な道徳的基盤と文化的ルーツとして、伝統的な家族中心の価値観を強調している。

第四章では、「階級のない」北朝鮮と資本主義の韓国において個々人の不均質な階級体験を映画がどう表現しているかを考察するなかで、現代コリアにおける階級概念を探る。この章で扱う六作品はすべて、北朝鮮、韓国両方の社会で分岐点となる一九八〇年代に上映されたものである。この時期、両国が国家主導で数十年にわたり推進してきた工業化事業の結果としてもたらされた社会的影響の全体像が明確になった。これら六作品は、両国で社会経済構造が形成された歴史的コンテクストを鮮明に描いている。さらに、それぞれの社会体制のなかで、日常生活を通して個人が対処しなければならない自己に関する問題も扱っている。北朝鮮映画では、単一の労働者階級制度の下で、国家と大衆との間に階級をめぐる闘争が存在することを否定しようとする。それに対し、韓国映画は、軍事政権の独裁支配で統制された階級関係をよりあからさまに批判している。しかし皮肉なことに、これら六つの映画作品は表面的には異なっていても、それぞれの階級制度のイデオロギー的基盤とは無関係に、現代のコリアンが自らの社会における位置を示す上で、世の中で認知され尊重されることが重要な基準となるという状況を表している点で共通している。これらの作品は、現代コリアン社会におけるイデオロギーの作用を理解する上で、文化的伝統、特に対人関係における儒教的教訓がいかに不可欠なものであるかを再確認させる。

結論では、本研究で提起したコリアン・シネマにおけるイデオロギーの役割についての主要な論点をまとめ、また、映画や他の領域でさらに研究されるべき課題を提起する。

註

（1）Graeme Turner, *British Cultural Studies: An Introduction*, 2nd ed. (London, Routledge, 1996), p. 182.

（2）Annette Kuhn, *Women's Pictures: Feminism and Cinema*, 2nd ed. (London, Verso, 1994), p. 83.

（3）James Spellerberg, 'Technology and ideology in the cinema,' in Gerald Mast and Marshall Cohen (eds.), *Film Theory and Criticism: Introductory Readings*, 3rd ed. (New York, Oxford University Press, 1985), p. 761.

（4）Jean-Louis Comolli and Jean Naraboni, 'Cinema/ideology/criticism,' in Bill Nichols (ed.), *Movies and Methods Volume I: An Anthology* (Berkeley, University of California Press, 1976), pp. 22-30; and Marcelin Pleynet, 'Economical-ideological-formal,' in Sylvia Harvey (ed.), *May 1968 and Film Culture* (London, British Film Institute, 1978), p. 59.

（5）典型例はセルゲイ・エイゼンシュテインの『十月』（ソフキノ、一九二八）。

（6）Karl Marx and Frederick Engels, *Selected Letters* (Peking, Foreign Language Press, 1977), p. 92, John Storey, *An Introductory Guide to Cultural Theory and Popular Culture* (Hertfordshire, Harvester Wheatsheaf, 1993), p. 99 の引用を参照した。

（7）Karl Marx and Frederick Engels, *The German Ideology: Parts I & III*, ed. and trans. R Pascal (New York, International Publishers, 1963), p. 39.

（8）Karl Marx, 'Preface to A Contribution to the Critique of Political Economy,' in David McLellan (ed.), *Karl Marx: Selected*

Writings (Oxford, Oxford University Press, 1977), p. 390.

(9) Marx and Engels, *The German Ideology: Parts I & III*; and Louise Althusser, *For Marx*, trans. Ben Brewster (London, Verso, 1996), pp. 140-1.

(10) Storey, *An Introductory Guide to Cultural Theory and Popular Culture*, p. 98.

(11) Turner, *British Cultural Studies*, p. 182.

(12) John B. Thompson, *Studies in the Theory of Ideology* (Cambridge, Polity, 1984), p. 4.

(13) Gerald Mast and Marshall Cohen, 'Film: Psychology, society, and ideology,' in Mast and Cohen (eds.), *Film Theory and Criticism*, p. 669.

(14) Louis Althusser, 'Ideology and ideological state apparatuses,' in *Lenin and Philosophy and Other Essays*, trans. Ben Brewster (London, Monthly Review Press, 1977), p. 153.

(15) Althusser, *For Marx*, trans. Ben Brewster (London, Verso, 1996), pp. 87-128.

(16) Louis Althusser, 'The errors of classical economics,' in Louis Althusser and Étienne Balibar, *Reading Capital*, trans. Ben Brewster (London, NLB, 1970), pp. 99-100.

(17) Antonio Gramsci, *Selections from the Prison Notebooks*, eds. and trans. Quintin Hoare and Geoffrey Nowell Smith (London, Lawrence & Wishart, 1971), p. 57.

(18) Storey, *An Introductory Guide to Cultural Theory and Popular Culture*, p. 13.

(19) J. Dudley Andrew, *Concepts in Film Theory* (Oxford, Oxford University Press, 1984), p. 115.

(20) Claire Johnston, 'Women's cinema as counter-cinema,' in Nichols (ed.), *Movies and Methods Volume I*, p. 211.

(21) Michel Foucault, 'Critical theory/intellectual history,' in Lawrence D. Kritzman (ed.), *Michel Foucault: Politics, Philosophy, Culture*, trans. Alan Sheridan *et al.* (London, Routledge, 1983), pp. 17-46.

(22) Michel Foucault, *The History of Sexuality I: An Introduction*, trans. Robert Hurley (London, Penguin Books, 1979).

(23) Michel Foucault, 'Power and sex,' in Kritzman (ed.), *Michel Foucault: Politics, Philosophy, Culture*, p. 123.

(24) Dana Polan, 'Powers of vision, visions of power,' *Camera Obscura*, 18 (1988), 106-19; and J. P. Telotte, *Voices in the Dark: The Narrative Patterns of Film Noir* (Urbana, University of Illinois Press, 1989).

(25) Edward W. Said, *Orientalism: Western Conceptions of the Orient* (London, Penguin Books, 1985), p. 22.

(26) Said, *Orientalism*, p. 3.

（27） Said, *Orientalism*, pp. 1-2.

（28） Clifford Geertz, *The Interpretation of Culture: Selected Essays* (London, Fontana Press, 1993), p. 452.

（29） Geertz, *The Interpretation of Culture*, p. 5.

（30） Geertz, *The Interpretation of Culture*, p. 417 and p. 452.

（31） Clifford Geertz, *Local Knowledge: Further Essays in Interpretive Anthropology* (London, Fontana Press, 1993), p. 99.

（32） Geertz, *The Interpretation of Culture*, p. 453.

（33） Hans-Georg Gadamer, *Truth and Methods*, trans. William Glen-Doepel (London, Sheed and Ward, 1989), p. xxxi.

（34） Andrew, *Concepts in Film*, p. 172.

（35） Kaja Silverman, *The Subject of Semiotics* (Oxford, Oxford University Press, 1983), p. 257.

第1章　民族的アイデンティティの創造
——コリアン・シネマの歴史

コリアン・シネマで最も顕著にみられる特徴の一つに政治性の強さが挙げられる。一九〇三年に活動写真が導入されて以来、コリアン・シネマは常に政府の検閲下に置かれてきた。日本植民地期（一九一〇～四五年）には、朝鮮の民衆の反植民地主義的感情を煽るような映画は、朝鮮総督府によって厳しく弾圧された。同時に、日本が連合軍に降伏する一九四五年まで、朝鮮総督府は朝鮮支配を正当化する強力な道具として映画を利用した。映画を使ったプロパガンダは、一九四五年から四八年の米ソ支配下においても続いた。その後、朝鮮戦争（一九五〇～五三年）の惨劇により、北は共産主義、南は資本主義というイデオロギー的分断が強いられる状況が生まれた。その結果、政府による映画産業の統制がさらに強化されることとなった。ここ数十年の間も、韓国、北朝鮮両国で政治目的のためにさまざまな映画政策が施行されている。

本章では、コリアン・シネマの歴史的展開を考察する。コリアン映画産業は国の政治状況と不可分であるため、近代コリアの政治史における一般的な時代区分に沿って映画史を概観していく。また、全体を通してみると、コリアン・シネマの歴史は政府による介入とそうした干渉に対する抵抗という視点からも説明できる。植民地期における朝鮮映画の台頭は、この拮抗しあう二つの力のせめぎあいを物語るものである。分断後、北朝鮮では、朝鮮労働党が映画制作や配給のあらゆる側面で厳格な指針を適用したため、映画はもっぱらプロパガンダの道具としての役割を果たすようになった。一方、韓国の映画産業も同様に政府による検閲の対象となった。しかし、韓国は資本主義体制をとっていたため、政府が課すさまざまな政治的制約のただなかにあっても、映画制作者は表現の自由を追求することができた。

第1節　日本植民地期における朝鮮映画

一九世紀後期、朝鮮は日本、米国、英国、フランス、ロシアなどの列強の植民地主義政策の標的となった。これらの列強国は、朝鮮に対し通商の門戸開放を強いたのみならず、朝鮮半島に自国の政治的、社会的影響力を確立しようと躍起になっていた。

朝鮮政府は鎖国政策、特に西洋からのカトリック布教活動に対する弾圧政策を実施したため、米国やフランスとも交戦が生じる事態となった。朝鮮政府の孤立主義政策の破綻をほどなく察知した日本は、朝鮮に対し日朝修好条規の締結を要求した。一八九四〜九五年の日清戦争と一九〇四〜〇五年の日露戦争を経て、日本は米英の外交的、経済的支援の下、朝鮮を植民地化し主導権を握った。そして一九一〇年、日本の植民地主義政策は、不平等条約による朝鮮半島の併合という形で結実した。

日本は、朝鮮を食料供給と中国への軍事的進出の拠点とするために、朝鮮社会の経済構造を変革する数多くの政策を編み出し、農作物、特に主食である米の増産計画などに着手した。さらに日本は、被植民者として朝鮮人の主体性を喪失させるようなさまざまな文化政策を実施した。そうした文化統制の狙いは、学校における朝鮮語の禁止や創氏改名にみられるように、朝鮮人の民族的アイデンティティを根こそぎにすることだった。

朝鮮社会のさまざまな側面に対する朝鮮総督府の軍事的圧力が増幅しても、朝鮮の民衆は日本の支配に断固として抵抗を続けた。一八九四年の東学党の乱（甲午農民戦争）や、朝鮮義兵軍の残党による多種多様かつ執拗な武装蜂起は、日本の支配から祖国を解放するために朝鮮人が奮闘したことを示す事例である。朝鮮人による反植民地主義の抵抗運動は、一九一九年に起きた大規模な民衆解放運動である三・一独立運動へとつながり、同年には大韓民国臨時政府が上海に樹立された。

朝鮮における活動写真の始まり

一八七六年、日本が朝鮮政府に日朝修好条規の調印を強要したことで、朝鮮王朝の鎖国主義は終焉を迎えた。この変化に伴い、西洋の商品や文化的産物が朝鮮社会に流入しはじめた。そのなかで、列強諸国によるプロパガンダの一環として活動写真が導入された。列強が政治的、経済的目的で朝鮮人の歓心を得る手段として映画を利用したことを考えると、西洋映画は明らかに文化帝国主義を具現化するものであった。一方、ほとんどの朝鮮人にとって、映画は西洋から入ってきた芸術的あるいは科学的発明品というよりは、好奇心をそそる稀少品とみなされた。

朝鮮に初めて活動写真が入ってきたのは、朝鮮王朝末期、外国企業、外交団、宣教団を通してのことだった。[1] これらの紹介者たちは、西洋文化や文明を伝える手段として、またさらに重要なことに、西洋の繁栄ぶりを象徴するものとして、映画を朝鮮人に見せたのだった。外資系企業である漢城《ハンソン》電気会社や英米煙草会社は、営業戦略として映画を利用した。西洋外交団は政府高官、政府支援団体、親日派市民団体を対象に、ホテルや社交場で映画を上映した。

外国映画が広告を通して朝鮮民衆の目にようやく触れたのは、一九〇三年のことだった。[2] 同年六月二三日の『皇城新聞《ファンソン》』の映画広告欄に、売上増を狙う外資系企業の策略で、同社の製品購入の証明があれば入場無料との記載がある。[3] たとえば、漢城電気会社は、朝鮮王室と米国人ヘンリー・コルブランとH・R・ボストウィックが共同出資して一八九八年に設立し、ソウル初の電車を敷設した会社であるが、映画を利用して客を引きつけ、入場料を支払うか電車の切符を購入するかすれば映画を鑑賞できるとしたのだった。同様に、英米煙草会社も、観客が自社の煙草の空箱を持参すれば上映場への入場を認めた。当時の『皇城新聞』は、観客数が一日に千人を上回ったと報じている。[4]

朝鮮映画の登場[5]

朝鮮総督府の公認の下、日本と西洋の仲介者を通して外国映画が流入するなかで、朝鮮人は自らの映画産業を発展させることができなかった。十分な資金援助や強力な経済的、社会的インフラがなかったためである。一九世紀末、主要な西洋列強諸国の映画産業は、利益が見込まれる潜在市場として植民地をとらえ、現地での事業展開に取り組んだ。この状況は朝鮮でも同様だった。朝鮮在住外国人は事業としての映画に多大な関心を寄せ、総督府から正式な政治的支援を確保することに成功した。そうした政治的、経済的、社会的制約の下で朝鮮人が独自の映画産業を進展させることは極めて困難だった。

こうした問題があるために、朝鮮映画の起源を決定する作業は複雑を極める。映画史研究者は、何が「最初の」朝鮮映画だったかを見極める上でいくつかの問題を検討せざるをえない。すなわち、映画がいつ制作され、いつ初上映されたのか、初上映時に一般大衆にも公開されたのか、特定の観客に対して上映されたのか、誰が制作費を支払ったのか、朝鮮人と日本人のどちらが監督したのか、などの問いだ。また、制作は完了したものの、政府の検閲により非公開となった映画をどう扱うかについて、研究者は自らの立ち位置を明確にする必要がある。以下で見ていくように、こうした多様な要因がからみあい、朝鮮映画の実際の誕生時期については大きく異なる見方が存在する。この問題をめぐっては、映画研究者や批評家の間で活発な議論が今も続いている。

現在のところ、映画史研究者の多くは、一九一九年に公開されたキム・ドサン（金陶山）監督の『義理の仇討ち』を朝鮮映画の嚆矢と考えている。[6] この映画は、演劇の間に映画を組みこむという、スクリーン・舞台併用のキノドラマ（連鎖劇）だった。パク・スンピル（朴承弼）が製作、日本人が撮影を担当した『義理的仇討』は、団成社で初公開された。主人公ソンサンを殺し遺産を奪おうと共謀した意地悪な継母とその徒党に対するソンサンの復讐物語である。勧善懲悪劇である同作品は、当時の他のキノドラマと同様、社会的、歴史的コンテクストを排除して朝鮮人の生活を描き、遺産争いや陰謀、恋愛といった個人的な問題のみを扱った。

一方、朝鮮初の劇映画としては、映画研究者の多くが『月下の誓い』（一九二三）を挙げている。この作品は本格的な劇映画で、『義理的仇討』のような舞台劇ではない。ユン・ペンナム（尹白南）がしたためていた脚本を元に自ら監督を務めたが、朝鮮人の貯蓄推進を目的とするこの映画を製作したのは朝鮮総督府だった。主人公ヨンドゥクは肉体的快楽におぼれ、家の全財産を使い果たしてしまうが、婚約者チョンスンは自らの蓄えを使ってあらゆる窮地からヨンドゥクを救う。朝鮮総督府は朝鮮人にこの映画を見ることを強制し、実際これが植民地支配への服従心を教えこむための政府による最初のプロパガンダ映画となった。

最近になって、キム・ジョンウォンとチョ・ヒムンが朝鮮映画の起源に関して異なる見解を示している。一九二三年一月十三日に上映されたキム・ドサンの『国境』を、朝鮮映画史における最初の劇映画とみなすべきだというのが彼らの主張だ。一九九三年に初期の朝鮮映画に関する彼らの研究が発表されるまで、『国境』は未完成の作品であると広く考えられており、研究者の多くが朝鮮映画史の議論から同作品を除外していた。(7) こうした支配的な見方に対しキムとチョは異議を唱え、『国境』は完成しており、一般公開までされていたと主張した。彼らはその証拠として、一九二三年一月十一日の『東亜日報』に映画公開日の広告が掲載されたことを挙げる。この公開日は実際、『月下の誓い』が封切りされた一九二三年四月九日に先行している。キムとチョによると、『国境』はその「望ましくない」政治的内容を理由として、朝鮮総督府が封切り後ただちに上映を禁止してしまったため、その存在が不透明になってしまったという。

最初のトーキー（発声映画）である『春香伝《チュニャン》』は、一九三五年に朝鮮人であるイ・ミョンウ（李銘牛）が監督し、京城撮影所で制作された作品で、資金を提供したのは日本人だった。この作品は、当時の朝鮮社会に広く存在した厳格な身分制度による差別と社会的不名誉を乗り越えていく下流階級の女性と上流階級の男性のラブストーリーだ。トーキーが朝鮮に登場したことで、従来よりも規模が大きく専門的な映画製作会社が設立されるようになった。しかし、朝鮮の映画製作会社の多くは、トーキーを作るにはあまりに小規模だった。加えて、朝鮮総督府は朝鮮語による作品を厳しく検閲していた。朝鮮人の製作会社の財務体制の弱さに厳しい検閲制度が重なり、トーキー時代の幕開けとともに、黎明期の朝鮮映画産業は衰退に向かうこととなった。

植民地時代の朝鮮映画の製作、配給、受容

西洋映画は文化的産物として朝鮮市場に輸入された。日本をはじめとする諸外国の事業者は、朝鮮人観客向け映画の商業的価値を認識すると、朝鮮総督府による政治的、経済的庇護を受け、朝鮮映画市場を独占するようになった。ジョージ・R・アレン、H・G・モリス、G・テイラーといった米国人実業家は、日本人を共同事業者として、米国のパラマウント、ユニバーサル、ワーナー・ブラザース、フィルム・ブッキング・オフィス（FBO）、フォックス・フィルム、そしてフランスのメリエスやパテが製作した映画を輸入することができた。当時、朝鮮人が設立した配給会社は紀新洋行《キシンヤンヘン》と東洋映画会社のみで、パラマウント、ブリティッシュ・インターナショナル・ピクチャーズ、ソフキノなどといった米国、英国、ロシアの会社から映画を輸入していた。

輸入映画のほとんどは商業映画館で上映された。外国映画の人気に刺激を受け、事業家は次々と映画館を建てた。一九一〇年以降京城高等演芸館、黄金演芸館という二つの新しい映画館ができ、一九一二年にはソウル在住日本人専用の大正館が開館した。朝鮮人観客を対象とする最初の劇場は団成社で、一九〇七年に創業し、一九一八年に映画上映向けに改装された。一九二二年には朝鮮人用に朝鮮劇場が新設された。一九三五年までに全国でおよそ三九の映画館が開館し(8)、朝鮮人の映画観客数は年々増えつづけ、一九二七年に約二六〇万人だったのが、一九三五年には約八八〇万人になった(9)。これは、当時の朝

鮮人総人口の三分の一に相当したと推定される。

朝鮮人の映画制作者も独自に会社を設立しようとした。自分たちの映画の商業的配給こそが、制作費を工面する唯一の資金源だったのだ。しかし、それもあてにならず、十分な資金調達ができなかった。絶対的な資金不足のために、朝鮮人は日本人経営者に頼ることになった。実際、朝鮮人観客向けに朝鮮人が運営していた映画館のほとんどは、日本人が所有していたものである。まれに朝鮮人映画制作者が自ら資金調達できる場合もあったが、撮影を続けるには不十分で、早い段階で断念せざるをえないことが多かった。また、最初の映画が大当たりしたとしても、多くの場合、長期的な映画制作に必要な資金を捻出することはできなかった。その上、朝鮮人観客が輸入映画の様式に慣れて西洋的嗜好をもつようになると、それが朝鮮人映画制作者にとって新たな問題となった。資金調達の支援が得られないことや脆弱な経済インフラですでに苦境にあった彼らには、財源豊富な外国からの輸入品と張りあうことができなかったのだ。

数字でみると、日本の植民地時代、朝鮮には映画製作会社が約六〇社あり、総計一六〇本以上の作品が製作された。『アリラン』が製作され最大のヒット作となった一九二六年までには、日系二社と朝鮮系四社が設立されていた。最初のトーキーが製作された時期にあたる一九二六年から一九三五年までの間に、商業利益を求めて約五〇の映画会社が誕生した。そのほとんどが一、二作品を製作しただけで廃業したが、朝鮮キネマ、金鋼《クムガン》キネマ、ナ・ウンギュ（羅雲奎）プロダクションの三社は存続し、五本の劇映画を製作した。こうした状況下で、朝鮮人映画制作者は日本人投資家に頼るほかなかった。実際、日本人は、当時朝鮮にあった製作会社の資本金総額の約四〇パーセントを出資していた。また、一九二三年から一九二六年にかけてのサイレント（無声映画）初期の時代には、技術面でも日本に依存しなければばならなかった。

植民地時代に配給された外国映画は、朝鮮映画の数を圧倒的に上回っていた。たとえば、一九二五年に公開された映画作品のうち、二一三〇本は米国、一二四本はヨーロッパの作品だったが、朝鮮の映画はわずか八作品にとどまっていた。[10] 朝鮮映画市場では輸入外国映画が圧倒的多数を占めたのだ。一九三五年から朝鮮の製作会社二、三社がトーキー製作に成功すると、公開された映画の作品総数に対するトーキーの割合は毎年増えていき、一九三三年には二〇パーセントだったのが、一九三五年には八五パーセントに達した。[11] 一九三四年には、全上映作品に対する日本映画の比率を五〇パーセントまで引き上げるために、朝鮮総督府は全映画館に圧力をかけはじめた。[12] このように、植民地時代にあっては、劇場数や観客数の増加にかかわらず、朝鮮映画産業の組織的発展が非常に困難な環境があり、そのなかで朝鮮映画が製作されたというのが実状であった。結果として、朝鮮映画産業は外国人経営者による輸入映画配給事業に常に圧倒されつづけ、朝鮮人観客はといえば輸入文化財の消費者でしかなかった。

植民地時代の映画政策

朝鮮総督府による映画政策は、朝鮮文化を忘却させ、被植民者をイデオロギー的に操作することに重点を置いていた。こうした態度は、朝鮮を併合し、朝鮮人に日本語を強制するという日本の全体的な植民地政策からすれば当然のなりゆきだった。総督府は、朝鮮人の主権意識や独立心を断ち、統治に対する全面的服従を強いる手段として映画が効果的であると考えた。日本は、マスメディアとしての映画の大衆性と効力を利用することで、植民地化の意義と必然性を正当化し、その押しつけを強化しようとした。こうした目的の下、総督府は一九二〇年に政府内に活動写真班を設け、同年、最初の作品として『虎列刺《コレラ》』を製作した(13)。この映画を筆頭に、総督府は一九四五年の植民地解放までの二十五年間に、プロパガンダ映画を二三〇本製作した(14)。

映画に対する検閲は、朝鮮映画が登場する以前から実施されていた。一九二二年、朝鮮総督府は活動写真や映画を検閲するために「興行場及び興行取締規則」を施行した。一九二四年以降に公開された外国映画のすべてがこの制度による検閲の対象となったが、のちに朝鮮人製作の映画にも適用されることとなった。一九二六年には「活動写真フィルム検閲規則」を施行し、一九二八年に改正を行った。映画と脚本の検閲は各地域の警察機関が担当した。また、全映画館で、映画も観衆も政府の監視下に置かれることになった。映画館の監視制度は、朝鮮人観客と作品そのものに対する統制を強化することを目的とした。一九三四年、「活動写真フィルム検閲規則」が改定されて「活動写真映画取締規則」になり、検閲が強化された。最初のトーキーである『春香伝』が一九三五年に制作されると、朝鮮語を使用する朝鮮映画に対する検閲はさらに厳しくなった。総督府は朝鮮人に親日映画を作らせ、公的機関で朝鮮人観客にプロパガンダ映画を見せることを義務づけた。

一九四〇年になると「朝鮮映画令」が制定された。この法令により、総督府は親日映画の制作を拒む朝鮮人映画製作会社を起訴できることになった。映画の製作と配給も、登録制から許可制に変わった。一九四一年に朝鮮映画製作者協会が結成されると、朝鮮総督府は、親日的な朝鮮映画および日本とその同盟国であるイタリアとドイツの映画を除いて、映画の配給自体を禁止した。そして、総督府の監督下で朝鮮映画製作株式会社という新会社が一九四二年に設立された。政府はそれまでの朝鮮人製作会社の登録をすべて無効にし、その結果、朝鮮人は自らの意思で映画を製作する自由を失った。製作される映画の数や種類は、総督府が定めた。在庫にあった生フィルムも軍需物資として扱われたため、流通が制限された。一九三八年の「第三次朝鮮教育令」を強化するために、一九四二年、朝鮮総督府は朝鮮語映画の上映を全面的に禁止した。この年から、日本人製作の朝鮮映画はすべて日本語によるもので、日本語の題名がついただけでなく、監督と出演者を含む朝鮮人映画制作者は全員日本名を使うことになった。植民地映画政策は四十年にわたり変化を遂げた。時が経つにつれ厳しさが増し、やがて朝鮮人が自由に映画の仕事をすることさえ禁じられ、独自の映画様式や映画産業を発展させる機会が摘みとられる結果となった。

代表的な監督と作品

厳しい検閲や映画製作に対する制限があったものの、日本統治時代には八本のキノドラマを含む一六〇本以上の朝鮮映画が作られた。そのほとんどが新派劇に属するメロドラマ的なものであり、恋愛、セックス、殺人、金銭問題のいずれかを題材にしたものだった。そうした映画は、植民地支配下にある朝鮮の暗い社会的現実と辛い生活から逃避させてくれるものとして、朝鮮民衆の歓心を引いた。最初の新派劇はイ・グヨン(李亀永)監督の『双玉涙』(一九二五)だった。これは日本の大衆小説「己が罪」を翻案した作品で、婚外関係で男児を出産した女性の悲劇を描いている。興行として最も成功した新派劇には、尾崎紅葉の大衆小説「金色夜叉」を翻案したイ・ギョンソン(李慶孫)の『長恨夢』(一九二六)と、美しい妓生《キーセン》(高級娼婦または芸者を指す)と芸術家の悲恋物語であるイ・グヨンの『落花流水』(一九二七)が挙げられる。

新派劇のほかに、民話や古典小説をドラマ化した歴史映画も大衆に人気があった。イ・ギョンソンの『沈清《シムチョン》伝』(一九二五)やパク・チョンヒョン(朴晶鉉)の『薔花紅蓮伝』(一九二四)は、一九三五年の『春香伝』とともに、この種の映画のなかでは芸術的にも商業的にも最も優れた作品といえる。パクの『薔花紅蓮伝』は、その題材、出演者、撮影班、監督、予算に至るまで製作のあらゆる面で最初の真正朝鮮映画として、朝鮮映画史において特に重要な作品である。初の朝鮮人映画撮影技師であるイ・ピルウ(李弼雨)はこの作品で劇映画デビューを果たした。

イ・ピルウはおそらく朝鮮映画初期の技術的発展にとって最も重要な存在であり、『春香伝』での仕事を通してトーキー時代の幕開けを担った。初期の朝鮮映画産業でほかに注目すべき人物としては、『義理的仇討』や『薔花紅蓮伝』を製作したパク・スンピルと、『月下の誓い』や『雲英《ウニョン》伝』(一九二五)の監督で、『沈清伝』の製作を担当したユン・ペンナム、そして『長恨夢』と『沈清伝』の監督であるイ・ギョンソンなどが挙げられる。

こうしたメロドラマ的な朝鮮映画のなかにあって、一九二六年には民族主義レジスタンス映画が少数ながら登場した。[15]最初のレジスタンス映画『アリラン』の成功は、朝鮮映画産業にいくらか活気をもたらした。この作品によって朝鮮人観客の間で朝鮮映画に対する関心が高まり、その結果、その後数年間にわたって朝鮮人製作の作品数が急増した。後述するように、朝鮮プロレタリア芸術家同盟(KAPF、カップ)の映画人によるいわゆる「傾向派映画」の第一号である一九二八年の『流浪』は、『アリラン』が大衆に受容され成功したことが引き金となった作品として論じられることが多い。[16]「傾向派映画」は、社会主義イデオロギーを明確に打ち出すもので、その製作者らは当時の朝鮮プロレタリア芸術運動の先導とみなされた。

図1 イ・ギョンソン監督『長恨夢』(1926) 新派劇の代表的作品

当然のことながら、民族主義映画に対する関心の高まりを朝鮮総督府が看過することはなかった。一九三〇年代に総督府は検閲をさらに厳格化し、民族主義レジスタンス映画の公開を一切禁止し、朝鮮人映画制作者に親日映画のみを作るよう強制した。興味深いことに、総督府による統制のなか、朝鮮人は文芸作品へと切り替えることでこれに対応した。親日映画製作を強制されることから逃れると同時に、ありきたりのメロドラマを避けられる方法だと考えたのである。こうして文芸映画が朝鮮映画産業の新潮流となった。しかし、文芸映画と並行して、親日的軍事映画が多数製作されるようになったのもこの時期からである。最初の軍国主義映画は一九三八年のソ・グァンジェ(徐光霽)監督による『軍用列車』で、その後解放に至るまで、親日映画は朝鮮映画産業のなかで勢いを増しつづけた。

日本統治下の朝鮮映画は、題材とテーマによって五つに分類することができる。メロドラマ、民族主義レジスタンス映画、「傾向派映画」、文芸映画、親日映画である。そのなかでも民族主義映画と「傾向派映画」は、朝鮮人監督に自らをとりまく政治的、社会的現実への批判的視点を促す意味で大きく貢献し、そうした現実に対する映画的アプローチを示したという点から、特に注意を向けるべきだ。以下では、この二つのタイプの映画について詳細に論じる。

民族主義映画とナ・ウンギュ

『アリラン』はナ・ウンギュ監督による一九二六年の映画である。題名は有名な朝鮮民謡から来ており、富裕層からの抑圧に対する貧困層の抵抗がテーマとなっている。農村地域における小作地管理人と小作人の間にある封建主義的関係の問題を描き、朝鮮映画史で初めて日本の植民地主義に反発する反帝国主義的意識を扱っている。『アリラン』が大衆から熱烈な反響を得たことを受け、その後同類の朝鮮映画が多数製作されるようになった。さらにナは、一九二八年に『愛を求めて』と題した抗日映画も制作した。この作品は、民族独立の必要を訴え、民衆に鋭い政治意識を喚起するメッセージを含むものとして、しばしば映画史研究者に賞賛される。[17] しかし、多くの部分は日本統治下の検閲によって削除されたため、元の作品は完全な形では残されていない。

『アリラン』と『愛を求めて』は、朝鮮の大衆だけでなく映画人にも多大な影響を与えた。特に、その後数年にわたり、ナ作品に喚起、触発された朝鮮の映画人たちが自らの手でさまざまな民族主義的抗日映画を作ったことに、その強い影響力が窺える。一九三二年に公開されたイ・ギュファン(李圭煥)の『主なき渡し船』は、ナ作品をモデルとした代表的な作品の一つで、朝鮮人の船頭とその娘が地主階級

図2 ナ・ウンギュ監督『愛を求めて』(1928) キャストとスタッフ。前列左から2番目がナ・ウンギュ監督

に虐げられる辛苦を描いている。ナの影響は、抗日兵士が日本人に惨殺される悲劇を扱ったユン・ボンチュン（尹逢春）の『大きな墓』（一九三一）からも強く感じとれる。ユンは、ナの五作品を含む三十近い作品に俳優として出演している。また、一九二七年から四二年までに、監督として四本の映画を世に出したが、その後朝鮮キネマ株式会社の傘下で映画を作ることを拒み、映画界を去った。こうした理由から、韓国の映画史研究者や評論家の多くがユンを模範的な抗日民族主義の監督、俳優だと認識している。

最初の作品で成功を収めた後、ナは約二〇本の映画を制作し、一九二七年にはナ・ウンギュプロダクションを設立した。さらに、一九三七年に死去するまで、自分の作品や仲間の作品に出演した。ナが生涯において手がけた作品は、初期の民族主義映画に始まり、メロドラマから親日映画にまで及んでいる。ナは主に初期作品で民族主義的な監督として高い評価を受けているが、実際は幅広い主題と形式に取り組んでいたのだ。ビジネス感覚にも優れており、大衆向けの商業映画も進んで制作した。ナの経歴のなかで最も物議を醸したのは、晩年に制作した親日映画である。特に、一九三一年の『夫は警備隊へ』に代表されるプロパガンダ映画に関して、ナは朝鮮知識人から厳しい批判を受けた。この作品は日本の軍国主義に献身する朝鮮人の男女を描いたものだった。

朝鮮映画史におけるナ・ウンギュの重要性については、映画研究者の間で意見が分かれている。[18] しかしながら、ナが朝鮮映画産業の発展に寄与した点、特に、反植民地主義をテーマにした初期作品については評価に値するだろう。ナは映画人生の最終段階で親日活動に関与したが、朝鮮映画産業が『アリラン』を機にようやく羽ばたけたことは否定できない。つまり、ナの作品が重要な転機となり、朝鮮映画史に新時代が誕生したのだ。ナの映画は、朝鮮の映画人に対して、真の民族映画産業を築くことができるという強い潜在的可能性を示した。これこそ、ユ・ヒョンモク（兪賢穆）ら主要な研究者たちが「朝鮮映画史でサイレントの時代といえば、ナの時代だ」と言う所以である。[19]

「傾向派映画」とＫＡＰＦ

『アリラン』は、朝鮮民衆の民族独立への思いを駆り立て、強く心に訴える作品だった。映画界におけるそうした民族主義の新たな台頭を背景として、ＫＡＰＦ映画が誕生した。ＫＡＰＦ《カップ》は、エスペラント語で Korean Artista Proletariat Federate（朝鮮プロレタリア芸術家同盟）を意味する。[20] 二〇世紀初頭に朝鮮の文学者や芸術家によって組織されたＫＡＰＦはプロレタリア芸術運動を展開した。『流浪』は、前衛詩人でKAPF系映画監督のキム・ユヨン（金幽影）による一九二八年の作品で、朝鮮映画史初の「傾向派映画」だ。この作品は、悪徳地主に搾取される小作人の生活を描いている。キムと同様、KAPFのメンバーは「階級闘争の武器としての芸術」というスローガンの下に映画を制作し、その作品は朝鮮映画産業における新潮流を形成した。KAPF系映画人は映画を政治闘争の手段と考え、スクリーン上で朝鮮の無産階級の社会的現実を表現することを目的として、一九二八年から三一年までに五作品を制作した。その作品の歴史的意義は、「現代韓国における反政府的で労働者志向の映画運動の起源はKAPFの「傾向派映画」にさかのぼる」と論じる映画評論家や歴史家の主張にあらわれている。(21)

しかし、興味深いことに、監督の経験不足や資金難に加え、朝鮮総督府による検閲が重なったことを主な理由として、KAPF作品の多くは未完成のままになっている。完成し、映画館で上映されたのはわずか四作品である。五番目の映画である『地下村』は一九三一年に撮られたが、公開前に検閲当局により禁止された。公開された四作品は、商業的には失敗とみなされるが、映画の社会的機能について文学界と映画界でかつてない議論を引き起こした。しかし、こうした議論は、総督府によるイデオロギー統制の強化という結果を招くだけだった。一九二七年、KAPFは外国映画の配給会社として東洋映画株式会社を設立し、これによって、興行成績上の失敗が続いた際に、限られた額であっても映画製作資金の工面ができるようになった。一九二八年、KAPFは映画製作の仕組みを改編し、社会主義リアリズム路線の映画を製作する目的でソウル・キノが設立された。その後、そこから派生した南郷《ナミヤン》キネマが製作した『暗路』（一九二九）と青服《チョンボク》キノが製作した『地下村』は、ソウルの外れに暮らす貧困層の苦難を描いている。一九三一年に『地下村』製作に関わったKAPF系映画人が警察に逮捕されると、レジスタンス映画は数十年にわたって朝鮮映画史から姿を消すことになった。

逮捕者が刑務所から出所すると、KAPFメンバーの活動の大部分は劇的に変化した。日本の当局に協力した者もいれば、映画制作を完全にやめた者、政治に無関係の文芸映画を作りはじめた者もいた。(22) 最初の親日軍国主義映画である『軍用列車』を制作したのはKAPFの評論家ソ・グァンジェである。『地下村』の共同脚本家であるアン・ソギョン(安夕影)は『志願兵』(一九四一)という軍国主義映画を作っている。文芸映画に転向した監督の一人であるキム・ユヨンは、拘束されるまでに、KAPFのレジスタンス映画五作品のうち三作品を手がけていた。映画制作から身を引いた者としては、カン・ホ(姜湖)やユン・ギジョン(尹基鼎)がいる。カンはKAPFのリーダーで、『暗路』と『地下村』の監督だった。

一九四五年の解放後、KAPF系映画人のなかには、数々の詩人、小説家、評論家とともに北へ渡った者がいるが、北朝鮮当局に拉致されたり、朝鮮戦争中に行方不明と発表されたりした者もいる。そのなかでもKAPFの中心的人物で優れた理論家だったイム・ファ(林和)は、「反革命的」傾向があり、親日活動を行ったとして、一九五三年に朝鮮労働党によって処刑された。越北者のほとんどは、一九六〇年代初頭に北朝鮮映画における社会主義リアリズムの伝統の構築に貢献したが、その後、イデオロギー上の理由で朝鮮労働党から糾弾され、最終的に「粛清」された。いわゆる「一九六七年反宗派闘争」の下、朝鮮労働党は一九六七年の中央委員会で、KAPF路線を継続していたパク・パリャン(朴八陽)、パク・クムチョル(朴金喆)、キム・ドサン、アン・ハムグァン(安含光)を党に反する修正主義者あるいは反革命主義者として粛清したのだ。(23) KAPF系映画人の闘争と敗北は、植民地時代と解放後の朝鮮社会の政治に翻弄された映画の脆弱さを明白に示している。

KAPF映画人はあらゆる政治的、経済的制約を課せられ、最終的には「傾向派映画」を通して朝鮮プロレタリア階級の解放を加速させるという信念を断念するほかなかった。自発的であれ、不本意であれ、KAPFメンバーがたどったそれぞれの道が示すように、彼らの映画活動は全体的にみると多面性を帯びていた。個々のメンバーの業績に関する徹底的な考察がこれまでなかったことを鑑みると、彼らの活動を組織的映画運動としてとらえる従来のアプローチはいくらか単純すぎるようにみえる。すべての作品で興行的失敗が続いたことは、社会主義革命の政治的武器としての映画の「神聖な」役割、また、大衆へ働きかける上で映画が効果的だという彼らの強い信念が実らなかった事実をある程度示している。つまり彼らは、大衆向けの文化的産物の一つの形態あるいは大衆とのコミュニケーションの媒体としての映画を提供することができなかったのだ。

KAPF解散後、朝鮮映画産業はトーキーの時代に入った。朝鮮映画は一九三五年に音声を導入し、一九四五年までに約六〇本のトーキー作品が制作されたが、これらは二種類に大別される傾向がある。一つは完全な親日映画であり、もう一つは単に時局的主題を避け、ひたすら悲惨な政治的現実とは無関係なストーリーのみを扱う映画である。この時期、トーキーの導入とともに新世代の監督が登場したが、彼らの作品は民族主義的傾向どころか、社会的なテーマすらまったく含んでいなかった。この世代の代表であるイ・ギュファン(崔寅奎)、チェ・インギュ(崔寅奎)、パン・ハンジュン(方漢駿)は朝鮮総督府に積極的に協力したか、愛国的問題意識を完全に捨てていた。この意味で、一九四五年の解放までの十年間は、朝鮮映画史における「暗黒」の時代ともいえる。

第2節　北朝鮮映画の進展

一九四五年の日本からの解放は、朝鮮の人びとにとって別の試練を意味していた。日本の降伏後、連合国が大多数の朝鮮人の意に反し、朝鮮半島の分断を決定したのだ。一九四五年八月、ソ連軍が北を、米軍が南をそれぞれ占領し、朝鮮を軍事的に分断した。北朝鮮では一九四六年七月に北朝鮮労働党が結成され、委員長には中国で活動していた共産主義者のキム・ドゥボン（金科奉）が、副委員長にはソ連占領軍を後ろ盾とするキム・イルソン（金日成）が就任した。これに続き、一九四六年十一月にはパク・ホニョン（朴憲永）を指導者として南朝鮮労働党が結成された。パク・ホニョンは、植民地時代の朝鮮共産主義運動の草創期に最も影響力をもっていた人物である。ソ連による占領から三年が経つと、北に朝鮮民主主義人民共和国が成立し、北朝鮮労働党はキム・イルソンを最高指導者に任命した。一九四九年六月、北朝鮮労働党は南朝鮮労働党を正式に吸収し、朝鮮労働党と改名した。キム・イルソンの支配は一九九四年に死去するまで半世紀近く続いた。その後、キム・イルソンの息子であるキム・ジョンイル（金正日）がその地位を継承し、北朝鮮を支配した。

北朝鮮の政治史はおそらく、今日私たちが北朝鮮映画として知るものの形成に最も重要な影響を及ぼしてきた。韓国を含むほとんどの資本主義社会では、映画は主に娯楽の一形態としてみられている。しかし、北朝鮮では、他の多くの社会主義国家と同様、映画は一義的に社会主義化や大衆に対する効果的な政治的プロパガンダの道具としてとらえられている。キム・イルソンは生前、「最も重要で影響力のある大衆教育の手段[24]」として、社会における映画の重要性をくり返し強調していた。

北朝鮮では、朝鮮労働党が芸術活動に対して要求するいわゆる「主体的芸術論」を基盤として、映画を含むすべての芸術活動が営まれている。「主体《チュチェ》」とは自主独立を意味し、「マルクス・レーニン主義を朝鮮の状況に創造的に適用」することを奨励するものだ(25)。この用語の定義は、キム・イルソンが一九五五年十二月二八日に行った演説「思想活動において教条主義と形式主義を一掃し、主体を確立するために」で説明されている(26)。一九七二年の朝鮮民主主義人民共和国社会主義憲法によると、朝鮮労働党は、人びとに共産主義を植えつける手段として、また、労働者階級意識を向上させ朝鮮で共産主義革命を達成する方法を教示するイデオロギー的武器として、芸術を位置づけている。主体的芸術論は北朝鮮の公式な根本方針として取り入れられた。この思想を通して、北朝鮮社会のあらゆる分野でキム・イルソンの「唯一思想」が植えつけられることになった。

北朝鮮の映画政策と主体的映画芸術論

上述したように、北朝鮮の映画政策は朝鮮労働党による芸術の定義と主体思想に基づいている。この方針によれば、芸術は民族、階級、個人の解放に向けた革命の道具にすぎない。人びとに共産主義イデオロギーを吹きこむことで、芸術は革命的思想の糧として機能する。したがって芸術は、自立した人間の精神的エネルギーや、封建的束縛からの独立を求める大衆の闘争を描くべきものになる(27)。

主体的芸術論が北朝鮮の映画制作に適用されるようになったのは、キム・イルソンの息子で後継者となるキム・ジョンイルによるところが大きい。キム・ジョンイルは、一九六七年に朝鮮労働党内の宣伝煽動部に属する映画芸術部門の指導課長に任命されて以来、映画産業のあらゆる側面を指揮してきた。

キム・ジョンイルによる直接管理下で、北朝鮮映画産業は六〇年代後半から七〇年代にかけて大規模な発展計画を立ち上げた。映画やその他の芸術活動に積極的に関与することで、政府の指針に沿って大衆を鼓舞したとして、キム・ジョンイルはその指導力を党から認められることになった。また、父に対する忠誠心を促す映画シリーズをつくり、父から後継者としての信頼も得た。一九七四年の朝鮮労働党中央委員会総会で、キム・ジョンイルは父親の唯一の後継者として指名された。

映画に対するキム・ジョンイルの執心ぶりを如実に物語るのは、韓国の著名な映画監督であるシン・サンオク（申相玉）とその妻で女優のチェ・ウニ（崔銀姫）を拉致した事件だ。この監督と女優の人気コンビは、韓国映画史における「黄金期」を導いたとみなされていた。拉致される前、シンは六四本の映画を撮り、チェはシン作品の多くで主役を演じていた。この拉致事件は、キム・ジョンイルの個人的な、またいくぶん過剰な映画への情熱だけではなく、北朝鮮におけるプロパガンダの道具として映画がいかに重要視されていたかを示している。[28] 一九八六年に北朝鮮を脱出したシンとチェの証言によれば、キム・ジョンイルが個人的に収集した映画の数は一万五千本を超えるという。また、キム・ジョンイルの訪問先にはかならず映画上映室があり、キムは「ほぼ毎晩」映画を観ていたと述べている。[29]

キム・ジョンイルは一九七三年に『映画芸術論』[30]という本を出版している。この本は北朝鮮の公式的な芸術理論を概説したもので、北朝鮮映画制作者にとって映画芸術のバイブルとなっている。このなかでキム・ジョンイルは、俳優は労働者階級としての人民の経験や感情を忠実に表現するように演技すべきであり、監督は集団的監督体制の下で働くべきだといった理論を詳細に論じている。また、主体思想こそが、大衆に「おもねる」ことばかりを追求する西洋の映画と北朝鮮映画芸術とを分かつものだと主張している。さらに、映画が主体思想の表現に成功すれば、それが「完璧な」芸術品になると述べてい

図３『安重根と伊藤博文』の撮影現場を訪れたキム・ジョンイル

る。このように、キム・ジョンイルはすべての北朝鮮映画制作者に対し、主体思想を映画芸術に移しこむことを強く促している。特に、映画は、朝鮮労働党への不変の忠誠心をもち、階級のない社会の構築のために強い階級意識をもって積極的に働く人民として北朝鮮国民を描くべきだとされている。「人民」のための「完璧な」芸術作品を作るべく、映画制作に関わるすべての者は「人民」の感情、要求、大志をスクリーン上で写実的に表現しなければならず、そのためにはまず「人民」の実際の暮らしを直接体験しなければならない。

北朝鮮映画を構成するもう一つの主要素は民族主義である。キム・ジョンイルの理論書では、北朝鮮映画は労働者階級の人びとの精神性だけではなく、彼らの「民族主義的心情」をとらえるべきだと強調されている。すなわち、朝鮮の統一、そして究極的には無階級社会の構築に向けた義務と責任を民衆に教えこむという歴史的使命を引き受けることが北朝鮮映画に求められているのだ。こうした使命の緊急性を伝えることで観客の関心を引きつけたとき、映画作品は初めてその役目を果たすことになる。映画がその期待に応えたとき、「民族主義的形態」すなわち朝鮮労働党が掲げる芸術としての地位に到達する。そして、「民族主義的形態」の地位に到達した映画のみが、北朝鮮人民の嗜好を満たすことができるのだ。

この理論に基づき、朝鮮労働党は映画製作の段階ごとに具体的な原則方針を規定し、提示している。映画製作の原則は「種子論」「模範論」「速度戦」で構成されている。「種子論」は、観客の心に植えつける「種子」のように、どの映画もキム・イルソンの革命思想や労働党の指針を打ち出す「適切な」題材やテーマを扱うべきだということを意味する。「模範論」の原則は、階級と民族の解放を達成するための労働者階級の闘争をどのように描くかということに関わっている。この原則では、映画制作者に北朝鮮の社会と国民の理想的な姿を表現することが求められる。「速度戦」とは、イデオロギー的にも芸術的にも質の高い映画を、厳格な日程管理の下で迅速に製作するという党の要求に応えることである。(31)「速度戦」の原則は、映画製作における「消極的な」態度を排除している。つまり、イデオロギー的武器としての映画は、革命のプロセスを加速するために、できるだけ迅速に製作されるべきという考えだ。映画製作のこうした原則は、すべての「映画労働者」に課せられたものであり、この原則に基づいて製作された北朝鮮映画の多くは「集団的作品」と呼ばれている。

北朝鮮映画の社会的、政治的特徴

北朝鮮映画の主流が朝鮮労働党の方針を固守していることは驚くべきことではない。朝鮮労働党は芸術史を記述する上での公式基準を設けている。そのため、北朝鮮映画史の時代区分は、北朝鮮の他の芸術活動における時代区分の公式基準と合致する。朝鮮労働党は、朝鮮史に関する自らの解釈から生まれた特定の用語でそれぞれの時代を理解している。以下では、朝鮮労働党が設けた基準に沿った分類をもとに、北朝鮮映画史の社会的、政治的特徴について考察する。

この歴史区分に従い、また、一九六七年以降の北朝鮮映画の進展については三段階に分けて論じる。朝鮮労働党による公式な時代区分では、さらに細かい区分は存在しない。しかし、前述したように、キム・ジョンイルによる三十年あまりの支配の下で北朝鮮映画には重要な変化と進展が続いた。そうした変化のほとんどは、キム・ジョンイルが権力継承者として映画産業を独占的に監視してきたことと結びついている。また、目まぐるしく変化する国際環境、特に東欧と旧ソ連における共産主義崩壊を背景とした社会的、政治的構造の安定の問題やキム・イルソンの死去が、その後の北朝鮮映画における傾向に重要な影響をもたらした。

「平和構築」の時代　1945.8 - 1950.6

一九四五年の解放後、北朝鮮は、親日派の知識人や地主階級を処罰して、封建主義や日本の植民地主義の残滓を根絶しようとした。この目的を達成するために、朝鮮労働党は北朝鮮の映画労働者に対して、

「反植民地主義」「反封建主義」「民主主義」に依拠した国の文化を構築するという大義の下で映画を制作するよう奨励した。また、そうした映画は、北朝鮮人民、特に工場労働者や小作人といった労働者階級の国や朝鮮労働党に対する忠誠心を描くべきだとした。

朝鮮労働党は、日本による植民地支配の終焉を北朝鮮映画史の出発点とした。韓国の映画史研究者は朝鮮映画史に日本植民地時代を含む傾向にあるが、北朝鮮の歴史家はその時期を排除し、植民地期を「朝鮮労働党の抗日革命運動と民族主義的闘争の時代」と公式に呼んでいる。一九四六年、労働党内に映画班が設置され、北朝鮮で最初のサイレント映画である『われらの建設』が作られた。この作品は一九一九年の三・一独立運動の記念日を描くドキュメンタリー映画である。北朝鮮で最初の劇映画は一九四九年に製作された『我が故郷』だ。これは抗日パルチザン活動と地主階級に対する地下レジスタンス運動に参加した革命家の物語である。ほかにも、この時期に登場した劇映画として、解放後の北朝鮮社会における社会主義経済の土台を築く労働者階級の奮闘を扱った『溶鉱炉』（一九五〇）がある。合計すると、この時期にドキュメンタリー映画五〇本と劇映画二本が制作されており、いずれも朝鮮労働党の歴史的正統性やキム・イルソンのリーダーシップを宣伝するための作品だった。換言すると、この時期の映画はすべて、韓国政府や韓国大統領イ・スンマン（李承晩）を非難し、北朝鮮こそが朝鮮史の正統な後継者だということを正当化しようとしたのであった。

「偉大なる民族解放」の時代　1950.6-1953.7

この時代は朝鮮戦争の時期と重なる。戦争のあおりで、この時期に登場した映画の多くはドキュメンタリー映画もしくはニュース映画だった。戦時中、朝鮮人民軍の映画撮影部隊は約七〇本のドキュメンタリー映画と五本の劇映画を製作した。これらの劇映画は『国境守備隊』（一九五〇）、『郷土を守る人々』（一九五二）、『再び前線へ』（一九五二）、『飛行機狩り』（一九五三）、『偵察兵』（一九五三）という題名で、「祖国解放戦争」と彼らが称する戦争における民衆の英雄的行動や勝利に対する自信がテーマになったことが明白に読みとれる。これらの作品は、朝鮮を再び植民地化することを企む米帝国主義に対する民族解放闘争として朝鮮戦争を描いている。また、解放後、韓国は親日派知識人や地主階級を保護したと主張し、朝鮮戦争が米国の傀儡政権に対抗する階級闘争でもあるという解釈が作品にあらわれている。

「戦後復興と社会主義基盤の構築に向けた闘争」の時代　1953 - 1958

一九五三年の休戦協定締結後、朝鮮労働党は戦禍を被った経済を立て直し、北朝鮮を堅固な社会主義社会として構築することに集中しはじめた。映画および映画制作者は、この目的のために労働党によって再び利用され、政府指針を忠実に守ることとなった。ここで強調されたのは、戦後の復興への取組みと復興過程における主体思想の重要性だ。一九五五年の演説で、キム・イルソンは北朝鮮のすべての作家と芸術家に対し、戦後経済再建のために尽くすように述べた[32]。また、主体思想こそが芸術活動から「教条主義」や「形式主義」を根絶するための唯一の手段だと力説した。北朝鮮が戦後再建に集中していたことは『新婚夫婦』（一九五五）と『美しい歌』（一九五五）という二つの映画によくあらわれており、いずれの作品でも戦後経済の急速な回復における北朝鮮人民の勤勉さが称えられている。この時代には、人民の社会的、政治的意識を「啓蒙」する目的で二〇本以上の作品が製作された。

「社会主義の全面的構築に向けた闘争」の時代　1959 - 1966

この時期における北朝鮮の映画製作は、キム・イルソンの「千里馬《チョンリマ》時代にふさわしい文学芸術を創造しよう[33]」というスローガンを強く反映している。「千里馬運動」とは、迅速な経済再建のために全エネルギーを投入するよう人民に強く訴える運動であった。キム・イルソンは一九六四年の演説「革命的文学芸術の創作のために」のなかで、文学と芸術の目的は、労働者が革命的な世界観を涵養できるよう、革命的闘争に関する直接的な教訓や間接的な経験を人民に提供することだと述べている[34]。

この時期には毎年多数の映画が製作された。『分界線の村で』（一九六二）と『旋盤工』（一九六三）は、朝鮮労働党が推し進めるテーマの「優れた」描き方が評価され、初の人民賞を受賞した[35]。前者は、韓国軍に参加した夫をもつ女性が隣人の反感に勇敢にも耐え、スパイになるよう勧誘してくる韓国の工作員に抵抗する姿を描いている。後者は、日本植民地時代に辛苦を経験したが、その後千里馬精神あふれる模範的な労働者になった主人公の紡績女工を通して、当時の精神をうまく表現した作品である。彼女は北朝鮮労働者たちが所有する工場で働いており、そのことに満足している。以上の二作品を含むこの時代の映画はすべて労働者の前向きなイメージをつくりだすことを目的とした。そうしたイメージは「社会主義的楽園」を建設し、キム・イルソンへの忠誠心を高める上で不可欠だったのだ。

「社会主義勝利の前進に向けた闘争」の時代　1967 - 現在

この時期は、キム・イルソンが一九六六年十月の朝鮮労働党中央委員会で行った演説「現情勢と我が党の課題」の視点から考察できる。この演説では、イデオロギー教育と行動の統合によって党の「唯一思想」を促進することに重点が置かれている[36]。キム・イルソンはほかにも「革命的映画創作について」

図4 オム・ギルソン監督『安重根と伊藤博文』（1979） 朝鮮総督府初代統監の伊藤博文は1909年にハルビンで暗殺された

と題した声明を発表しており、そのなかで「唯一思想」の重要性をくり返し強調し、社会主義社会の構築における映画制作者の役割を説明している。キム・イルソンによるこうした言説に加えて、この時代は、一九七三年にキム・ジョンイルの『映画芸術論』が刊行されたという点でとりわけ注目に値する。北朝鮮映画芸術のマニフェストと考えられるこの本を通して、映画に熱心なキム・ジョンイルは映画製作に大きな影響を与えるようになった。

この時期、製作映画本数は着実に増え、年間平均で三〇本近くに達した。現代に至るこの時期に、『遊撃隊の五兄弟Ⅰ－Ⅲ』（一九六八—六九）、『血の海』（一九六九）、『花咲く村』（一九七〇）、『ある自衛団員の運命』（一九七〇）、『労働家庭Ⅰ・Ⅱ』（一九七一）、『花を売る乙女』（一九七二）、『安重根《アン・ジュングン》と伊藤博文』（一九七九）、『旅団長のかつての上官』（一九八四）

の八作品が人民賞を受賞した。当時製作された映画のほとんどはキム・イルソンの指導力に重点を置いている。日本の植民地統治に対する闘争を描く映画では、キム・イルソンが、朝鮮を日本の支配から解放できる唯一の人物として描かれている。また、朝鮮戦争を舞台とする映画では、キム・イルソンだけが北朝鮮の勝利によって戦争を終結させることのできる実権をもつとされている。解放後は多くの映画で北朝鮮人民の暮らしが描かれたが、それらの作品全般にみられる典型的なテーマは依然としてキム・イルソンとそのイデオロギーに対する人民の敬意と賞賛であった。しかし、一九六七年以降の作品を丁寧に分析すると、党内の権力闘争を止め、前指導者キム・イルソンの唯一の後継者としてキム・ジョンイルの政治的基盤を強化することが、朝鮮労働党の強い動機になっていることがわかる。[37]

キム・ジョンイルがキム・イルソン崇拝を強化したことにより、北朝鮮映画史は、キム・ジョンイルによる映画産業統制の前と後という二つの時代に明確に区分できる。まず、一九六〇年代後半から七〇年代における最も重要な変化は、「首領形象文学」と「抗日革命文学」を北朝鮮映画における絶対的前提として提唱した点である。「一九六七年反宗派闘争」によるKAPF映画人の排除を機に、北朝鮮の芸術や文学における思想的基盤の一つである「社会主義リアリズムの伝統」に対する非難が始まった。[38]キム・ジョンイルは、KAPFが導いた「社会主義リアリズムの伝統」では一般的な労働者階級の日常を細かく描くことに重きが置かれているが、階級革命における「首領」の決定的な役割を示してもいなければ、大衆に対して首領の指導力を伝えてもいないと批判した。加えて、父親による一九六六年の演説を反復しながら、KAPFの駆逐は「封建的儒教主義、資本主義思想、事大主義、教条主義を排除し……党の唯一思想を強化する」ものでなければならないと主張した。[39]いいかえると、一九六七年以降、北朝鮮映画の理論的基盤は、KAPFと抗日革命文学から後者のみへと移行したということだ。[40]また、

「社会主義リアリズム」に代わり「偉大なる首領文学」が北朝鮮映画の主流となった。

一九八〇年代における北朝鮮映画の注目すべき変化の一つとしては、「隠れた英雄」映画の登場が挙げられる。通常の「偉大なる首領文学」に沿った抗日革命映画とは対照的に、「隠れた英雄」映画の多くは現代社会の一般労働者の隠れた努力、困難、絶望をさまざまに取り上げている。人民賞受賞作品の『旅団長のかつての上官』（一九八四）は、『トラジの花』（一九八七）とともに、この時代に製作された「隠れた英雄」映画の代表作といえるだろう。

興味深いことに、「隠れた英雄」映画の登場は、人民の間で募る不満を朝鮮労働党が次第に認識しはじめた時期と一致する。これは特に都市と地方の経済格差、世代間の対立、「無階級」社会のなかでさまざまな階層に置かれた人びとがもつ不安にあらわれている。[41]さらに、「偉大なる首領文学」では、党が、党とキム・イルソンに対する忠誠心とともに、理想的な労働者階級意識を主題として強化する必要に迫られていることが窺い知れる。それゆえ、労働者階級の社会的現実の表現に関して、この時代に作られた映画がKAPF系映画人の手がけた映画と異なるのは、キム・イルソンと民衆の緊密な絆を父と子の関係のように強調している点である。

八〇年代の北朝鮮映画にみられるもう一つの新しい特徴は、大衆娯楽映画に対する民衆の要求に応じて、イデオロギー的内容を控えた作品が製作されたことである。特に娯楽的要素もなく、同じ型にはまった歴史上の道徳的教訓をくり返す一般人の関心から離れた物語は、観客、特に戦後世代の支持を得にくくなった。五〇年代にあったような歴史映画が『春香伝』（一九八〇）、『愛、愛、私の愛』（一九八五）、『温達伝』（一九八六）、『林巨正Ⅰ－Ⅴ』（一九八七―八九）として再登場し人気を博したのは、この文脈から理解することができる。

一九九〇年代における北朝鮮映画の特徴を要約すれば、おそらく、労働者階級の問題と民族主義の再評価ということになるだろう[42]。この二つのテーマは、朝鮮労働党に対する忠誠心と併せて当初から党が最も重点を置くものだったが、六〇年代後期以降は、党とキム・イルソンへの忠誠心が優先されるようになった。北朝鮮映画における民族主義と労働者階級意識の重要性を再確認したことは、冷戦後の国際政治環境の変化に対する社会の一般的な反応を反映している。また、一九九四年にキム・イルソンが死去した後、民衆の間で社会不安が高まることが予想され、それに対し党が直接的な懸念をもっていたことも浮き彫りにしている。KAPFの伝統の復活、あるいは朝鮮映画史におけるナ・ウンギュ作品の再評価も、民衆に向けて民族主義を強化しようとする党のさまざまな取組みを示すものだ。さらに、外国からの影響や民衆の不満の拡大に対し、社会政治体制を守るための労働者階級意識を映し出している。

六〇話からなる『民族と運命』（一九九二―九九）は、九〇年代を代表する北朝鮮映画として政府が認める作品で、朝鮮労働党の関心事や懸念が端的にあらわれている[43]。キム・ジョンイルはこの作品を支持し、「『民族と運命』の種子は、民族の運命はすなわち個人の運命であること」と「民族の運命の本質は、民族の独立に関わる問題であること」だと述べた[44]。同作品では、たとえば、韓国や他の資本主義国家における裕福な上流階級の極めて贅沢な生活と、民衆の悲惨な貧困状態や暗澹たる状況を対比させている。この意図は、大衆に「民族独立によって守られる社会主義の楽園の幸福な暮らし」を確信させることにある。さらに、さまざまなエピソードのなかで、韓国のスパイや亡命者、KAPFの作家、在日朝鮮人、第二次世界大戦中に日本軍のために強制的に働かされたいわゆる「慰安婦」、亡命した北朝鮮シンパ、そして現在の北朝鮮労働者階級の人びとなど幅広い層が登場する。この多種多様な登場人物たちのいかなる罪や裏切りも許され、「真の国」へと迎え入れられるというのが作品のメッセージである。すべての登場人物が「われわれ《ウリ》式《シク》社会主義」が優れていることをくり返し述べながら、自分たちの「祖国」に戻りたい、「祖国」に身を捧げたいという願望を強調している。

朝鮮労働党は映画の筋書きづくりに力を注いだ一方で、脱北者の証言によると、観客はスクリーンに再現された資本主義社会の裕福で贅沢な生活に魅了されていたようだ。皮肉なことに観客は、魅了されるとまでは言わなくとも、外の世界に対して強い好奇心を示す傾向にある。このような大衆の「望ましくない」反応は、党の意図していた映画の政治的効果を裏切るものであり、社会における大衆の社会主義化とプロパガンダにおける映画の役割には限界があることを明らかにすると同時に、党の映画政策の失敗に対する警告にもなっている。

北朝鮮映画の製作、配給、受容

北朝鮮における映画製作は国家事業であり、構想の段階から最終的な配給に至るまで、映画製作のあらゆる側面が国家の全面的統制下にある。作品はすべて朝鮮労働党文化芸術部映画総局の直接監視下で製作される。一九八〇年代から九〇年代初頭にかけて毎年一三〇本を超える作品が製作され、その内訳は劇映画約三〇本、ドキュメンタリー映画六〇本、科学映画三〇本、児童映画約十本である。八〇年代以降の二十年間は、三カ所の撮影所で年間平均三〇本の劇映画が製作された。そのなかで最大の撮影所は朝鮮芸術映画撮影所で、一九四七年に設立され（当初は国立映画撮影所であったが、一九五七年に改称された）、一九七〇年に拡張されて敷地面積は八〇万平方メートルとなった。撮影所組織内には白頭山《ベクトゥサン》創作団、普天堡《ポチョンボ》創作団、大紅湍《テホンダン》創作団など十の創作団を有し、各創作団が年間二、三本の作品を製作している。ほかにも、当初朝鮮人民軍二・八映画撮影所と呼ばれ、のちに朝鮮人民軍四・二五芸術映画撮影所に改称された撮影所がある。(45) この撮影所は朝鮮人民軍の管轄下にあり、年間五本から七本の劇映画を製作しているが、そのほとんどは戦争映画である。朝鮮人民軍二・八映画撮影所（朝鮮人民軍四・二五芸術映画撮影所）には月尾島《ウォルミド》創作団、大徳山《テドクサン》創作団、月飛山《ウォルビサン》創作団という三つの創作団がある。さらに一九七八年には、韓国から拉致したシン・サンオクとチェ・ウニのためにシン（申）フィルムが設立された。キム・ジョンイルの特別な支援の下、シンとチェは一九八六年に北朝鮮から脱出するまでに七本ほどの劇映画を制作し、ほかにも十三本のプロジェクトに関わった。

朝鮮労働党は映画労働者の訓練と再教育を徹底的に行っており、映画労働者を「国家の創作人員」または「創作労働者」と呼んでいる。一九五三年、労働党は平壌《ピョンヤン》総合芸術学校を創設し、一九七二年に平壌映画大学として再編、一九八八年に平壌演劇映画大学に改称し、そこで映画ワークショップや映画文学コンテストを開催した。七〇年代後半まで、キム・イルソンの名の下に製作された数本の映画を除き、ほとんどの北朝鮮映画には制作に関わった人の名前が記されていない点は興味深い。つまり、どの作品も「創作労働者」たちによる集団的創作とみなされているのだ。

北朝鮮における映画配給方式の独特な点は、朝鮮労働党による監督の下、国民が北朝鮮製作のすべての映画、すなわち劇映画だけでなくドキュメンタリー映画、科学映画、さらには児童映画さえをもすべて見ることを義務づけていることだ。『朝鮮映画年鑑』によると、一九八六年に作られた映画は一二九本で、そのうち劇映画は三一本である。一九八六年の上映回数は約一九〇万回で、観客数は約二億三六四四万人にのぼる。(46) 北朝鮮の観客は通常一年に映画を九本以上見ている計算になる。北朝鮮の人口が約二五〇〇万人であることを考えると、この数字はかなり驚くべきものだ。ほとんどの映画が「映画普及事業」という名の下に事業所、協同組合、工場などで上映される。たとえば、一九八六年に朝鮮労働党が所有する人民劇場で公開された映画は全作品のわずか五パーセントで、それらの劇場で映画を鑑賞した観客は全体の七パーセントにすぎなかった。映画年鑑によるこうしたデータは、北朝鮮の全国民が、好むと好まざるとにかかわらず、北朝鮮で配給されるすべての映画作品を鑑賞し、映画鑑賞会に参加しなければならなかったことを示している。いいかえれば、映画鑑賞は最も重要な政治学習の一環として、北朝鮮の全国民の義務活動になっているのだ。

北朝鮮映画の主なジャンル

階級闘争の革命的伝統に関する映画

北朝鮮映画で主流となっている二大テーマは、封建時代の地主階級による搾取に対する階級闘争と、民族独立に向けた抗日運動で、この二つが組み合わさった作品も多い。こうしたテーマを含む作品としては、『血の海』(一九六九)、『ある自衛団員の運命』(一九七〇)、『花を売る乙女』(一九七二)、『安重根と伊藤博文』(一九七九)などがある。[47] これらの劇映画は一九六〇年代後半から七〇年代にかけて北朝鮮映画芸術の模範例として上映された。キム・イルソンはこれらの作品を賞讃し、大衆が歴史の主人公として台頭し自らの運命を定められる新時代の到来によって浮上した人間の「自主性」という課題に対し、「完全な」答えを提供していると述べた。それゆえ、これらの作品は人民賞を受賞したのみならず、朝鮮労働党によって国民がかならず鑑賞すべき極めて重要な作品として推奨された。党は、これらの作品は党の唯一思想を描くことによって、北朝鮮映画芸術をイデオロギー的内容と芸術的傑出性の点で新たな境地へ高めたと述べている。

階級闘争をテーマとする劇映画のいくつかは、抗日闘争におけるキム・イルソンの指導力を扱っている。北朝鮮初の劇映画『我が故郷』(一九四九)をはじめ、『ある分隊長の物語Ⅰ・Ⅱ』(一九六五)、『川は流れる』(一九六七)、『遊撃隊の五兄弟Ⅰ－Ⅲ』(一九六八—六九)、『朝鮮の星Ⅰ－Ⅹ』(一九八〇—八七)、『美しい麓』(一九八九)、『民族の太陽Ⅰ－Ⅳ』(一九八七—九〇)はすべて、打倒帝国主義同盟や一九三二年の抗日パルチザン(人民遊撃隊)を組織したキム・イルソンの抗日地下活動を描いた典型的な作品だ。以上の作品は、共産主義革命の精神に沿って人びとを教育し、キム・イルソンのイデオロギーの正当性を確固たるものにするために使われた。また、これらの映画では、抗日闘争は根本的には階級闘争として理解されるべきであり、キム・イルソンはそうした闘争における中心人物で、革命思想の闘士だとも主張されている。

八〇年代後半に製作された映画作品は、「偉大なる首領文学」の一種で、キム・イルソン一族による抗日革命闘争を英雄物語として描いている。『青い松Ⅰ・Ⅱ』(一九八四)と『黎明Ⅰ・Ⅱ』(一九八七)ではキム・イルソンの父であるキム・ヒョンジク(金亨稷)を扱い、『私を待って』(一九八七)、『司令部を遠く離れて』(一九七八)、『親衛戦士』(一九八二)では前妻でキム・ジョンイルの母にあたるキム・ジョンスク(金正淑)を、『革命戦士』(一九八七)、『永生Ⅰ・Ⅱ』(一九八八)では弟のキム・チョルジュ(金哲柱)を扱った。以上の作品はすべて、キム・ジョンイルによる権力継承の正当性に対するキム自身の懸念と直接関係しており、古い儒教思想における家父長主義を取り入れることによって、「正統な」家系と父の唯一の後継者としてキム・ジョンイルの「神聖な革命家の血統」を打ち出している。上述したように、八〇年代の北朝鮮映画の明確な特徴の一つは「隠れた英雄」映画と歴史映画の流行といえるが、それらの映画が「偉大なる指導者」文学の原則を遵守している点は、現在まで継続して強調されている。

歴史映画では、キム・イルソンの抗日運動を正当化するパターンが一貫してくり返されている。北朝鮮における歴史映画の主な目的は、朝鮮人の唯一かつ究極的な夢として無階級社会の構築を主張することにある。この目的に欠かせないのは、そうした夢の実現にキム・イルソンが絶対的に必要であることの正当化だ。『沈清伝』（一九五七）、『春香伝』（一九五九、一九八〇）、『愛、愛、私の愛』（一九八五）、『洪吉童伝《ホン・ギルドン》』（一九八六）、『林巨正I－V』（一九八七―八九）はすべて、労働者階級に対し階級意識をもつことを要求し、いかに地主階級に立ち向かうべきかを示している。これらの映画は通常、キム・イルソン以前の時代における地主階級の搾取に対する集団闘争は、歴史が証明しているように、キム・イルソンなくしては失敗せざるをえなかったというメッセージで締めくくられている。

朝鮮戦争と統一に関する映画[48]

北朝鮮の戦争映画のほとんどは朝鮮人民軍二・八映画撮影所で製作されてきた。これらの作品には戦時中の北朝鮮愛国者の英雄的行動が多分に盛りこまれている。同撮影所の前身である北朝鮮人民軍の映画撮影部隊は三年にわたる戦争期間中に五本の映画を製作したが、どの作品においても軍事行動に従事する人びとの士気を高めることが意図されていた。

一九五三年の休戦協定後も朝鮮戦争を題材にした映画が相次いで製作されたが、それは北朝鮮国民に反米意識を植えつける強力な手段となった。こうした作品の究極の目的は、「緊急の」民族解放戦争に向けて北朝鮮人民を準備させることであった。この種の映画のなかでも『崔鶴信《チェ・ハクシン》の一家』（一九六六）、『名もなき英雄たちI－XX』（一九七九―八一）、『月尾島《ウォルミド》』（一九八二）は、朝鮮労働党により最高の「模範的」戦争映画に選ばれ、北朝鮮の闘争精神と愛国心の芸術的表現のレベルを引き上げたと評価された。これらの作品に共通する重要な要素は強力な対外強硬主義であり、党はこれを国民の教化に利用した。

対外強硬的な愛国心は、民族統一問題を扱った作品にもみられる。統一に関する映画の最も顕著な例としては、『成長の途上にて』（一九六五）、『社会主義祖国を訪れた英洙《ヨンス》と英玉《ヨンオク》』（一九六九）、『金姫《クミ》と銀姫《ウニ》の運命』（一九七四）、『春の日の雪解けⅠ・Ⅱ』（一九八五）、『赤いカエデⅠ－Ⅲ』（一九九〇）、『民族と運命Ⅰ－LX』（一九九二―九九）がある。以上の作品は、米国とその「傀儡国家」である韓国に対する敵愾心を観客に植えつけている。北朝鮮と韓国の分断という不安定な今日的問題を扱うことによってこれらの作品が強調しているのは、統一が差し迫った歴史的課題であり、米帝国主義による韓国支配こそが長期にわたる民族分断の要因になっているということだ。つまり、南北分断を朝鮮史における先例のない民族的悲劇とみなしているのだ。しかし、それと同じくらい強力な別の動機が、映画のなかの強い政治的底流に隠れている。それは、衰退する経済や厳格な政治制度、そして何よりも党内の権力闘争に対する不満から人びとの注意をそらす、という朝鮮労働党の秘めた動機である。

社会主義経済の発展に関する映画

最後のジャンルとして、北朝鮮経済をテーマに扱う作品がある。朝鮮労働党は党の経済計画を実現するなかで、北朝鮮労働者が得る幸福感や達成感を伝える公共映画を大衆に見せている。この種の映画は、経済の「奇跡」と革新が今まさに起きており、将来にわたってそれを押し進めていく必要があることを強調する。『十四回目の冬』（一九八〇）、『雪寒嶺の三人の乙女』（一九八四）、『トラジの花』（一九八七）、『音楽家 鄭律成《チョン・リュルソン》』（一九九二）はいずれも、強固な社会主義経済を築くために模範的な活動を行い、結果として他の労働者を鼓舞している主人公が登場する。これらの作品に登場する主要人物は、模範的な国民として、党の経済計画への献身がなぜ、どのように政治革命と連携しているかを説明する。経済関係のテーマをもつそのほかの作品としては『旋盤工』（一九六三）、『花咲く村』（一九七〇）、『リンゴを摘む時』（一九七一）、『試練を乗り越えて』（一九八三）、『育む心』（一九九〇）があり、革命と人びとが労働者階級化する過程に焦点が当てられている。各作品の細部はともかく、これらの映画はいずれも、党の指針に従順であることの重要性と、北朝鮮における社会主義楽園の構築に対するひたむきな献身の美しさを示すものとなっている。

第3節　韓国映画の進展

一九四五年に日本の植民地支配が終わり、米軍が朝鮮半島の南側を占領すると、韓国の映画産業は米国映画の輸入と配給を主たる活動とした。また、韓国の映画人のなかにはハリウッド式の映画を作ろうとする者もいた。観客は、輸入された米国映画や、ハリウッド映画の表面的模倣に近い香港のギャング映画にどっぷりと浸されることになった。その結果、韓国の映画ファンたちは急速にハリウッド式映画に慣れ親しんだ。観客の嗜好が米国化したことで、朝鮮戦争と米軍政時代における韓国映画産業には大きな進展がみられた。

韓国映画は常に政府によるイデオロギー統制を受けてきた。九〇年代の初頭まで、国家の安全保障を

図5 国内市場における UIP の直接配給に抵抗する韓国の映画監督たち。右は批判声明を読み上げるパク・チョルス（1988 年、韓国映画監督協会事務所前にて）

侵す疑いがあるという理由で、いとも簡単に監督が逮捕されたり、映画の製作や公開が禁止されたりすることがあった。さらに、韓国文化の儒教の伝統に根づいた保守的な性質のために、道徳や倫理的理由によるかなりの制約が映画製作に課せられた。たとえば、一九六二年に映画法が制定され、公的な（すなわち政府の）道徳基準に反する可能性のある映画は明確に禁止された。当然のことながら、結果として韓国映画人が扱える題材や形式の範囲はかなり限定されることとなった。

しかし、八〇年代後半以降、韓国映画産業は新たな段階に入る。特に、政府が一九八七年に韓国市場でのユナイテッド・インターナショナル・ピクチャーズ（UIP）の活動に対する制裁を解除した後、外国映画の配給ネットワークが急速に拡大したことを受け、韓国映画人は、映画産業の慢性的停滞を克服すべく必死に努力した。観客が民族映画への興味を失いつつある状況を食い止め、さらには国外の観客さえも惹きつけられるように、作品の芸術的、技術的価値を高めようとしたのだ。若い監督集団は、国内市場における外国（米国）企業の猛攻と張り合えるように、より効果的で専門的な映画製作・配給システムの確立を目指した。このような努力によって、韓国映画は九〇年代半ば以降、外国映画との競争において徐々に自信を取り戻していった。

さらに、映画産業を活性化させる取組みの一環として、韓国の映画人たちは韓国映画芸術の健全な発展を阻害する主因の一つだったイデオロギー的制約の問題に対する解決策を探し求めた。急進的な映画人のなかには既存の製作体制の下で映画を作ることを拒む者もおり、彼らは民族主義に燃え、民族統一のような緊急の課題や労働問題について真っ向から向きあう映画運動を誘導してきた。韓国映画人が緊急に取り組むべきことは、今日の韓国における実際の政治的、経済的状況をスクリーン上で表現することだと彼らは主張した。

韓国映画の社会的、政治的特徴

韓国映画史は、政府による経済的、政治的介入および映画産業自体の繁栄と不振という視点から、おおよそ三つの時期に区分できる。どの時代においても、映画産業が社会における政治的変化に対し敏感に反応したことがわかる。政府の介入は、映画製作のさまざまな局面で表現の自由を制限した政策に最も端的にあらわれている。

民族分断への固執と韓国映画　1945-1959

一九四五年、連合国によって植民地支配からの解放が実現すると、今度は政治的混乱と国家分断という悲劇がもたらされた。韓国ではさまざまな党派間で争いが生じ、民主的プロセスを通して有力な政府を樹立する上であらゆる障害が生じた。政治的混迷は社会的、経済的混乱を伴い、映画界もこれらの問題から逃れることはできなかった。

独立直後の数年間は、かつて親日軍国主義映画を作っていた者やその他の親日活動に積極的に関与した者も含めて、韓国の映画人は二つのグループに分かれる傾向にあった。その一つは反共産主義の米軍政府および植民地支配後に初代韓国大統領に就任したイ・スンマンを支持した者、そして「ヒューマニズム」や「純粋芸術」を守り特定の側につくことを拒んだ者で構成されるグループであった。もう一つのグループは、北の共産主義に傾倒し、米占領軍とイ・スンマン政権に反対した者や、北側シンパではないものの解放されたばかりの韓国での急進的な改革を強く主張する者で構成されていた。前者の韓国支持派は、一九四六年に設立された朝鮮映画劇作家同盟や朝鮮映画監督倶楽部が中心となって形成された。このグループの中心人物はアン・ソギョン、チェ・インギュ、パク・キチェ（朴基采）、アン・ジョンファ（安鍾和）、ユン・ボンチュンらであった。一方、後者の進歩的左翼の監督たちは、一九四五年に設立された朝鮮映画建設本部と朝鮮プロレタリア映画同盟を統合し、朝鮮映画同盟を結成した。そのリーダーは、以前KAPF系映画人だったチュ・ミン（秋民）、カン・ホ、キム・ジョンヒョク（金正革）、ソ・グァンジェなどであった。二つのグループは政治的に相容れず、対立は不可避だった。両者の対立はしばらく続き、韓国映画が政治情勢やイデオロギーの抑圧に左右される状況を生み出した。最終的に主要な左派映画人が北朝鮮へ移る決断をするまでこの対立は継続し、抗争が表面化することも頻繁にあった。グループの内外で不安定な状況があるなか、朝鮮戦争の勃発前までに、二〇本に及ぶ劇映画が作られた。

一九四六年に米軍政府が一九三九年の朝鮮映画令を廃止し、新たに同様の検閲制度を作った。三年の占領期間中に約五〇本の映画が製作されたが、その半分はサイレントであった。商業映画館で配給された映画のなかで圧倒的に多いのは米国映画で、一九四六年に国務省と軍が共同で設立した米国企業セントラル・モーション・ピクチュア・エクスチェンジ（CMPE）を通じて輸入された。

輸入米国映画が市場を支配するなか、一九五〇年に朝鮮戦争が勃発するまで、韓国の映画産業も徐々にではあるが着実に将来の方向性を築こうと試みた。この時期の最も注目すべき出来事は、一九四九年にホン・ソンギ（洪性麒）のカラー映画『女性日記』が公開されたことだろう。韓国映画史上初のカラー映画であるこの作品は、芸術的価値というよりも技術的実験を試みたところにその重要性があった。観客の反応も熱狂的というわけではなく、カラー映画ブームに火をつけるには至らなかった。カラー映画がようやく韓国で人気を集めたのは、六〇年代になってからのことだった。

この時期に製作され、最初に商業的成功を収めたのは、チェ・インギュ監督の『自由万歳』（一九四六）という愛国映画だった。その後、他の映画人がこの作品を単純に模倣した映画が多数登場した。チェ作品とその影響を受けた作品群は、新たに手にした独立を祝うもので、明らかに民族主義や反日的な含みがあり、もっぱら一般韓国人の単純な感情的反応のレベルで独立と政治改革という主題を扱っている。そこでは、なぜ解放が自らの手ではなく大国の外的介入によって実現したのか、なぜ朝鮮は再び外国に占領されたのか、なぜコリアンの間でイデオロギー闘争をしなければならないのか、といった問題提起は皆無であった。

その後、一九四九年にチェ・インギュが『波市《パシ》』を発表した。主人公の漁師が本土のよい暮らしを夢みて実際にそれを経験してみるが、結局、目を覚まして伝統的な漁師としての生活に戻るというストーリーだ。チェは『自由万歳』と『波市』を監督する前、植民地時代に『太陽の子供達』(一九四四)や『愛と誓い』(一九四五)などの親日軍国映画を制作していた。こうした歴史を鑑みると、彼が映画人や評論家などから著名な民族主義的映画監督の一人としてしばしば言及されるのはいささか皮肉である。(49)

朝鮮戦争によって、韓国にあった映画制作用の旧式機器や設備はほぼ全壊したが、一九五〇年代半ばには映画産業の基盤復旧が始まった。韓国の初代大統領イ・スンマンは映画産業再活性化のインセンティブとして、一九五三年以降、韓国映画免税措置をとった。こうした異例ともいえる政権の態度によって、映画業界の体制を立て直す数々の前向きな兆候がすぐにみられるようになり、一九五五年にはイ・ギュファンの『春香伝』が稀にみる大ヒットとなった。映画の製作本数は毎年増えつづけ、五〇年代末までに二百本以上の劇映画が公開され、年間約百本の劇映画が製作された。これらの劇映画の多くは、題材とテーマによって、歴史ドラマ、メロドラマ、コメディー、反共ドラマという四つのカテゴリーに分類できる。

韓国映画に対する政府の介入と反共政策　1960 - 1979

一九六〇年の四・一九学生革命は韓国の映画人に表現の自由をもたらし、これと同時に、映画の検閲当局も政府から民間組織に移行した。しかし、翌年に五・一六軍事クーデターが起きたため、この自由も束の間のものだった。クーデターに成功した軍部指導者は、韓国に第三共和国を築いた。この政府は徹底的な反共体制をとり、輸出主導型の経済発展計画を積極的に推し進め、富裕層と貧困層、都市と地方の格差を拡げる結果をもたらした。

六〇年代から七〇年代にかけて、韓国映画は、現在の社会構造を肯定的に扱っているか否かを基準とする検閲に従って製作された。軍事政権によって、韓国社会にある政治的、経済的衝突、特に労働者階級の貧困について映画を通して表現することを検閲または禁止できる基準が設定されたのだ。頑強な反共政策の下、政府は、北朝鮮に好意的ととられる可能性のある政治的題材に対して極端なイデオロギー制裁を加えた。

この政権下で、韓国における最初の映画法が一九六二年に制定された。映画産業に対するこうした新しい法的規制によって、芸術が果たす重要な役割の一つである社会批評を映画を通して行うことができなくなった。また、政府は、映画産業に対する統制を拡大する方法の一つとして、一九六一年に優秀な映画を表彰する大鐘《テジョン》賞を創設した。さらに、一九六五年には、外国映画の輸入本数をその年に製作された韓国映画の三分の一までに制限し、年間六〇日から九〇日は劇場で国産映画を上映するスクリーンクォータ制を導入した。

映画産業の進展に対する政府の介入は、一九六五年に政府が優秀映画報償制度を導入したことでいっそう明白になった。この措置は、日本植民地時代にそうであったように、比較的短い期間で、質の高い芸術的な文芸映画を再興させることとなった。キム・スヨン（金洙容）監督『浜辺の村』（一九六五）は当時最も成功した代表的作品とみなされ、文芸映画ブームのきっかけとなった。ほかにも、文芸映画に準ずるジャンルとして、キム・ギドク（金基悳）監督の『南と北』（一九六五）、ユ・ヒョンモク（兪賢穆）監督の『殉教者』（一九六五）、パク・サンホ（朴商昊）監督の『非武装地帯』（一九六五）をはじめとする多数の反共映画がこの頃製作された。

しかし、当時の文芸映画は、主に外国映画輸入クォータの配分に応えるためのものだった。つまり、個々の監督による芸術的追求の結実でもなければ、大衆の要求に迎合するものでもなかったのだ。さらに、政府の強力な支援や作品の芸術的価値にもかかわらず、文芸映画の大半は興行的には失敗作だった。実際、映画製作者の主財源は、文芸映画の製作に対する見返りとして輸入した外国映画からの収入だったので、映画の商業的成功は製作者にとって主要な関心事ではなかった。したがって、一九七三年に政府が報償制度を廃止してまもなく文芸映画が姿を消したことは驚くに値しない。

この時期、主流ジャンルとしてメロドラマが再び台頭し、上流階級の暮らしや恋愛、バーのホステスの生活を描いた映画が多くなった。ここで突出しているのは、裕福な男性と貧しいバーのホステスとの関係を扱った作品群である。この種の映画は便宜上「ホステス映画」と呼ばれる。これらの映画で、韓国映画人たちは個人の問題にのみ焦点を当てることで、社会環境や政治的状況に関する今日的話題をある程度避けることができた。つまり、それは映画的現実逃避の一形態であった。

軍事政府の映画政策に従って一連のプロパガンダ映画も製作され、このジャンルはすぐさま当時の韓国映画の主な特徴の一つを成すようになった。最も成功した軍国主義映画は、シン・サンオク監督の『赤いマフラー』(一九六四)という韓国空軍戦士の物語である。これ以後、反共イデオロギーを強化するプロパガンダ映画は、政府から補助金を受けられるようになった。紀行映画的なペ・ソギン(裵錫仁)監督『八道江山《パルドガンサン》』(一九六七)も、当時のプロパガンダ映画に準ずる代表的作品で、パク・チョンヒ大統領の指導力と経済発展計画の下での経済的繁栄を描いている。

プロパガンダ映画が支配的な風潮のなかで、社会的現実や歴史解釈に対する「望ましくない」見方によって映画関係当局の注意を引く映画もあった。一九六五年に政府が大衆の反日感情を無視して日本との国交正常化のための日韓基本条約に調印した際、全国的に学生デモが支持される状況が生まれた。広範囲にわたる暴動を鎮圧するために、政府は戒厳令を敷いて対応し、また、映画産業に対する取締りも強化した。検閲当局は多くの映画に対し再提出を命じ、多くの映画人が逮捕または拘留されて風紀紊乱や国家安全保障を脅かした罪に問われた。

イ・マニ（李晩煕）の『七人の女捕虜』（一九六五）が警察当局に押収され、反共法違反でイ監督が裁判にかけられたことは、軍事政権の強硬路線を物語っている。映画の評論家や研究者の多くは、イ・マニを六〇年代から七〇年代における最も重要な監督の一人とみなし、彼の作品は朝鮮戦争とその影響に対する批判的視点を提供しているとしばしば論じている。『七人の女捕虜』をはじめ、『帰らざる海兵』（一九六三）や『サリ谷《コル》の神話』（一九六七）のような戦争映画は、内戦の非人間性と人びとにふりかかる惨状を描いている。しかし、イの作品は、戦争や国家分断の発端そのものに対するいかなる明示的解釈もないまま反共主義を強調している点で、典型的な戦争映画とみなすこともできる。イは映画のなかで親共的な感情を一切表出していない。この意味で、当時製作された戦争映画はより批判的な視点から再検討する必要がある。その際、個々の映画や監督が政府のイデオロギー的要求をどれだけ満たしたかではなく、近年の歴史や社会的現実に関する課題をいかに究明もしくは探求しているかという点を基準としなければならない。

一九七三年に映画法の三度目の改正があり、韓国映画産業は七〇年代半ばから徐々に衰退しはじめた。この改正法は、「維新《ユシン》」という第三共和国軍事政権の支配的イデオロギーに基づくものだった。これは、日本による植民統治時代の朝鮮映画令と非常に似ている。この改正法によって、政府の介入が助長され、軍事独裁政権や少数の複合企業による韓国市場の独占を、映画を通して批判することが禁止された。また、映画の製作・配給が登録制から許可制に変わった。さらに、二重の検閲制度が施かれることになり、すべての映画はその製作前に検閲当局への申告が義務づけられ、公開前に再び検閲のための提出が求められた。加えて、映画製作者や劇場所有者に重税を課すことで、高価な外国映画の輸入を防止した。比較的少数の大企業のみがそうした規制に耐えることができたが、そのような会社でも、廉価で質の低い映画しか輸入できなかった。映画産業の全体的な衰退は、この時期の作品数にはっきりと反映されており、一九六九年から七七年までに劇映画の数は二二九本から一〇一本に減っている。七〇年代に製作された劇映画は全部合わせても一三九二本で、その十年の間も年間製作数は減少しつづけた。観客数も、六〇年代の約一億七千万人から、一九八一年には四四四四万三千人まで落ちこんだ(50)。

民主化運動と韓国映画　1980 - 2000

一九七九年十月二六日のパク・チョンヒ大統領暗殺は、韓国の歴史上極めて重大な出来事だった。暗殺者は韓国中央情報部（ＫＣＩＡ）部長のキム・ジェギュ（金載圭）で、パク・チョンヒとは国防警備隊士官学校の同期であり、事件は大統領を迎えた内輪の宴会の席で起こった。政府内部の権力抗争によって、パクの軍事独裁政権は突然予期せぬ終わりを告げたことになる。しかし、その背後にはより重要な状況があった。それは、パク政権による国民への容赦ない抑圧に対して、パクの権力基盤の内部でさえ懐疑的な態度が強まっていたということだ。実際、政府が労働者のストライキや学生デモの鎮圧策を強化したにもかかわらず、大衆の間には民主化、公平な経済分配政策、労働者に不利な政策の廃止、表現の自由に対する強い要求が存在した。そのため、パク・チョンヒ暗殺という衝撃的なニュースによる政治的混乱は、社会のいたるところで表出していた民主化を求める熱狂によってただちに掻き消された。

図6 イ・グァンモ監督『故郷の春』（1998） 戦争に翻弄される子どもの目から朝鮮戦争を描く

このように、社会全体でみられた民主化への気運が一時期表面化し「ソウルの春」と呼ばれたが、一九八〇年五月にはチョン・ドゥファン（全斗煥）率いる軍の強硬派によって鎮圧された。パク暗殺直後の一九七九年十二月、チョンは軍のクーデターを導いて戒厳令を全国に拡大させ、野党側の長年の指導者でのちに大統領となったキム・デジュン（金大中）を含む主要な反対派や労働運動家を多数逮捕した。キム・デジュンが逮捕されると、大学生や市民が厳戒令を破り、一九八〇年五月にキムの出身地（全羅南道）の道庁所在地である光州《クァンジュ》市で大規模なデモを起こした。この出来事が光州事件（五・一八光州民主化運動）の発端となり、二百名近い（政府の公式発表による数字）人が命を落とし、相当数の市民が行方不明とされた。チョン・ドゥファンは、民主化を求める大衆の意思を抑圧し、韓国における歴史の流れを逆行させた。チョンやその後継者で元大将のノ・テウ（盧泰愚）政権時代には、急速な経済発展などの業績があったにもかかわらず、政府が国民から信頼を得ることはなかった。さらに、クーデターと光州事件に関し死刑判決を受けたチョン・ドゥファンは、キム・デジュン政権によって一九九八年に特別赦免されたが、そのこととは関係なく、光州事件の深い傷跡と記憶がいまだに多くの韓国人に痛みを与えつづけている。

こうした環境を背景とし、一九八〇年から現代（二〇〇〇年）までの韓国映画史には、韓国映画の国際的認知、さらに、社会意識の高い若手映画人の登場という二つの特徴がある。まず、八〇年代後期以降、韓国映画が世界の評論家から注目を集めるようになった。イム・グォンテク（林権澤）の三作品が国際映画祭で表彰された。『シバジ』（一九八六）が一九八七年の第四四回ベネチア国際映画祭で、『波羅羯《ハラギャ》諦《テイ》』（一九八九）が一九八九年の第十六回モスクワ国際映画祭で、『アダダ』（一九八七）が一九八八年の第十二回モントリオール世界映画祭でそれぞれ最優秀主演女優賞を受賞したのだ。ペ・ヨンギュン（裵鏞均）の『達磨はなぜ東へ行ったのか』（一九八九）、チョン・ジヨン（鄭智泳）の『ホワイト・バッジ』（一九九二）は、一九八九年の第四二回ロカルノ国際映画祭と一九九二年の東京国際映画祭でそれぞれグランプリを受賞した。また、チャン・ソヌ（張善宇）の『華厳経』（一九九三）は一九九四年の第四四回ベルリン国際映画祭で特別賞（アルフレッド・バウアー賞）を受賞し、『学生府君神位』（一九九六）のパク・チョルス（朴哲洙）監督は、一九九六年の第二〇回モントリオール世界映画祭で最優秀芸術貢献賞を受賞した。さらに、イ・チャンドン（李滄東）の『グリーンフィッシュ』（一九九七）は一九九七年のバンクーバー国際映画祭でグランプリを受賞し、イ・グァンモ（李光模）の『故郷の春』（一九九八）は一九九八年のベルフォール国際映画祭でグランプリ、東京国際映画祭で東京ゴールド賞を受賞した。これらの監督や作品は、外国の映画評論家や研究者の間で「コリアン・ニュー・ウェーブ」や「コリアン・ニューシネマ」として知られている。

この時期、これらの韓国映画が国際的な評価を得たこと以上に重要な出来事は、映画産業に対する政治的圧力が緩和されたことである。光州事件に端を発した社会的激変に伴い、韓国の映画人は社会的、政治的題材を使って自らの考えを観客に直接伝える可能性を見出しはじめた。こうした変化とともに、大学生グループを中心とする急進的な若い監督集団が従来の映画製作体制に異議を唱えるようになった。これらの監督たちは、外部からのイデオロギー的抑圧に対して「革命的な」立場に立ち、既存の映画業界の外で反政府映画を作った。そのなかでもひときわ急進的な者たちは「チャンサンコンメ」という集団を結成し、韓国映画運動を立ち上げた。この集団は韓国主流映画による従来のやり方を拒み、商業映画を作ることだけでなく、既存の映画市場に自分たちの作品を配給することさえ拒否した。彼らは労働者階級の闘いや現代韓国社会の政治的、経済的構造における矛盾などのテーマを好み、労働関係の問題を扱う傾向が強かったことから、「労働映画」という言葉が生まれた。一九八八年に製作された『五月—夢の国』は、光州事件の正当性と残酷で容赦のない軍の行動によって罪のない市民が大量虐殺されたことに対する米国の責任を取り上げた。また『ストライキ前夜』（一九九〇）は、韓国の労働者の生活や経済的不平等に対する彼らの意識や、社会的不公平の問題を解決する彼らの決意を描いている。この映画は十五万人の観客を動員し、韓国映画研究所の報告によれば、労働者、学生、知識人がその大半を占めたという。[51]リーダーのイ・ヨンベ（李竜培）を含むチャンサンコンメのメンバーの多くは、映画法違反の罪に問われ、警察に追われる身となった。著名な評論家であるキム・スナム（金壽南）は、彼らの民族主義的志向は「過激すぎる」とし、彼らが北朝鮮映画における主体思想のように「プロレタリア革命の手段」として映画に取り組んでいると指摘した。[52]

キムとは対照的に、イ・ヒョイン（李孝仁）、イ・ヨングァン（李庸観）、イ・ジョンハ（李正夏）のような若い評論家の多くは、こうした新しい映画運動を近年の韓国映画史における「最も重要な」出来事と考えている。このように、チャンサンコンメの監督に対する評価はさまざまだが、彼らが既存の映画界に自省のきっかけを与えたことについては、どの評論家もおおむね同意している。チャンサンコンメ系監督の韓国映画へのもう一つの貢献は、彼らの努力によって、映画が商業的娯楽以上の地位に引き上げられたことである。彼らのおかげで、社会批評としての映画の機能に光が当てられたのだ。韓国で映画に関する学術的議論が再び行われるようになったのは、チャンサンコンメ系監督の映画に対する真剣な姿勢に負うところが大きい。チャン・ソヌ、パク・クァンス(朴光洙)、パク・チョンウォン(朴鍾元)、ホン・ギソン(洪基善)、キム・ホンジュン(金弘準)、イ・ジョングク(李廷国)など若手監督の多くは、八〇年代後期以降、新しい韓国リアリズム映画を主導したが、映画業界で制作を始める前はこうしたレジスタンス映画運動に直接的あるいは間接的に関与したのだった。

韓国映画の製作、配給、受容

一九九九年、韓国映画は国内映画市場の約四〇パーセントを占める興行成績を記録した。一九八八年以来直接配給されたハリウッド映画の攻勢があったことを考えると、これは偉業である。こうした驚くほどの成功にもかかわらず、韓国映画産業はやがて、全体的な製作の落ちこみと輸入映画の増加に直面する。九〇年代を通して、映画製作本数とともに劇場数も減少が続いた。一九九三年に製作された劇映画は約六四本、映画館は約七〇〇館、観客は約四八二三万一千人だったのが、一九九七年には劇映画五〇本、映画館四九七館、観客約四七五二万三千人という状況に陥った。劇映画が二二九本製作され、劇場数六九〇館、観客数が一億六六三五万人を超えた一九七〇年と比べると、現在の状況は、この二十年で韓国映画産業がいかに弱体化したかを物語っている[53]。一九七〇年、観客は一人当たり年間五・三本の映画を見ていたが、この数字は年々低下し、一九九三年には一・一本、一九九七年には一・〇本となった。

たとえば、一九八六年には七三本の劇映画が公開されたが、そのうち三一本はソウル地域における初回上映のみで興行は失敗に終わった。一方、同年に商業映画館で上映された韓国映画と外国映画の比率は一対二だった。つまり、ほとんどの映画会社が外国映画を必死に輸入することで、韓国映画による損失を補おうとしたのだ。一九八五年改正の第五次韓国映画法によって独立系映画製作にいくらか自由が与えられたが、一九八七年には政府が検閲制度を復活させ、この限られた自由も奪いさられた。一九八五年、外国映画は観客全体の約六七パーセントを占めた。さらに、一九八七年にクォータ制度が廃止されると、主に外国映画の輸入に従事する投資家の多くの関心を集めた。韓国映画市場に占める外国映画の割合は一九九七年まで毎年増加しつづけた。この背景には、ここ数十年で最悪の経済危機がある。一九八七年、外国映画配給会社に韓国市場が開放されたことにより、すでに縮小しつつあった韓国映画産業の状況はさらに悪化した。一九九三年の興行記録によると、韓国映画の観客数は約七六八万九千人で、外国映画の観客数は約四〇五四万一千人だったという。つまり、外国映画は観客全体の八四パーセント以上を呼びこみ、その年の総興行収入の約八五パーセントを占める利益を上げたことになる。

近年では、テレビや家庭用ビデオの普及に加えて、ケーブルテレビや衛星放送など新しいメディアが出現したことで、韓国映画業界における問題は増幅した。六〇年代後半以降、韓国映画産業は「ホームシアター」ともいえるテレビに観客を奪われはじめた。特に、「ホームドラマ」やメロドラマではその傾向が顕著だった。そのため、四十代の観客を狙うのではなく、若い戦後世代を惹きつけようとして、多くの青春映画や十代向け映画が制作されるようになった。一九八〇年にカラー放送が始まり、テレビと家庭用ビデオという二つのメディアが普及すると、観客の外国映画志向と相俟って、映画人のなかには成人向けポルノ映画に着手する者も出てきた。また、ＵＩＰのような外国の配給会社も、韓国のビデオ市場に参入しはじめた。さらに、九〇年代後期にケーブルテレビと衛星テレビが急速に普及したことによって、映画業界はより複雑で攻撃的な市場戦略をとる必要に迫られた。そのため、映画製作者がコンテンツの主要な供給者として自分たちの利益を最大化するために他の映像産業といかに協力するかが重要になったようだ。

一九八八年に始まった米国映画の直接配給は、韓国の映画人だけでなく、これを米国の文化帝国主義と解釈する一般人の間でも、物議を醸した。その上、直接配給が成功すると、配給会社はスクリーンクォータ制を不平等な貿易慣行であると非難し、韓国政府に撤廃を要求した。[54] この制度に関する外国の配給会社と韓国映画界との対立は、一九九〇年代後期にさらに激しさを増した。こうして状況が悪化するなか、八〇年代には前述した若手映画人による韓国映画運動が新たな刺激をもたらし、韓国映画産業の復活に貢献した。この映画運動は、韓国社会だけでなく、映画界でも全般的に民主化が進んでいることの歓迎すべき証だった。

韓国映画の主なジャンル

韓国映画を特定の範疇に厳密に分類することは難しい。映画産業に対する政治的、社会的、経済的制約があったにもかかわらず、試みることのできた題材や形式の範囲という点で、韓国映画は北朝鮮映画よりはるかに多様性をもつからだ。韓国映画を分類する一つの方法として、主題、テーマ、登場人物の描写において何らかの類似性を共有する作品を一括りにするというやり方がある。この分類に従うと、韓国映画の大部分はメロドラマと社会批評という二つの主要ジャンルに集中する。この二ジャンルは、韓国映画史における最も顕著な傾向を示すもので、それぞれにいくつかのバリエーションがある。以下では、この二ジャンルとその他の関連する下位範疇の特徴を論じ、最後に、八〇年代中盤から現代までの韓国映画の進展を概略する。

メロドラマ

韓国映画史上、メロドラマは製作本数において最大のジャンルであり、映画産業が変化しつづける状況にあっても最高の人気を保っている。そうしたメロドラマは通常、女性の私生活を扱い、特に恋愛事情に焦点を当てている。この種の映画で最初に成功したのはハン・ヒョンモ（韓瀅模）の『自由夫人』（一九五六）であり、大学教授の夫から相手にされない妻の不倫を取り上げることで、韓国社会の厳格な道徳律に異議を唱えた。チョン・ソヨン（鄭素影）の『憎くてももう一度』（一九六八）はおそらくこのジャンルで最も代表的な作品で、しばしば韓国メロドラマの典型として言及される。シン・サンオクの『成春香《ソン・チュニャン》』（一九六一）は興行成績の新記録を打ち立てた作品で、地位のある中産階級の既婚男性（大部分が実業家）と純真な独身女性の悲恋を扱う似通った映画の大量生産をもたらした。『憎くてももう一度』のタイプのメロドラマは、不倫関係だけでなく、被害者という視点で婚外子の問題も取り扱っている。しかし、そうした同情的アプローチは、男性中心の社会的価値観や家族関係の下での支配的な考え方を拒否するものだとはいえない。

これらの映画に倣って、その後数多くのメロドラマ的恋愛映画が製作され、新聞の連載小説を元にした作品も多く誕生した。このジャンルは、特に七〇年代から八〇年代にかけて人気を博した。イ・ジャンホ（李長鎬）の『星たちの故郷』（一九七四）、キム・ホソン（金鎬善）の『英子《ヨンジャ》の全盛時代』（一九七五）と『冬の女』（一九七七）は、このジャンルの代表作である。家父長制の邪悪さをさらけ出すこれらの作品は、記録的観客数を動員した。これによってこのタイプの映画は韓国の観客にとって魅力的だということが証明されたわけだが、監督たちは適任の脚本家を見い出すことができなかった。そのため、彼らは新聞の連載小説から物語を頻繁に借用した。映画業界に優秀な脚本家がいなかったため、映画人のなかには、似たようなテーマの純文学作品を翻案する者もいた。文芸作品をもとにした秀作としては、シン・サンオクの『離れの客とお母さん』（一九六一）やイ・マニの『晩秋』（一九六六）などがある。

韓国映画のメロドラマから派生したものとして、性的に抑圧された社会における女性の苦悩というよりは、生々しいセックスに光を当てたポルノ映画の作品群がある。なかでもよく知られているのは、イ・ヨンシル（李英實）の『𤞟奴《パンノ》』（一九八二）、チョン・イニョプ（鄭仁燁）の『愛麻《エマ》婦人』（一九八二）、イ・ジャンホの『膝と膝の間』（一九八四）と『哀恋妃』（一九八五）、ユ・ジンソン（兪鎮仙）の『売春』（一九八八）などである。一九八五年に映画の性表現に対する検閲が緩和されると、ポルノ映画が大量に生産されるようになったが、映画業界には保守的な観客層からかなりの批判が寄せられた。

メロドラマのもう一つの下部範疇に歴史もの恋愛映画があり、そうした作品は通常、近代以前の朝鮮社会を舞台とした。しかし、一連の歴史もの恋愛映画を注意深くみると、時代設定を除いては現代のメロドラマと実質的に変わらないことがわかる。両者はどちらも話の筋として女性の恋愛に焦点を当て、同情的な視点から「頑なな」女性の苦境を扱う傾向がある。古典民話「春香伝」は歴史もの恋愛映画というジャンルが求めるものとぴったり合致する物語であるため、南北両方の映画人によって頻繁に翻案されている。[55] 禁じられた愛についてのこの有名な物語を映画化した韓国人監督としてはイ・ギュファン（一九五五）、シン・サンオク（一九六一）、パク・テウォン（朴太遠）（一九七六）、ハン・サンフン（韓相勲）（一九八七）、イム・グォンテク（二〇〇〇）などがいる。そのほかにも歴史もの恋愛映画で人気とされる題材には、身分意識の強い朝鮮社会において、階級の違う男性との情事の果てに女性が死ぬというものがある。イ・ドゥヨン（李斗鏞）の『避幕《ピマク》』（一九八〇）および『糸車よ糸車よ』（一九八三）、ペ・チャンホ（裵昶浩）の『黄真伊《ファン・ジニ》』（一九八六）、イム・グォンテクの『シバジ』（一九八六）がその典型だ。

九〇年代には、イ・ミョンセ（李明世）の『私の愛、私の花嫁』（一九九〇）、キム・ウィソク（金義石）の『結婚物語』（一九九二）、イ・グァンフン（李光勲）の『ドクター・ポン』（一九九五）のような新しいタイプのメロドラマが登場した。これらの作品は、結婚や性役割などの男女関係に関するさまざまな問題を軽いコメディタッチで描いている。九〇年代後半には、カン・ジェギュ（姜帝圭）の『銀杏のベッド』（一九九六）、チャン・ユニョン（張允炫）の『接続』（一九九七）、チョン・ジウ（鄭址宇）の『ハッピー・エンド』（一九九九）が観客を魅了した。これらの監督はロマンスと裏切りというありふれたモチーフを使っているものの、多様な映像的実験を試みることで、商業的にかなりの成功を収めた。また、伝統的な家父長主義の価値観に疑問を投げかけ、こうした問題に対する若い世代の新しい態度を反映した。これらの作品群は興行的にも成功が続き、韓国映画産業の再生に貢献した。

最後に、単純にメロドラマとして区分しにくい映画群がある。パク・チョルスの『301・302』（一九九五）、ホン・サンス（洪尚秀）の『豚が井戸に落ちた日』（一九九六）、チャン・ソヌの『私からあなたへ』（一九九四）と『LIES／嘘』（一九九九）である。これらの作品は、物質主義的な社会において性的虐待、道徳的背反、性的抑圧によって引き起こされる個人の私生活に隠れた暴力を扱っている。

社会批評映画

このカテゴリーには、自らの意思とは関係なく政治的、歴史的事件に巻きこまれた被害者、あるいは現代韓国社会の不平等な経済構造の犠牲者として個人を扱うことを基本的なアプローチとする映画が含まれる。まず六〇年代初頭に、社会問題を取り上げる映画があらわれはじめた。それらの映画は、今日の韓国社会や韓国文化を写実的に表現することを試みた。ユ・ヒョンモク監督の『誤発弾』（一九六一）は、主人公一家の完全崩壊を通して、朝鮮戦争の悲劇的な結末を端的にとらえている。この作品は、ソン・チョルホという貧しくも勤勉な男が、戦後期を生き抜くために必死で努力したにもかかわらず、妻は出産で絶命し、妹は外国人兵相手の娼婦（洋公主《ヤンコンジュ》）になり、弟はささいな強盗の罪で刑務所行き、最後には母親が精神錯乱状態となり、結局すべてを失うという物語だ。

政治的状況と社会批評映画との密接な関係性が明白にあらわれるのは、一九六〇年の四・一九学生革命から一九六一年の五・一六軍事クーデターまでの時代である。この期間、映画の検閲は民間組織である映画倫理委員会に委託され、社会問題を扱う映画が登場するようになった。カン・デジン（姜大振）の『朴《バク》さん』（一九六〇）と『荷馬車』（一九六一）、キム・ギヨン（金綺泳）の『下女』（一九六〇）、チョン・チャングン（全昌根）の『ああ、白凡金九《ベクボムキムグ》先生』（一九六〇）、イ・ガンチョン（李康天）の『旅人《ナグネ》』（一九六一）、イ・マニの『走馬燈』（一九六一）などがそうである。『誤発弾』でみられるように、これらの作品は暗い社会の現実に焦点を当てている。社会的混乱と経済不安を巧みに暴き出し、韓国映画史における社会批評映画の原型を復活させたのだ。

映画を社会批評のためのメディアとみなす八〇年代の監督たちは、自身の作品でさまざまな題材を取り上げた。なかには、国家分断によってもたらされた社会問題に焦点を当てた者もいた。イム・グォンテクの『旗なき旗手』（一九七九）、『チャッコ』（一九八〇）、『キルソドム』（一九八五）、『太白《テベク》山脈』（一九九四）、ペ・チャンホの『その年の冬は暖かかった』（一九八四）、イ・ジャンホの『旅人《ナグネ》は休まない』（一九八七）、チョン・ジヨンの『南部軍』（一九九〇）、チャン・ギルス（張吉秀）の『銀馬将軍は来なかった』（一九九一）、パク・クァンスの『ベルリンリポート』（一九九一）、『あの島へ行きたい』（一九九三）、そしてイ・グァンモの『故郷の春』（一九九八）がそうである。

拡大する貧富の差、階級問題、政治の腐敗は、映画にとって刺激的な題材となった。そうした問題を扱った作品には、イ・ジャンホの『風吹く良き日』（一九八〇）、『暗闇の子供たち』（一九八一）、『馬鹿宣言』（一九八三）、『寡婦の舞』（一九八三）、キム・スヨンの『都会に行った娘』（一九八一）、パク・クァンスの『チルスとマンス』（一九八八）、『追われし者の挽歌』（一九九〇）、パク・チョンウォンの『九老《クロ》アリラン』（一九八九）がある。八〇年代に起こった時事問題への関心は、その後の十年でさらに高まった。九〇年代の映画は、最も物議を醸すような歴史的出来事を題材にした。たとえば、パク・クァンスの『美しき青年　全泰壱《チョン・テイル》』（一九九五）は七〇年代の労働運動を取り上げており、イ・ジョングクの『復活の歌』（一九九〇）、チャン・ソヌの『つぼみ』（一九九六）、イ・チャンドンの『ペパーミント・キャンディ』（一九九九）は光州事件を描いている。

八〇年代から九〇年代までに製作された映画には、現代の韓国社会に蔓延する物質主義や道徳的腐敗をテーマにする作品群がある。代表的なものには、キム・ホソンの『三度は短く 三度は長く』(一九八一)、パク・チョルスの『オミ』(一九八五)、チャン・ソヌとソヌ・ワン(鮮于浣)の共作『ソウルのイエス』(一九八五)、パク・チョンウォンの『われらの歪んだ英雄』(一九九二)がある。特に、仏教の教えや修道生活を探究する作品が多く登場したことは、社会における道徳的理想像を求めてのことだと理解できる。最も広く知られている仏教映画は、イム・グォンテクの『曼陀羅《マンダラ》』(一九八一)、ペ・ヨンギュンの『達磨はなぜ東に行ったのか』(一九八九)、チャン・ソヌの『華厳経』(一九九三)である。これらの作品は、あわただしい現代社会に生きる韓国人を悩ませる心理的、感情的不安を探究している。九〇年代中頃にかけては、伝統芸術や慣習を新鮮な目で見直すことが映画界で流行した。イム・グォンテクの『風の丘を越えて/西便制《ソピョンジェ》』(一九九三)と『祝祭』(一九九六)、パク・チョルスの『学生府君神位』(一九九六)がその例だ。これらの作品が大衆や批評家などの注目を集めたことは、現代韓国人の間で歴史の見直しへの関心が広がった証とも解釈できる。

韓国映画にはアクション映画や探偵映画といった独自のジャンルもある。その作品の多くは、イデオロギー的あるいは道徳的な基調に直接訴えることなく、韓国の社会問題や政治問題に触れている。たとえば、イム・グォンテクの『将軍の息子』(一九九〇)、カン・ウソク(康祐碩)の『トゥー・カップス』(一九九三)、イ・チャンドンの『グリーンフィッシュ』(一九九七)、カン・ジェギュの『シュリ』(一九九九)、イ・ミョンセの『NOWHERE 情け容赦無し』(一九九九)などがある。これらの作品は、植民地体験、国家分断、社会的混乱、政治腐敗などをベースとした英雄物語だが、概してそうした深刻な題材を軽いタッチで扱っている。立て続けに興行記録を塗りかえるような商業的に魅力ある作品であったために、幅広い層の観客を喜ばせながら、社会的テーマを伝えることに成功した。

図7 イ・ジャンホ監督『馬鹿宣言』(1983) 都市部貧困層が抱える新たな問題に対する社会批評を行った代表的作品の一つ

近年の韓国映画の進展のなかでも特筆すべきなのは、野心的で因習を打破するような若手映画人が登場したことであろう。彼らは、徐々にではあるが、確実に既存の映画界に新たなエネルギーを注入してきた。彼らがまったく新しい韓国映画の将来像を描いていることは、政府の映画産業規制に対する鋭い批判からすでに感じとれる。彼らは、恋愛物や娯楽志向のテーマを描く紋切り型の古く伝統的な物語を避けることで、一般的な韓国人にとって最大の関心事である労働条件や民主化運動、政治腐敗、そして日々の暮らしに潜在するさまざまな矛盾を考える上での新たな視点を提供しているのだ。

さらに、彼らは現代韓国の社会的、政治的現実や、植民地時代・ポスト植民地時代の歴史、特に分断と統一といった不安定な現代的課題の再解釈にまで着手している。しかしながら、彼らの作品はそうした問題を取り上げつつも、明確なイデオロギー的偏重をみせていない。それゆえに、解釈やアプローチもさまざまである。また、若手監督のなかには、抑圧的で仰々しい社会的規範を型にはまったやり方で表現することや、イデオロギー的衝動そのものに果敢に抵抗している者もいる。彼らは、社会と歴史に起因する心理的負荷に抗うべく個人主義的なライフスタイルを追求したことで人びとが陥ってしまった不安定な状況やその道徳的混乱を表現しようとしているのだ。チャン・ギルス、チャン・ソヌ、チャン・ユニョン、チョン・ジヨン、ホン・サンス、カン・ジェギュ、パク・チョルス、パク・チョンウォン、パク・クァンス、イ・チャンドン、イ・グァンモ、イ・ミョンセ、ヨ・ギュンドン（呂均東）を筆頭とするこの若手監督グループは、韓国映画産業に輝かしい未来を提示している。一九九七年、長年続いた検閲制度が撤廃されると、彼らはこれまでになかった自由な環境で芸術的ビジョンを追究することができるようになった。

註

（1） 朝鮮人が歴史上初めて映画を見たのがいつか、その厳密な年号については諸説ある。チョ・ヒムン（Cho Hŭimun）は、一八九九年に米国人旅行者イライアス・バートン・ホームズ（Elias Burton Holmes）が初めて映画を紹介したとしているが、日本の映画プロデューサーで *The History of Korean Film*（『アジア映画の創造及建設』国際映画通信社、一九四一年）の著者である市川彩は一八九七年説をあげる。市川はブリティッシュ・アスター・ハウスがフランスの映画会社パテが制作した映画を一八九九年に大衆に向けて上映したと主張している。映画監督で映画史研究者のユ・ヒョンモクは、広く読まれている著作 *Korean Film History*（コリアン映画史）において市川説を採用している。一方、Yi Chunggŏ は、一八九八年に米国人のヘンリー・コルブラン（Henry Collbran）とH・R・ボストウィック（H. R. Bostwick）によって朝鮮に映画が紹介されたと主張している。以下を参照。Cho Hŭimun, 'Han'guk yŏnghwa kitchŏm-e kwanhan yŏn'gu' (A study of the beginning of Korean film), in Kim Chŏngok (ed.), *Han'guk Yŏnghwa-ŭi Saeroun Palgyŏn (A New Discovery of Korean Film)* (Seoul, Korean Film Academy, 1993), p. 8; Yu Hyŏnmok, *Han'guk Yŏnghwa Paldalsa (Korean Film History)* (Seoul, Hanjin, 1980), p. 42; and Yi Chunggŏ, 'Han'guk yŏnghwasa yŏn'gu' (A study of Korean film history) in Yi Chunggŏ *et al.*, *Han'guk Yŏnghwa-ŭi Ihae: Arirang-esŏbutŏ Ŭnman-ŭn Tolaoji Annŭnda-kkaji (Understanding Korean Film: From Arirang to Silver Stallion)* (Seoul, Yeni, 1992), p. 22.

（2）朝鮮に映画が紹介された正確な時期を確定するのが困難なのは、初期においては少数の限られた観客のみしか映画を見ることができなかったからである。しかし、朝鮮において初めて大衆に映画が公開された年が一九〇三年であることに映画史研究者は概して同意している。以下を参照。Cho, 'A study of the beginning of Korean film,' p. 9; Yu, *Korean Film History*, p. 43; Yi Chunggŏ, 'A study of Korean film history,' p. 21; Yi Hyoin, *Han'guk Yŏnghwa Yŏksa Kangŭi 1 (Lecture on the Korean Film History 1)* (Seoul, Iron-gwa Shilch'ŏn, 1992), p. 19; and Yi Chunggŏ, 'Han'guk yŏnghwasa' (Korean film history), in Korean Association of Professors of Film Studies (ed.), *Yŏnghwa-ran Muŏshin'ga (What Is Film?)* (Seoul, Chishik Sanŏpsa, 1986), p. 185.

（3）『皇城新聞』（一九〇三年六月二三日）。Cho, 'A study of the beginning of Korean film,' p. 9. の引用を参照した。

（4）『皇城新聞』（一九〇三年七月十日）。Cho, 'A study of the beginning of Korean film,' p.10. の引用を参照した。

（5）本研究では「コリアン・シネマ」をコリアンによって制作されコリアやコリアンの生活に関連する被写体を扱った映画という広い意味で用いる。しかし、本章において、とりわけ植民地時代のコリアン（朝鮮）映画に関しては、さらなる説明が必要である。植民地の支配者は朝鮮語の使用を抑圧しており、当時の映画製作の大半は日本から資金を得ていた。そこで本章では、「コリアン・シネマ」をより広い意味で用いることとし、コリアンもしくは日本人監督が作ったコリア語もしくは日本語によるコリアやコリアンの生活を扱った映画を指すとする。

（6）韓国では一九六六年以降、十月二七日を「映画の日」として祝っている。政府は、『義理的仇討』が団成社で封切りされた一九一九年十月二七日をコリアン・シネマ誕生の特別な日として制定した。学者のなかには、この作品はジャンルが複合的なため映画とはみなさず、一九二三年に製作された『月下の誓い』をコリアン・シネマの始まりと考えている者もいる。とはいえ、『義理的仇討』が朝鮮人によって製作されたのに対し、『月下の誓い』が朝鮮総督府によって製作されたものであることから、大半の映画史研究者はこの見解に同意していない。二派の論争や『義理的仇討』に対する政府の最終的な決定は、韓国の映画界に支配的な民族主義的傾向を示している。以下を参照。Cho Hŭimun, '"Han'guk yŏnghwa"-ŭi kaenyŏmjŏk chŏnghŭi-wa kijŏm-e kwanhan yŏn'gu' (A study of the [major] concepts in

Korean film and its beginning), *Yŏnghwa Yŏn'gu (Film Study)*, 11(1995), p.11.

近年、キム・ジョンウォン（Kim Chongwon）は、最初のコリアン・シネマは、『義理的仇討』よりも二年前の一九一七年に制作された *The Past Sin* であるという考えを示している。Kim Chongwŏn, 'Ch'och'anggi-ŭi Han'guk yŏnghwasa kisul-ŭi munjejŏm-gwa saeroun kijŏm-ŭi yŏn'gu' (The problems of describing the early Korean film history and a re-definition of the beginning of Korean film), *Korean Film Critiques*, 5 (1993), pp. 12-5.

（7）この見方は、製作・監督のキム・ドサンの自動車事故による急死に関する評論家や映画史研究者たちの個人的回想に一部基づいている。たとえば、ユ・ヒョンモクは『国境』の制作に参加したスタッフからキムの死について聞いたと述べている。以下を参照。Kim Chongwŏn, 'The problems of describing the early Korean film history and a re-definition of the beginning of Korean film,' pp. 11-27; Cho, 'A study of the beginning of Korean film,' pp. 18-29; and Yu, *Korean Film History*, pp. 69-71.

（8）Yi Chunggŏ, 'Ilje shidae-ŭi uri yŏnghwa' (Our film in the Japanese colonisation period), in Yi Chunggŏ *et al.*, *Understanding Korean Film*, p. 144.

（9）Yi Chunggŏ, 'A study of Korean film history,' p. 60.

（10）Yi Hyoin, 'Lecture on the Korean Film History 1,' p. 49.

（11）Yi Chunggŏ, 'A study of Korean film history,' p. 61.

（12）Yi Hyoin, 'Lecture on the Korean Film History 1,' p. 224.

（13）Kim Sunam, 'Yun Paeknam-ŭi yŏnghwa insaeng yŏn'gu' (A study of Yun Paeknam's film and life), in *Han'guk Yŏnghwa Chakka Yŏn'gu (A Study of Korean Film Directors)* (Seoul, Yeni, 1995), p. 40.

（14）Ch'oe Yŏngch'ŏl, 'Ilje shikminch'iha-ŭi yŏnghwa chŏngch'aek' (Film policies under the Japanese colonial rule) in Yi Chunggŏ *et al.*, *Understanding Korean Film*, p. 238.

（15）韓国の映画史研究者のほとんどは、この時期の民族主義レジスタンス映画の登場を、コリアン・シネマ史上最も重要な達成点だとみなしている。しかし、当時の厳しい検閲を考えたとき、これはいくぶん奇妙な現象だ。二〇〇〇年現在、これらの民族主義映画がいかにして検閲を通過できたかという疑問に対する学術的説明はない。

（16）たとえば、Kim Taeho, Yi Hyoin, Pyŏn Chaeran は、「傾向派映画」は社会的、政治的問題を扱ったコリアン・シネマの起源だと主張している。以下を参照。Pyŏn Chaeran, '1930 nyŏndae chŏnhu KAPF yŏnghwa hwaldong yŏn'gu' (A study of the KAPF film movement in the late 1920s and the early 1930s), in National Film Research Institute (ed.), *Minjok Yŏnghwa 2*

(National Film 2) (Seoul, Ch'in'gu, 1990), p. 219.

（17）　Yu, *Korean Film History*, p. 129.

（18）　ナ・ウンギュのいわゆる「民族主義」映画に対する否定的な見方については以下を参照。Kim Sunam, 'Na Un'gyu-ŭi minjok yŏnghwa chaego' (Re-consideration of the nationalistic film of Na Un'gyu), in *A Study of Korean Film Directors*, pp. 83-4.

（19）　Yu, *Korean Film History*, p. 96.

（20）　この時期、エスペラント語は朝鮮の知識人の間で人気があったようだ。

（21）　Yi Hyoin, 'Lecture on the Korean Film History 1,' pp. 88-91; and Pyŏn, 'A study of the KAPF film movement in the late 1920s and the early 1930s,' p. 220.

（22）　かつて自分たちを投獄した映画当局に協力しはじめたのは「傾向派映画」の監督だけではなかった。植民地時代の後半、朝鮮の民族主義や社会主義運動の大義に身を投じた有名な知識人や民族指導者の多くが植民統治当局に仕えるようになり、それは日本からの解放まで続いた。ＫＡＰＦ系映画監督や批評家による「裏切り」に関して、現代の映画史研究者は彼らの社会主義者としてのイデオロギー的立場の弱さと彼らの置かれた困難な状況を指摘する。彼らはしばしば「朝鮮のために」対日協力者にならざるを得ない状況にあったとしている。

（23）　Kim Il Sung, 'Hyŏngmyŏng chuje chakp'um-esŏŭi myŏt kaji sasang mihakchŏk munje' (Some ideological and aesthetic problems in revolutionary works) (10 January 1967), in *Kim Il Sung Chŏjak Sŏnjip 12 (Selected Works of Kim Il Sung 12)* (Pyŏngyang, Korean Workers' Party Publishing House, 1983), pp. 13-28; and Yi Uyŏng, *Kim Jong Il Munye Chŏngch'aek-ŭi Chisok-kwa Pyŏnhwa (The Continuity and Changes of Kim Jong Il's Literature and Art Policy)* (Seoul, the Research Institute for National Unification, 1997), p. 14. 詳細については本章の北朝鮮映画の歴史に関する記述を参照。

（24）　Kim Il Sung, 'Yŏngha-nŭn hososŏng-i nopaya hamyŏ hyŏnshil-boda apsŏ nagaya handa' (Film should strongly appeal [to the masses] and advance them more than reality) (17 January 1958), in *Kim Il Sung Chŏjak Sŏnjip (Selected Works of Kim Il Sung)* (Pyŏngyang: Korean Workers' Party Publishing House, 1981), pp. 13-28.

（25）　Kim Jong Il, 'Marx-Leninjuŭi-wa *Juche* sasang-ŭi kich'i-rŭl nop'i tŭlgo nagaja' (Let us move forward with Marxism-Leninism and *Juche* idea), in *Kim Jong Il Chŏjaksŏn (Selected Works of Kim Jong Il)* (Seoul, Kyŏngnam University Far-east Research Institute, 1991), p. 166.

（26）　Kim Il Sung, 'On eliminating dogmatism and formalism and establishing *Juche* in ideological work: Speech to Party propaganda and agitation workers,' in *Kim Il Sung Works 9: July 1954-December 1955* (P'yŏngyang, Foreign Languages Publishing House, 1982), pp. 395-417.

（27） Literature Research Institute of Social Science Board, *Juche Sasang-e Kich'ohan Munye Iron (Juche Oriented Ideas on Literature and Art)* (P'yŏngyang, Social Science Publishing House, 1975), p. 12.

（28） この夫婦は北朝鮮に八年間拘束されたとされている。その間、彼らは北朝鮮の映画産業に深く関与した。また、北朝鮮映画界の代表として、キム・ジョンイルによって外国へ派遣されることもあった。一九八六年に脱北に成功した夫婦の証言によって、キム・ジョンイルが映画に対して並々ならぬ関心を抱いていたことが北朝鮮国外でもよく知られることとなった。

（29） この事件に関する詳細は以下を参照。Ch'oe Ŭnhŭi and Shin Sangok, *Kim Jong Il Wangguk 1 & 2 (The Kingdom of Kim Jong Il 1 & 2)* (Seoul, Dong-A Ilbo, 1988).

（30） Kim Jong Il, *Yŏnghwa Yesulron (The Theory of Cinematic Art)* (P'yŏngyang, Korean Workers' Party Publishing House, 1973).

（31） 『名もなき英雄たちⅠ－ⅩⅩ』のシリーズがこの理論に基づいて制作されたことが知られている。各作品は一九七九年から八一年にかけて、キム・ジョンイルの指揮の下四十五日で制作された。

（32） Kim Il Sung, *Kim Il Sung Chŏjak Sŏnjip 3 (Selected Works of Kim Il Sung 3)* (P'yŏngyang, Korean Workers' Party Publishing House, 1975), p. 159.

（33） Kim Il Sung, *Kim Il Sung Chŏjak Sŏnjip 2 (Selected Works of Kim Il Sung 2)* (P'yŏngyang, Korean Workers' Party Publishing House, 1968), pp. 572-3.

（34） Kim Il Sung, 'Hyŏngmyŏngjŏk munhak yesul-ŭl ch'angjakhalde daehayŏ' (Concerning the creation of revolutionary literary art) (7 November 1964), in *Kim Il Sung Chŏjak Sŏnjip 18 (Selected Works of Kim Il Sung 18)* (Pyŏngyang, Korean Workers' Party Publishing House, 1982), pp. 436-8.

（35） 人民賞とは、朝鮮労働党が、党のために「優れた教科書」としての役割を果たした作品および監督に授与する賞である。

（36） Kim Il Sung, *Kim Il Sung Chŏjak Sŏnjip 6 (Selected Works of Kim Il Sung 6)* (P'yŏngyang, Korean Workers' Party Publishing House, 1974), p. 276.

（37） この問題に関しては第三章で詳細に論じる。

（38） Kim Jong Il, 'Saeroun hyŏkmyŏng munhak-ŭl kŏnsŏlhalde daehayŏ' (Concerning the creation of the new revolutionary literary art) (7 February 1966), in *Kim Jong Il Chŏjak Sŏnjip 1* (Pyŏngyang, Korean Workers' Party Publishing House, 1992), pp. 113-4.

（39） Kim Jong Il, 'Pandang panghyŏkmyŏng punjadŭl-ŭi sasang yŏdok-ŭl ppurippaego tang-ŭi Yuil sasang ch'egye-rŭl seulde daehayŏ' (Concerning the eradication of the poisonous thoughts of the anti-party, anti-revolutionary elements and the establishment of Yuil thought) (25 June 1967), in *Kim Jong Il Chŏjak Sŏnjip 1* (Pyŏngyang, Korean Workers' Party Publishing House, 1992), pp. 230-1.

（40） Kim Chaeyong, *Pukhan Munhak-ŭi Ihae (Understanding of North Korean Literature)* (Seoul, Munhak-kwa Chisŏngsa, 1994), pp. 217-9.

（41） この問題については第四章で詳細に論じる。

（42） 朝鮮労働党の公式見解によると、「民族主義」とは「朝鮮という民族が最も偉大だという考え方」を意味する。

（43） Yi Sŏngdŏk, 'Rodong kyegŭp-ŭi saenghwal ch'ŏlhak-ŭl kuhyŏnhan segyejŏkin kŏljak (1)' (The world's great work materialising the life philosophy of working class), *Chosŏn Yŏngha* (『朝鮮映画』), 267 (September 1995), p. 40.

（44） Kim Jong Il, 'Tabujak yesul yŏnghwa Minjok-kwa Unmyŏng-ŭi ch'angjak sŏnggwa-e t'odaehayŏ munhak yesul kŏnsŏl-esŏ saeroun chŏnhwan-ŭl ilŭk'ija' (Let's bring a new turning point in the construction of literature and art, based on the creative result of the multi-volume art film The Nation and Destiny) (23 May 1992) in *Chosŏn Chungang Nyŏn'gam 1993 (Chosŏn Year Book 1993)* (Pyŏngyang, Chosŏn Changang Tongshinsa, 1993), p. 50.

（45） 「二・八」は朝鮮人民軍の設立記念日とされていたが、北朝鮮政府は一九七八年にこの設立記念日を二月八日から四月二五日に変更している。

（46） *Chosŏn Yŏnghwa Yŏn'gam 1987 (Korean Film Yearbook 1987)*, Ch'oe Chunghwi and Li Hoyun (eds.), (P'yŏngyang, Munye Publishing House, 1987).

（47） *Korean Film Export and Import Corporation, Korean Film Art* (P'yŏngyang, Korean Film Export and Import Corporation, 1985), 頁数なし。

（48） 第二次世界大戦後連合国によってもたらされた国家分断まで、朝鮮人は一三〇〇年以上にわたって民族国家を保っていた。

（49） チェ・インギュの例が示すように、作品中の民族主義的な要素の有無で映画監督を評価することは、極めて危険であり誤解を招くこととなる。特に、親日映画を制作することで日本の植民統治当局に協力したという否定しがたい過去がある場合、二、三の作品だけを根拠に「民族主義的」だと分類するのはさらに重大な問題となる。そのため、この時期の映画人に対するより精密で客観的な評価は、彼らが映画を制作した状況の幅広い歴史的コンテクストと、制作活動の環境に影響を与えるさまざまな要素に基づくべきである。

(50) *Han'guk Yŏnghwa Yŏn'gam (Korean Film Yearbook)*, (ed.), Korean Motion Picture Promotion Corp. (Seoul, Tongmyŏng, 1989), pp. 99-112.

(51) National Film Research Institute, 'P'aop Chŏnya-ŭi sŏnggong-gwa kŭ kyŏlshil' (The Fruits of The Night before the Strike and the evaluation), in National Film Research Institute (ed.), *National Film 2*, p. 174.

(52) Kim Sunam, 'A study of Yun Paeknam's film and life,' pp. 85-6.

(53) *Korean Film Yearbook*, pp. 99-112.

(54) 現在の映画法の規制では、映画館は少なくとも年間一四六日は国産映画を上映すべきとしている。

(55) 第二章ではこれら翻案映画五作品を分析する。

第2章　ジェンダーと「春香伝」映画

本章では、朝鮮の有名な民話「春香《チュニャン》伝」に基づく映画五作品の分析を通して、現代コリアンの文化的アイデンティティについて考察する。[1] 五作品のうちシン・サンオク（申相玉）監督『成春香《ソン・チュニャン》』（一九六一）、パク・テウォン（朴太遠）監督『成春香伝』（一九七六）、ハン・サンフン（韓相勲）監督『成春香』（一九八七）の三本は韓国で、ユ・ウォンジュン（兪元俊）／ユン・リョンギュ（尹龍奎）監督の『春香伝』（一九八〇）およびシン・サンオク監督のミュージカル映画『愛、愛、私の愛』（一九八五）は北朝鮮で製作された。これらの作品は同じ物語に依拠しているものの、有名な語りのなかの道徳観については異なる解釈をしており、その違いはジェンダーや階級に関する問題の扱い方に鮮明にあらわれている。

「春香伝」の翻案映画は、分断された国家に生きる現代コリアンの関心事がまったく異なっていることを明示している。本章では、そうした違いが彼らの相反する文化的アイデンティティに起因することを論じていく。ノーマン・デンジンは、自己形成に影響するパラメーターとして、ジェンダー、エスニシティ、人種、宗教、階級、民族的アイデンティティがあると説明している。[2] このうち、ジェンダー、階級、民族的アイデンティティは、現代コリアンの文化的アイデンティティを定義する上で直接関連性をもつ。「春香伝」では、ジェンダーと階級が中心的な主題となっている。この二つの相関する主題の映画テクストにおける扱われ方は、特に、韓国の資本主義と北朝鮮の共産主義という対立するイデオロギーと結びついている。そのため、春香がどう描かれているかは、戦後のコリアンの自己認識を探る上で有効な手がかりとなる。

「春香伝」におけるジェンダーと階級の問題の重要性は、三つの異なる映画タイトルから窺える。『春香伝』は文字通り「春香の物語」を意味する。このタイトルは、単に主人公の名前のみを告げているようだが、その文字通りの意味である「春の香り」がもつ明白な女性らしさは、主人公が女性であることも示している。

『成春香』というタイトルは、ヒロインの出身階級に注意を向けさせる。「成《ソン》」は、両班《ヤンバン》（朝鮮王朝における支配層）である父親の姓である。両班の父と妓生《キーセン》（芸者、娼婦）の母をもつ春香は、法律上、母親の階級に属するため、父親姓の使用を許されなかった。しかし、韓国の監督は三人とも映画のタイトルに「成」を用いている。その理由としては、主人公が半分は高貴な身分の血を引いていることをほのめかすことで、彼女を朝鮮王朝における理想の女性像と重ねることをこのタイトルが助けるという効果が考えられる[3]。春香の姓を使うことで、彼女の父が妓生の愛人をもつ余裕のある富裕貴族であることが伝わる。父親の貴族的な身分と母の低い身分というコントラストが、この作品の根底に横たわる階級闘争をも暗示している。

北朝鮮のシン監督作品のタイトル『愛、愛、私の愛』は、観客を男性中心の視点にしっかりと立たせるものだ。それは、春香の人生は男性の存在なしには成り立たない、というこの物語の存在論的意義を伝えている。つまり、彼女の物語は、支配的な立場にいる男性の意識を通して語られることではじめて意味をもつということだ。そのため、このタイトルは主人公の「愛人・夫」の視点を前景化すると同時に、男性の欲望の対象として春香が劣位にあることも暗に示唆している。

本章では、三段階に分けて「春香伝」映画の分析を進める。まず、春香の原作を手短かに解説し、コリアン・シネマにおけるこの民話の意義について述べる。次に、各作品で強調されている春香像を説明する。春香という人物の特徴は、伝統的な家父長主義の視点から規定された女性の貞操を体現しており、それゆえ、朝鮮王朝時代に培われた理想の儒教的女性像に関心を向けさせる。五作品のどれもが、伝統的な性道徳を基準としてヒロイン像を描いている。しかし、春香の人物描写における強調点は作品によって異なっており、社会における女性の地位や役割について異なる見解を示している。

春香という人物がどう表現されているかを全体的に網羅したあと、分析の最終段階に移る。第三段階では、二つの国家が共通して受け継いできた儒教の性道徳と階級意識に対する扱い方が、韓国と北朝鮮の映画でいかに異なるかを検討する。とりわけ、作品を生み出したそれぞれの社会のイデオロギー的コンテクストのなかで、ジェンダーと階級の解釈について、類似点と相違点のパターンに焦点を当てる。また、現代のイデオロギー的相違にかかわらず、現代コリアンの文化的アイデンティティに伝統的な儒教的倫理観が今なお影響を及ぼしつづけていることを示していく。その一方で、分断された国家の喫緊のイデオロギー的要件と古い価値体系との必然的な融合も明らかにする。そうした分析のなかで、伝統的社会の道徳体系と構造的矛盾に対するイデオロギー的批判を通して、現代社会の文化的ロジックをあぶり出したい。複雑な文化的テクストとしての映画は、国家が強制しようとする支配的なイデオロギーと文化的伝統との複雑な関係を把握する上で助けとなるのだ。

映画は想像の世界をつくりだすが、その荘厳な幻想構造が、期せずして観客の平凡な日常生活におけるさまざまな社会的制約を示すことがある。架空の過去を扱う作品にはかならず「現在」が入り込む。したがって、伝統的な朝鮮社会に関する映画は、現代コリアンの満たされない欲望を考察するための窓として効果的に機能する。遠く離れた場所や時代が舞台となる歴史映画を通して、観客はほどよい心理的距離を保ちつつ、再現された過去の世界に自らの現在の状況を投影することができる。フィクション世界への想像上の参加を通して、観客は目の前の問題に対処し、自らの状況に何らかの意味を見出そうとする。こうした理由から、現代コリアンの自己認識を知る鍵の一つが歴史映画にあると考えられるのだ。後述するように、映画のなかで、子としての義務、家族の名誉、伝統的な結婚が懐かしげに取り上げられるのは、現代の経験を意義あるものとして形成するために参照する枠組みとして、これらの価値観を社会が必要としていることを物語っている。

第1節 「春香伝」の起源

映画の詳細な分析を始めるにあたり、民話「春香伝」の起源とその変遷を概観しておくべきだろう。それによって、分析対象の映画テクストにおけるジェンダーと階級の問題の重要性が明瞭化する。「春香伝」の物語は、朝鮮半島の南西部にある南原《ナムウォン》郡で行われていた巫教儀式「春香クッ」に由来する。(4) この儀式の目的は、地味な器量のために深い悲しみのなかで死んだ春香という少女の魂を慰めるというものだ。地元の伝説によると、春香があまりに醜かったために、彼女と結婚したがる者もいなければ、彼女に惹かれる者すらいなかったという。地味な外見のために、春香は性欲が満たされることなく処女のまま死んでしまった。(5) 彼女の死後、その地域では干ばつが続き、人びとは何年も飢饉に苦しみ、新任の役人は次々と奇妙な死を迎えた。地元の住人は、一連の災いは春香がこの世に対し持ちつづけている怨念のせいだと信じ、彼女の恨みを晴らす方法を探った。その結果、彼女の霊魂を取り払うために「サルプリクッ」という巫教儀式が執り行われ、それに伴って春香の物語が作られた。この物語のなかでは、春香は美しい娘である。両班階級出身の美男と結婚し、ともに幸福に暮らす。この口承伝説が「春香伝」の原型となった(6)。

春香の物語はパンソリの形式で演じられた。パンソリは一八世紀から一九世紀にかけて朝鮮で盛んだった語りと歌による伝統芸能である。『烈女春香守節歌』は現存する最古のパンソリ作品だ。ロマンチックな出会い、秘密の結婚、強制的な別れ、ヒロインの試練、恋人の再来、幸せな再会というモチーフをもつ精緻な語りの構成を春香の民話に取り入れ、パンソリ作品としたものである。登場人物と筋書きに新たな要素が加えられ、春香は、引退した妓生と両班の男性の間に生まれた娘とされた(7)。春のある日、春香は地方長官の息子・李夢龍《イ・モンニョン》と出会う。二人は互いに一目惚れし恋に落ちる。夜、夢龍は春香の家を訪れ、二人はそこで人知れず結婚する。ところが、まもなく夢龍は父と都に行かねばならなくなる。夢龍が去ったあと、新しい長官が村へ来て春香に自分に仕えるよう強要する。春香は長官の命令を拒んだために投獄される。春香の試練は、最終的には、夢龍が科挙に合格し暗行御史《アメンオサ》（地方官の監察を秘密裏に行った国王直属の官史）として故郷に戻り、死刑目前という窮地から彼女を救うところで終わる。

「春香伝」がコリアンの心をつかむ理由の一つは、伝統的な階級制度とその政治的な意味合いを扱っている点だ。この物語は、国家統治が危機にあった一八世紀半ばを舞台にしている。日本人（一五九二～九八年）や満州民族（一六二七～三六年）からの相次ぐ侵略で、国の経済は破綻し、古い朝鮮の社会構造は崩壊した。そうした苦難は、一七世紀後半から一八世紀初頭にかけて、民族主義の台頭につながった。これを主導したのは、国を再生する方法として政治、経済、社会の変革を主張した実学の学派だ。彼らは、朝鮮人のアイデンティティを模索するなかで中華思想を捨て、支配階級の無能さ、地方長官に蔓延する汚職、地主による小作人の組織的な搾取に対して批判的な声を上げた。

「春香伝」では、平民が搾取者を恐れ、抑圧的な階級制度に疑問を投げかけるという描写にこの社会的、政治的背景が映し出されている。(8) さらにこの物語は、安定した、そしてできることなら階級のない社会で暮らしたい、という民衆の切なる願いも暗に示している。皮肉にも、この切望は、階級に関わる社会悪のすべてを根絶するために王に絶対的な権力の行使を求めるという形で表現されている。民衆が望むのは、搾取者がいなくなることであって、既存の社会秩序の正当性までをも否定することではない。そのような矛盾した願望が、春香の物語の舞台となった時代の特徴である。

パンソリとしての「春香伝」は、上流階級の男性と下流階級の女性との恋愛と結婚を描いた物語だが、朝鮮王朝ではそうした関係は法律で禁じられていた。そのため、この作品は政府の厳しい検閲の対象とされた。当局による弾圧の理由はとりわけ、ラブシーンの「きわどい」演出と、支配階級の偽善に対する直接的な批判に向けられていた。しかし、検閲を受けながらも、この物語は口承と書物の両方の形で代々受け継がれてきた。また、自分たちの満たされない願望や隠された不安のはけ口を見出した人びとによって、この物語の架空の世界にさらなる脚色が加えられた。これは、なぜ春香の階級間結婚が、伝統的朝鮮社会にある階級差別の終焉という大衆の願望の反映として認識されているかを十分に説明するものだ。

「春香伝」は、原作からそれに基づくさまざまなバージョンに至るまで、下層階級の民衆的想像力に深く根づいた物語となっている。初期の荒削りな形のときから、この物語はセクシュアリティ、結婚、社会階級のテーマを中心に描いており、そうした要素が密に混じりあっている。性的な事柄について公の場で話すことも表現することも禁じるような抑圧的な社会において、みなが共通に思い描いている性的欲望の代表的表象物として春香は機能するのだ。

上述した五作品を含む最近の「春香伝」映画は、それぞれの時代における芸術的基準と実利的必要性に沿って、物語中の特定の側面に調整を加えている。[9] しかし、もとのパンソリ作品では、夫・夢龍に捧げる春香の「烈」の精神、父親に対する夢龍の「孝」の精神、支配者に対する庶民の「忠」の精神が強調されている。儒教で「適切な」人間関係の三綱として定められたこれらの倫理原則は、根本的な矛盾をはらんでいる。物語に出てくる主な登場人物の関係を精査すると、まさに、セクシュアリティに対する既定の道徳観と結婚制度に内在するイデオロギー的矛盾が明らかになる。本章ではこうした問題に焦点を当てながら論を進める。

第2節　朝鮮映画史における「春香伝」の意義

イデオロギーの視点からテクストを解釈する際、「春香伝」は最適な分析対象となる。こうした主張は「春香伝」翻案映画の歴史から生まれたものだ。「春香伝」は朝鮮映画産業の黎明期から重要な位置を占めてきた。朝鮮映画史上二作目のサイレント作品も、最初のトーキー作品も、「春香伝」を原作としている。まず、一九二三年、朝鮮総督府がプロパガンダ目的で製作した朝鮮初のサイレント映画『月下の誓い』のすぐあとに、『春香伝』と題した最初の「春香伝」翻案映画が製作された。時系列的には二番目だが、この『春香伝』こそ朝鮮映画をサイレントの時代へと実質的に導いた作品である。この作品は朝鮮で製作された最初の商業映画でもあり、大衆娯楽としての映画という認識を一般民衆に浸透させる上で多大な貢献を果たした。

皮肉なことに、最初の春香映画は、この物語の娯楽的要素に商業的価値の可能性を察知した日本人映画監督によって制作された。この映画が商業的に成功したこと、特に日本人監督によって作られたことに刺激を受け、朝鮮の映画人は自意識に目覚め、「純粋な」朝鮮映画は朝鮮固有の題材で朝鮮人観客のために朝鮮人が作るべきだと主張するようになった。[10] この考えが一九三五年に『春香伝』の新作という形で実を結んだ。これはイ・ミョンウ（李銘牛）による作品で、朝鮮で最初のトーキーである。しかし、イ作品の登場は、朝鮮総督府が検閲を厳しくするきっかけとなった。一九三八年、総督府は、学校や官公署における朝鮮語の使用を禁止し、映画産業もこの政策の対象となった。信じられないことかもしれないが、実際、一九四二年には朝鮮映画から朝鮮語は消えてしまっていた。状況は悪化する一方だったが、それでも民衆は一九三五年の『春香伝』を熱狂的に受け入れた。この作品が興行的に驚くべき成功を収めたことは、スクリーン上で自分たちの物語を語ってほしいという朝鮮人の強烈な願望を反映している。観客は、植民統治下の臣民として、権力濫用者による不正、抑圧、屈辱に耐える春香をはじめとする下層階級の登場人物と自分たちを重ね合わせていた。『春香伝』が繰り広げる過去の世界は、自分たちの失った姿、そして外部からの介入や搾取から解放された平和な生活に対する願望を観客に思い起こさせたのだ。

一九四五年の解放以降も、「春香伝」は引き続きコリアン・シネマの題材とされてきた。韓国では、

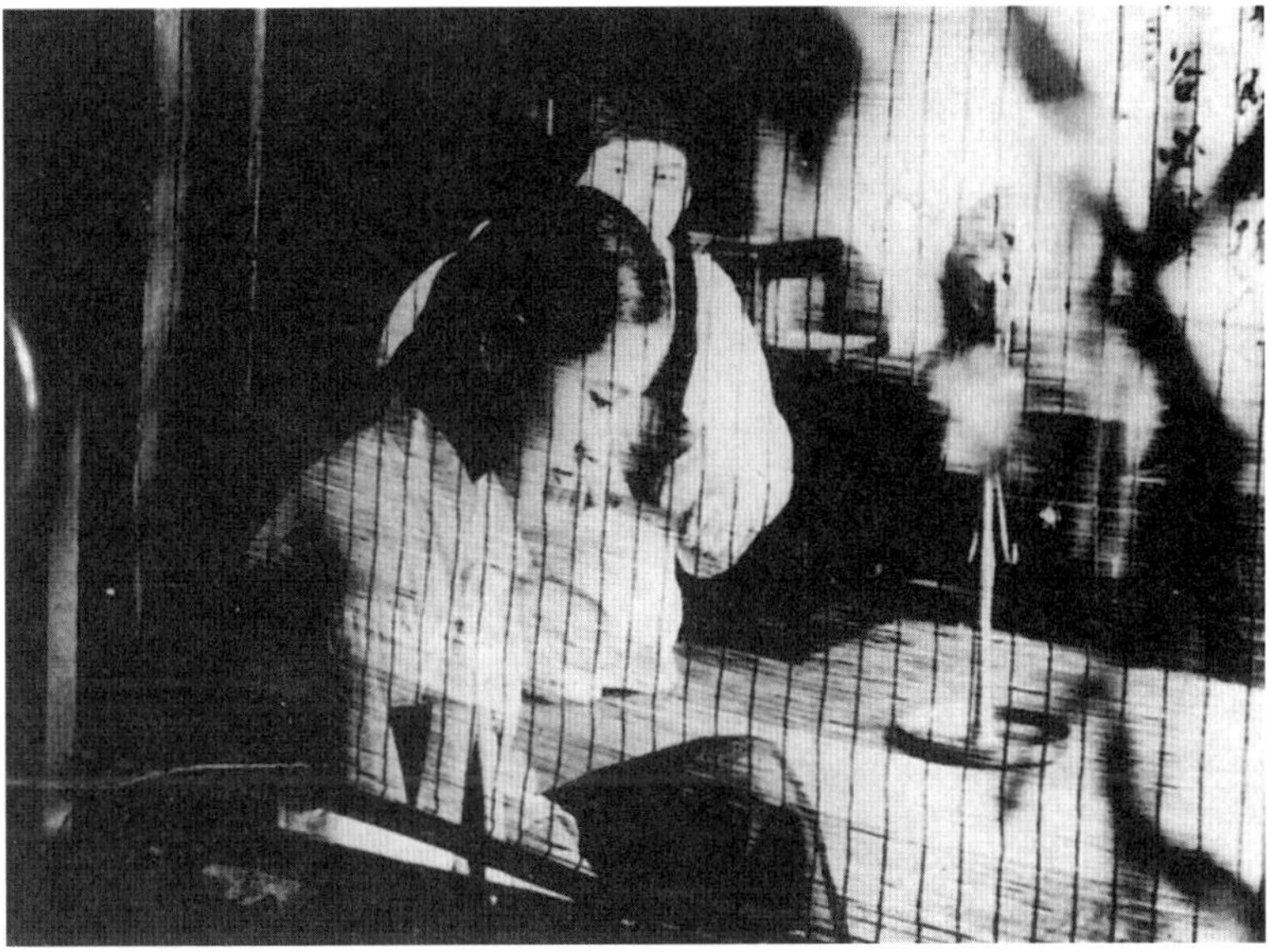

図8 イ・ミョンウ監督『春香伝』（1935） 朝鮮初のトーキー映画

イ・ギュファン（李圭煥）が一九五五年に『春香伝』を作った。一九五七年のキム・ヒャン（金郷）監督作品『大春香伝』に続き、一九五八年にはアン・ジョンファ（安鍾和）が『春香伝』を、一九六一年にはシン・サンオクとホン・ソンギ（洪性麒）がそれぞれ『成春香』と『春香伝』を制作した。その七年後、キム・スヨン（金洙容）が『春香』を監督した。一九七一年には、コリアン・シネマ史上初となる七〇ミリフィルムを使用した映画としてイ・ソング（李星究）が『春香伝』を制作した。このなかでも、シン監督による『成春香』は特別な地位を占めている。この作品は公開されるや、空前の大ヒットを記録した。コリアン・シネマ史上最多となる観客動員数を達成しただけではなく、シン監督とホン監督という二人の著名監督の対決と、当時のトップ女優二人がそれぞれの作品で春香を演じたことで、大きな話題にもなった。シン作品は韓国映画業界にカラー映画ブームを定着させる上でも一役買った。カラー映画は一九四九年にすでに導入されていたが、すぐに大人気となったわけではなかったのだ。[11]

さらに、シン監督の『成春香』は、韓国映画にメロドラマと歴史ロマンスの流行を巻き起こした。シン監督の春香は、このジャンルの典型的なヒロインとして純粋で自己犠牲的な下層階級の女性を象徴している。その後、シン作品をひな形にしたさまざまなメロドラマ作品が登場したが、その筋書きは既婚男性と独身女性、特に娼婦との禁断の愛を中心にした展開となっている。

一九七〇年代から八〇年代にかけて、「春香伝」をもとにしてパク・テウォン監督の『成春香伝』（一九七六）とハン・サンフン監督の『成春香』（一九八七）という二作品が作られた。さらに、二〇〇〇年に製作されたイム・グォンテク（林權澤）監督の『春香伝』は第五三回カンヌ国際映画祭に出品された。これは、質の高い韓国映画が初めて同映画祭で他の国々の映画と競うことができた瞬間だった。しかし、一九七〇年代以降、歴史ロマンスの人気は急速に衰えた。こうした状況にあっても、二十年の間に三本の「春香伝」映画が登場したことは、この物語に対する現代韓国人の途絶えることのない関心を示している。若い世代の監督であるパク監督とハン監督による作品は、この物語中の伝統的な儒教の道徳観に対して、以前の翻案映画とは異なるアプローチをとっている。

一方、北朝鮮では、一九五九年、一九八〇年、一九八五年に春香映画が製作された。朝鮮労働党による全面的統制の下で、北朝鮮映画は通常、無階級社会を目指す労働者階級の革命闘争を強調する。このテーマを追求するために、党は、映画の時代設定として伝統的な社会を不適切とみなし、日本の植民統治時代や朝鮮戦争、現代の社会主義社会のような近代の設定を推奨する。北朝鮮映画の歴史に関する文献をみても、伝統的な社会を扱った映画の数はわずかである。したがって、北朝鮮でこれまでに作られた推定五〇本の歴史映画のうち、三本が「春香伝」を描いている点はいくぶん驚くべきことである。ユン・リョンギュ（尹龍奎）監督の『春香伝』（一九五九）、ユ・ウォンジュン（兪元俊）／ユン・リョンギュ監督の『春香伝』（一九八〇）、そしてシン・サンオク監督の『愛、愛、私の愛』（一九八五）がその三作品である。

これら三本のうち、ここではユ／ユン監督の作品とシン監督の作品を取り上げる。前者に関しては、ペク・インジュン（白仁俊）による脚本であることを言及しておくべきだろう。ペク・インジュンは党の芸術政策における政治上のパートナーであり、北朝鮮の文化・芸術における最重要人物として知られている。シン監督は、一九七八年に北に拉致されたあと、「春香伝」をもとに『愛、愛、私の愛』を制作した。三作品のなかで最も古いユン・リョンギュ監督の『春香伝』は、北朝鮮国外の一般的な視聴者と同様、批評家にも入手不能なため、本書における分析の対象外とする[12]。

映画人たちの「春香びいき」は韓国でも北朝鮮でも明らかである。数多くの翻案映画が作られるのはこの民話に特別な要素があるからであり、以下ではこの点について考察する。

第3節　韓国映画における春香像

従順で自己犠牲的な妻（シン・サンオク監督『成春香』）

朝鮮社会で人びとの日常生活を律していた儒教的倫理観では、娘として、妻として、そして母親（理想的には息子の母親）として、つまりもっぱら男性との関係性においてのみ女性を意義ある存在として定義づけていた。(13) 女性は人生を歩むなかで、社会から娘、妻、母親というアイデンティティを順番に与えられる。女性の願望は、父親、夫、息子が許可し実現してあげて初めて満たされるのだ。シン・サンオク監督の『成春香』（一九六一）は、この三つのアイデンティティのうち、控えめで、貞淑、従順、自己犠牲的な妻を理想の女性像として選びとっている。

この作品で、シン監督は、春香の内気さを望ましい女性らしさとして描いている。冒頭シーンでは、夢龍が騾馬《ラバ》の背に乗って、人がひしめく市場にいる春香を見つめている。彼の視線に気づいて恥じらうヒロインは顔をあげることができない。春香は、夢龍の熱い眼差しを避けようと必死だ。男の熱い視線は、春香に対して高い位置からカメラを向けることで強調されている。このカメラは、観客が夢龍と同じ位置から春香をみられるようなアングルになっている。この位置は、夢龍が画面から消えても変わらない。実は、男性の登場人物の前で春香の位置が意図的に下に置かれる手法は、夢龍と代わって新しい長官が登場する場面でも続いている。カメラを男性の視線と並ばせることで春香の立場を低くみせ、春香の無力さと劣位を印象付け、それが女性らしさと結びつけられているのだ。(14)

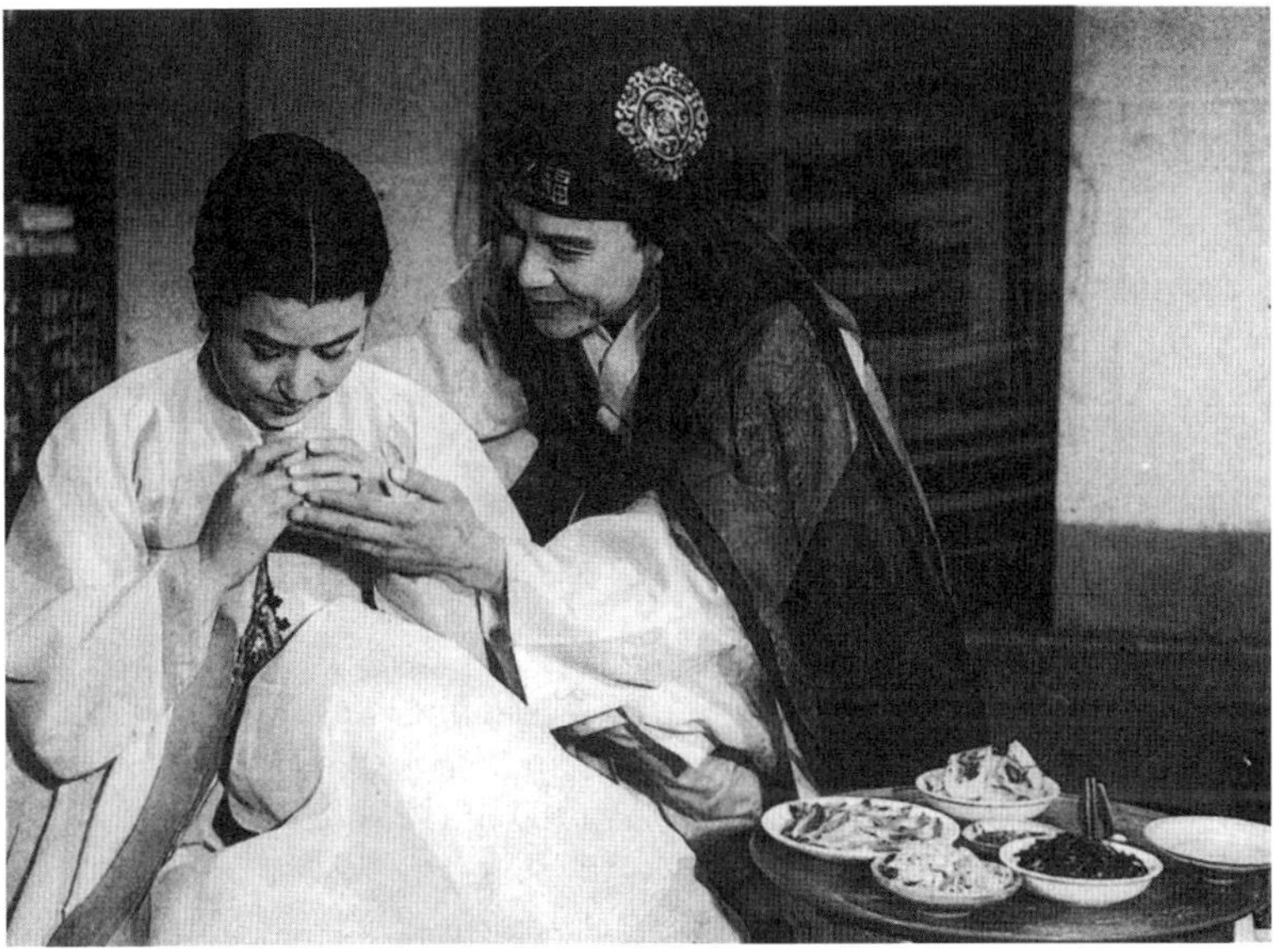

図9 シン・サンオク監督『成春香』(1961) 恥じらう花嫁・春香を花婿・夢龍が求める初夜の場面

カメラアングルの移動やヒロインが恥じらうしぐさは、初夜の場面でもみられる。夢龍は部屋のなかに座り、美しい花嫁に見とれている。しかし、春香は視線を落とし、面と向き合おうとしない。観客は再び高い位置から彼女を見下ろし、夢龍の眼福を共有することになる。春香は恥じらい、あたかも夢龍の視線で動けなくなり、その状態から逃れられないかのようだ。意図的に長く保たれたその場面は、儒教における記号的象徴として、彼女の恥じらいは洗練された物腰の顕著なあらわれだという読みとりを観客に押しつける。

恥じらう花嫁とは対照的に、十五歳の花婿は初夜の床に彼女を巧みに導く。この映画における男性優位のメッセージは、パク・テウォン監督の『成春香伝』における同じシーンと比べると明白である。後者では、夢龍は恐る恐るふるまい、花嫁に近づくことも躊躇している。慣習にならい花嫁の衣服を脱がせ、はだけて露わになった春香の身体を見て、しりごみすらしている。

春香の恥じらいというテーマの重要性は、「ロマンチック」なものに対する儒教的考えから説明できる。そうした考えのもとでは、恥じらいはしばしば女性らしさを映すものとみなされる。伝統的な朝鮮社会における男女の性的ダイナミクスでは、少女の内気さはロマンを誘うものであり、はにかみや気の弱さもロマンチックな性質のあらわれだと思われていたのだ。

しかし、恥じらいといった春香の素朴で無意識的な感情には、いくつもの複雑な意味が込められている。儒教的な朝鮮社会において、恋愛関係は男性の主導の下でしか発展しえない。女性、特に「できた」女性は、慎み深さをもってそれに応じることが期待される。これは謙遜さのあらわれとみなされ、人生で直面するさまざまな問題に女性が受け身的に対処することを示す指標ともとられる。受け身であることの根源は、男性、特に将来の夫に対して女性が劣位にあることを、女性自らが全面的に受け入れることにあるとみているのだ。シン監督の映画はこの点を春香による比喩的表現を通して鮮烈に伝えている。夢龍の結婚の申し込みに対する返事として、春香は「蝶は花を慕うが、花は蝶を訪ねぬ」という詩を房子《バンジャ》という夢龍の使者に託し送ったのだった。

シン監督の春香と夢龍の関係の扱い方をみると、春香の社会階級は、彼女の女性としての美徳の高さほどには重要視されていない。この映画は、愛しあう二人の間の明確な身分の違いに関するいかなる詳細な議論も避けている。夢龍は単にこう述べる。「彼女が妓生の娘なら、彼女も妓生だ。両班が妓生を呼んで何が問題か?」主人の修辞的な質問に房子は次のように答えるが、鋭い観客には彼が暗に階級の違いによる緊張関係に触れていることがわかる。「もちろん彼女は妓生です。しかし、彼女は都に暮らす成《ソン》の娘でもあります!」このように春香に上流階級の血が流れていることをほのめかすことによって、両班の妻としての役柄をつくりあげることが可能になる。「両班」とされる彼女の父親に言及することは、理想的な妻としての春香の役割に焦点を当てる物語の内的ロジックを保つために必要なのだ。

シン監督作品における春香は、女性らしい品行として受け入れられている従順、貞操、自己犠牲という文化的規範を実践している点で模範的な妻である。彼女は、社会が要求する理想的な妻のあり方そのものだ。たとえば、秘密裏に結婚をしたあと、春香への想いから夢龍が勉学に集中できないでいると、春香は浮かれるどころか、彼を学業に集中させるように努める。そうした無私の姿勢によって、春香は「できた」妻という位置づけになるのだ。この奇異な自己放棄があってはじめて、春香の道徳心の高さが両班階級の水準へと引き上げられ、やがて春香に幸福をもたらす。二人の結婚を認めない父に命ぜられ一人で都に行くことを夢龍がためらっていると、春香は、自分を捨てるように、しかもこの別れを後悔しないようにと夢龍に強く訴える。春香は夢龍に自分のことを忘れるべきだとまで言い張る。この場面における春香の気高い精神と行動は、立派な妻たるものの完璧な模範である。本章で論じる五人の映画監督のなかで、春香を徳の高い妻として際立たせることに最も執心しているのがシン監督である。シン作品では、夫の幸福を願う春香の自己犠牲が強調されているが、そのクライマックスとなるのが、新しい長官に仕えるよう強いられ、それを拒む時の台詞だ。「私にはすでに主人がおります。私は彼の物です。どうかあなたに仕えることを強制なさらないでください！」この抗議では文字通り、春香が自身を夫が所有する「物」として認識していることが明らかだ。自身の妻としての立場を所持品として表現するこの大げさな台詞は、「私はすでに結婚していて、夫がおります」という一般的な言い方とはかなり対照的だ。

しかしながら、女性の美徳の鑑《かがみ》としての春香像は、それほど説得力のあるものではない。儒教的観点からみれば、春香は道徳的に欠点がないわけではない。彼女は婚前交渉を禁ずる社会の掟に背いている。実際、春香は秘密裏に結婚をすることで、事前に親の同意を必要とする結婚制度に逆らっているのだ。

洗練された妻、夫の両班としての地位に相応しい妻として春香像をつくりだすことに執心するあまり、シン監督は映画テクストのなかに超自然的要素を取り入れている。そうすることで、「春香がそれほど貞淑なら、どうして夢龍の父から結婚の許可を得ることもなく、夢龍との関係をもつことができるのか?」という疑問を未然に防いでいる。二人の結婚を正当化する権限を有する唯一の存在が夢龍の父であることを考えると、春香の早まった性行為を彼女の人としての道徳的欠陥と解釈することは容易だ。これは、春香が体現する理想的な両班の資質をすべて台無しにしうるものである。この潜在的な問題を防ぐために、シン監督は自然主義的論理を超越する占いや夢の話などといった土着の民間信仰を取り入れ、コリアンの精神世界に強く訴えている。春香と夢龍との関係は、春香にはどうにもできない力によって予め運命づけられたものとして提示されているのだ。映画の冒頭で、春香は市場にいた盲目の占い師に近づく。そこで占い師が、ごく近い将来に夢龍と不可避の出会いを果たすだろうと春香に告げる、という都合のよい展開になる。当然、この予言はすぐにスクリーン上で現実のものとなる。同様に、夢龍が春香の家に立ち寄った夜、春香の母・月梅《ウォルメ》は、醒めたばかりの奇妙な夢について娘に話す。「煙のたちこめたおまえの部屋に青い龍が入ってきて、おまえを口にくわえて飛んで行った……妙なことにそれで目が覚めて……おまえが男だったら科挙の試験に通るということ……」。死を待つ監獄の場面で、春香は、似たような占いと神秘的な夢が重なる経験をする。超自然的な要素は、二人の特異な結婚を正当化する効果的な手段として機能する。二人の出会いと結婚は、説明のつかない力が働いた結果であり、人間は自らにふりかかる運命に従うべきということである。こうした迷信的モチーフは、他の映画にないわけではないが、シン監督はこれを最もふんだんに使っている。春香という人物を描くことに対するシン監督の努力は、徳高き両班の妻の概念を映画上で具現化することにのみ向けられているのだ。(1)

若々しい十代の主人公（パク・テウォン監督『成春香伝』）

パク・テウォン監督の『成春香伝』（一九七六）で描かれる春香像は、貞淑あるいは官能的な女性として春香を描く他の韓国映画とはいくらか違っている。パク監督の春香は、感情的にも精神的にも、成熟した女性というよりは子どもっぽく屈託のない思春期の少女に近い。パク監督の翻案で中心となるテーマは、西洋のロミオとジュリエットのロマンスと同じように、若者の真実の愛は古い世代の偏見を乗り越えることができるというものだ。パク監督は、この物語から典型的な道徳的含みを取り払っている。立派とされる女性の社会的規範に従ってふるまおうと努める伝統的な春香の描写とは対照的に、パク作品における主人公は、同年代の少年に出会い、彼と恋に落ちる十代の無垢な少女のままだ。他の作品では、春香が夢龍からの結婚の申し込みに悩み苦しむ姿が描かれがちだが、この春香は違う。

パク作品は、一九七〇年代の韓国社会におけるフェミニズムの声の高まりにある程度対応したものとしてとらえることも可能だ。また、この時代、十代のサブカルチャーが急速に商業化したことも反映している。春香の年齢の女性によくみられる無垢さは、女性の性と結婚をめぐる伝統的な考えを覆す要素を含んでいる。伝統的な行動規律に対する春香の挑戦を示すよい例は、春香が自由に出かけていって夢龍という見知らぬ男と話す場面にみられる。春香の行動は、年頃の娘は日中に外出したり、男性に話しかけたりすべきでないとする道徳的箴言に対するあからさまな反逆である。パク作品の春香にはそうした伝統を気にする様子はない。夜、自分のもとに夢龍が突然現れても、彼女は怯みすらしない。他の成熟した春香像とは違い、この春香は夢龍が言い寄っても過度に拒むことはない。

春香が話すときの子どもらしい抑制のなさは、女性に対する既成概念をパクがひそかに非難していることを物語っている。原作や他の翻案映画における春香は、寡黙さを女性の基本的な美徳の一つと考える儒教の見方にしっかりと従う傾向がある。儒教的倫理観では、多弁は妻との離縁を求める男の七つの理由（七去之悪）の一つとされる。[16] したがって、春香は静かな女性として描かれるのが常であり、春香と夢龍が意思疎通を図る際は、月梅がその仲介者としての役割を果たす。なかには、夢龍と一夜をともに過ごしたあとでも春香が口を利かない作品もある。夢龍が立ち去ってしまう痛みを実感してはじめて、春香は沈黙を破る。この「物静かな女性」という理想的な姿とは反対に、パク監督の春香は、初対面の少年である夢龍に対して自由に自己表現することをためらわず、快活な普通の十代の少女のようにふるまう。彼女は彼の求婚に驚いて言葉を失ったりはしない。彼女の行動は、内気で控えめな大人の女性という春香に対する観客の先入観を覆すのだ。

春香は、言葉遣いだけでなく、身体の動かし方も自由気ままだ。儒教上の行動規範で強調される節度あるふるまいも無視している。彼女は、疲れ果てるまでブランコで遊ぶ。朝鮮社会では、慎ましい所作という考え方が女性に強く押しつけられ、女性は過度に身体を動かすことを避けるように教えられた。活発さが強気な性格のあらわれとみなされてしまうからだ。この教えに反して、パク作品の春香は運動や遊びに活発に興じがちだ。この点が、パク作品の春香が他作品の春香と異なるもう一つの特徴である。

パク作品における春香の全体的なイメージは、個人主義的性質を帯びている。それは、春香が自分の結婚について自ら決断するという点に明確にあらわれている。彼女は、他作品でよくみられる従順な娘

図10 パク・テウォン監督『成春香伝』(1976) 母・月梅は両班の青年・夢龍から世間知らずの娘・春香を守ろうとする

ではない。夜、夢龍が春香の家を訪れると、母親に黙って夢龍を自分の部屋に引き入れる。月梅も、命令を押しつけるような母親ではない。他の翻案作品では両班の少年と結婚させるために自分の娘を操作する姿がよく描かれているが、パク作品の月梅はもっぱら言い寄る夢龍から初心《うぶ》なわが娘を守ろうとしている。彼女は夢龍に対し、春香と「本当に結婚する気がある」ならまともな方法で、つまりもっと堂々と他人の目を恐れることなく日中に春香を訪ねるべきだと告げる。一方、他作品では、月梅に春香の結婚の問題が委ねられている。パク作品における月梅の第二の役割は、ヒロインを比較的自立した個人として際立たせることを助ける点だ。どちらかといえば型にはまらない春香の人物描写を通して、恋愛関係はそもそも当事者同士の愛と決断の問題であり、また結婚は家族のためではなく二人のための制度である、というテーマをパク監督は強調している。

しかし、パク作品は、春香を純粋に前向きなイメージで描いているわけではない。彼女はのんきで、子どものようでもある。あからさまな我儘ではないにしろ、時には配慮に欠けることさえある。春香の無垢な脆さが最もありありと描かれているのは、夢龍が家に訪れたときに、怖気づいて素早く母親の後ろに隠れるシーンだ。不安がる子どものように、春香は本能的に母親の胸を求める。同じ年頃の少女が家族の手伝いとしてよくするような春野菜の収穫といった現実的なことに、春香は興味を引かれない。春香の行動は、遊び好きでやや子どもじみた少女気質に駆られているようである。たとえば、魚に餌をやるために侍女の香丹《ヒャンダン》に黙って池に行ってしまい、その間、香丹はいなくなった春香のことを必死に探すのだ。パク作品の春香は、家父長制的行動規範にまだ縛られていない自由な精神をもつ若者と、親のしっかりした保護が必要なか弱い子どもという二重のイメージを示している。

妖艶な芸妓（ハン・サンフン監督『成春香』）

ハン・サンフン監督の『成春香』（一九八七）は、従順な妻というよりは妖艶な芸妓という春香のイメージを強調する。この映画が春香の官能的な側面に焦点を当てていることは、森のなかで房子が春香に「お前がチョゴリの下から匂いを送って彼の鼻を刺激するんだ」と告げるシーンをみれば明らかだ。この下品で侮辱的な言葉から明らかなように、この映画は、春香の貞節や自己犠牲よりも、妓生として春香に求められる官能性を描くことにはるかに大きな注意を向けている。

男性の情欲の対象物として春香をあらわす主な事物の一つとして、伽耶琴《カヤグム》という伝統的な弦楽器がある。冒頭のクレジットが流れている間、その背景では春香が伽耶琴を弾いている。これは伝統的に男性の酒席で女性が弾く楽器である。そのため、妓生と伽耶琴は色情をそそるものとして密接に結びついている。夢龍が春香の家の塀を飛び越える場面で、春香は再び伽耶琴を弾いている。さらに、夢龍が春香と結婚の誓いを立てると、月梅が酒をもってきて、夢龍を曲でもてなすよう娘に命じる。「初夜」の場面では、春香が伽耶琴を演奏する場面から流れるように脱衣の場面へ移る。

その後、夢龍が都から戻り、春香の部屋を再び訪れ、彼女の投獄を知って絶望するとき、伽耶琴は春香の身体と重ねられる。夢龍が春香の部屋に入るも、そこにあるのは春香の伽耶琴のみという場面をカメラは映し出している。捨てられ壊れたその楽器は、春香の憐れな状況を象徴している。夢龍は激しく落胆し、伽耶琴をあたかも春香自身であるかのようにそっと撫でる。ほかの作品でもこの楽器は用いられているが、ハン監督の作品ほど伽耶琴と春香の身体との結びつきを明示化しているものはない。シン作品では伽耶琴がほんの少しの間だけ映し出される。パク作品では、春香は伽耶琴を弾きさえしない。

北朝鮮の二作品では、春香は伽耶琴を弾くものの、そこで焦点になるのは春香の音楽の才である。夢龍は春香の音楽に引きこまれて、彼女の才能に深い敬意を示すのだ。これらの場面で、酒がたしなまれることはまったくない。

シン監督のヒロインは世俗的な娯楽を絶っているが、それとは対照的に、ハン監督のヒロインは積極的に娯楽を追い求めている。結婚の夜に続く場面もまったく異なる。ハン作品では、花嫁と花婿が野山に遊びに行き秘密の結婚を喜びあうが、シン作品では、科挙の試験勉強に励む夢龍の横で春香が裁縫をしている。パク作品では、別れの場面に続く。北朝鮮のユ／ユン監督による映画では、夢龍と初夜を過ごした翌朝には春香が働く姿を見せている。

ハン監督は、社交的で人を喜ばせることに長けた春香の自己表現にも光を当てる。彼女は、夢龍の関心が自分に向くまで受け身で待つことなどない。夢龍の情欲に訴えることを意識して、春香は主導権を握り、自分との結婚を約束させる。結婚後も、シン監督のヒロインのように両班の妻として伝統的な規範をひたむきに守ることなどしない。

ハン作品では空間が効果的に使われており、魅惑的な芸妓として春香の人物像をうまく強調している。夢龍が春香の家を訪れると、月梅がまず庭にいる夢龍を見つける。月梅は夢龍を春香の部屋にすぐに案内する。他作品では、夢龍は家の玄関に誘導されるが、春香の部屋までは入らない。朝鮮社会では、奥の間は女性のプライベートな空間としてのみ保たれている。伝統的に男性は両班の家の奥に入ることは許されていなかった。男性の訪問者を禁じていたため、そこは人目につかない個人的な場所とされていたのだ。家における空間の割り当てに関するこうした規則は、夫と妻の間でさえも固く守られていた。夫婦は部屋を共にせず、一つの住居のなかの異なる空間で過ごした(17)。儒教的な性的倫理観に基づく空間

図11 ハン・サンフン監督『成春香』(1987) 別離の前夜、春香は自分の部屋で夢龍のために伽耶琴を奏でる

の分離という点からみると、月梅は男性を、しかもほぼ見知らぬ人物を奥の間に案内し、酒を出すという極めて特異な行動をとっている。これは疑いようもなく、この社会で受け入れられるふるまいではない。月梅の行為は、春香が妓生の家の卑しい育ちであることを示しているのだ。

三本の韓国映画における春香像は、互いに異なっているようにみえるかもしれない。しかし、描かれる春香像のパターンを丁寧にみると、これらの映画はそれぞれ、男性の夢想のなかで構築された理想的な女性像の諸相を扱っていることが浮き彫りになる。徳が高く、それでいて妖艶で、しかも子どものような脆さもあるという女性像だ。この複数の性質をもちあわせた春香という人物は、妻であり、恋人であり、妹であり、同時にほかの多くの役目も果たし、男性の性的欲求だけでなく、主人や保護者としての男性の自負心も満たさせるような魅力がある。春香という人物は、相容れない属性を相補的で矛盾しないものへと転換し、すべてを包含する。このように、春香像は、男性中心のジェンダーの力関係に対し極めて高い適応性を示している。この意味で、以上の三作品は、ジェンダーの問題という大きなコンテクストに春香を置いているわけではない。実際、これらの作品はどれも目先の商業的利益を求めてフェミニストの関心事を利用しているきらいがある。しかも、どの作品も社会階級というテーマを避けている。

韓国の春香映画は主にセクシュアリティと結婚に関心が向かう傾向があるが、北朝鮮の春香映画は階級を背景とした春香のイメージを中心に置いている。次節で分析する二本の北朝鮮映画は、春香を労働者階級の女性の代表としてとらえ、伝統的な階級社会の「矛盾」に挑戦する勇気と自分を律する厳しさを春香の第一の美点として打ち出している。

第4節　北朝鮮映画における春香像

模範的労働者（ユ・ウォンジュン／ユン・リョンギュ監督『春香伝』）

ユ・ウォンジュン／ユン・リョンギュ監督の『春香伝』（一九八〇）における春香は労働者階級の代表である。この映画は、ヒロインが織機で布織りに精を出す場面から始まる。これは、春香が色鮮やかな服をまとい、さりげなく登場する典型的な冒頭シーンとは異なる。対照的に、ユ／ユン作品の春香は地味な衣服を身にまとい、みすぼらしい家のなかで懸命に働いている。隣人からの注文の品を仕上げ、母親の食事を準備したあとで、春香は端午祭《タノジェ》(18)に出かける。祭りから戻るとすぐに台所仕事を始める。夢龍の妻となったあとですら、春香は家族のために稼ぐことをやめようとしない。

この春香は日常生活における不安と困難を抱えている。しかし、厳しい経済的現実にもかかわらず、春香は誠実で勤勉な人物として前向きに描かれている。彼女は、身分の低い階級のみじめな生活から逃れるために両班の男と結婚することを夢みるような少女ではない。ユ／ユン作品は、伝統的な階級社会の矛盾に耐える春香の強さに重きを置いているのだ。女性でありながら、春香は家族のために稼ぎ手の役割を果たしている。亡き父が春香と月梅に残したわずかばかりのお金で、普通は息子の役目とされる母親の世話を、春香は真剣かつ献身的に行う。この根底にあるメッセージは、子としての大切な徳は息子だけが果たすものではないということだ。上流階級の暮らしの贅沢さが味わえずとも、春香は自分が属する地域社会への積極的な関与を怠らない。

興味深いことに、春香の稼ぎ手としての役割は原作の「春香伝」には見当たらない。こうした新要素を映画に取り入れる明白な目的は、春香と夢龍との経済格差を拡げ、そのことで階級社会の「矛盾」というテーマを前景化させることにある。ここでの春香の描き方は、北朝鮮の映画人が適用するいわゆる「模範論」のよい例である。この理論では、よい社会主義映画を作るには模範となる人物を観客に提供すべきとしている。

堂々とした働く女性という春香の確固としたイメージは、シン監督の『成春香』における男性の視線とは異なるカメラの「目」によって強調される。映画全体を通して、夢龍の覗き見的視線から外れたところに春香はいる。夢龍が橋の上で春香を凝視するときも、春香は立ち止まらない。スタスタと歩いて夢龍の前を通り過ぎ、彼の視界から消えてしまうのだ。他作品では、通常、夢龍が近づくまで春香はその場で固まってしまっている。ユ／ユン作品における春香の大胆な行動は、「春香、春香は花の香り。でも、花は奥の部屋で咲く。春風が吹いても、それで匂いが外に伝わることなどない！」という彼女の台詞とうまく重ねられている。一九六一年のシン作品において春香が「蝶を待つ街の花」と自身をなぞらえるときの口調と比べ、ここでの春香は毅然としている。

夢龍に対する春香の態度に小悪魔的要素がないことは、社会の「構造的矛盾」に対する彼女の確固たる階級意識が関係している。夢龍がじきに旅立つことを告げると、両班階級によくある二面性だとして春香は夢龍を批判する。この非難よりもさらに驚くべきことは、階級社会の害悪に自らのやり方で対処するという彼女の決意だ。象徴的な行動として、春香は、花婿が花嫁の髪型を変えるという慣習に抗い、自らの手で未婚女性の髪型から既婚女性の髪型へと結い変える。そして、春香は夢龍に最初の杯をふるまう。この場面で、二人は互いに自分たちの結婚を公にしないという誓いを立てる。これによって、社会から不健全で不当な圧力を受けても、夢龍が約束を守り春香の側に寄り添えるかどうかを春香は試しているのだ。女性の美徳として受け身と従順さが奨励されるべきではない、ということを春香の行動は明らかに主張している。彼女の行いは、彼女のなかに、結婚を利用して社会階級の頂点に達し、快適な暮らしの保障を得ようという考えがまったくないことを示している。これは、春香の結婚が、社会階級を平等にする努力以上のものではないことをあらわしているのだ。

春香の政治意識とともに、ユ／ユン作品は、北朝鮮の性的道徳観が貞節に大きな価値を置くことを示唆している。この映画で奇妙なのは、儒教が定める「適切な」ジェンダー関係を鋭く批判する一方で、

図12 ユ・ウォンジュン／ユン・リョンギュ監督『春香伝』(1980)　春香と夢龍との間の厳格な空間的距離を示す場面。左端で春香が伽耶琴を奏で、夢龍は右端に座っている。二人の間に家人が象徴的に置かれている

貞節についての価値観を讃えている点である。労働者階級の理想的な女性として、春香は自らの性的欲求を制御する方法を知っている。春香は夢龍と恋に落ちるものの、決してその場のはずみで衝動に流されることはない。夢龍が結婚に対する真剣な意志をもっていることを確信するために、春香は彼に自宅を三度訪問させる。同じような主題はパク監督の『成春香伝』でもみられたが、春香自身ではなく、月梅が訪問をくり返すことを要求している。さらに、ユ／ユン作品では、訪問中の夢龍が春香と二人きりになることは決してない。月梅が娘を呼ばない限り、夢龍は彼女と会えないのだ。玄関口から春香を目にすることを許されるのがせいぜいだが、その時も春香は自分の部屋で籐《とう》の簾《すだれ》越しに座っている。

貞節の強調によって、春香の部屋は侵害できない神聖な場所へと転じる。これは春香の処女性の象徴である。だからこそ、春香の部屋は、不運な恋人同士が性的自由のために使う隠れ場所という一般的な使い道とは相反する意味を内包している。秘密の結婚後でさえ、春香が処女のままでいることは実に驚くべきことである。したがって、二人の離別という重大な知らせが告げられるまで、春香は処女性を世間に向けて象徴する未婚女性の髪型を保っている。(19) 春香が純潔を維持していることは、夢龍が発ったあと、将来の嫁候補への正式な申し出として裕福な家庭から春香に贈られた高価な品からもわかる。

「純潔な処女」という春香のイメージは、春香の部屋という密室に閉じこめるのではなく、戸外の自然環境のなかに春香と夢龍を頻繁に登場させるというユ／ユン監督の演出によって強められる。春香の部屋で夢龍が彼女と一緒にいる場面はまったくない。ユ／ユン監督による意図的な戸外シーンは、禁欲的で貞操観念の強い春香のイメージを強固なものにしている。春香が夢龍と森を散歩するシーンはこの解釈を裏づけるものだ。春香と夢龍のもとから月梅が離れると、カメラは二人が散歩に出かけるところを映し出し、ていねいに二人のあとを追う。この間、二人は一定の距離を保ちながら森のなかを歩く。

つまり、二人の間には何の身体的接触もないのだ。森のなかで恋人が二人きりになると、決まってロマンチックな場面を思い描くものだが、ここでは皮肉にも揺るぎないプラトニックな関係性を強調している。二人が森の奥へと入っていくと、画面では春から秋に季節が変わったことだけが示され、咲き乱れた花は、風で舞い散る枯れ葉にとって代わる。時の流れが二人の禁欲的な態度を変えることなどないのだ。

物語の筋書きという点では、ユ／ユン作品には他の翻案作品にはみられない独自の場面が挿入されている。それは、市場で春香と夢龍が初めて出会う場面と、夢龍が春香の家を訪れる場面の間に入れられている。韓国の春香映画では、月梅と夢龍のやりとりによってこの二つの出来事の間に数日が過ぎたことを暗示する場合もあるとはいえ、二人が初対面の日に初夜を過ごしたという印象を与えるほどこの二つの出来事は直接つながっている。しかし、ユ／ユン作品では、その間に長い時間が過ぎたとしている。出会いの直後、夢龍は春香に会いたい一心で、勉強に集中できない。落ち着きのない夢龍とは対照的に、春香は固い意志をもって懸命に仕事を続ける。月梅が最終的に二人の関係を許してはじめて夢龍と春香の自制心が緩むのだ。

階級問題を過度に強調することで、この映画にはさまざまな問題が生じている。重大な欠陥の一つに、ジェンダーをめぐる議論からセクシュアリティを完全に排除している点がある。この映画は確かに、女性が生産的で立派な社会の構成員になり、自分の運命を自ら決定できる権利を唱えている。しかし、封建的な朝鮮社会でこの権利が否定されることを批判する一方で、家父長主義的価値観を都合良く利用している。この映画に受け継がれている過去の遺産の一つは、儒教が植えつける過度に抑圧的な性的道徳観である。これは非現実的なだけでなく、道徳的偽善に等しい。春香のイメージを労働者として打ち出すと同時に、彼女の根本的な人間性を否定することにより、結婚の健全で真正な基盤としてのセクシュアリティを表現する原作民話がもつ美と力を、この映画は著しく歪めている。原作の春香は夢龍との性行為を正式な結婚と同じくらい神聖で拘束力のある誓約として認識しているのだ。

階級意識をもつ高潔な妻（シン・サンオク監督『愛、愛、私の愛』）

シン・サンオク監督が北朝鮮に強制滞在させられていた間に制作した『愛、愛、私の愛』（一九八五）も、伝統的な儒教思想と現代の社会主義思想が混在する映画である。しかし、二つのイデオロギーの間の葛藤が弁証法的にうまく解決されておらず、芸術的な観点からみてもユ／ユン作品ほど興味をそそられるものではない。結果として、この映画は人物描写とテーマにおいて一貫性に欠ける部分がある。春香の行動描写における伝統的観点と社会主義的観点の競合は、妓生であると同時に両班の夫をもつ高潔な妻というヒロインの相反するイメージから明白に読みとれる。

北朝鮮で製作されたこの映画が階級をテーマとしていることは、冒頭部分から歴然と示される。他の多くの翻案映画と異なり、この作品は、過去の長官を追悼するために建立された記念碑を背景とする場面から始まるという極めて特異な構成になっており、カメラは、亡き父の記念碑の前に立ち、父の有徳の行いに対し追悼の言葉を述べる春香に焦点を当てている。しかし、平穏なはずのこの場面には緊張が張り詰めている。というのも、春香が父の記念碑に礼をする間も、通りがかりの人に見られることを恐れて、香丹が監視しているためだ。こうした懸念は、社会階級としては妓生である春香が、父の記念碑に詣で、その前で公然と礼を捧げることを認めない社会的規範から生じたものである。それゆえ、春香

図13 シン・サンオク監督『愛、愛、私の愛』(1985) 夢龍が戻り、死刑寸前の春香を救う

はわずかな人の気配にも身を隠さなければならない。この冒頭のシーンでは、父が両班階級に属していても春香にはその地位を否定する伝統的階級制度の不条理というこの映画の中心テーマが早々に提示されるのだ。この記念碑の側で、春香は夢龍と初めて出会うことになる。社会における階級制度の問題と春香の階級意識というテーマは、のちに別離の場面で前景化する。夢龍が春香のもとを去るとき、春香は夢龍が父親に従う決意をしたことを非難する。その決断は階級の壁による「矛盾」と支配階級の道徳的姿勢にある偽善のあらわれだ、と春香は主張するのだ。夢龍に対する春香の激しい批判は、伝統的社会の階級差別を告発する社会主義のレトリックそのものだ。

しかし、シン作品は、古い儒教思想

と現在の社会主義的道徳観の枠組みの間で揺れ動いている。一九六一年に自身が韓国で発表した『成春香』と同じく、シン監督は本作品で、家父長制における典型的な妻として春香像を演出しようとしている。韓国版と同様に、この作品の春香ははにかみ屋で従順である。自己犠牲的な性質も再現されている。監獄シーンでは、月梅や房子がくり返し懇願しても、春香は夢龍に助けを求める手紙を書くことを拒む。自分が拘束されているという衝撃的な知らせによって夢龍の勉学を邪魔するくらいなら、自分が耐え忍ぶことを彼女は頑なに選ぶのだ。皮肉にも、春香の自己犠牲という主題は、韓国で制作した前作よりも北朝鮮版の方が顕著なものとなっている。

シン監督が描く春香像の大きな欠点は、洗練された両班の妻のイメージと身分の低い妓生のイメージで揺れが生じていることである。高潔な妻という側面とは対照的に、シン監督は春香が性的道徳観に思いがけず寛容な態度をとる演出をしている。シン監督の一貫性のない人物描写によって、春香は出会ったばかりの夢龍と性交渉に及び、卑しい妓生の側に揺れ戻るのだ。春香の慎み深さと大胆さの間で、ある種のちぐはぐさを観衆も感じてしまう。夢龍のロマンチックな誘惑を躊躇なく受け入れるシン監督の春香は、ユ／ユン作品で無関心な態度を示す春香とは正反対だ。ユ／ユン監督が一貫して春香の処女性を強調しており、春香の結婚後でさえもそうであるのと対照的に、シン監督は春香の初めての性行為に対し開放的なアプローチをしており、これは伝統的な儒教的倫理観を拒む態度と解釈できる。

北朝鮮が男女の極端な分離で知られている点を踏まえると、春香の性的道徳観は、一見すると、社会的現実にそぐわないように思われる。ユ／ユン監督の作品を含め、春香映画の多くがヒロインの貞節や品位、貴族と関係をもつにふさわしい属性を描く傾向があり、それは伝統的な儒教の倫理観に強く影響された過去の階級社会の名残ともみられる。そのため、シン監督の作品における春香の大胆な婚前交渉は、観客の想定を露骨に裏切るものである。一方でこれは、性的道徳観に関する北朝鮮政府の政策が基本的には厳格だとされているものの、ある程度の柔軟性があることを暗示しているとも読みとれる。この映画の主な目的が女性のセクシュアリティに対する偽善的な儒教的規範を暴き出すことにあるとはいえ、全体として、春香像の描写における内的矛盾という問題は納得のいく形では解決されていない。

第5節　春香とコリアン社会の家父長主義的ジェンダー関係

以上で論じてきた映画の春香像をみると、韓国でも北朝鮮でも、男性と女性の関係の定義づけが性別による扱いの違いを助長する伝統的な儒教的倫理観に今なお根づいていることがわかる。朝鮮社会では、男女間にある絶対的な階層差を強制することでジェンダー間の分離が維持されていた。上記の映画五作品はどれも「支配と服従」として確立されたジェンダー関係に触れている。これらの映画は、表面的には男女間の不平等の問題性を認めているようだが、より深いレベルでは、現代コリアンの文化的アイデンティティの形成において昔からの儒教主義による男女の区別が影響力を持ちつづけること、また必要ですらあることを直接的あるいは間接的に主張している。結婚とセクシュアリティという二つの側面で伝統的な家族観を支持する見方がくり返し展開されるのだ。

どの作品でも強調されるように、伝統的な社会では結婚こそが男性と女性の間に認められる関係性の唯一正当な形である。しかし、その前提として親の承認がなければ結婚は不可能だ。この制約があるからこそ、いずれの作品でも夢龍と春香の関係の性質を明確に定義することに大きな注意が払われている。男女は、結婚することによって、家族を中心とする価値観が付与する社会的地位を獲得する。成人に期待されるさまざまな役割のなかでも、親としての役割は共同体のなかで最も重要なものとされ、それゆえに社会によって守られるものになっている。男性と女性は結婚し、親としての責任を遂行してこそ、共同体の完全な成員となれるのだ。裏返せばこれは、結婚しなければ、相当の権限や権力をもつことができる次の社会的アイデンティティの段階に進むことができないことを意味する。

伝統的な朝鮮社会における儒教的な家父長制の構造は、家庭内序列における男性優位を重んじる。したがって、婚姻関係の堅固な礎となるのは妻に対する夫の権威である。家族生活では女性の従順さが必要とされるのだ。夢龍を想う春香の自己犠牲を理想の姿とすることが多いのは、家族を中心とする儒教的価値体系において性別によるそうした力の偏重があることを物語っている。女性の貞節に対する崇拝は、男性が女性を支配し所有する権利と同じ観念から派生している。貞節や尊重は結婚の倫理的基盤とされているが、この道徳観は夫と妻に平等に適用されるわけではない。女性の場合、規定された「美徳」を破ることは悲劇的結末をもたらしうる。なぜなら、女性の社会的な存在は娘、妻、母としてのみ認識され、妓生の身分に属さない限り、恋人としての存在は認識されないからだ。貞節や従順さに対する誇張されたレトリックを考えると、女性の婚前・婚外の情事は、家父長制だけでなくその女性に関係する個々人にとっても深刻な脅威となる。だからこそ、春香の「初夜」が、これらの映画を解釈する上で最も扱いにくく議論を呼ぶポイントの一つとなるのだ。

伝統的社会における結婚の主な役割は、家系の継承を絶えさせないことだ。それゆえ、結婚した男女の性生活は常に公の話のなかではタブーとされる。単に話題とされないだけでなく、結婚生活の聖域にある夫婦のプライバシーとして扱われるべきものとされるのだ。一般に、春香と夢龍の床入りの明示的な場面を省く傾向があるのは、夫婦間の性的事柄を外部者に露わにしてはならないという儒教的倫理規範に深く根づいている。ときおり春香の官能的な美しさを見せる刺激的な場面があるものの、これらの映画は概して夫婦の性に関する儒教の教えを遵守している。

伝統的な社会では、実質的に結婚だけがセクシュアリティを満たすことのできる唯一の道であるが、儒教の教えのなかでは、セクシュアリティそのものやロマンス、エロティシズムなどに関わるものは不明瞭なままで説明されていない。特に、女性にとって、セクシュアリティは生殖の手段にすぎないとされている。映画のなかでエロティックな場面が排除されているのは、現代のコリアンが実際に自分たちのセクシュアリティを表現する機会を奪われていることを反映している。性的道徳観に対し曖昧で抑圧的な態度を示すだけでも、映画は伝統的な家族観を補強することになる。春香と夢龍の性的関係を視覚的に表現しないことで、結婚した男女の不可侵の権利を尊重すべきだという考えを植えつけているのだ。映画では、こうした教訓的メッセージが春香の部屋の明かりを消すことで表現されている。この暗示的な場面では、観客に許されるのはせいぜい、茶目っ気のある従者・房子の目線で障子の穴から覗き見することだけだ。

儒教の性的道徳観と関係して言及すべき事柄は、「春香伝」のジェンダー問題を論じる上でもう一つの重要な要素となる妓生の社会的役割である。朝鮮王朝時代、妓生は国家が所有する奴隷に分類されていた。そのため、法律的観点から厳密に考えれば、春香が新しい長官に仕えることを拒否することは正当化できない。春香は社会階級上は妓生であり、また、結婚の事実が公にされていないからだ[20]。酒宴の場で男性をもてなす芸者として、妓生はある意味で、確立された性的道徳観の規範の外に存在した。妓生階級はさまざまな道徳上の社会的制約を比較的受けない存在として、結婚生活で満たされない男性の性的欲求の埋め合わせをした。高潔な妻への崇拝はこうした職業につく女性を蔑むものだが、同時に、性的自由に対する社会の二重基準があるために「不道徳」とみなすこともできない。ジェンダー関係における男性の揺るぎない優位性によって、妓生階級は社会の道徳構造のなかに組み込まれた存在になったのだ。

儒教的倫理観では、原則として、結婚生活における官能的欲望が男女を問わず制限されている。しかし現実には、男性のために抑圧された性的夢想の特別なはけ口が制度的に付与されていた。そのため、男性は厳密に定められた性的道徳観から逃れて婚外の関係を持ち、ほとんどの場合それを公に享受できた。この偽善に対する暗黙の了解が前述の韓国映画にも見受けられる。そこでは、夢龍が政府の役人になる上で、妓生との関係が致命的な障害としては描かれていない。これらの映画は、夢龍がいったん科挙に合格し官吏になれば、物議を醸す春香との関係は正当化されることを暗に認めている。家父長主義的なジェンダー・ポリティックスにおける安定要素として女性の従順さと貞節が涵養され、利用されるのだ。伝統的な性的道徳観のそうした根本的矛盾が、翻案映画における春香のさまざまなイメージと解釈の多様性を引き起こしている。

北朝鮮と韓国の春香映画は、全体的に、春香が体現する伝統的女性像に対して肯定的である。しかし、ジェンダーの問題をどう扱うかによって作品間に小さな違いがあらわれている。三本の韓国映画を時系列順にみると、セクシュアリティに対する社会の寛容度が高まってきたことが分かる。一九六一年のシン作品は、のちのパク監督やハン監督の翻案と比べて、原作の保守的な道徳観に忠実である。この映画は、若い二人が両親の承諾なしに行う秘密の結婚と初夜の床という主題を含んでいたものの、公開にあたっては「未成年の観客」の入場が許されていた。初夜の場面については、村の女性たちが戸の穴から部屋を覗きこむという古い朝鮮の慣習をシン監督は踏襲した。シン作品と比べると、一九七六年のパク作品は、下着姿の春香のカットや、官能的な唇と魅惑的な首元の極端な大写しなど、情欲をそそるシーンを多く含んでいる。こうした場面があるにもかかわらず、パク作品は年齢制限なしに誰もが見られた。ハン作品に関しては、春香と夢龍の「初夜」の主題を控えめにしたという点で、シン作品と描写の仕方が著しく異なったとはいえない。しかし、ハン作品は、ヒロインが男性の性的欲求の対象であることを露骨に表現している。こうした小さな変化をみると、ある意味では、セクシュアリティが韓国社会で公に議論できる主題の一つとして徐々に受け入れられるようになったことが確認できる。

ハン作品は、春香の官能的な妓生のイメージを強調しており、現代の韓国映画が結婚と性に対する伝統的考えを好意的に再投影しているという筆者の意見と矛盾しているようにみえるかもしれない。しかし、この一見自由な態度に反して、この映画は、夫婦における性的事柄は部外者の目に晒すべきでないという古い儒教の教えに従っている。ハン監督は、概念的なレベルでは「性」に対し開けた態度をとっているかもしれないが、そのカメラワークをみると、エロティシズムは目にみえる形で表現すべきでないという古くから多用された様式に従っている。過激な性表現があらわれる場面があるとしても、それはすべて邪悪な新長官が関与したものである。この点で、韓国の春香映画三本はどれも実質的に同じメッセージ、つまり、結婚は女性がプライバシーと尊厳を確保できる唯一の方法だという考えを反復しているのだ。

一方、北朝鮮の二本の春香映画は、ジェンダー関係という主題をそれぞれ異なる方法で扱っている。前述したように、ユ／ユン作品は春香の貞節を淡々と讃えているが、シン作品では婚前交渉を禁ずる伝統的考えが棄却されている。彼らの論争を呼ぶメッセージは、ある意味で、性的道徳観に関して北朝鮮社会に相反する見方が存在することを告げているのだ。ユ／ユン監督とシン監督は、伝統的家父長主義によって規定されたジェンダー関係に対し、異なる態度を示している。しかし、セクシュアリティについて互いに逆のアプローチをとりながらも、これらの映画は共通して、伝統的結婚制度の偽善を批判する代弁者として春香を用いている。次節で論じるように、二つの作品はいずれも春香の問題をジェンダーというよりは階級の問題と結びつけようと試みている。

第6節　「春香伝」における階級と伝統的家族観

「春香伝」で鍵となる主題は、低い階級に生まれた主人公の女性が階級の違う両班の男性と結婚することだ。階級の壁という物議を醸すテーマがこの物語の劇的効果を増幅させ、最終的に春香がこの壁を乗り越える点が最も感動をよぶ要素とみなされる。本章で分析した五本の映画はすべて、春香と夢龍の結婚が伝統的社会の階級制度の正当性に対する尋常でない挑戦であることは認めている。

しかしながら、北朝鮮映画が結婚というモチーフを特定のテーマのために利用するのに対し、韓国映画にはそれがない。北朝鮮映画は、春香と夢龍の結婚を、支配者と被支配者の階級闘争をあぶり出し、朝鮮王朝時代の構造的矛盾を告発するための重要な道具ととらえているのだ。一方、韓国映画は、伝統的な社会秩序を搾取する階級と搾取される階級という単純な二分法で過度に一般化することを避ける傾向にある。北朝鮮映画は、春香と夢龍の問題を階級闘争によって引き起こされたものとして単刀直入に定義づける。換言すると、北朝鮮の映画は、フィクションの世界と現代社会におけるイデオロギー的要件とを結合させようとしているのだ。対照的に、韓国映画は、物語の中心的争点を集団的な階級問題ではなく登場人物の個人的特性によるものとみなす。

北朝鮮映画は、言語と空間を効果的に利用して、伝統的社会における支配階級と被支配階級の対立を劇的に描いている。階級格差を強調するために、北朝鮮映画は夢龍と月梅に異なるレジスターを当てることによって二人の社会的立場を明白に区別している。この言語装置による効果を理解するには、朝鮮語がレジスターの非常に発達した言語だということを記しておく必要があるだろう。会話における適切な発話レベルは、年齢、社会的地位、親密度、会話場面などさまざまな要素に基づいて選択される。そのなかでも年齢と社会的地位は、通常、最も影響力のある基準と考えられる。この点に関し、月梅と夢龍の会話はぎこちなくどっちつかずの状態を呈している。なぜなら、月梅は社会的身分の上では夢龍より下位にあるが、義母としては、儒教における親子関係の上で夢龍より高い地位にあるからだ。社会言語学的な観点からいうと、二人は複雑な状況に置かれていることになる。一般にこのような場合、年齢が身分より優先される。韓国映画はこうしたレジスターの一般的法則に従い、娘が夢龍と結婚したあと、月梅は丁寧で堅苦しい言葉遣いを、軽くて親しみをこめたレジスターに落としている。実際、夢龍が家族の一員になると、月梅は娘に対して使うのとほとんど同じ話し方で彼に接している。しかし北朝鮮映画では、月梅の話し方は丁寧なレジスターを保持しており、両者間の階級の壁はあまりに高すぎて排除できないという印象を生み出している。朝鮮文化では義母と義理の息子はかなり親しい関係になるが、月梅が丁寧なレジスターを続けていることは、月梅と夢龍が互いに感じている心理的、社会的距離を反映している。

北朝鮮の監督はさらに、階級の連帯意識というテーマに観客の注意を向ける手段として、主人公と村人が一緒に現れる空間も作っている。春香と夢龍がたびたび民衆に囲まれて登場するのだ。この二人と民衆の空間的近密さは、彼らの親密な社会的つながりを示唆している。ユ／ユン作品は、春香が隣人と積極的に関わっているところを映し出そうする。春香は隣人と交流し、隣人からの仕事の依頼で生計を立てている。共同体から疎外されることのないユ／ユン作品の春香は、概して他者から切り離されている韓国映画の春香とは異なっている。春香が人から好かれているイメージを強調するために、ユ／ユン監督は民衆が登場する場面を複数挿入している。たとえば、春香が新長官に呼び出されるシーンでは、カメラはこの出来事に激怒し長官を激しく非難する村人を映し出す。長官のもとに向かう春香の後ろを村人がついていく様子をカメラが追うのだ。春香が最終的に投獄されると、村人は再び集まり、彼女の行く末を心配する。

韓国映画は、そうした民衆を含む場面に特に関心を向けていない。春香はたいてい一人か、夢龍とともに登場する。春香と夢龍が民衆のなかにいることはほとんどなく、物理的に公から隔離されているのは、二人の問題は個人的なことであり、社会的なものではないとする韓国映画の傾向に沿ったものだ。春香は常に部屋のなかに隔離され引きこもった姿で登場する。このパターンの唯一の例外は、シン作品の短い冒頭部分で、人であふれた市場を春香が歩いている場面だ。韓国映画では、春香を他の人びとから切り離すことで、春香の試練を完全に個人的な問題としてしまっている。同様に、夢龍が地元の人びとと直接接触することはほとんどない。その結果、二人の恋愛物語は、一般大衆の日常の関心事から距離を置いたものとなっている。

韓国の映画が春香の苦難を社会的不公平によるものとみなす一方で、北朝鮮の映画は、階級社会の構造上の根本的な矛盾を非難する。韓国の映画は、春香の困難について、すべての両班階級を咎めることはない。その代わり、特定の個人、つまり新長官の道徳的腐敗を問題の原因としている。韓国映画は、どの階級でもそうであるように、善い人も悪い人も混在するものとして支配階級を描いている。長官として公平で寛大とされる統治をした夢龍の父のように、上流階級には尊敬すべき人物もいることを示している。村人も、夢龍の父が統治した時代は、貧者や弱者に対する犯罪や悪事はなかったという。しかし、新しい長官は夢龍の父とは正反対で、村人は自分たちの困窮の責任はこの腐敗した長官にあると考えている。そのため、村人の怒りと憤りは両班階級全体に向けられるのではなく、その中の特定の個人を対象としている。夢龍の父は立派で健全な道徳心をもつ両班階級の代表として、新長官の極悪さと残酷さに対照的な光を当てる存在なのだ。

パク監督の『成春香伝』に登場する金進士《キムジンサ》も善良な両班の男である。(21) 金進士は原作には存在せず、パク監督が創作した人物だ。金進士の役割は、意地の悪い新長官に対し、慈悲の心で村を治めるよう懇願することである。彼は、長官の物質主義的態度を非難し、長官の誘惑と威圧に断固として抵抗する高潔な春香を、夫に対する忠誠心を示すものとして擁護する。この場面における両班の男同士の対立が裏づけるように、韓国映画は一般的に、闘争はかならずしも階級間で起こるものではなく、支配階級の内部でさえ起こりうると主張する。さらに、上流階級と下流階級の関係は時代や個人によって変わるものとしている。いいかえると、階級間の不和や摩擦は一時的なものであり、公平で慈悲深い長官をもつと村人は平和な生活を送れる、というのだ。この角度からみると、春香は新長官の粗野な俗悪さによる不運な被害者となる。

皮肉にも、この柔軟で個人主義的なアプローチによって、韓国の映画監督たちは春香の物語が提示する深刻な社会的、政治的問題から巧妙に逃れる、あるいはそうした問題をはぐらかすことが可能になっている。たとえば、両班階級の良心的で思いやりのある側面を体現する金進士のような人物をつくりだすことで、パク作品は実際、特権階級がもたらす社会悪について直接体験を観客に語れるはずの女性、農民、その他多くの平民の声を他にあてがっているのだ。弾圧されるマイノリティーの代弁者として両班の男を設定し、同じ両班階級にいる別の人物に対抗させることで、潜在的には多声的であるナラティブを独白のような閉鎖的テクストに弱めている。

儒教的倫理観の核心にある家族に関するレトリックも、韓国映画が階級闘争から注意を逸らせることを促している。韓国の春香映画は、両班階級による権力濫用を止める王の権威を高めるために、伝統的な家族観を利用している。結末で、ヒロインである春香の試練は終わり、民衆にとって究極的な父親像の象徴である王の名の下で悪人は罰せられる。儒教は、王を頂点とする拡大家族の巨大なネットワークとして社会を想定し、子どもが父親に対して行うように、社会のすべての人びとが王を尊敬し王に従うことが期待される。したがって、調和のとれた家族の絆を強調することは、既存の社会秩序の維持に寄与する。韓国映画は、儒教の家父長制的レトリックからさまざまな方略を援用しながら、春香の物語で社会秩序の転覆を引き起こす可能性がある要素を押さえこんでいる。現代の観客にとって最もセンシティブで話題にのぼる問題、たとえば、社会と家庭における男性主導の秩序、妓生に対する偽善的な二重基準、支配階級の独善などの問題を曖昧にしているのだ。

韓国映画と比べると、北朝鮮で作られた作品では、伝統的な社会構造に対する見方がはっきりと示されている。伝統的社会構造は、単純に搾取する側と搾取される側という二つの階級から成り立っている。

春香の問題はこの階級間の避けられない闘争の縮図である。北朝鮮映画において、搾取する両班階級は新長官によって代表される。ユ／ユン作品では、この長官が農民の悲痛な叫びに耳を傾けないばかりか、税をさらに絞り取ることを意地汚く企む人物として描かれている。農民が税として納めた作物に砂と藁を混ぜ、脱税の容疑で農民を不当に咎めるのだ。長官による権力濫用や下流階級の搾取は、こうした過度な徴税や圧政に反対する人びとの資産の不当な没収にまで及ぶ。彼の無慈悲な行為はシン作品でもくり返され、両班階級の典型的な特徴として打ち出されている。さらに、シン作品における新長官は、快楽を追求する加虐的倒錯者である。多くの妓生と宴を延々と繰り広げながら、至極退廃的な暮らしにふけり、村人の困窮になどまったく無関心だ。ユ／ユン作品とシン作品は両方とも、両班階級の本質として物質主義的な貪欲さと放蕩さをあぶり出し、搾取される民衆から報復を受けて当然であることを示す。これらの映画において、夢龍の父親は息子と春香の結婚に反対するが、それは、資産や政治的地位を含むあらゆる特権が奪われることになるという理由からだ。反感を買うような両班の描写は、無階級社会を実現する取組みにおいて被搾取側の階級意識を強めるものと考えられる。

北朝鮮の春香映画では、長期にわたる長官の悪政に耐え、最終的には搾取側との対決に備える民衆の場面を通して、階級闘争が歴史的必然として喚起されている。前述したように、政治的色合いの強いこうした民衆の場面は、韓国映画ではみられないものである。北朝鮮で作られた翻案映画では、夢龍が暗行御史に任命され故郷へ向かう旅の途中で、農民の一揆が今にも起こりそうなさまざまな兆候を目の当たりにする。韓国映画にも似たような場面はあるが、ほんの少人数が登場するだけで、北朝鮮映画にみられるような大勢の群集は出てこない。北朝鮮映画における夢龍は、勇気をもって公然と階級分離を非難する普通の農民たちに感化される。韓国映画では、国に雇われ指示通りに任務を遂行する一役人として夢龍が描かれるが、北朝鮮映画では、抑圧された民衆から「階級区分の解消という願望を叶えてほしい」とその帰りを切実に待ち望まれるリーダーとして夢龍を持ち上げているのだ。韓国映画の夢龍は王に派遣された使者にすぎないが、北朝鮮映画の夢龍は、腐敗した地方役人を罰し、社会秩序を回復させる救世主的存在である。疑いようもなく、北朝鮮映画における夢龍のイメージは、観客の革命精神を反映し、鼓舞している。夢龍の英雄としてのイメージを強くするために、北朝鮮映画では夢龍をベールに包まれた存在にさえしてしまう。映画の中盤で、夢龍はスクリーン上にしばらく登場しないが、それによって彼の帰郷はいっそう劇的で切望されたものとなる。対照的に韓国映画では、夢龍が科挙の受験勉強をする姿がたびたび登場する。そのため、夢龍の帰郷にはそれほど神秘性や劇的な印象が伴わない。

長らく待ちわびた解放をもたらす同志という高揚感を伴う夢龍のイメージは、最終的には偉大なる父親像へと発展する。韓国映画と同様、北朝鮮の映画も家父長制的なレトリックと儒教の「孝」を取り入れている。父性の肯定的なイメージが北朝鮮の二本の作品を通してくり返される。北朝鮮における現在の社会的、政治的現実を考えると、映画における偉大なる父のイメージは、キム・イルソン（金日成）と息子キム・ジョンイル（金正日）の二代にわたる指導者に対する崇拝と密接に結びついていることは否定できない。過去の家父長主義的階級構造と現在の「無階級」社会にはいかなる歴史的関連性も認めないものの、北朝鮮映画は将来へのビジョンを備えた父親的人物とその人物に対する大衆の孝順を、観客にしきりと訴えかけている。

本章では、映画における春香の描かれ方を通して、コリアンの文化的アイデンティティにおける二つの中心的要素であるジェンダーと階級を考察してきた。民話「春香伝」は、性に対する伝統的な道徳観と階級関係について、いくつかの重要な問題を提起する。筆者の分析で浮かび上がったのは、古くから受け継がれてきた儒教的家族観が、朝鮮の文化的アイデンティティにおいて重みをもっていることであり、それは国家の支配的イデオロギーが変わろうとも、それを超越するものであるということだ。自分たちの社会が資本主義の南、共産主義の北というようにイデオロギー的に分断された現代において、伝統的な家族観は今なおコリアンが自らをどのように認識するかに重要な影響を与えている。儒教的枠組みは、現代コリアンの結婚、家庭、地域社会における階級的秩序を形成する。パク作品における十代の少女のような春香像や、ハン作品における性的魅力をもつ春香像に表現されるような貞淑な妻を崇めることを、現代コリアの女性たちが心から受け入れることはないかもしれない。それにもかかわらず、社会における女性の地位をめぐる基本的な認識や現代コリアン文化における女性の役割は、父権主義的な社会秩序や家族中心の道徳律によって大部分が形成されてきた。

北朝鮮映画でさえ、その社会主義的な視点をもってしても、春香の忍耐、禁欲、貞節に敬意を払い、古い儒教的な性別による階級をもとに定義される女性の美徳を映し出している。北朝鮮映画における春香は、立派な妻であり模範的な労働者でもあるという二重の性質をもつ人物である。春香の妻としての特性は、伝統的な理想の女性らしさから来ており、労働者階級としての性質は共産主義社会で期待される現代コリアン女性の役割を反映している。

階級問題の扱いも、古い家族観と密接に関わっている。父権主義的な価値体系の中心にある「孝」の概念は、韓国の監督も北朝鮮の監督も一貫して取り上げている。父親の権威に対する絶対服従を要求する孝行という考えは、コリアンが過去から現在に至るまで守りつづけている社会的倫理観を説明する上で有効である。春香は、自分の身勝手さのせいで夫が父親に「孝」の義務を果たすのを妨げることがないように、結婚という自らの幸福を犠牲にせざるを得なかった。二人の決断は、両班家庭の面目を守るだけでなく、社会の確立された秩序が崩壊する可能性を防いでいる。

しかしながら、同時に、韓国と北朝鮮の映画が現在的視点から社会階級という全体的なテーマに取り組んでいる点は注目に値する。韓国の映画は個人主義的傾向にあり、北朝鮮の映画には集団的な階級への関心がみられる。韓国映画が、階級を超えた春香の結婚を、個人の勇気が成し遂げた賞賛すべきものとして解釈しているのに対し、北朝鮮の作品では、搾取される側が階級社会に内在する矛盾を最終的に乗り越えた勝利とされている。したがって、孝行の概念を具体的にどう利用しているかも、両者の映画で異なっている。韓国の作品では、階級間の対立を隠そうとする意図がみられるが、北朝鮮映画ではそうした敵対関係が強調されている。

本章で分析した五本の春香映画は、現代に生きるコリアンのさまざまなイメージを描き出すものだ。伝統的な価値観に対する人びとの評価の変化は、過去の社会から伝承された民話を再構成する方法に明確に反映されている。このような違いは、現代の社会や文化に対する人びとの考えにある矛盾を露わにするものである。本章では「春香伝」の翻案映画におけるジェンダーと階級を扱ったが、次章では、二〇世紀後半におけるコリアンのアイデンティティ形成においてもう一つの重要な要素となっている民族意識に焦点を当てる。

註

（1）「春香伝」に基づく映画は十四作あったが、ほとんどのプリント、特に初期のものは失われている。そのため、現代の視聴者や批評家が見ることのできる作品は少ない。

（2） Norman K. Denzin, *Images of Postmodern Society: Social Theory and Contemporary Cinema* (London, Sage Publications, 1991), pp. ix-xii. これらの要因のうち、南北でエスニック構成の違いは存在しないので、人種とエスニシティが現在のコリアン社会に適用されることはないと思われる。

（3） 李氏朝鮮は、コリアの歴史で最後の王朝であり、世界史上最も長い歴史をもつ王朝である。一三九二年に成立し、一九一〇年の日本による植民地化によって終焉を迎えた。

（4） Sŏl Sŏn'gyŏng, *Ch'unhyangjŏn-ŭi Hyŏngsŏng-gwa Kyet'ong (The Development and Classification of Ch'unhyangjŏn)* (Seoul, Chŏngŭmsa, 1986), pp. 9-35.

（5） この物語にはいくつかのバージョンがあり、それぞれ細かい違いがある。あるバージョンでは、春香は結婚できなかったために自殺している。また他のバージョンでは春香は両班家庭の子息に会ったあと恋に悩み、亡くなったとしている。さらに、両班家庭の子息と関係をもったあと、その男が去ったにもかかわらず、春香は貞操を保とうとする話もある。このバージョンで春香は奉仕を強要しようとする新しい長官に殺されてしまう。

（6） Kim Dong-Uk, *Ch'unhyangjŏn Yŏn'gu (A Study of Ch'unhyangjŏn)* (Seoul, Yonsei University Press, 1985), pp. 5-68.

（7） Cho Yunje, *Ch'unhyangjŏn (The Tale of Ch'unhyang)* (Seoul, Ŭlyumunhwasa, 1983), p. 166. 春香の社会階層はこの語りのなかで曖昧となっている部分の一つだ。この物語の起源に関する研究によれば、春香は「低い身分の生まれ」「若い妓生」「引退した妓生の娘」と説明されている。

（8） Yu Ch'ijin, '*Ch'unhyangjŏn* kaksaek-e kwanhayŏ' (On adaptation *Ch'unhyangjŏn*'), in Ch'oe Ch'ŏl and Sŏl Sŏn'gyŏng (eds), *Sŏlhwa, Sosŏl-ŭi Yŏn'gu (A Study of Myth and Novel)* (Seoul, Chŏngŭmsa, 1984), pp. 205-7; Chŏn Kwangyŏng, *Shin Sosŏl Yŏn'gu (A Study of New Novel)* (Seoul, Saemunsa, 1986), p. 170; and Kim Ch'unt'aek, *Urinara Kojŏn Sosŏlsa (A History of Korean Classical Narratives)* (Seoul, Han'gilsa, 1993), pp. 352-67.

（9） Kim Dong-Uk, *A Study of Ch'unhyangjŏn*, pp. 363-77.

（10） Kim Sunam, 'A study of Yun Paeknam's film and life,' p. 57.

（11） Kim Sunam, '*Mise-en-scène* yŏnghwa-ŭi taega, Shin Sangok' (Shin Sangok Shin, the master of *mise-en-scène*), in *A Study of Korean Film Directors*, p. 222.

（12） 近い年代に制作された一九六一年のシン監督『成春香』とユン作品は比較研究の興味深い対象となったことだろう。

(13) 儒教の最も重要な教えでは、伝統的な社会における女性の地位を「三従」としている。すなわち、「幼にしては父兄に従い、嫁しては夫に従い、老いては子に従う。」

(14) 男性の視線の優位性という概念は、ローラ・マルヴィ（Laura Mulvey）によって初めて提唱された。この概念についての最近の議論の詳細は以下を参照。Laura Mulvey, 'Visual pleasure and narrative cinema,' *Screen*, 16:3 (1975), 6-18. Linda Williams (ed.), *Viewing Position: Ways of Seeing Film* (New Brunswick, Rutgers University Press, 1994); and *The Sexual Subject: A Screen Reader in Sexuality* (London, Roultedge, 1992).

(15) ハン・サンフン監督は春香の母親が奇妙な夢について話したときに一度取り上げているだけだ。シン監督の『愛、愛、私の愛』では市場と監獄のシーンで占い師が登場するが、このシーンでは月梅の夢を使っていない。パク監督、ユ／ユン監督作品においては超自然的なモチーフは用いられていない。

(16) 儒教では離婚できる事由は七つあるとしており、一般に「七去」と呼ばれている。すなわち、父母に対する不従順、子無し、淫乱、嫉妬、悪疾、多言、窃盗である。なお、いかなる場合も女性から離婚を求めることはできない。

(17) 性別によって空間を分けることは、「男女七歳にして席を同じゅうせず」などの原則を生み出した。

(18) 端午祭は、陰暦五月五日に行われる春を祝う祭りである。

(19) 他の映画では、結婚式の伝統に従い、初夜を迎える春香の髪型が儀式として結い変えられる。

(20) この意味で、春香を高貴な女性とみなそうとすることは非現実的かもしれない。

(21) 「進士」は、朝鮮王朝において科挙試験に合格したものに与えられる称号である。

第3章　民族意識と映画における歴史の表象

朝鮮半島の民族分断の責任は誰にあるのか？　これは、現代コリアンが民族としてのアイデンティティを定義する上で重要な問いである。古代朝鮮の三国の一つであった新羅が六六八年に朝鮮半島を統一して以来、その地には強い民族的共同意識が存在してきた(1)。また、この統一政治体の国境線が示しているのは、コリアンが言語や文化の面で同質性を有しているということだ。この同質性は、さまざまな時代にさまざまな階級や地位にある個々のコリアンが、実際にどのようなアイデンティティをもっていたかとは関係なく存在する。しかし、単一的な民族意識に対するコリアンの強い信念は、第二次世界大戦後、国が南北に分断されたことで打ち崩されることになった。連合国が調印した協定に基づく軍事的分断の結果、米ソ支配（一九四五～四八年）下で二つの政府が生まれた。共産主義の北側と資本主義の南側とのイデオロギー的対立は一九五〇年に朝鮮戦争勃発を招き、一九五三年まで戦争は続いた。

日本による植民地支配が終結する前の一九四三年のカイロ会談で、連合国はすでに朝鮮半島の分断を宣言に明記しており、その分断体制が戦後国際政治に組みこまれることになった。カイロ会談における超大国の主な関心事は、日本の撤退によって朝鮮半島に権力の空白状態がもたらされたときに、自国の利益を確保することだった。そのため、一九四五年のヤルタ会談で確認された通り米国とソ連による統治が始まると、朝鮮半島は分断され、冷戦下での最初の、そして最大の実験場になったことは歴史が証明している。このトラウマ的な対立関係の影響は今日まで続いている。

南北分断後のソ連と米国の軍事支配は、コリアが再び国家として独立するための取組みを完全に打ち砕いた。日本帝国主義に反対するさまざまな民族運動は、解放されたばかりの国の将来に向けて団結して機能することができなかったのだ。日本統治の終焉前から、朝鮮の政治的左派と右派の分裂は明白だった。戦後の国際政治は、コリアン同士のイデオロギー的対立をさらに激化させることになった。しかし、イデオロギーは相反していても、民族主義者や政治団体の間にはある明確なコンセンサスがあった。民族にとって最も喫緊の課題は独立した民族国家を築くことだという強い信念が共有されていたのである。解放後まもなく、朝鮮建国準備委員会と朝鮮人民共和国が設立されたことは、民衆と左派・右派の政治同盟が共通の目標を掲げ、外国列強からの継続的な介入に抗おうとしたことを強く裏づけている。人民委員会をはじめとする政治組織が朝鮮全土で数多く結成され、それが朝鮮人民共和国の組織的基盤となった。しかし、占領軍がそれを正当な政府と認めなかったため、国家建設の努力もすべて無駄となった。つまり、軍事境界線としての三八度線によって、多岐にわたる社会的、政治的グループ間のイデオロギー闘争が、五年後には外国占領軍の援護を受けた二つの国家間の代理戦争へと転換することになったということだ。

朝鮮戦争は朝鮮半島の現代史における最も決定的な転換点となった。この戦争はキム・イルソン（金日成）が仕掛け、米国が先導する国連軍が反撃し、中国が介入したことによって、内戦から国際戦争へと発展した。しかし、上述したように、朝鮮戦争がコリアン社会や国際社会に及ぼした甚大な影響や重要性の範囲は三年という戦闘期間にとどまるものではなかった。第一に、朝鮮戦争の発端とそれが現代コリアン社会に与えつづける影響は、植民地時代と解放後の人びとの体験を連続したものとしてとらえる文脈で考察されるべきだ。統一に対する強い願望や内部の権力闘争とともに、階級をめぐる南北間の争い、そして日本の植民地支配の残滓がこの戦争を引き起こす決定的要因となった。結局、この戦争は南北の両政権が政治的敵対者を排除し自らの政治基盤を強化するために利用されたのだった。さらに、両政権は反帝国主義と反共産主義の政策を各々の国家イデオロギーをもとに実施した。

第二に、国際社会にとって朝鮮戦争がいかに政治的に複雑で不明瞭なものであるかは、この戦争に関与した国にとって朝鮮半島がいかに地政学的、戦略的に重要かという観点から理解する必要がある。一九八〇年代に米国、英国、英連邦国で、九〇年代後期にソ連と中国で公文書が開示され、冷戦時代の国際政治で朝鮮戦争が極めて重要な役割を果したことが裏づけられた。さらに、現代コリアに対する外国の介入は、朝鮮戦争休戦後四十年間にわたり、独裁主義や全体主義政府下の北朝鮮と韓国において、社会、政治、経済の発展に大きく影響を与えたことが明らかにされている。

本章では、政治と文化という関連しあう二つの観点から、現代コリアンが抱く民族意識を考察する。一九四五年の民族分断まで、朝鮮は一三〇〇年以上もの間、政治的にも文化的にも統一体を維持してきた。この歴史的連続性は、コリアンが一つの民族として一体感を強固にする要因となった。その結果、近年の民族分断は人びとの間に非常に大きな混乱と葛藤をもたらした。分断という経験について特記すべきことは、南でも北でも大部分の人びとがこの対立を政治的なものと考えている点だ。つまり彼らは、分断後でさえ、自分たちの根本的な文化的結束性を疑問視することはなかったのだ。政治的に分断された国家で民族意識を維持する力としての文化の役割については、アンドリュー・ヘイウッドの説明がある。ヘイウッドは「国民国家（nation）」を本質的に「文化的実体、すなわち共有する価値観や伝統、たとえば共通の言語、宗教、歴史などによって結びつき、多くの場合同じ地理的領域を占める人びとの集合体(2)」と定義する。これに対し、「政治国家(state)」は、「政治的結社で、規定された領域内で主権と、最高あるいは無制限の権力を享受する(3)」ものとされている。ヘイウッドによる国民国家と政治国家の区別は、文化的同一性を失っていない現代の朝鮮半島の状況に光明を投じる。コリアンのアイデンティティにおいて共通の文化的ルーツがあることは重要である。そしてこの重要性があるからこそ、統一の具体的な方法は合致していなくても、北朝鮮と韓国には「民族国家」を再建するという共通の切望と決意が存在するのだ。

戦後のコリアン・シネマは、現代コリアンの民族意識において政治的非連続性と文化的連続性が共存していることを明確に示す文化的テクストである。共産主義の北朝鮮と資本主義の韓国との間で葛藤するアイデンティティは、日本の植民地支配と朝鮮戦争に関する映画で最も鋭敏に扱われている。植民地主義と戦争は民族意識が強烈に表出するきっかけとなる。ヘイウッドが指摘するように、国民国家の生成は外国の支配からの解放と自国統治の達成に深く関わっている(4)。ナショナリズムや国民意識を構築する上で戦争がいかに重要かは、マイケル・ハワードの「革命と同様、国民国家建設においても、力こそがその歴史的プロセスを生み出す産婆であった(5)」という言葉によく説明されている。

文化的視点から現代コリアの民族意識を考察するにあたり、本章では一九六〇年から九〇年の間に作られた六本の映画を分析する。そのうち三作品は北朝鮮映画で、オ・ビョンチョ(呉炳草)監督の『崔鶴信の一家《チェ・ハクシン》』(一九六六)、チェ・イッキュ(崔益奎)監督の『血の海』(一九六九)、チョ・ギョンスン(曺敬順)監督の『月尾島《ウォルミド》』(一九八二)を取り上げる。残りの三本は韓国映画で、ユ・ヒョンモク(兪賢穆)監督の『誤発弾』(一九六一)、イム・グォンテク(林権澤)監督の『旗なき旗手』(一九七九)、そしてチョン・ジヨン(鄭智泳)監督の『南部軍』(一九九〇)である。

上記の六作品は、主題、知名度、入手可能性に基づいて選択した。これらの映画は公開以来、多くの観客を引きつけただけでなく、批評家からも高い評価を受けてきた。コリアン・シネマの歴史におけるこれらの映画の重要性は、国内外の名高い映画祭で表彰されたことからも窺える。北朝鮮映画の場合は、朝鮮労働党による公式コメントも考慮して選択し、ビデオとして海外で入手可能な映画を優先した。『崔鶴信の一家』『血の海』『月尾島』は北朝鮮映画の代表的作品として国際的にも配給されている。対照的に、韓国映画は入手可能性に関しては問題が少ないため、内容と芸術的価値を主な基準として三本の映画を選んだ。

本章は二節から成る。第一節では、北朝鮮と韓国の対立するイデオロギーに関する映画を考察する。北朝鮮映画では、反帝国主義を中核として民族意識が定義づけられている。北朝鮮映画が反帝国主義に関する主題を扱う方法には、二つの特徴がみられる。第一に、反帝国主義というテーマが何度もくり返され、それが植民者や侵略者に対する民族的抵抗と強く結びつけられている。一九四五年までの日本による植民地統治とそれに続く米国の介入は、北朝鮮映画が現代コリアンのアイデンティティの問題に取り組む上で豊富なナラティブのコンテクストを提供する。第二に、三作品における反帝国主義のテーマは、時系列的にみると、朝鮮人の民族意識を究極的に定義する人物としてキム・イルソンを持ち上げようとする努力と並行して展開されている。したがって、それぞれの作品で描かれる植民地時代の社会的、政治的影響については、キム・イルソンの神格化に照らしながら丁寧に検証することが求められる。

韓国映画三作品にみられる状況はより複雑である。民族意識は複数の視点から描かれている。これらの作品は共通して、現代コリアが直面する多くの問題が強制的な民族分断によってもたらされたことを指摘している。こうした姿勢に基づき、三本のうち『旗なき旗手』と『南部軍』の二作品は反共主義を中核的テーマとして扱っている。前者は反共主義を提唱しようとし、後者は国家イデオロギーとしての反共主義の正当性を打ち崩そうとしている。『誤発弾』では反共主義は意味を持たず、民族的アイデンティティの文化的要素に焦点が当てられている。あとで詳述するが、これらの三作品は「民族意識の基盤としての反共主義」という考えに対する猜疑心の高まりを示す傾向にある。容共主義と反共主義という対立の放棄は、現代の朝鮮半島、少なくとも韓国の人びとの間で自己認識が変化していることを反映している。

第二節では、北朝鮮と韓国映画に共通する文化的要素を考察する。六本の映画はすべて南北のイデオロギー的対立が絡んだ構成の作品だが、決まって儒教的家族観に触れ、それを理想的な民族意識と結びつけている。伝統的家族という価値観への依存は、連綿たる儒教の文化的ルーツが民族国家統合の適切な基盤を支えるものとして現在の政治イデオロギーに取って代わる可能性をあらわすものと考えられる。

第1節　北朝鮮映画における反帝国主義

北朝鮮映画では、民族的アイデンティティを定義する上で反帝国主義、階級意識、キム主席への揺るぎない忠誠心が最重要だと考えられている。『崔鶴信の一家』『血の海』『月尾島』においては、割合こそまちまちだが、この三要素が合わさって特徴的なテーマ様式が形成されている。そして、その焦点は映画製作時の社会的状況や政治的状況に応じて変化する。つまり、各作品は、スクリーン上で歴史を描く際、国家が差し迫って必要とするものを反映しているのだ。それは、無階級社会を構築する歴史的必然性から、父から息子に継承されたキム政権の支配強化、党中心の社会構造の正当化に至るまでさまざまだ。三作品を時系列的に見ると、北朝鮮国内の政治状況における変化を推察できる。特に父キム・イルソンが築いた主体思想の推進と並行して、キム・イルソンと息子キム・ジョンイルへの崇拝が高まっていくという状況が窺える。

『崔鶴信の一家』

オ・ビョンチョ監督の『崔鶴信の一家』(一九六六)は、北朝鮮映画における反帝国主義と民族意識という主題の密接な結びつきを示すよい例である。物語は米国による朝鮮半島北部の攻撃が舞台となっている。この歴史的背景は、戦争で米軍が住民のほぼ全員を虐殺したと信じる北朝鮮の観客の敵対心を即座に高ぶらせる。この映画はこうした感情的要素を物語の前面に置きながら、主人公・崔鶴信《チエ・ハクシン》の没落と占領米軍の残忍さを通して、反帝国主義のテーマを展開させている。崔は神を崇拝するように米軍を崇める牧師だ。しかし、米国の非人道的行為を目の当たりにし、覚醒する。米国人の「本当の」姿によって、崔が抱いていた彼らへの尊敬の念が完全に打ち砕かれるのだ。

『崔鶴信の一家』は、占領米軍を自国の利益だけを冷酷に追求し、身勝手な目的のためならあらゆる手段の残虐行為も厭わないものとして描いている。この作品は観客に、甘い言葉と見せかけの微笑みの裏にある隠れた動機を見抜くことを促しているのだ。米国人は人道主義をキリスト教の信仰によるものとし、博愛や自由について仰々しく語る。米軍司令官自身が述べるように、朝鮮戦争の目的は朝鮮半島を米軍基地として確保することにある。この目的のためには、たとえ朝鮮人が自らの祖国で大量殺戮されるという結果を招こうとも、人を欺くような嘘を正当化する。こうした「卑劣な」帝国主義者は、映画のなかで実際に朝鮮人に対し残虐行為をはたらく。朝鮮人にとって、罪なき村人の虐殺は米国による拡張政策の避けられない結末なのだ。

占領米軍の道徳的腐敗は、崔鶴信の長女・成玉《ソンオク》の米軍司令官による強姦と殺害を通して最も克明に描かれている。米国人の欺瞞は、村に住む宣教師で崔一家の古くからの友人であるリチャード牧師にも及ぶ。リチャード牧師は成玉に対し自分の娘のように常に深い愛情を見せていた。ところが、成玉が米司令官に殺されると、その罪を隠蔽する。リチャード牧師は部下に成玉の遺体を海に投げ捨てることを命じるばかりか、同郷人の不実を隠すため、成玉の母親をも殺害させる。映画の後半では、リチャード牧師がＣＩＡの秘密工作員だったことが判明する。

『崔鶴信の一家』では、侵略者の残酷さと村人の無力さの対比が際立っている。この対比を通して、米軍支配下にある人びとの強い連帯意識に注意を向けさせているのだ。それによって、共産主義者の集団的指導の下で連帯意識が形成されることを特に強調している。たとえば、米軍が村に来る前、村人が自由な社会でいかに生活を楽しんでいたかを描く場面がいくつもある。新しい共産主義社会では、人びとの過去、特に階級的地位やイデオロギー的立場は重要でなかった。この映画は共産主義者の前向きなイメージを投影するために、彼らが宗教の自由さえ認めていることを観客に見せている。米軍の攻撃が差し迫ると、共産主義者が素早く駆けつけ、村人が逃げる手助けをする。米軍が村を占拠したあとも、共産主義者は避難を促す助言に従わなかった村人を救出する努力を続ける。この共産主義者たちは寛大で、階級の区別なく民衆と関わりをもつことができるのだ。

この映画は、共産主義者の人間的な態度を讃える一方で、国が陥っている危機に対する民衆の批判的洞察も強調している。崔鶴信が監獄にいる村人たちを訪れ、共産主義から転向させようとしても、誰一人彼の話に耳を貸す者はいない。彼らは、米国に対する崔の考え方に批判的だ。彼らが崔鶴信の娘の死に同情しなかったことは、崔一家と異国人の協力関係に対する反感を明確にあらわしている。成玉は大学教育を受けた知識人だったが、大衆のような革命的精神はもっていない。これが成玉の弱点であり、そうした人間的欠陥が不幸をもたらすことになることをこの映画は暗示している。村人は、成玉の死を侵略者に対する盲愛がもたらした当然の結果とみている。成玉が占領米軍の歓迎会に参加し、どれだけ米軍を「崇拝」しているかを彼らに伝えたことが悲劇を招いた、と村の女性二人が語る。ある意味で、成玉は反帝国主義戦争の犠牲になったのだ。

この映画のタイトルは、主人公の幸運が皮肉な転換を遂げたことに基づいている。韓国軍大尉となった崔鶴信の息子は米軍の罠にはまり、彼らの裏の顔に気づくが、すでに逃げるには遅きに失していたことを打ち明ける。主人公の家族はかつて村人から多大な尊敬を向けられていたが、新しく解放された共産主義社会では民衆の模範となることはできない。

『崔鶴信の一家』は、キム・ジョンイルがスクリーン上に主体思想を具現化し、父であるキム・イルソンの指導力を称賛するという特定の目標をもって、一九六〇年後半から彼が北朝鮮映画産業に本格的に関与しはじめる前に製作された。この事実は、キムへの忠誠心というメッセージがこの映画で直接的に打ち出されていない点をある程度説明するものである。しかし、国家イデオロギーとしての主体思想の重要性は明示的に主張されている。たとえば、主体思想がくり返され、すべてにおいて神ではなく人が中心となるべきだとしている。この主張は映画のなかで、人間は自分たちより偉大で力のあるものを信じるか、あるいは頼ることなくしては生きられないと説いてきた主人公の完全な破滅を通して描かれている。

『崔鶴信の一家』は、指導者個人に対する狂信がまだ強要されていない北朝鮮史の比較的早い時期を代表する作品だ。朝鮮労働党の派閥争いよりもキム・イルソンの絶対的カリスマ性を意図的に前景化する他の北朝鮮映画では唯一思想の影がしばしばみられるが、本作品には一切それがない。キム・イルソンの指導力に暗に言及する場面は少しあるが[6]、全体を通してカメラの焦点が向けられるのは主に共産主義者の集団的指導力だ。たとえば、共産主義者たちは常に低いアングルで映し出され、特定の個人よりも集団全体に光が当てられる傾向がある。

一九六七年、朝鮮労働党はキム・イルソンを中心とした党政策への忠誠を促進する新しいイデオロギーの指針を発表したが、本作品はそれ以前に作られたものである[7]。『崔鶴信の一家』には、映画の登場人物と語り手が常に復唱する主体思想の明白なメッセージがある一方、キム・イルソンに対する狂信が不在であるという点で二面性があり、主体思想の初期の形態を示していると思われる。これは「一九六七年反宗派闘争」以前に製作された草創期の北朝鮮映画に共通する特徴だ。キム・イルソンへの忠誠心ではなく、帝国主義者の支配下にある民衆の暗い社会的現実に関心を寄せることによって、民衆と共産主義者の密接なつながりを強調しているのだ。この点で『崔鶴信の一家』は、主体思想がキム・ジョンイルによって現在の形にまで涵養されたあとに製作された映画とはまったく対照的である。さらに、KAPF映画人が率いた社会主義リアリズムの伝統をキム・ジョンイルが非難し、北朝鮮芸術、文学の唯一の理論的基盤として「偉大なる首領文学」を提唱した一九六〇年代後半に、北朝鮮映画がどれだけ歴史的変化を遂げたかをこの映画は明白に浮かび上がらせる。

図14 オ・ビョンチョ監督『崔鶴信の一家』(1966)　崔鶴信は息子の死後、神への信仰を捨てる

『血の海』

『崔鶴信の一家』と異なり、チェ・イッキュ監督の『血の海』(一九六九)はキム・ジョンイルの直接的な指揮下で一九六九年に製作された。物語の設定は日本の植民統治時代である。北朝鮮の映画監督たちは民衆の階級闘争という観点から現代朝鮮史を扱うが、そうしたアプローチにおいて、キム・イルソンが主導した抗日運動は最も効果的かつ容易に利用できる題材だと認識されている。そうしたテーマを扱う映画のなかでも『血の海』は朝鮮労働党によって最良の作品とみなされ、北朝鮮映画芸術で最高傑作の一つとされている。北朝鮮の歴史的正当性や大衆闘争におけるキム・イルソンの指導力の不可欠性などの重要な要素を扱ったとして称賛されたのだ。この映画は、大衆の革命的世界観を涵養する形で、芸術的により高いレベルに到達した作品といわれている。

『血の海』の重要性を十全に理解するためには、まずその政治的背景を分析する必要がある。一九六七年、キム・ジョンイルは、邪悪なイデオロギー勢力として反党・反革命的活動をしているという容疑で甲山《カプサン》派を粛清した。甲山派は当時の朝鮮労働党にあった二つの対抗派閥の一つである。この粛清によって、軍を基盤としたもう一つの派閥、すなわちキム・イルソンが率いる抗日パルチザン組織から生まれた満州《マンジュ》派が党を独占することになった。一九六七年、朝鮮労働党は最高人民会議の会合を開いた。その目的は、キム・イルソンの「唯一思想」を揺るぎないものとし、朝鮮労働党の構造をキム・イルソン中心の体制へと変革することにあった。(8)「唯一思想」は指導者としてのキム・イルソンの完全統制に無条件に従うことを強調するもので、キム・イルソンの権威は植民地時代における彼の反帝国主義活動という経歴を礎としていた。この方針を民衆レベルで実行するために、朝鮮労働党は、党員だけでなく一般国民に対しても、朝鮮における革命の伝統および共産主義運動の歴史的目標を学ぶことを強く促した。この運動の具体的な目的は、帝国日本から朝鮮を「解放する」上で大きな役割を果たした共産主義者に関する学習を民衆に強いることだった。[9] この意図は『血の海』における展開の多くにあらわれており、朝鮮人民革命軍が一九三〇年代初頭の中国でキム・イルソンの指揮の下繰り広げた抗日武装闘争を讃える内容となっている。

『血の海』は「偉大なる首領文学」の教義を固守した「抗日革命映画」の原型である。朝鮮労働党の公式見解によると、北朝鮮の人びとがいかに革命思想に目覚め、やがて階級闘争の道に踏み出したかをこの映画は正しく描いているという。[10] キム・イルソン自身が原作者とされる『血の海』は、革命戦士となる家族を扱っている。キム・イルソンの名前がこの映画に登場することはないが、物語全体を通してキム・イルソンの存在は強く感じられる。たとえば、積極的行動を取る朝鮮人民軍兵士が登場するが、この人物は大衆に「偉大なる首領」を絶えず思い起こさせる。この映画に関して、朝鮮労働党は民衆の力こそが実際に歴史を動かす力だと強調しているが、真に強調したいことを探るのは難しいことではない。それは、最も重要な起動力をもたらしたのは、民衆を奮い立たせ、革命闘争に加わる必要を教えた指導者だったということだ。

『血の海』の主人公は貧しい一家の母親である。彼女が政治運動の勇敢な戦士に変化を遂げる過程が筋書きに織り込まれている。搾取される側に属するこの母親は、読み書きもできず、極貧にあえいできた。映画の冒頭で、彼女はお腹を空かせた家族に食料を確保することだけを考える普通の母親として登場する。政治など、彼女の頭にない。実際、日本による朝鮮併合さえ知らず、なぜ日本人が朝鮮に来ているのか夫に尋ねている。彼女は、朝鮮に外国人がいることを単に理解できないだけなのだ。家族の暮らし以外の世界に対する無関心ぶりは、村人と貪欲な地主との間に起きた争いを煽動したとして夫が日本人警察官に殺害されたあとでさえ変わらない。

この映画の極めて重要な転換点は、彼女とある政治活動家との出会いにある。これによって貧しく無知な女性が根元的な変化を遂げることになるのだが、その変化の過程が一連の四場面を通して劇的に描かれている。最初の三場面は、同じセリフ、カメラアングル、アクションをくり返すが、最後にはそれまでと逆の状態が映し出され、この母親に変化が起こっていることを印象づけるのだ。最初の三つは夜の場面で、夫、息子、そして娘がそれぞれ部屋に入ってくるのだが、彼らが何らかの抗日運動の任務にかかわっているのではないかと観客に思わせる演出がある。カメラはまず、部屋で母親が恐怖に満ちた表情で座っている様子を見せる。それから、夫や子どもが次々に厳しい面持ちで部屋に入ってくる。観客は低いアングルの母親目線からこの場面を見ており、夫や子どもたちの沈鬱をひしひしと感じ取ることができる。これらの場面で、部屋の隅で恐怖に慄く母親はフレームの端の方に位置し、夫や子どもは部屋の中央部分に歩いてくる。しかし、四番目の場面ではすべてが逆になる。母親はもはや家で夫や子どもたちを待つだけの受け身的存在ではない。朝鮮人民軍から課せられた秘密の任務を自ら遂行しているのだ。彼女が外から部屋に入っていくと、待ち受けていた娘を見下ろす。その前の三場面とは反対に、カメラは母親を高い位置に映す。ここではカメラが観客を娘の位置に置いており、観客はそこから母親を見上げなければならない。

母親の位置がフレームの下部から上部に移ったことは、彼女自身、さらには彼女が代表する受け身的な民衆たちに変化が起こったことを象徴的に示している。この映画は自己変革というテーマを視覚的に

図 15 チェ・イッキュ監督『血の海』(1969) 革命に目覚める母

伝えるために、物語の前半と後半を鏡のように映し出す手法を取っているのだ。この最たる例は、夫と息子が死ぬ場面でみられる。前半部分では、村人たちのデモ行進を妨害するために警察が火を放ち、その火から友人を救出しようとした夫が無残に殺害されるというシーンがある。夫の死を目撃した無力な母親は泣き、大混乱に陥る。似たようなシーンが後半にも登場する。しかし母親は、今度は七歳の息子の死を前にして怒りで泣き叫ぶのだ。二つの場面で、彼女は一見似たような反応をしているようにみえるが、その意味は多くの点で異なっている。息子の死はある意味、革命のために自分の任務を果たす代償である。警察が息子を殺したのは、負傷した逃亡者の隠れ家を警察に告げるのを彼女が拒否したからだ。この逃亡者は映画の最初の方で彼女が遭遇した政治活動家である。自宅に愛国者を匿うことで、母親は英雄的な強い態度を持つようになる。この英雄的な場面の前に、朝鮮人民軍に入隊できるように長男の軍服を縫うシーンがあり、すでに彼女が政治意識に目覚めたことを示している。この母親は、自分の家族よりも民族の安寧を優先する不屈の革命精神を具現化しているのだ。

政治戦士として生まれ変わった母親は、搾取されている民衆を鼓舞し、彼らに革命の主体になる可能性を気づかせる役割を期待される。この映画は、彼女が珍しい事例ではなく、キム・イルソンの指導にいったん触れれば、誰もがそうした変革を経験できることを強調する。こうした結論を導くために、この映画はキム・イルソンが彼女に影響を与えたと思わせるような興味深い場面をいくつか取り入れている。最初の方で、この母親はキム将軍が率いる朝鮮人民軍の抗日闘争について村の老人が語るのを耳にする。この村人の口からキムの名前がこぼれると、彼女は明るい笑顔をみせる。のちに、夫の死後、住む場所を探しているときに、この母親は偶然キム・イルソンに遭遇する。この場面は、普通の人が革命的変化を遂げる上でのキム・イルソンの役割を強調することを目的としている。これによってこの映画は、外国による支配や古い階級社会を克服し、無階級社会を築く運動の最初の段階として、政治指導者と民衆との間に密接な絆があることの重要性をくり返し示している。こうした道をたどれば「血の海」が太陽、つまりキム・イルソンの下で最も輝く場所に変化しうるということだ。

階級問題は革命闘争に不可欠な要素だが、この映画では十分に取り上げられていない。劇的な闘争の起源が、植民地支配者に対して被植民者がもつ敵対心に特定されているために、この作品は朝鮮人内部の階級闘争をなおざりにしている。この物語の舞台が中国であることによって反帝国主義のテーマが強調されており、その代価として朝鮮人内部の階級闘争という緊張関係をうやむやにしているのだ。事実、階級闘争の問題は、登場人物たちが故郷での日々を思い出して語り合うなかで触れられるだけだ。映画の冒頭で開かれる村人の秘密会合から、地主に対するストライキがすぐにでも起こりそうなことがわかるが、小作人がそれを実行に移す前に、計画が日本軍に知られてしまう。地主はスクリーン上に登場することすらなく、階級というテーマは映画の後半ではほとんど消えてしまう。この映画における階級闘争の表面的な扱いは、国の救世主としての「偉大なる首領」像を焦点化する「抗日革命」映画の弱点をことのほか証明するものである。

一方、『血の海』で階級に関するテーマが抜け落ちていることは、北朝鮮の無階級社会が階級闘争なしに実現したことを示唆するものとも考えられる。興味深いことに、この解釈は解放後の北朝鮮における土地改革の経緯と合致するものだ。キム・イルソンは一九四五年に朝鮮に戻ると、他の共産主義者とともに、ソ連の支援を受けながら、社会主義国家を築くための数多くの野心的な計画を立てた。一九四六年末までには、すべての土地が実際にそこで働く人に配分された。これは搾取的な地主制度を終わらせるための方策だった。さらに、以前は日本人が所有していた産業や銀行、その他の金融機関の多くを共産主義政府が引き継いだ。土地改革、そして産業や諸金融機関の国有化に直面し、多くの地主は新たに台頭していた少数の資本家とともに南へと去った。ここで特記すべきなのは、地主は民衆にではなく新しい支配権力にすべてを取られたということだ。彼らの「敗北」は、小作人や労働者が引き起こした階級革命によってもたらされたものではなかった。つまり、現在の北朝鮮の無階級社会は激しい階級闘争の結実ではないのだ。『血の海』における階級闘争の扱われ方は、北朝鮮が階級革命の伝統を継承したという朝鮮労働党の主張の弱点を痛烈に露呈させている。

他方、キム・イルソンが一九三〇年代後半に満州で抗日遊撃隊の一部隊を率いたのは事実であり、植民地時代からの民族解放闘争における彼の指導力を示す証拠としてその事実を挙げることも可能だ。しかし、だからといって『血の海』におけるキム・イルソンの描写が、抗日独立闘争の歴史的真実にすべて忠実だというわけではない。この映画は地理的設定を朝鮮から中国の名もない土地に移すことによって、圧倒的多数の朝鮮人が植民統治下で経験した悲惨な状況をある程度無視している。この欠点は、同作品における植民地時代の現実的描写や、階級闘争と解放におけるキム・イルソンの役割を高く評価しようとする努力を台無しにしている。

『月尾島』

チョ・ギョンスン監督の『月尾島』(一九八二) は北朝鮮で製作された戦争映画のなかで最も優れた作品と考えられている。キム・イルソンに対する不断の忠誠心をもつ民衆の愛国心と不屈の闘志を描くなかで、芸術的水準の向上に貢献した映画とされるからだ。この映画は朝鮮戦争を舞台に、朝鮮人民軍の戦略的撤退の安全な道筋を確保しようとした砲兵中隊と国連軍との間に月尾島沿岸部で起きた三日間の闘いを描いている。表面的には、同部隊の愛国的な自己犠牲が主要テーマになっているようにみえるが、『月尾島』の基調になる真のメッセージはキム・イルソンに対する不断の忠誠心だ。この内在的テーマは、主人公のリ・テウン中隊長が「自分たちの「祖国」はキム・イルソン総書記だ」と部下と上官にくり返し述べるその言葉から最も伝わってくる。テウンは、キム・イルソンこそが失われた祖国を日本から救出した人物であると評する。中隊が月尾島を防衛するのは、敵軍がキム総書記のいる平壌に進出しないかを監視するためであり、米国との戦争は国とキム・イルソンを守るためだというテウンの主張を支える内容がこの映画で描かれている。

図16 チョ・ギョンスン監督『月尾島』(1982) 民族のために死を覚悟した兵士たちが、国連軍艦の直撃成功に歓喜する

『月尾島』が本章で取り上げる他の北朝鮮映画二作品と異なるのは、朝鮮人の民族意識におけるキム・イルソンの重要性だけに焦点が当てられている点である。この映画はキム・イルソンの卓越した指導力を讃えることに始まり、讃えることに終わる。キム・イルソンに対する中隊の忠誠はすなわち愛国心だとされ、それは普遍的な訴求力をもつ。歴史的事実に基づく映画だという主張とは裏腹に、中隊の英雄的行動を伝説化して観客の共鳴を得るために、この映画は劇的要素をふんだんに取り入れている。典型的な誇張の一つは、四丁の銃しか持たない中隊が、仁川《インチョン》に上陸しようとしたマッカーサー将軍率いる五万人の米軍を負かしたという主張だ。この非現実的な勝利が物語の最初に語られ、「意志の力さえあれば人間に不可能なことはない」というキム・イルソンの主体思想の言説が続く。このスローガンは映画を通して終始増幅され、

首領に対する無条件の忠誠を強く訴えている。

主体思想から引用したこの思想は、経済発展計画のために国民を動員する際にも利用される。北朝鮮は七〇年代後半に深刻な経済危機に見舞われた。この頃に製作された映画ではしばしば、生産性向上のためにキム・イルソンが父親のように労働者を激励する言葉が引用される。ある軍曹は、キム総書記が戦争勃発前に鉱山を訪れ、設備が足りないと不満をいう者に対し「人間の力は設備に「勝る」」と述べた、と語る。さらにキム・イルソンは、労働者階級が志を高くもてば、成し遂げられないことは何もないと付け加えたという。経済発展のテーマは、テウンが部下の隊員に告げる言葉に示されている。「われわれの祖国はすでにすべてをわれわれに与えた。ここで唯一やるべきことは国に対するわれわれの不朽の愛を示すことだ……両親や兄弟たちの前で恥ずかしい思いをしないように、死ぬまで国とキム将軍のために戦うべきだ」。テウンの台詞にあらわれているように、月尾島で絶望的な状況に直面してもひるむことのない若い兵士たちの英雄的な死を通して、この映画は模範となる事例を観客に見せようとしている。この試みは北朝鮮の映画製作における三原則の一つである「模範論」に基づいている。(11)

『月尾島』で注目すべきもう一つの点は、北朝鮮で台頭していたエリート軍人という新しい階級をどう特徴づけているかだ。テウンもその一人である。海軍士官学校を卒業し、中隊長を務めるのに十分な資格がある人物として描かれている。彼の主な役割はキム・イルソンの教義を効率的に遂行することである。映画ではこのエリート軍人たちの重要な属性がいくつか示されている。とりわけ、テウンは兵士の心理を非常に深く理解している。兵士たちの辛苦に対し、特に闘志が薄れるときに彼は親身になって励ます。兵士が自らの命を犠牲にする危険があっても任務を全うできるよう、彼らに勝利を確信させる責任をテウンは十分に自覚している。この映画で視覚的に示されているように、テウンの指揮能力と厳格な性格は印象的である。テウンのほかに、大隊長のミングクや、テウンの恋人である軍医もエリート層に属する。彼らはみな任務に対する強い使命感、強靭な精神、優れた判断力というこの階級ならではの特質を有している。また、このエリートたちは伝統的な軍人の英雄的資質も備えている。戦闘場面では、エリート軍人の指導力が際立つカメラワークになっており、彼らをスクリーン前方に、隊員たちを後方に位置づけている。

しかし、『月尾島』は、大衆のなかから少数のエリート軍人だけを切りとって扱うことによって、イデオロギー面での厄介な疑問を呼び起こす。そこで、そうしたイデオロギー的問題を防ぐために、この映画は彼らの階級的背景に絶えず注意を向けさせる。テウンとミングクは、労働者階級の出身であるだけでなく、抗日戦士でもあった。彼らは士官と兵士にみられる階級的均質性によって、同志としての心情的な絆を固めるのだとこの映画は強調する。特に、テウンとミングクの抗日運動は、外国人支配下での搾取的な階級制度と奴隷制という共通の経験を兵士たちに思い起こさせる作用をもつ。この映画は共有できる歴史に言及することで、新たなエリートグループとその部下の関係が互いの尊重と理解に基づいており、この二つの異なる社会階級間に利益相反のないことを入念に示唆しているのだ。

しかしながら、階級の差を少しもにおわせない努力は、かならずしも説得力をもたない。鋭敏な観客であれば、エリート軍人と下級兵士の間の埋めがたい格差を見落とさないはずである。彼らの見た目とふるまいがまったく違うことをみれば格差は明らかだが、それは生活水準が異なることに関係している。階級的背景を感じさせるこうした外見的手がかりは、スクリーン上の上官と部下の異なる位置取りと相俟って、北朝鮮社会に何らかの階層が存在するのではないかという疑いを払拭する手助けにはならない。内的ロジックにおけるこの否定しがたい奇妙さによって、社会的現実を映す鏡としての映画の役割が確認できる。事実、この新たに台頭した階級が見せるキム・イルソンへの忠誠心は、一九八〇年代初頭において彼の支配力が強化される上で極めて重要な役割を果たしたのだ。

第2節　韓国映画における反共主義

反帝国主義、階級意識、キム・イルソンの指導力が北朝鮮映画における支配的なテーマとなっている一方、韓国映画における民族意識を探る上で基底となるのは反共主義である。韓国の映画産業は、政府からの政治的圧力の下で常に脆弱な立場にあった。軍事政権期（一九六一〜九三年）の厳しい検閲は、時事的な主題に関心をもつ映画人にとって特に困難な障害となった。

北朝鮮映画と違い、韓国映画では国家イデオロギーが常に例外なく賞賛されるというわけではない。しかし、同時に、朝鮮戦争の悲劇の記憶があり、休戦協定後の家族離散に胸を痛める観客にとって、反共主義が彼らの心に純粋に訴える力をある程度もっていたことは言及すべきだ。たとえば、『旗なき旗手』は民族意識を回復させる直接的な手段として反共主義を扱っている。しかし、『誤発弾』と『南部軍』は民族意識における断絶を幾分違った形で解釈している。強制的な民族分断が現代コリアン社会の葛藤の根源となったことについては、両作品は基本的に同意しているが、『誤発弾』は抽象的なイデオロギーの問題よりも、社会の周縁に生きる人びとに対する政治紛争の影響を記録することに関心を寄せている。判断を押しつけないトーンが、戦後に生きる一般民衆の苦しみを記録していく上で効果的だ。

一方、『南部軍』は、いわゆる共産主義シンパを客観的に観察しようとしており、現代コリアンの民族意識を特徴づける要因としての反共主義の力を抑制的にとらえている。

『誤発弾』

ユ・ヒョンモク監督の『誤発弾』(一九六一)は朝鮮戦争後の状況を扱っているが、北と南のイデオロギー的対立のみに依拠して感情に訴えるような典型的な反共映画ではない。反共映画は、米軍占領期に一つの明確なジャンルとして台頭し、イ・スンマン(李承晩)独裁政権下およびパク・チョンヒ(朴正熙)軍事政権下で全盛期を迎えた。しかし、一九六〇年の四・一九学生革命から一九六一年の五・一六軍事クーデターまでの短い期間で製作された『誤発弾』は、反共映画でよくみられるように、韓国社会の反政府的危険分子をあからさまに非難しようとはしない。しかも、ユ監督は、この作品のなかで朝鮮戦争の責任を北朝鮮だけに押しつけてはいない。

この映画は、すべてのコリアンが多かれ少なかれ同胞間戦争の犠牲者であるととらえ、戦後の社会問題に対する単純で図式的なアプローチを拒否している。問題に対する「解決」を提供しているといった主張もない。この作品における教訓的基調や道徳的視点の不在は、戦後の映画産業でよくみられたように、映画が現代社会の秩序を正当化するプロパガンダの手段になることをあえて回避しようとしたことを裏づけている。

『誤発弾』では、伝統的な文化的価値観と西洋的な文化的価値観の間に存在する混沌を通して、また産業化の過程で社会に広がった喪失感を通して、民族意識の問題を探っている。これらのテーマは、戦後の抑圧された時期における一般市民の日々の苦悶を描くなかで効果的に扱われている。映画に登場する人物たちの暮らしはみな何かしら戦争による影響を受けているが、日常の心配事は政治的スローガンからかけ離れている。人びとの頭にあるのは、経済的にも精神的にも不毛な生活をどのように生き抜くかだけである。

『誤発弾』のストーリーは、ソン・チョルホとヨンホという兄弟間の軋轢を中心に展開する。この兄弟は金銭的状況に対してまったく正反対の見方をしており、それが互いの違いを際立たせる。チョルホは貧しいが、働き者のサラリーマンだ。薄給の会計士で、家族を十分に養うことができない。それでも、良心に従って誠実に生きようと努力の限りを尽くしている。復員兵で失業中のヨンホの目には、兄は受け身的で小心者にすら映る。チョルホが弟に日々を無為に過ごさず仕事を探すように助言しても、弟は金持ちになるには良心と道徳を捨てるべきだと答える。ヨンホの社会的不公平に対する憤り、特に拡がる一方の貧富の差に対する不満は、最終的に彼を銀行強盗に走らせる。

チョルホ、ヨンホ家族の苦悶は、戦後の韓国社会が直面したさまざまな問題を表出している。この一家は北にある故郷に戻ることはできない。同時に貧困に打ちひしがれ、人びとの精神が荒廃したソウルの街の暮らしにも順応できないでいる。悲劇的なことに、彼らは戦争によってどちらの国の環境からも疎外されたのだ。それぞれが家族にさまざまな問題をもたらしている。傷痍軍人のヨンホは、国のために命懸けで戦った挙句、国から見捨てられたと感じている。『誤発弾』は、ヨンホが社会から徐々に隔てられ、完全な自己疎外に陥っていく様子をたどっている。母親は戦争のショックから精神異常をきたしている。妹のミョンスクは外国人相手の娼婦になり、末弟は学校を辞めて新聞配達をしている。さらに、チョルホの妻はひどい栄養失調を患い、出産の際に命を落とす。家族が抱えるこうした試練は、こ

図 17 ユ・ヒョンモク監督『誤発弾』(1961)　チョルホを待つヨンホと家族

の悲惨な社会で一人良心を守り、家長としての義務を全うしようと粉骨砕身するチョルホを破滅に追いやってしまう。最後の場面は、チョルホが自分の行くべき方向を完全に見失っている様子を描いている。タクシーに乗るが、どこに行きたいのかがわからないのだ。チョルホは運転手に、精神異常の母がいる解放村《ヘバンチョン》の自宅に向かうように言う。しかし次の瞬間、運転手に方向を変えてヨンホのいる警察へ向かうように言い、そのあとに妻のいる病院へ行くように頼む。散々混乱した挙句、最後にはすべてを放棄して「降ろしてくれ！降ろしてくれ！」と叫ぶ。チョルホの必死の叫びは最後に狂った母の叫びと重なりあう。つまり、『誤発弾』という映画のタイトルは、道徳的な誠実さが報われず愚弄の対象となるような社会にいる異分子、チョルホのことを指しているのだ。人間の尊厳が動物的な生存本能に服従せざるを得ないような世界で、チョルホは完全に行き場を失っている。

辛い実存状況に対するチョルホとヨンホの正反対の態度は、社会全体が陥っている精神分裂の縮図となっている。精神分裂の対極的な症状は、母とその孫（チョルホの娘）を通して鋭く描き出されている。母親の発作的な叫びは、家族に戦争の悲痛な記憶を思い起こさせる。その一方で、幼い娘は父や叔父につきまとい、大きなデパートに連れて行ってほしい、西洋風の家に引っ越したい、新しい服や靴が欲しいとしつこくせがむ。チョルホとヨンホは、社会的現実に適応しない二人の極度の幼稚さに気が狂わんばかりだ。

精神分裂の症状は文化的価値観にもみられ、『誤発弾』は民族的アイデンティティの問題にこれを見事に組み込んでいる。この映画は伝統的な朝鮮文化と西洋、より正確には米国の文化との衝突を描いている。ミョンスクにとって、米人ＧＩに身を売ることは健全ではないが、厳しい時代を生き抜くために正当化できる手段だ。しかし、彼女は自己嫌悪の念を拭えない。ミョンスクは自分の生活が「不道徳」だと認識している一方で、社会的責任を回避、あるいは果たさない韓国の男たちに鋭い批判を投げかけている。ミョンスクの婚約者はヨンホと同様に傷痍軍人となり、彼女との婚約を破棄する。ミョンスクの兄、チョルホも病気の母を十分に世話できず、息子として失格である。ＧＩを相手にするこの「卑しむべき」娼婦が家族生活に関する伝統的な儒教的道徳観を声にすることは、強い皮肉となっている。

哀れで滑稽な皮肉は、妹と彼女のお金に対するチョルホの矛盾した態度からも感じ取られる。チョルホは家族の問題に対するミョンスクの不満や提案を無視する。しかし、彼の妻の病院代を支払うとミョンスクが申し出た際は、しばらく躊躇した末に金を受け取る。しかし、妻がすでに亡くなったことを知ると、その金を歯科で自分の虫歯を抜くことに使ってしまう。この虫歯は明らかに「病んだ」社会を象徴しており、虫歯の痛みはこの「異常な」社会に生きざるを得ない人びとの苦痛を示している。ミョンスクが米軍から稼いだ金を頑なに拒みながらも、自分を痛みから解放するのは結局この「腐った」金である。

伝統文化と西洋文化の対立は、音響効果でも強調されている。チョルホが路面電車のなかからミョンスクを見つけた場面で、このテクニックは最も効果的に使われている。ミョンスクは電車に平行して走る米軍ジープに乗っており、米兵の腕に抱かれている。電車の窓枠からミョンスクとGI両方の姿が見え、その窓枠を通してチョルホや他の乗客が二人を凝視する。窓枠のなかにみえる兵士と娼婦、そして枠の外にいる乗客が並んで置かれているところに、明らかな文化的不調和がある。この場面の苦みは、乗客がミョンスクに向けて吐く辛辣な言葉で倍増するが、さらに、背景に流れるパンソリの音楽と電車のラジオから流れるジャズがゆっくりと混じり合っていくことで増幅される。ジャズはジープがちょうど視界に入るときに始まる。このシーケンスの最後に、チョルホは自分を同時にとりまく二つの相容れない音楽のなかへ絶望しながら沈んでいく。

『誤発弾』にはほかにも教会の鐘の音、礼拝者の賛美歌、ヨンホと恋人の会話に差しこまれる英語のフレーズなど、インパクトのある西洋文化の記号が含まれている。こうした音は、朝鮮戦争後の韓国における混乱した社会状況に西洋の宗教や言語が及ぼした影響を反映するものだ。この異音は映画の背景に使われており、それに対して母の大きな叫び声が悲劇的に反響して、奇妙な心理的効果を生み出している。母は何度も「出て行こう」と叫ぶ。そのなかで一度だけ「出て行こう、出て行こう……緑の牧草地にいる羊の群れを追って」と言う。羊は朝鮮に本来いない動物だが、母親が無意識的に言っているのは、聖書に出てくる永遠の安息地のようなものを指すに違いない。彼女の精神状態は、戦後の韓国人が経験した文化的混乱と相互関係にある。

西洋音楽と同じように、映画にたびたび出てくる英語のフレーズも、完全に場違いのように感じられる。これは戦争を通じてアイデンティティを失った国への西洋文化の不健全な流入を咎める映画的手段だ。登場するカップルが個人的な感情を表すとき、"OK" "Thank you" "Please" "Goodbye" "Sit down" "I love you" などといった英語の表現に切り替える。韓国人が日常会話で外国語のフレーズを使うことはほとんどないため、ヨンホと恋人の話す英語は映画の流れに奇妙な瞬間をつくりだしている。

ヨンホと恋人はともに大学教育を受けているにもかかわらず、社会に順応できていない。映画のメッセージは明確だ。この若い高学歴のカップルに代表される新しい世代は、未来の「希望」を提供するのではなく、逆に絶望感を増す存在になっている。このテーマは、ヨンホの恋人の愛称「モナリザの微笑み」がつくりだす人工的な輝きのなかで隠喩的に伝えられている。彼女の行動は、皮相な西洋的価値観への盲目的憧憬をあらわしている。ヨンホが夜中に彼女を訪れると、彼女は西洋風のナイトガウンで登場する。朝鮮の伝統的な女性の行動規範とは対照的に、彼女は夜の男性訪問客を快く受け入れる。彼女の身振り、特に喫煙は、ハリウッド映画のヒロインを思い起こさせる。つまり彼女は、この映画が掘り下げようとしている韓国社会のアイデンティティの危機の縮図になっているのだ。

『誤発弾』は秀でた社会批評であり、民族意識における文化の役割に重要な疑問を投げかけている。この作品は一つの家族の悲劇を扱っているが、実際には、混乱と混沌のなかで行く先を手探りで求める戦後韓国社会の人びとを網羅している。それゆえに、『誤発弾』は多くの韓国映画評論家や研究者によって韓国映画史における傑作の一つとみなされているのだ。

この映画は、六〇年代以降、軍事政権が積極的に追求してきた工業化や都市化の副産物として広まった疎外感がどう扱われているかについて批判的に考察するのに適した作品だ。薄汚い都市の場面と不毛な精神風景は、映画に登場するさまざまな場所の特徴となっている。こうしたテーマは最初のタイトルバックで明確に示されている。映画タイトルがスクリーン上にあらわれると、カメラはロダンの「考える人」を映し出す。同時に、その背後に、眩しい信号の光と騒音のなかでひとりぼっちの男が映っている。この男は、変わりゆく社会に自身をうまく順応させることができないでいる韓国人の代表ともいえる。映画の流れを常に邪魔する車の騒音、蒸気機関車の汽笛、サイレン、信号などの機械音は、個人の喪失感をあらわしている。また、窓枠のなかに固定された男の位置は、閉所恐怖症の感覚を伝える。ここでも、この男が都市化と工業化の目まぐるしい速さについていけず、自分を精神的檻に閉じこめ、無力感を感じている典型的な韓国人のようにみえる。クレジットの場面では、巨大な都市のなかで周縁へ追いやられつづける登場人物たちが経験する打ち砕かれた平和を示している。

『誤発弾』は、社会がその構成員の期待や要求を満たせていないことを痛烈に露呈させている。この社会には、戦争のせいで故郷をなくした人びとが溢れている。彼らは富の幻想を抱きながらあてもなくさまよう。この周縁化された人びとは国の経済発展の恩恵を授かれず、自己否定と挫折感が深まるにつれ、ますます時代にとり残されるのだ。こうした傾向の唯一の例外が、誠実さと勤勉という古い価値観に必死にすがりついて生きるチョルホだ。こうして、醜い都市のほとんどの場面は彼の目を通して映し出される。チョルホは、近所の汚い公衆トイレや不衛生な井戸を目にして圧倒される。彼にはこのスラムが死んだ魂のようにみえる。淀んだこの一帯にチョルホが吐き気を感じているなかで、ヨンホとその友人は近代経済システムの最たる象徴である銀行へ強盗に入る計画を練っている。しかし、銀行の外の通りには物乞い、失業者、傷痍軍人が溢れ、自分たちの困苦に対する政府の援助を要求している。銀行強盗をはたらき警察に追跡されているとき、ヨンホは観客に都市の絶望の極致を知らしめる。地下水路の天井から首を吊っている女性の隣で、母親に見捨てられた赤ん坊が泣いている場面だ。

この映画は、ヨンホの問題に対して冷たい視線を投げてはいないが、彼の「解決策」を承認しているわけでもない。彼の試みが失敗する運命にあるということは、随所でほのめかされている。最も目を引くのは、監獄をイメージさせるような小道具を使うところだ。スクリーン上でヨンホは鉄の棒、ベッドの枠、鳥籠、鉄の梯子などの背後にいることが多い。ある意味で、彼はすでに自分の家に監禁されているのだ。狂った母親と幼稚な姪のせいで、自宅は彼にとって生き地獄になっていた。囚われの身という感覚から避難する場所を見つけることができないのだった。

疎外感や閉塞感はディープ・フォーカスによって効果的に伝わる。たとえば、家族の葛藤の深さは、ディープ・フォーカスのフレーム内で母親と子どもたちが垂直に分けられているシーンから強く感じ取れる。母親は部屋の床に横たわり、ほかの家族はその後ろに座っている。こうした場面におけるディープ・フォーカスは、母と二人の子どもの間にある深い溝と、チョルホとヨンホの迷走する思考を暗示している。同様の撮影テクニックは、ミョンスクが街頭で売春の罪で逮捕されたあと、チョルホが彼女を引き取って警察から戻るときにも使われている。このディープ・フォーカスは二人の埋められない隔たりを露呈させる。チョルホは前方に、妹は後方に置かれている。兄と妹の空間的位置づけだけでなく、二人が見つめる視線のアングルも、互いの疎外感を高める上で役立っている。チョルホもミョンスクもカメラに顔を向けてはいるが、お互いの顔を見ようとしない。警察から出てくると、互いに一定の距離をとりながら歩きはじめる。二人が画面の端と端に垂直に置かれていることで、二人がそれぞれ自分の心に仕切りを立てており並行状態にあるということ、そして二人の問題が解決されることは永遠にないだろうということをカメラは示唆している。こうしたシーンを通して、この家族が経験した問題は、国が被っている大規模な危機を暗示するものだということを『誤発弾』は示唆している。家族は、自らの性格的欠点というよりは社会問題のせいで互いに疎遠になっている。家族の葛藤を社会に起因するものとして描くことで、この映画は韓国人の民族意識が危機状況にあることを観客に喚起する。

朝鮮戦争は、韓国経済が世界の資本主義体制へ組み込まれるきっかけとなった。実際、戦後経済を回復させる上で、工業化は政府が取り組むべき不可欠な政策であり、その過程では外国の援助が極めて重要だった。しかし、援助の割当を占有することで、政府は主に実業家たちとの政治的同盟を強化することを目指し、その結果、社会構造に根本的変化をもたらすことができなかった。自己の利益に流され、支配層のエリートたちは社会の周縁に生きる人びとの経済状況を改善させる試みをしなかった。チョルホ一家のような韓国人にとって、工業化は、ヨンホの恋人が示したように、西洋の生活様式の表面的模倣にみえる。こうしてこの作品は、国の工業化に伴い文化的アイデンティティの希薄化が進むことを指摘している。

『旗なき旗手』

イム・グォンテク監督の『旗なき旗手』(一九七九)はいわゆる反共映画の代表作だ。反共映画はその明確なイデオロギー的内容によって、韓国映画における一つのジャンルを形成している。通常、この種の映画は「容共」対「反共」という二項対立的な見地から現代コリアの歴史を扱う。さらに、こうした映画の多くは韓国社会の支配的イデオロギーである反共主義と資本主義を組み合わせて提唱する傾向がある。

『旗なき旗手』の筋書きは基本的に、解放後の社会的、政治的不安定からの立て直しを、あるジャーナリストの目を通して映し出すというものだ。内容と形式において、他の反共映画にもみられる一般的特徴を多く示している。とりわけこの映画では、共産主義こそが現代コリアが直面する政治的問題の根源であるとしている。そうすることで、共産主義シンパを追放すれば韓国社会の安定回復ができると示唆しているのだ。共産主義を非難する論調は、共産主義シンパを「反民族主義者」とレッテル張りしていることから明らかである。

『旗なき旗手』は一九六一年から七九年まで続いた五・一六軍事政権の末期に作られた。この歴史的背景は、本作品の明示的なイデオロギー的立場と軍事支配の歴史的正当性を補強するという暗示的な意図を説明するものだ。五・一六クーデターの首謀者たちは、軍事政権を立ち上げ、長きにわたり韓国を支配した。しかし、この軍事政権も一九七九年十月二六日の夜、パク・チョンヒ大統領が部下の中央情報部部長に暗殺されたことによって、突然の終焉を迎えた。大多数の韓国人は軍事独裁制が過去のものになることを期待したが、同年十二月、保安司令官のチョン・ドゥファン（全斗煥）率いる軍部が直ちに政権を継承した。韓国政治におけるエリート軍人の権力継承は一九九三年まで続いた。この軍人支配時代には、民族分断や今日まで続く人びとの苦しみの原因として北朝鮮とその共産主義政権を直接攻撃する映画が数多く製作されている。

『旗なき旗手』において、登場人物のイデオロギー的志向に対して議論を呼ぶようなアプローチが明白なのは、主人公と友人三人が韓国の政治について熱く議論する場面だ。この場面で四人は容共派と反共派に分かれている。のちに、彼らは実際に自身のイデオロギー的志向に沿った政治組織に参加する。容共で理想主義的なスニクは共産党員になり、「コム」（「熊」を意味する）というニックネームで呼ばれ

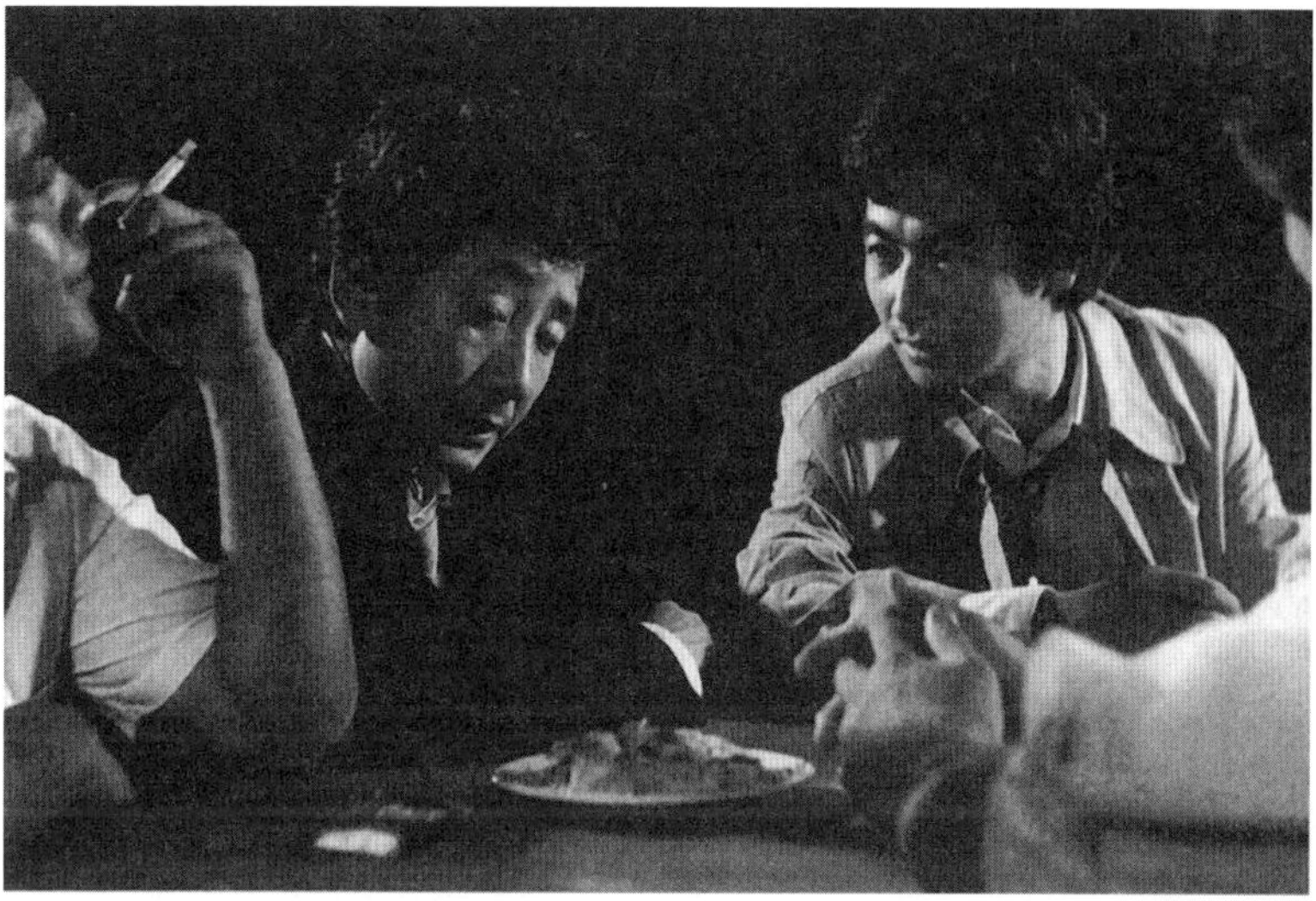

図 18 イム・グォンテク監督『旗なき旗手』(1979) ポストコロニアル時代の韓国知識人の苦悩と葛藤を描く。右から主人公ユン、ヒョンウン、コム

る人物は極右テロ集団に加わる。主人公のホ・ユンとその親友のヒョンウンは、二人の極端な友人のおおよそ中間的な立場をとるが、実際は暗黙のうちにコム側につく。興味深いことに、共産主義に反対するこの三人は偶然にもみな北朝鮮出身者だ。彼らは、スニクを含む南の人間は共産主義者のことを知らなすぎると考えている点で一致している。彼らからみると、スニクは共産主義者の楽観的な言葉に騙されているのだ。たとえば、地元の女性たちがロシア人に暴行されたことをコムが話すと、ロシアはプーシキンとトルストイだと言ってスニクが反論する。ソ連と北朝鮮に対するスニクの夢想的な見方が、この議論を通してさらに暴露されるのだ。

この映画は、右翼と左翼の間で立場を選ぶことができず、イデオロギー的志向における対極の間でグレーのままでいる人びとに主な関心を寄せている。ユンとヒョンウンは、

「日和見」的だとしてしばしば非難されるグレーな立場の人間に分類される。この物語の中心になるのが、こうしたグレーゾーンの知識人が起こす行動だ。ヒョンウンの行動はむしろ単純で、自身や周囲のイデオロギー的衝突を解決することができず、自ら命を絶ってしまう。厳しい現実かもしれないが、彼の行動にはさまざまな意味合いが含まれている。なかでも最も深刻なのは、立場を決められない、あるいは決めたくない人は韓国政治の渦中に関わるべきでないという含意だ。

主人公のユンはもともとグレーな立場にいながらも、通常とは異なる行動をとる。共産主義者のグループが罪のない人たちをリンチして死に追いやる現場を目撃してしまい、ユンは行動を起こさざるをえないのだ。共産主義者たちの非人間的なふるまいに、ユンは嫌悪感を覚えるだけでなく、文字通り吐き気をもよおして咳きこみ、血を吐く。『誤発弾』のチョルホと同様に、この映画でも主人公がイデオロギー的立場と折り合いをつける苦しいプロセスのメタファーとして歯痛が使われている。韓国社会における対立状況について記事を書きながら圧力を感じるとき、また、韓国人娼婦が米兵と一緒にいるところを目にするとき、ユンに歯痛が起こるのだ。精神的、身体的疾患を通して、ユンは最終的に現代韓国社会の紛争の起源と問題の解決法さえ発見する。

予想に違わず、社会問題に対するユンの「治療」は、虫歯を抜くことになぞらえられている。ユンは、韓国社会から共産主義者を一掃することで、自分が長い間苦しんできた知識人としての苦悶から解放されると信じ、最終的には、有名な共産主義指導者イ・チョルを敵とみなすようになる。ユンはイの私生活を調べ上げ、大きな尊敬を集めるこの共産主義者の暗い側面を暴露する。イは不謹慎で、偽善的、不道徳な人間だったのだ。彼は、世間では貧しい人に対する思いやりをもつ国民的指導者として広く尊敬されている。倹約生活をしているといわれ、それは恵まれない人びとへの共感のあらわれとされる。ユンは、イが解放前はレンガ工場で働いており、今でも質素に暮らし、昼食はパン一枚と水一杯だけだ、という話を共産主義者の反独占ストライキで出会った少年から聞く。この少年は、リンカーンが米国の黒人のために生きたように、イも貧しい人びとのために生きていると信じている。しかし、この英雄的指導者についてユンが発見することは、大衆のもつイメージとはかけ離れている。イは日本植民地時代にドイツへ留学し、それ以来贅沢な暮らしをしているということが明らかになる。この状況を劇的に演出するために、この映画は、ユンが西洋式の高級レストランでイと遭遇する場面を見せている。彼の偽善は、英語で牛ステーキを注文するところで暴露される。イには大学時代から女性関係で悪評があり、実際、米人秘密諜報員エリートと同居するユニと隠れて交際していることもユンは発見する。イは快楽と情報のために彼女を利用しているのだ。

韓国社会から有害な要素を根絶するというユンの決意は、イがホテルで恋人と寝ているところにユンが踏み入り、イを暗殺するという劇的な場面で頂点に達する。この場面で、カメラは不透明な鏡の裏からイがスローモーションで倒れていくところをとらえている。この鏡は、真実を暴くというユンの行動を暗示する効果的な装置になっている。鏡の裏側の曇りは、貧しい人の「擁護者」という仮面に隠されたイの偽りのアイデンティティと不純さの暗喩として読みとれる。この共産主義者の汚らわしい側面をすべて暴き出すためのユンの入念な計画は、実行の場として戸外の公の場ではなくホテルの部屋を選んだところにもあらわれている。最も私的で人に知られたくない瞬間に彼を捕らえたのは、イの正体を知らない支持者が彼を政治的殉職者として持ち上げる可能性を打ち砕くための先手策なのだ。

ユンの最後の行動は愛国的だが、暴力的でもある。だからこそ、それについての言説が求められる。この映画は、殺人はユン個人の行為であって社会によるものではないとほのめかすことで、結末の暴力性を弱めようとしている。『旗なき旗手』というタイトルは、所属する集団（「旗」）の承認を得ず、単独で行動した男のことを指している。しかし、ユンの抱える重圧が増幅する状況を細かく検討すれば、彼の行動は、北朝鮮の共産主義者に敵意を持ち、彼らの駆逐が韓国の浄化につながると考える多数派の意志の反映だという結論に観客を導く。だからこそ、イの殺害は、かならずしも独立した個人の自発的行為として受けとめられておらず、国家の反共イデオロギーが引き金となったある種の見えない企てとしてとらえられているのだ。こうした見地に立つと、ユンは「公共の正義」という旗を掲げているのであり、それは自身の社会から与えられた旗なのだ。

この主張の裏づけとなるのは、本作品が描く時代の政治的現実だ。占領期において、極右政治集団によるものを含むテロ行為は制御できないほどの状況になり、民衆を左派と右派の両極に追い詰めた。しかし実際には、米軍政府がそれを黙認し、極右組織によるテロを共産主義の攻撃に対する韓国人の自己防衛とさえ考えていたことはよく知られている。占領軍政府は、北からの難民がもつ共産主義に対する嫌悪感を、南に確固たる反共国家を構築する手段に転換させることに成功した。ここでも、歴史的背景をみることで、ユンが個人としてとった行動に対する集団的な共感が理解できるのだ。

ユンは共産主義集団の残忍性やその指導者の偽善を容認できない知識人だ。『旗なき旗手』は、共産主義の害悪を大衆に知らしめることをエリート市民の義務として強調している。そのため、この映画は、共産主義者の隠された本当の「意図」に対する鋭いジャーナリスト的洞察力をもつ人物として主人公を描いているのだ。

しかし、この映画における反共知識人の描写に問題がないわけではない。まず、ユンや友人に代表されるエリート知識人を韓国社会のイデオロギー的セーフガードとして賛美することは危険だ。この映画は、社会のなかで高い教養をもった者だけがイデオロギーの問題を正しく理解し、取り扱えるということを観客に暗示している。一般市民の多数は政治に詳しくない、あるいは無知とさえいえる大衆として登場し、容易に覇権闘争で敵対しあう権力集団の被害者や身代わりとされてしまうのだ。

この映画のリアリズムを損なうもう一つの要因は、韓国の現代史において最も複雑で不安定だった過渡期の一つである時代設定に対して、白か黒かというかなり単純なアプローチをとっていることだ。この映画は、一握りの共産主義者を諸々の問題を引き起こす害悪として設定する一方で、大多数の市民を共産主義者に簡単に騙されたり、脅かされたりする対象として描いている。共産主義者は、国家の安定を大胆にも煽動し、常に国全体の支配を企む者として描写されているのだ。韓国人の内部で起こるイデオロギー闘争の温床を分析する上で、この映画に客観性とバランスが欠けているのは確かだ。反共主義は、解放以来韓国社会を支配しつづけてきた。反共主義は強力なレトリックではあるが、この映画におけるその扱いはかなり表面的だ。社会的現実ははるかに複雑であり、単純な二項対立で説明することなどできない。つまり、『旗なき旗手』は皮肉にも共産主義を盲目的に賞賛する北朝鮮の典型的なプロパガンダ映画と親和性があるということだ。

『南部軍』

チョン・ジヨン監督の『南部軍』(一九九〇)は五〇年代に韓国政府と闘った共産パルチザンを題材にした人間ドラマである。韓国映画で禁じられたテーマの一つに取り組むこの作品は、韓国映画史に新たな局面をもたらした。この映画は、共産主義ゲリラの生き様に対する真剣で偏見のない分析をし直したことで、北と南のイデオロギー的差違とそれが民族意識にもたらす影響について比類なき議論を巻き起こした。『旗なき旗手』とは対照的に、チョン監督のこの作品は、共産主義に対する盲目的な敵対心そのものが民族意識を定義づける鍵にはなりえないことを強調する。こうして『南部軍』は、韓国映画史上初めて国家イデオロギーとしての反共主義の正当性に疑問を投げかける映画となった。このメッセージは、戦況が深刻化する場所に拠点を置く共産主義レジスタンス軍の人間的側面を注意深く描写することによって伝えられている。

韓国映画産業においてこの映画がもつ意義を説明するには、まず、国家安全保障政策を簡単にふり返っておく必要がある。一九八八年頃から、南北統一問題が韓国政治における主要課題として浮上した。この動きはノ・テウ(盧泰愚)政権(一九八八〜九三年)の「北方政策」と密接に関わっている。この政策では南北の緊張関係を緩和する必要性が認識され、社会主義諸国との関係改善が目指された。これは冷戦終結やドイツの再統一などによってもたらされた国際政治環境の変化に対応する政策だった。三十年以上続いた軍事政権の最後となるノ・テウ政権は、統一について公に議論することをついに認め、こうした政策の変化に影響されて、韓国社会のさまざまな領域で北朝鮮を一つの民族共同体の一部として再定義する動きが始まった。北朝鮮に対する世論の変化に伴い、より明確な北朝鮮社会像、そして韓国政府が厳しく封印してきた歴史上の出来事のいくつかが明るみに出た。

当時、映画産業で起きた全般的な変化は、北朝鮮問題に関する政策上の新たな措置と連動していた。八〇年代半ば以降、朝鮮戦争を経て北と南で離れ離れになった離散家族についての映画が続々と製作された。ペ・チャンホ(裵昶浩)監督『その年の冬は暖かかった』(一九八四)、イム・グォンテク監督『キルソドム』(一九八五)、イ・ジャンホ監督『旅人は休まない』(一九八七)などの作品では、民族分断に関する問題へのこれまでと劇的に異なるアプローチが際立っている。これらの映画は、共産主義という「悪」ではなく、離散家族の心理的な問題に焦点を当てる傾向がある。そこで扱われる主題は「もう一つ」の領土にいる家族との思い出であり、中流階級に属すことに成功した人びとと、家族との離散を余儀なくされ社会の底辺にまで落ちた人びととの間にある亀裂である。つまり、『南部軍』は被害者の視点から国家の悲劇を見つめる映画の一つだと言える。

上述したように、南の共産ゲリラの話題は長きにわたってタブーとされてきた。公式に認められた歴史からは、彼らの存在は抹消されている。スクリーン上では、騙されやすく、北朝鮮の共産主義者の罠にはまってしまった悪党として描かれることがほとんどである。一九五〇年代には共産ゲリラがそうした固定観念で扱われていたが、『南部軍』はそうした語りから逸脱している。まず、この映画の主人公は、知識の浅い、無教養の共産主義信奉者ではない。また、知識人を物語のヒーローとして打ち立て、戦争の混乱のなかで彼が共産主義を受け入れたのはある種の宿命だったと解釈している。これは『旗のない旗手』での知識人の扱いと似ている。

『南部軍』は同じ題名をもつイ・テ（李泰）の自伝的手記を翻案した作品だ。この映画は、戦時のパルチザンとしての作者の個人的体験に基づいている。映画の主人公であり語り手であるイ・テは、ソウルの新聞社最大手である合同通信社にかつて勤務していた記者だ。朝鮮戦争の初期段階で北朝鮮がこの会社を乗っ取ると、イは朝鮮労働党の命令で従軍記者として南に派遣される。そこで北朝鮮軍が思いがけず国連軍の大規模な反撃を受け急遽撤退したため、イは山中に潜伏していた南部軍の一員になる。

イ・テ自身が語っているように、彼のパルチザン参加は、前もって意識的に予定されていたことではない。危険な戦況のなかで、ほかに手段がなかったために入った山でゲリラ軍を見つけたのだ。彼の入隊はおおよそ偶発的なものだった。しかし、いったん南北どちらかの側を選ぶと、イデオロギーに縛られた服をまとわされ、たとえ政治的信条が変化してもその立場の変更は認められないことをこの映画は示している。この問題は、イ・テと同僚が山に避難したというだけで韓国政府に共産主義者と決めつけられる場面にあらわれている。イ・テは、合同通信社に勤務していたとき、韓国政府による検閲に批判的だったが、自身を共産主義シンパだと考えたことは一度たりともなかった。戦争の展開に関するイ・テの語りはあまりに客観的すぎて、彼のイデオロギー的立場の指標としては使えない。

イデオロギーと民族主義についてこの映画が提起する重要な点は、たまたまいる側がどちらであろうと、普通のコリアンには憎悪の念がないということだ。戦争で生き残るために互いを殺しあうことは避けられないが、心の底では常に不運にも「敵」側に立つことになった同胞としてお互いをみている。これこそが、大多数のコリアンにとって朝鮮戦争がまさに悲劇的なアイロニーになっている理由だとこの映画は主張する。このアイロニーは、あるパルチザン兵士の言葉にあらわれている。「何という矛盾だ。将来の人間らしい暮らしのために、今、同胞を殺さねばならないなんて」。数多くの反共映画にみられるように、ゲリラ軍を「共産党」の非人道的道具として描くようなことを、この映画はしない。パルチザンの活動は、民族分断をできるだけ早く終わらせたいという誠実な願いが動機となっている。この悲劇的な同胞戦争に巻き込まれた誰もがそうであるように、この映画はパルチザンを本質的にイデオロギー闘争の不運な被害者として描いている。この映画に出てくる脱走兵たちの姿は、過去に作られたプロパガンダ映画における共産主義者の一面的で否定的な描写から大きくかけ離れている。南部軍兵士の過去のさまざまなエピソードは、彼らが、観客が親近感をもてる血の通った人間であり、現実を見失い人間性を持たないイデオローグではないということを示している。

この映画は、筋書きに個々人の話を挿入することによってパルチザンに人間味をもたせているが、集団としての彼らの結束という視点を失っているわけではない。彼らの同胞としてのつながりと愛国心は映画全体を通して強調されている。見捨てられた人びとと国に対する心情的つながりによって、彼らは団結しているのだ。この連帯意識と愛国心が、イ・テや彼のように確信をもたないまま南部軍に加わった人びとを共産主義者に変えていく。お互いや村人に対するきちんとした態度も、戦争の終結後、コリアンの間で統一された民族意識が復活する可能性を約束するものである。

八〇年代後期までに製作された戦争映画では、南部軍は罪なき隣人たちを虐殺したあと山中に逃走する残虐な悪人のようにみえる。それとは対照的に、チョン監督の『南部軍』では、山の麓に住む人びとに対して彼らが見せる同胞としての温かさや節度ある姿勢が観客の注意を引く。韓国軍を攻撃するときや撤退するとき、南部軍は村人の安全を最も気遣っている。村人たちは、戦況がどう変わろうと、それとは無関係に日々の暮らしを続けるのだ。それゆえ、攻撃開始の前に、南部軍は村人全員が安全な場所に移動したことを確認する。村人の犠牲者を少なくするため、南部軍は自らに不利な行動を選択することもある。自分たちの命にかかわることがあったとしてもだ。この映画は、悲惨な戦争時であってもなおコリアンのなかにある気持ちの上での深い絆を現実的にとらえようとする。こうした視点に沿って、この映画は南部軍の厳格な道徳基準も強調している。警官の妻で南部軍の活動を警察に通告した疑いのある村人を強姦した隊長は、上官から自害するよう命ぜられる。この村人の通報によって多数の死者が出ることになったことを考えると、彼女は南部軍の報復の対象になるべき人物だが、パルチザンの指導者たちは、隊長の罪に弁解の余地はなく、彼を無罪放免にすることで軍全体の評判を傷つけることはできないと決断する。

南部軍に対する村人の態度も、この映画と反共映画とではまったく異なっている。村人たちは、韓国政府から罰を受ける行為であることを十分承知の上でたびたびパルチザンを助け、食料を与えたり韓国軍から彼らをかくまったりする。『南部軍』は、こうした行為は純粋に人道的な援助であり、政治的な動機によるものではないことを強調している。村人たちは、飢餓や死の危険にある同胞に背を向けることができないのだ。この映画がイデオロギーを超える人道主義に重きを置いていることは、多くの場面で明らかだ。南部軍の肯定的な描写が非現実的に映るときもあるが、全体としては過剰な描写はない(12)。つまり、この映画の主な目的は、反共政策によって助長された南部軍に対する誤った見方を修正することにある。

『南部軍』は韓国の人びとが南部軍を再評価する契機を提供した。南部軍は国の将来について自らのビジョンを掲げた一集団であり、北朝鮮に操作されて反乱に加わった一握りの人たちではないと考えられはじめたのだ。彼らは、抗日運動家として尊敬されていたイ・ヒョンサン（李鉉相）という歴史的にも著名な人物のもとに集まった。イ・ヒョンサンは一九四五年以来、米占領軍さらにはイ・スンマン政権（一九四八〜六一年）と闘い、朝鮮戦争で命を落とした伝説的な共産主義者であり民族主義者としても知られている。

この映画が公式の歴史に施したもう一つの重要な修正は、政府が認めるよりもはるかに多くの共産主義的志向が五〇年代の韓国にあったということだ。公式の説明によると、南部軍とは孤立した反乱部隊であり、太白山脈《テベク》地域に住んで「暴動」を起こしたとなっている。『南部軍』はこの説明に異議を唱える。ジャーナリストの主人公を含む南部軍のメンバーは、地元住民ではない。そのため、この映画では注意深く太白山地域の方言を避けている。パルチザンは国のいたるところからやってきており、南部軍

図19 チョン・ジヨン監督『南部軍』(1990) 敵軍に包囲されながらも、イ・テは同志とともに命をかけて戦う

に加わった動機も人によって異なっていた。貧困から逃れたい者もいれば、国のために戦いたいという愛国的衝動に突き動かされた者もいる。単に韓国政府に不満があった者や、実際に共産主義が信奉する無階級社会の考えを受け入れる者もいた。ほかにも多くの動機を隊員は胸に抱えていた。こうした多様な隊員の背景が、南部軍は向こう見ずな造反者や国家の「裏切り者」だという長年の誤った認識を打ち壊すことに成功したのだ。

本質的に『南部軍』は反戦映画である。映画の終盤に、南部軍の基地は韓国軍によって壊滅させられる。パルチザンの大多数が殺され、生き残った者は自らの意思で山を後にした。数少ない生存者のなかには、最終的に政府に捕らえられた者もいる。この過酷な結末にもかかわらず、生き残った者は誰も自分たちが敗北したとは考えなかった。彼らは、社会から永久に追放されることになろうとも、歴史のある時点で国にとって最善だと思ったことを実行したと信じている。彼らが見せた究極の英雄的資質は、こうして自分の行動の結果を受け入れたところにある。映画の最後に、無意味な戦争で彼らが青春を無駄にしたり命を投げ出したりしたわけではないという言葉がくり返される。南部軍に対する従来にないこうした扱いを鑑みると、一九九〇年の公開時にこの映画が大論争を巻き起こしたことは驚くべきことではない。

以上で論じてきた韓国映画三作品を通して、国家分断が民族主義に与えた影響に対する解釈の変化が明らかになった。大きな変化の一つは、民族的アイデンティティのイデオロギー的基盤としての反共主義に対する懐疑的態度が拡大していることだ。一九五三年の朝鮮戦争休戦以降、国家安全保障の名目で反共主義は韓国人の暮らしのあらゆる側面で強化されてきた。同時に、軍事政権が政治的利益のためにレトリックとして反共主義を利用してきた。内戦再発の可能性、そして共産主義者が韓国を完全に乗っ取ることに対する恐怖を生むことで大衆を統制するために、反共主義が利用されてきたのだ。このレトリックは悲劇の戦争を経験した世代の心に響く。しかし、社会的、経済的状況が年月を経て改善したことで、共産主義の脅威というプロパガンダは新しい世代に対する効力を大きく失ってしまった。その結果、戦後間もない時代に韓国人のアイデンティティの強い基盤を築いた反共主義の訴求力は、民主化後の韓国社会では徐々に衰退した。検閲委員会、軍部、退役軍人団体、北朝鮮難民組織などさまざまな保守派の直接的、間接的な介入がありながら『南部軍』が大成功を収めたことは、一般大衆の認識が変わりつつあることの反映であることは明らかだ(13)。陳腐な冷戦イデオロギーの拒絶は、一九九〇年代における南北の政治的対立を扱う映画に対する観客の感性が変化し、民族意識についてより成熟した議論が求められたことを物語っている。

第3節　家族意識と民族意識

北朝鮮と韓国の映画は、異なるイデオロギー的枠組みで民族意識を定義づけている。北朝鮮映画は政治的観点からのみこの主題を扱う傾向があるが、韓国映画はより多様な視点を取り入れている。しかし、こうした表面上の違いの底流では、驚くほど似た儒教的家族意識のモチーフが両者で使われている。南北の映画はともに、伝統的家族構造をコリアンの民族意識における不変の根本的枠組みとして考えているのだ。一つ顕著に異なるのは、北朝鮮映画が家父長制の系譜に焦点を置くのに対し、韓国映画は夫婦間の関係に関心を寄せていることだ。

『崔鶴信の一家』『血の海』『月尾島』のすべてにおいて、民族意識は帝国主義とそれに対するコリアンの抵抗という対立関係に基づいて定義される。この対立はそれぞれ異なる形式であらわれているが、すべての作品に共通するのは家族に関する古い儒教的レトリックだ。三作品とも朝鮮民族を一つの大きな家族のように描いている。登場人物の関係性は、家系図の構成員という観点から語られているのだ。この拡大家族では、キム・イルソンが父の立場に立ち、残りの成員を自分の子どもたちとして世話する。

北朝鮮映画は父系の権威を推進する三つの方略を取り入れている。まず、生物学上の父親を象徴的な父親に置き換えること、そして、生物学上の父親の失敗や不在に取って代わるものとして母親の美徳を持ち上げること、さらに、家系の正当な後継者として長男を前景化させることだ。キム・イルソンを父親として象徴化することは、真の父親像と偽の父親像を対比させる方法によってある程度達成されている。三作品はいずれも、実の父親を失敗した英雄あるいは偽りの英雄として描いており、彼らは軟弱すぎて大衆を包みこむことはできない。『崔鶴信の一家』の主人公は偽りの父親像の典型だ。米国人に対する彼の誤った見方が、自分の家族や同胞を死に追いやっている。末娘だけが父親の誤った判断に対し勇敢に立ち向かい、彼の反動的な態度を批判する。父娘としての関係を断ち切り、父が嫌う共産主義者の婚約者ヨンスを追って家族を捨てるとき、彼女の頼れる父親像探しが始まる。のちに人民軍に加わった際、彼女は父親的な司令官と疑似的な親子関係を形成するが、この司令官はキム総書記のイメージと重ねて描かれているようにみえる。

『血の海』と『月尾島』においては、父親らしさは十分に取り上げられていない。前者では、家族のなかに父親は存在するが、早死するため、家族に対し模範的革命家となることはできない。彼の早すぎる死は、革命を完遂させるという重荷を家族に背負せることになる。真の父親像の追求が最も顕著なのは『月尾島』だ。主人公のテウンは孤児で、周囲の人物も父親の記憶をもたないものばかりだ。奇妙に思えるかもしれないが、この現象はキム・イルソンの象徴的な父親像を打ち出すためのお膳立てになる。映画のなかで示されるように、キム・イルソンは国の家長として登場人物たちの心の穴を埋めるのだ。

不適切な父親の象徴的代替として、これらの北朝鮮映画は母親の役割を持ち上げている。いずれの映画でも、母親は子どもに対し自己犠牲的に献身し、子どもから尊敬を集める存在として描かれている。『崔鶴信の一家』では、負傷した婚約者の介護をする次女を、母親は夫の知らぬ間に助けている。『血の海』で不屈の決意と強さをもって子どもたちを抗日戦士に育て上げるのも母親だ。彼女の英雄的な資質は、早死にした無力な父親とは際立って対照的である。『月尾島』では母親の姿がない。しかし、軍で料理人として働く年配の兵士が母親を連想させるような態度を示している。彼の役割は母親の役割と同等だといってよいだろう。彼の母親的気質は、血なまぐさい前線の後方で彼が部隊全体を世話していることによくあらわれている。

一見すると、この肯定的な母親像は、慈悲深い父親としてキム・イルソンのイメージを高める努力を損なうようにみえるかもしれない。しかし、母親役が中心となる場面を深く読みこむと、彼女の美徳が讃えられる一方で、彼女は自分の子どもたちに対していかなる実質的な権威や権力ももっていないことが明らかになる。これらの映画における母親は、儒教的倫理観に規定された母親の役割を忠実に果たしているのだ。そのため、母親とその子どもたちとの密接な結びつきは、究極的な父親としてキム・イルソンの「限りない愛」と絶対的権力を強固にしようとする取組みと矛盾しない。母親は常に父親より劣った位置にいる。それゆえ、母親の美徳を持ち上げても、それが家長にとって脅威とはなりえないのだ。儒教的家族生活において、母親への尊敬は母親への服従を意味するわけではない。しかし、父親の場合は、尊敬と服従が重なる。子どもたちへの母親の助言は、父親の承認なくしては無効だ。そのため、どれだけ崇高なものであっても、母親の美徳が子どもに対する父親の絶対的権威に影響したり、ましてやその権威を傷つけたりすることはない。儒教的家族における母親の重要な責任の一つは、子どもたちに孝行の徳をもってきちんと父親に尽くさせることだ。『血の海』では、自分の子どもたちを「父」に捧げる母親の愛国的献身が讃えられている。彼女はまず長男を朝鮮人民革命軍に入隊させ、反帝国主義という大義のために次男を捧げて死なせる。最後の場面で、彼女は残った最後の子である娘を共産主義者のもとに送る。『月尾島』では、年配の料理人が隊員の面倒をよくみることでキム・イルソンの愛に報いることができると信じている。儒教的家族のなかで母親がするように、彼は常にキム・イルソンという素晴らしい父親像について隊員に語って聞かせるのだ。

北朝鮮映画にみられる儒教的家族観の最後の特徴は、長男を父系家族の跡継ぎとして描く点だ。不適切な父の代わりに長男を立てるのである。父親が死んだり役割を果たしていなかったりする場合、長男が家族全体の代表になる。上述した北朝鮮映画はすべて、家族に革命精神を植えつけるという特別な役割を息子に与えている。

疑いようもなく、北朝鮮映画における長男の肯定的なイメージは、キム・イルソンからキム・ジョンイルへの政権継承の準備と直接関係している。この傾向は、キム・イルソンの息子が父親の将来の後継者として指名される一九七〇年代半ば以降に製作された映画において顕著である。『血の海』の長男は家族のもとを離れて朝鮮人民革命軍に加わり、のちに、日本軍の攻撃で包囲された家族を助ける救世主として戻ってくる。『月尾島』では、テウンが典型的な長男のようにふるまい、家族のような部隊で隊員たちの世話をする。同胞意識は戦闘中の兵士たちを描写するのに使われる普遍的比喩である。そのため、この映画におけるテウンと戦友たちとの同胞愛については、詳細な説明は不要だろう。

韓国映画も家族の結束と責任という観点から社会状況を説明する。家族に関する比喩には三つのパターンがある。まず、家族の幸福を確保する責任が男性主人公の肩にのしかかっている。そして、政治であろうと文化であろうと、社会におけるいかなる混乱も、家庭や社会において成人男性がその役割を果たせていないことが原因とされる。第二に、困難な状況にある国の比喩として女性の苦境が頻繁に使われる。最後に、国の再生の可能性に関係して、結婚のモチーフが使用される。その結果、結婚の約束の裏切りが原因で登場人物が問題に直面することがしばしばある。それはまた、社会の将来についての不確実性や悲観的な見方として読みとることもできる。

『誤発弾』『旗なき旗手』『南部軍』の主人公はみな男性だ。父あるいは息子として彼らは家族を養い、社会の秩序を維持する責任がある。そのため、彼らの混乱や迷いは社会全体が陥った苦境を象徴する。『誤発弾』の最後の場面で、チョルホは長男として、夫として、父親として彼の肩にのしかかる「あまりに多くの責任」に対処できないと独白する。ソウルの街を彷徨うときも、彼の頭は家族の重荷から自由になることはなく、その重荷は第一子の誕生とともに大きくなるばかりだ。『旗なき旗手』でイ・チョルを殺害するというユンの決断のきっかけは、反独占デモで出会った息子のような少年の不幸であった。ユンの「父親のような」義務感は、宿泊先の息子が共産主義者に虐殺されたことによっても触発される。『南部軍』では、入隊するも若すぎて戦闘に参加できない十代の子どもたちを、隊員が父親のように世話する。孤立した山落地域で、責任感が強く頼りになる南部軍は、伝統的な家族において期待される成人男性としてのあるべき立派な姿を具現化している。

こうした男性主人公と比べ、女性の登場人物はそのほとんどが抗えない力に屈する無力な被害者として描かれている。彼女たちが経験する試練は、国全体の苦境を表出している。貧困や不衛生に加え、売春や強姦は、屈辱と無力さという国家のトラウマ的経験を鋭く象徴している。その典型的な例は『誤発弾』のミョンスクであり、『旗なき旗手』のユニやイ・チョルの恋人であり、『南部軍』で隊長に暴行される警官の妻である。

これらの女性たちの不幸は、男性がその社会的役割を果たせていないことが理由の一つとなっている。『誤発弾』では、チョルホが方向性を見失ったために母の病気の悪化と妻の死を招く。『旗なき旗手』に登場する下宿屋の母娘は、父親の政治的野心、特に日本植民地時代に彼が共産主義活動に関与したために苦しむこととなる。父親が判断を誤り、共産主義者の仲間を裏切り、その後罪悪感を乗り越えようとしたことで息子が亡くなり、二人の女性の人生に深い傷を負わせるのだ。『南部軍』における三人の女性パルチザンの話も、古い家父長制的価値観が女性の生き方に与える影響を裏づけている。一人は、父を殺し母を暴行した村人たちへの復讐のために南部軍に加わった。二人目の女性は、死んだ兄弟を思い出させる負傷兵への共感からパルチザンになった。三人目は、南部軍にいる学生詩人と恋に落ち、パルチザンの生活に入った。

韓国映画で安定した家父長制的秩序が強調されている点は、北朝鮮映画で家族主義のレトリックがくり返し強調されている点と多少似ている。これらの映画に共通しているのは、伝統的な家族観が一つの民族としての「一体」感を韓国と北朝鮮の人びとに提供する最も強力な文化的力として扱われていることだ。社会のなかで、家族でない人にまで家族的な愛情を向け、責任を持てることがコリアンの民族意識を保持する上で重要な要素だとして、南北両方の映画のなかで強調されている。これらの映画は、将来の統一国家再建のための道徳的基盤として家族主義を提示してさえいる。この意味で、韓国と北朝鮮の映画における民族主義の表出は、家族意識の拡張あるいは変種とみることができる。すなわち、民族意識とは単に、社会的レベルにまで拡大した家族意識の一形態なのだ。

しかし、民族主義における家族的側面の扱いにおいて、北朝鮮映画と韓国映画には一つの明確な違いがある。前者が父と息子の関係に重きを置くのに対し、後者は結婚のモチーフを不可欠な要素として筋書きに取り入れているのだ。結婚はしばしば共同体の失われた秩序の回復を象徴するため、結婚の夢が破れることは、社会における紛争が解決困難であることを示唆する。『誤発弾』では、婚約解消がミョンスクを街へ駆り出させる。彼女にとって、男性に対する信用の喪失は社会の道徳的基盤に対する疑念と重なるものだ。同様に、ヨンホの銀行強盗の企ては恋人の予期せぬ死が原因となっている。『誤発弾』とは逆に、『旗なき旗手』や『南部軍』では結婚のモチーフが希望の光を提供している。『旗なき旗手』では、地主の娘に対するユンの何気ないプロポーズが、この映画全体を覆う圧迫感から束の間の解放を観客に与える。結婚を語り合う二人のシーンはおそらく、この物語のなかで主人公が明るく幸福そうにみえる唯一の瞬間である。『南部軍』では、幸せな結婚への期待が隊員の人間的側面の描写を形成している。主人公はパルチザン仲間のパク・ミンジャに戦争が終わったら結婚することを約束する。彼らにとっての幸福な結婚とは、伝統的な家父長制的秩序に基づく家庭内の平和を意味する。新しい家族生活の夢は、南部軍が国の将来に対して抱く希望とビジョンの縮図だ。

六本の映画の分析によって、北朝鮮と韓国で民族意識に対する見方が違うことが確認できた。社会のほとんどすべての側面で続いている対立が及ぼすさまざまな影響を考えれば、アイデンティティの拮抗は「分断による政治」の結果だという結論に達するのは容易い。北朝鮮映画はこの点を明快に示している。北朝鮮では、主題の選択から完成作品の配給に至るまで、映画人が従うべき党のガイドラインが存在する。キム・イルソンは、日本植民地時代の反帝国主義闘争の要素と一九五〇年から五三年の民族解放戦争の要素をバランス良く映画に取り入れるべきだという指示を残している。こうした要素の割合が民族意識に対する映画の姿勢を決定づけるとキム・イルソンは強調する。この教えを忠実に守り、北朝鮮映画は現代の民族分断を一九世紀末以降の朝鮮政治に対する外国の干渉の結果だと解釈する。この見方では、韓国に駐留した米軍は超大国の継続的介入の象徴となる。北朝鮮の映画制作者は、朝鮮人の民族意識は外国の帝国主義者に対抗する闘争を通して形成されるものだと認識している。こうした理由から、韓国は国としての歴史的正当性を主張できないとされ、北朝鮮と対峙する相手として認められていない。「真の」敵は米国なのだ。北朝鮮映画にはこの見方が投影されるため、韓国がきちんとした注意を向けるべき独立した政治体としてみられることはなく、韓国人を詳しく描写することはほとんどない。

北朝鮮と韓国の分裂は冷戦の結果であり、コリアンは自らをその被害者だと認識している。七〇年代初頭まで、両国は二つのコリアがあることを認めず、二つの政府間には直接的な接触はなかった。朝鮮戦争の終結以降、両国のイデオロギー的対立は激化するばかりだった。しかし七〇年代から、わずかではあるが変化の兆しが認められた。このことは、国際社会の環境が変化したこと、そして北東アジアにおける緊張緩和と中国と米国の和解という世界的な状況が大きな要因となっている。国際政治におけるこうした進展に後押しされ、北朝鮮と韓国の政府は二つの国家の存在を認める可能性について話し合いをはじめた。この協議は初期段階ではあまり結果を出せず、形式的な現状認識にとどまっていた。しかし、八〇年代後半にかけて、両国が二つの国家という考えを実現する政策を定める努力を始めた。『南部軍』はこの変化を具体的に反映した映画の一つと考えられる。少なくとも韓国では、民族的アイデンティティの問題への政治的アプローチに対し、映画がより率直に疑念を表出しはじめた。そうした映画では、民族意識の基盤としての冷戦イデオロギーの妥当性が再検討されている。しかしそれらは、民族意識を議論する誠実な試みをしても、それが政治的対立という現実の陰に隠れてしまわざるをえないことも認めている。このジレンマは、和平会談がたびたび開かれても南北の敵対関係が大きく緩和されることはないという事実と無関係ではない。民族分断の原因をめぐる相互に矛盾した主張と将来の再統一に向けた折り合いのつかない計画について、二つの政府は依然として譲らない。これらの違いはすべて根本的に現政権の正統性の問題に起因している。

今も続くこの緊張関係は、民族意識がより幅広く統合された形で描かれる展望がコリアン・シネマにないことを意味しているわけではない。すでに指摘したように、北朝鮮と韓国の映画に共通してあらわれる儒教的家族関係という昔からの価値観は、文化的連続体を修復し、統一された民族意識を再建する一つのモデルを提供しうる。ベネディクト・アンダーソンは、国民国家（nation）とは想像上の政治的共同体であり、ナショナリズムの概念における中核的要素は、自意識的にもつ政治的イデオロギーではなく、文化システムだとも論じている。[15] 朝鮮半島に二つの政治体が明白に存在しているにもかかわらず、コリアンの大多数は文化面で二つのコリアがあるという考え方を認めない。倫理的、文化的均質性に対する確信が強いために、国の統一は歴史的に不可避だと考えているのだ。コリアは歴史を通してほとんどの時代において単一国家であったため、韓国の人も北朝鮮の人も、分断後の状況は超大国に押しつけられた望まれないものであり、だからこそいずれ乗り越えるべき、また乗り越えられる一時的な期間として解釈している。一つの民族としての結束と連帯意識を取り戻すというこの願望は、近隣の人たちを自分自身の家族のように扱うという不変的なテーマにはっきりとあらわれている。共同体のなかで家族的なつながりを育むという状況は、『崔鶴信の一家』『血の海』『月尾島』で散見される。『旗なき旗手』でさえ、真の英雄は、自分の身近にある隠れた悪に勇気をもって立ち上がり、行動を起こした人物とされている。これらの映画は共通して、コリアンが共同体意識を確立するための必要条件として共感と尊重を強調している。こうした共同体意識が現在の内的不和を乗り越えて家族のように機能するのであり、これらの映画は戦前の文化的伝統にそのモデルを見い出そうとしているのだ。

註

（1）本書では「民族国家（nation）」を「ある程度の共通した系統、歴史、文化、言語を有し、それらが忠誠や愛着の焦点となっている人びとの集団」（Andrew Vincent, *Modern Political Ideology*, Oxford, Blackwell Publisher, 1995, p. 239）と定義する。一般に、「nation（国民国家）」や「nationalism（ナショナリズム）」は、一八世紀後期から欧州において一般的な用語として受け入れられるようになったと考えられる。しかし、朝鮮の場合、七世紀の新羅による統一以降、「民族国家（nation）」としての一般的な特徴を示しているため、その定義を一八世紀後期以前の時期に対して適応させることが可能である。

（2）Andrew Heywood, *Political Ideologies: An Introduction* (London, Macmillan Press, 1992), p. 141. ヘイウッドとは対照的に、マックス・ヴェーバーやアンソニー・ギデンズはnationを定義するのに政治的な要素により重きを置いている。ヴェーバーによれば、nationに属するということは、共通した言語、宗教、血統などを必要としない。同様に、ギデンズは「政治国家（state）が、その主権が主張されている領土に対し、統一された行政上の範囲をもつ場合にのみnationが存在する」と主張している。Max Weber, 'The nation,' in John Hutchinson and Anthony D. Smith (eds.), *Nationalism* (Oxford, Oxford University Press, 1994), pp. 21-5; and Anthony Giddens, 'The nation as power-container,' in Hutchinson and Smith (eds.), *Nationalism*, p. 34.

（3）Heywood, *Political Ideologies*, p. 141.

（4）Heywood, *Political Ideologies*, p. 148.

（5）Michael Howard, 'War and nations,' in Hutchinson and Smith (eds.), *Nationalism*, p. 255.

（6）村長に対する好意的な描写はキム・イルソンの指導力を示唆していると解釈することも可能である。しかし、村長の権威を意図的に高めようとしているわけではないいくつかの場面があることを踏まえると、この人物とキム・イルソンに対する個人崇拝のつながりは、あるとしても間接的なものだといえよう。

（7）Jae-Jean Suh, 'Theoretical revision of *Juche* thought and nationalism in North Korea,' *The Korean Journal of National Unification*, 2 (1993), p. 20.

（8）Kim Il Sung, 'Let us embody the revolutionary spirit of independence, self-sustenance and self-defense more thoroughly in all branches of state activities: political programme of the government of the Democratic People's Republic of Korean announced at the first session of the fourth Supreme People's Assembley of the DPRK, December, 16 1967,' in *Kim Il Sung Works 21* (P'yongyang,

Foreign Languages Publishing House, 1985), p 414.

（9） Ch'oe Ch'ŏkho, *Pukhan Yesul Yŏnghwa (North Korean Art Film)* (Seoul, Shinwŏn Munhwasa, 1989), p. 125.

（10） *Korean Film Art*, ページ数なし。

（11） 北朝鮮における映画製作における「模範論」とその他の二原則については第一章第二節を参照。

（12） たとえば、幼い少年が犬を追いかけていて戦場に入りこんでしまったとき、ゲリラ軍、韓国軍はともに十字砲火を停止する。少年が危機から脱したあとも発砲を再開することはせず、双方は降伏を要求して叫びあい、のちにはともに歌を歌いさえする。

（13） 『南部軍』と同じ素材を扱ったイム・グォンテク監督の『太白山脈』（一九九四）の商業的な失敗は、世論の変化を証明している。一般に、この失敗は作品中にこだまする反共主義によるものだとみなされている。

（14） Benedict Anderson, *Imagined Communities* (London, Verso, 1991), p. 6.

（15） Anderson, *Imagined Communities*, p. 12.

第4章　現代コリアにおける階級と文化的アイデンティティ

分断された民族として生きる現代コリアンの文化的アイデンティティの形成において、階級は最も影響力をもつ要因の一つである。朝鮮戦争の主要な原因の一つは階級対立であり[1]、現在も続く北朝鮮と韓国の対立は、階級問題に関して根本的に相容れない両者の立場のあらわれだといってもよい。階級は、職業、収入、所有などの経済的指標や生産様式との関係を通して、個人的レベルおよび社会的レベルにおけるコリアンの自己意識を特徴づけている。しかし、以下で検証するように、コリアン社会における階級の概念は、経済体制だけでなく、伝統的に受け継がれてきた儒教的職業序列という文化的遺産にも基づいている。

文化批評において広く引用されるマルクス主義の定義によると、階級は「社会におけるさまざまなグループの経済的資源に基づく分類[2]」となる。つまり、マルクス主義では生産手段の所有または非所有という点から階級が定義されるため、「通常二つの階級のみが認識される[3]」。この二項対立における問題はマルクス自身が指摘しており、彼は「資本主義社会においては、かならずしもみなが二つの主要な階級の一つに属するわけではない[4]」ことを認めている。

階級は、複数の要素が相互に影響しあった結果もたらされた文化的現象である。現代コリアの場合、歴史が社会階級の構築に決定的な役割を果たしている。この点に関し、階級における歴史的側面を強調するE・P・トムスンの論考は、現代コリアンが映画のなかで階級問題と文化的アイデンティティの関係をどう表現しているかについて明快な洞察を与える。トムスンは著書『イングランド労働者階級の形成』の序文で、階級とは「歴史的現象」であり、「「構造」でもなければ、「カテゴリー」でさえもない」と主張する。階級は「事実、人間関係のなかで生じる（そして生じたように見せられる）もの[5]」なのだ。すなわち、階級とは、「社会的、文化的に形成されるものであり、かなりの歴史的時間を経て自ら展開するものとして研究しうるような過程から生じる[6]」ものである。

階級の問題は、北朝鮮のイデオロギー的基盤の中核にあるものだ。そのため、映画史を通して、北朝鮮の映画人が階級問題に執拗に傾注してきたことはまったく驚きではない。事実、ほとんどすべての北朝鮮映画は何らかの形で階級問題を取り上げている。その扱いは常に、労働者が支配する社会主義社会の優位性を北朝鮮国民に植えつけるという動機に導かれている。北朝鮮国民の文化的産物は国家の統制下にあるので、彼らのアイデンティティは、キム・イルソン（金日成）と朝鮮労働党が特定の政治目的のために定めた階級意識と無関係に形成されることはない。

新生の社会主義国家である北朝鮮で、堅固な労働者階級を確立することは、経済的にもイデオロギー的にも喫緊の要件だった。解放後の時代における国家建設は大規模な労働力の確保を必要とした。その一方で、北朝鮮にとって国家として最も重要な前提は社会のプロレタリア独裁であり、そのイデオロギー的基盤となるのは労働者階級だった。工業化の過程で徐々に労働者階級が形成されていく資本主義社会とは異なり、北朝鮮は自らの存在意義の正当性を示すために労働者階級を構築しなければならないという厳しい内的圧力の下にあった。そのため、北朝鮮の労働者階級は大部分が工業化の副産物として「自然と」形成されたというより、意図的に「創出された」という主張も可能だ。

「全人口を単一の労働者階級に転換させる」という根本的要件を実現するための初期の取組みとして、北朝鮮は一九四〇年代後期から全国民を類別する計画を準備しはじめた。五〇年代後期に共産主義の社会構造がより強固な形になると、単一の労働者階級という初期の概念は三つの階層に分類され、それが基本的な社会構造のなかで今日まで引き継がれている。これらの社会階層は、中核となる階層、不安定な階層、そして敵対的階層（それぞれ支配階層、標準階層、複合的階層ともいえる）から成る。[7] 中核（支配）層は北朝鮮の全人口の約二五パーセントを占めており、革命戦士、退役軍人、党員、事務員、労務者、軍人およびその家族から成る。この層には、解放後に現れたいわゆる「新しい」世代の知識人や、伝統社会において奉公人だった者も含まれる。中核層は、高等教育、党員、職業軍人、政府の要職への道に進む資格を持ち、医療、食料供給、住居の選択に関する特権も与えられている。

不安定（標準）層は人口の約五〇パーセントにあたり、一般的な工場労働者、下級事務員、農業従事者、職人、ウェイトレスから、小規模の事業者や商人に至るまで幅広い職業の人から成り、解放以前の知識人も含まれる。この層には住居、旅行、職業において制限があり、たとえば一定の範囲を超えて許可なく旅行することは認められていない。

最後に、北朝鮮人口の約二〇パーセントを占める敵対（複合）層は、反革命分子、分派主義者、親日派や親米派、富農、地主、犯罪者、政治犯、スパイ、資本主義者、宗教団体の成員などから成り、彼らの家族も自動的に同じ階層に分類される。これらの人びとは結果的にさまざまな形で社会的差別と厳しい制限の対象となる。外部からの訪問者の目には触れない指定された地域で暮らすことを強要され、他の層の人びとから実質的に隔離されている。また、党の厳しい監視下に置かれる。実際、彼らのほとんどが強制労働収容所に送られる。生涯を通して教育の機会は得られず、党員申請も禁じられている。

正統派マルクス主義の理論では、社会主義国家は無階級であるべきとされる。理論上、生産財の私的所有が存在しないためだ。[8] もちろん、現実はこの理想とはかけ離れている。北朝鮮の階級構造に関する近年の研究と脱北者の証言によると、自称「無階級」の北朝鮮は、実際のところ、単一の階級体制内で増大する葛藤や対立に苦しんでいる。[9] 脱北者によると、一般的な労働者の国家に対する敵対心は年々高まっているという。これは、一般大衆と、党員や高官およびその家族の間で、生活水準や他の社会的、政治的機会の点で顕著な格差があるためである。この不満がさらに深刻になった原因は、八〇年代以降の国家全体の経済的停滞や、社会的流動性に対する中央政府の厳しい統制にもある。

以上の問題は、北朝鮮社会の階級構成において数十年にわたって起こった変化を反映している。最近の資料をみると、北朝鮮社会において社会的、経済的区分がいまだに鮮明に定められている様子が窺える。この傾向は、社会で増大する不平等を反映している。たとえば、中流階級の割合は、一九四六年の六・二パーセントから一九八七年には十七パーセントに増えている。[10] ここで増加したのは主に知識人、技術者、事務担当者だ。高学歴の専門職を中心とするこの新しい中流階級は、党のテクノクラートを構成し、古いパルチザン世代に取って代わることが予想される。近年の北朝鮮映画にみられるように、朝鮮労働党は、社会の上層部への上昇とホワイトカラーの仕事に対して膨らむ勤労大衆の願望、そして新たに台頭したパワーエリート層のさまざまなイデオロギー的、社会的影響に対し、深刻な懸念をもつようになっている。

韓国では階級の状況がより複雑だ。資本主義社会の韓国では、伝統的な地主支配階級、新旧のブルジョア、小作人、プロレタリアなど、より多様で可変的な階級区分がある。これらの階級は便宜上、労働者階級、新興中流階級、既存中流階級、資本家階級の四つに分けることができる。この分類は、国の社会構造を著しく変えた六〇年代の工業化の結果として生まれた。この時期には、小作人の労働者階級への転換、新興中流階級の急増、古い地主階級と新しい資本家階級の入れ替わりがみられた。一九九五年時点で、四つの階級の割合は労働者階級が四一・六パーセント、新興中流階級が三〇・九パーセント、既存中流階級が二〇・九パーセント、資本家階級が六・六パーセントであった(11)。

韓国では社会的流動性が確保されているので、韓国人の文化的アイデンティティに対する階級の影響は北朝鮮の場合ほど大きくない。とはいうものの、労働争議の増加や地方人口の都市への流入が主な要因となって、七〇年代以降、階級問題は一般大衆の関心を集めるようになった。これは最初の本格的な経済発展計画が実施された時期でもあった。工業化への全面的な取組みは、パク大統領の独裁政権があってこそ可能だった。しかし、七〇年代の映画産業に対する厳しい検閲によって、階級に関する主題を映画で扱うことは許されなかった。

工業化に総力を投入したことで、韓国の資本主義経済はその後数十年で急成長したが、同時に、軍事政権が続いたことで政治面での制約や制限があった。貧富の差の拡大によるさまざまな社会悪を目にし、抑圧的な政治環境に突き動かされた八〇年代以降の若い映画監督たちは、社会の最も差し迫った問題として階級対立を分析しはじめた(12)。彼らは社会批評の媒体として映画を利用し、社会のさまざまな集団の間に存在する文化的機会と物質面での不平等の問題に取り組んだ。経済的に繁栄した国の影にあたる側面が引き金となり、映画人が「漢江《ハンガン》の奇跡」という神話の皮を剝ごうとしたのだ。代表的な作品としては、イ・ジャンホ(李長鎬)監督の『風吹く良き日』(一九八〇)、『暗闇の子供たち』(一九八一)、『寡婦の舞』(一九八三)、『馬鹿宣言』(一九八三)、イ・ウォンセ(李元世)監督の『小さなボール』(一九八一)、ペ・チャンホ(裵昶浩)監督の『コバン村の人々』(一九八二)が挙げられる。これらの映画は総じて、やっとのことで生き延びている都市の貧困者の不安と絶望に焦点を当てている。また形式としては、これらの作品は社会的現実の真相を投影しようとする写実主義の伝統に従う特徴をもつ。

社会批評映画の登場を受けて、政府は映画業界に対するイデオロギー的、政治的統制を強化した。(13)「望ましくない」映画の検閲の強化は、工業化プロセスの最盛期に人びとの士気を「低下」させるという根拠で正当化された。海外からの投資を妨げる恐れがあるとして、輸出を禁止された作品すら存在する。明示的には語られなかったが、政府が重大な懸念事項の一つと考えていたのは、これらの映画が韓国社会に潜む階級問題に大衆の関心を引き寄せるかもしれないということだ。厳密にいえば、韓国は依然として北朝鮮と戦争状態にあったため、当時階級問題を指摘することは国家反逆罪と同類のイデオロギー的犯罪と考えられた。

政府の介入にもかかわらず、新世代の監督たちは、八〇年代後期から九〇年代を通して社会的混沌や政治的混迷に関する映画を制作しつづけた。パク・クァンス(朴光洙)監督の『チルスとマンス』(一九八八)、『追われし者の挽歌』(一九九〇)、『美しき青年 全泰壱《チョン・テイル》』(一九九五)、そして、パク・チョンウォン(朴鐘元)監督の『九老《クロ》アリラン』(一九八九)がその例だ。八〇年代から九〇年代初期に急進的な方向へ向かい、韓国映画運動を導いた監督もいる。「チャンサンコンメ」と呼ばれる映画集団を中心に、これらの監督たちは大衆の社会的、政治的テクストとして、また抵抗の媒体として映画に取り組んだ。彼らの第一の目的は、資本主義社会の「構造的矛盾」を暴き、階級革命の必要性を大衆に訴えることにあった。彼らは、映画は商業的活動でもなければ大衆の娯楽でもなく、既存の体制から離れて製作、配給されるべきだと主張した。そして、革命の目標を達成するために、自分たちの作品は労働者階級の観客を引きつけるべきだと言いつづけた。しかし彼らは、既存体制を完全に拒絶し労働問題を恣意的に扱ったことで、結局は観客の大多数を疎外することになった。彼らが作った映画のなかでも『ストライキ前夜』(一九九〇)は最も有名である。社会批評に傾倒した最近の韓国映画としては、チャン・ソヌ(張善宇)監督の『つぼみ』(一九九六)とイ・チャンドン(李滄東)監督の『ペパーミント・キャンディ』(一九九九)が特記に値する。この二つの作品は、現代韓国史において最も暴力的衝突が激しかった民主化運動の一つである一九八〇年の光州事件が残した深い心理的傷を扱っている。

階級は、南北を問わず、コリアン・シネマ界にとって人を引きつける題材であるが、物議を醸す題材でもある。上述したように、現代のコリアンは一般に階級のレッテル貼りを恐れ、苦しんでいる。それは政治的に汚名を着せる一つの形態になっている。北朝鮮でいったん「反動的」という烙印を押されると、その人の階級意識は不純なものと宣言される。韓国では「アカ」という表現は共産主義支持者を意味し、「アカ」とよばれる人間は反社会的で、さらに悪いことには北朝鮮シンパということになる。そうした政治環境を念頭に置いた上で、本章では、北朝鮮と韓国における階級構造が一般の人びとの日常生活にいかに浸透しているかを論じていく。大まかにいえば、北朝鮮映画は既存の社会構造の安泰を守ろうとする傾向を示すのに対し、韓国映画はそれに異議を申し立てる傾向がある。文化的テクストとしての映画は、社会の相互作用における階級という概念の複雑な働きを露わにする。イデオロギー的なレトリックの背後にしばしば隠れているが、テクストの隙間にある既存の社会構造の問題を映画が暴くのは避けられない。たとえば、本章で考察する北朝鮮映画は、「階級のない楽園」を自称する北朝鮮に不満を抱えた労働者や農業従事者がいるという問題を明らかにする。彼らは自分の社会的地位に不満をもっており、階級体制のなかで優位な地位につくことを切望している。同様に、韓国映画に描かれる怪しげな貧民窟は、都市の風景のなかにあるきらびやかな現代的建造物と著しい対照をなしている。

現代コリアンの自己意識に関する議論は、階級という概念の文化的表出を適切に検討しなければ不完全なものとなる。本章で分析する六本の映画は、一九八〇年から九〇年の間に製作されたものである。北朝鮮の作品としてはオ・ビョンチョ（呉炳草）監督の『初めて行く道』（一九八〇）、チェ・プンギ（蔡豊旗）監督の『旅団長のかつての上官』（一九八四）、チョ・ギョンスン（曺敬順）監督の『トラジの花』（一九八七）を、韓国の作品としてはイ・ジャンホ監督の『風吹く良き日』（一九八〇）、パク・チョンウォン監督の『九老アリラン』（一九八九）、パク・クァンス監督の『追われし者の挽歌』（一九九〇）を考察する。これらの六作品はすべて労働者階級の生活を扱い、現代コリアンが直面する社会的、文化的混乱状態のさまざまな帰結を描いている。

第1節　北朝鮮映画にみる階級闘争

『初めて行く道』

オ・ビョンチョ監督の『初めて行く道』（一九八〇）は、解放後の北朝鮮を舞台に、新たに誕生した社会主義国家における労働者階級形成の過程をドラマ化した作品で、主人公キム・チョルジュンの旅を追う形で進行する。キム・チョルジュンは抗日戦士だったが、今や解放された祖国のために働きつづけるという愛国的な決意をもっている。チョルジュンはキム・イルソンの「独立した国家経済」の方針を守り、深刻な資源不足のなかでも重工業構築のために精一杯働く。彼は自立こそが材料と技術の不足を克服する唯一の方法だと信じている。つまり、この作品はキム・イルソンの革命的経済理論の背後にある価値観とイデオロギーを象徴しているのだ。時代設定は、北朝鮮政府がプロレタリアート独裁主義のビジョンに基づく社会構築に励んだ時代の初頭とされている。

『初めて行く道』のなかで、主人公チョルジュンは、抗日運動の経験と揺るぎない階級意識を背景としてパワーエリートへの出世に成功した模範的労働者として描かれている。こうした経歴があるために、彼は国家と大衆の仲介者としての役割を果たす。この映画は、チョルジュンが遠く離れた各地へ旅し、限られた資源でいかに産業を構築するかというキム・イルソンのメッセージを届けると同時に、その目標達成のために労働者階級がいかに重要な役割を果たすかを説いてまわる姿を追っている。奮闘努力を呼びかけることで、遠隔地にいる多種多様な労働者たちを中央政府の統制下に置こうとしているのだ。

カメラワークは、労働者階級と党との「切っても切れないつながり」の体現者としてチョルジュンを強調するものになっている。工場労働者たちの会議の場面で、彼の位置は、画面の上部にあるキム・イルソンの肖像画と下部に座っている工場管理者、監督者との間にある。登場人物たちの序列に従うようにカメラは上下に移動し、工場管理者に対するチョルジュンの視点とその逆の視点を交互に示している。それとは逆に、チョルジュンが工場の労働者たちとふれあう場面では、みなが同じレベルに位置づけられている。大衆を水平的に位置づけ、クレーン撮りではなくパン撮りをしているのだ。

党の使者としてのチョルジュンの使命は、党が国民を分類するための準備段階として、北朝鮮社会のあらゆる領域から情報を収集することだ。それゆえ、彼の旅の隠れた目的の一つは北朝鮮国民の分類を見立てることにある。結局、この映画は、党が国民の大多数を一つの統一された労働者階級に統合する意図を正当化しているのだ。しかし、その過程で、産業家、資本家、知識人、技術者の問題を避けては通れない。彼らは、党が構想する新体制には容易に取り込めないものの、経済開発計画には役立つ人材なのだ。この映画が暗示する社会階層の全体的状況は、その後党が無理やり安定化させた実際の階級制度と完全に合致する。冒頭に述べたように、一九五〇年代後期、北朝鮮社会は中核層、不安定層、敵対層の三層に分類された。オ作品では、この三つの階層をそれぞれ代表して、工場労働者のキム・チョルジュン、解放前からの知識人リ・ビョンチャン、そして武器局の主任（無名）が登場する。人びとを見極め、階層を選定する際、チョルジュンは彼らの経済的、社会的背景とキム・イルソンおよび党に対する忠誠心の二つが最も重要な基準となると考えている。

この映画は、鉄鋼所の労働者チュンギルを中核層の模範として描く。日本統治下の工場の産業事故で二人の兄弟を亡くしたという痛ましい記憶をもつ彼は、健全な階級的背景をもつとされる。映画のなかでは、日本人が朝鮮人労働者の安全などまったく気にしなかったことがくり返し強調される。チュンギル自身も日本統治下の工場で働いた経験をもつので、こうした危険についてはよくわかっている。ゆえに、彼は解放後、その工場で働くことを嫌悪したのだ。しかし、結局は強い愛国心にかられて、自ら工場に戻る。絶対に必要な鉄鋼を生産することで国家建設に参加すべきだと感じたからだ。チュンギルの仕事への情熱とキム・イルソンのビジョンへの絶対的信念に触れて、チョルジュンは深い感銘を覚える。キム・イルソンがのちに安全上の理由で工場閉鎖を命じると、チュンギルは労働者に対する指導者の「深い気遣い」を賞賛する。こうした彼の言動は、工業化に向けた集中的取組みの最中に貴重な資源を失うとして不満を述べる管理者たちとは対照的だ。工場解体後、チュンギルは粒状鉄鉱石で鉄鋼処理をする新方法導入を提案する。戦後の再建に対する前向きで積極的な態度がかわれ、チュンギルはチョル

図20 オ・ビョンチョ監督『初めて行く道』(1980)　チョルジュンが自動式ライフル銃を誇らしげに検査する

ジュンから工業大学への進学を勧められる。正式な教育を受けると、チュンギルはついに武器製造工場の最高管理者に任命される。

チュンギルは技術面での自助という考えを受け入れない人びとと極めて対照的に描かれている。たとえば、武器局の主任はチュンギルの「卑しい」出身階級と自動小銃に関する専門知識の欠如に対し見下した態度をとる。予想に違わず、チュンギルは外国の技術援助なしに自動小銃を製造するという目標を達成し、労働者階級の潜在能力を全面的に証明する。彼の成功が意味しているのは、中核層は高等教育や社会的地位の上昇に容易に手が届くということだ。この種の政治的「シンデレラ」物語は北朝鮮の映画で何度もくり返されており、この閉鎖的社会の階級構造を正当化し、大衆を労働者階級に効果的に動員する機能を果たしている。

『初めて行く道』は産業局副主任であるビ

ヨンチャンを不安定層の代表として描いている。オ監督は、支配階級としての名声を享受したが、それゆえ今の社会主義体制においては致命的な「過ち」を犯したとされる植民地時代の知識人や産業家に基づいてビョンチャンという人物を特徴づけているのだ。ビョンチャンの問題はまさに植民地時代に日本人に協力したことだ。興味深いことに、この映画は全体的に不安定層に対してむしろ肯定的なアプローチをとっている。国家が寛大にもこの層の人びとに自らが労働者階級に対し有用で忠実であることを証明する機会を与えていると示唆しているのだ。チョルジュンは、キム・イルソンの言葉を引用しながら、自分たちの新しい社会は疑わしい政治的背景を有する者も含めあらゆる人びとを受け入れると述べる。

しかし、「不安定」という言葉は明らかに、植民地時代の知識人を北朝鮮政府が総じて敵対視していることを想起させる。彼らの政治的志向性は伝統的な支配階級にとって都合のよいものであり、それゆえ党の敵によって容易に操作されうるとみられているのだ。彼らは政治的に「信頼できない」、それゆえ「不安定」ということになる。彼らによる鉄鋼生産の実験が失敗すると、ビョンチャンは共産主義全般に対する懐疑的見方、さらには党の経済政策についての疑念を表に出してしまう。彼の「望ましくない」態度が頂点に達するのは、実験失敗の原因究明に取り組む当局を助けもせず、無責任に辞職してしまうときだ。過去を許し、重要な職を与えさえした党と労働者階級に対し恩義があるにもかかわらず、彼にとっての関心事は自分の身の安全だけで、国益にはまったく無関心だ。党に対する信用の欠如は知識人の深刻な欠陥であることをこの映画は示している。ビョンチャンは、自分が無用になれば共産主義者たちは自分をすぐに排除すると考え、決して彼らを完全に信用することはない人物の最たる例なのだ。

この映画によると、北朝鮮政府は知識人が社会において有用な役割を果たせる可能性を完全に退けているわけではないことになる。実際、政府は開発計画を遂行するために、知識人の専門的な知識と経験が必要なのだ。多大な時間と努力を要するかもしれないが、国家建設にはあらゆる国民を関与させるというのが正式な政策になっている。知識人に関して、党は、従来からの知識人と新しい労働者知識人の二つに下位分類している。ビョンチャンのような従来からの知識人は不安定層に属する。この層の知識人の政治的志向性には疑念がもたれているので、社会主義思想、特にプロレタリアート独裁主義の正当性について常にたたきこまれている。チョルジュンのセリフを通して、従来からの知識人は階級意識と革命精神が欠如しているにもかかわらず、党が新しい社会に彼らの場所を確保し、同時に他の階級の人びとにも「生まれ変わった」同志たちを受け入れるように説得していることを、この映画は強調している。

従来からの知識人とは対照的に、新しい労働者知識人は封建主義や資本主義思想に汚されておらず、北朝鮮の共産主義イデオロギーで重装備した若者たちだ。前述したように、これらの知識人は中核層に置かれている。

『初めて行く道』では、武器局の主任が敵対層、つまりいわゆる「反労働者階級」または「公共の敵」の性格を具現化している。敵対層には、外国に留学し自らを他よりも優れていると考える知識人も含まれている。武器局の主任は傲慢な態度をとり、この階級のいくつかの特徴を示している。まず、彼の政治的背景には、抗日レジスタンスの経歴が皆無である。また、人びとの結束を壊しがちな分派主義者としても描かれている。さらに、彼は自らの権威のために海外の大国に頼っており、それゆえに「自立」主義の反対者でもある。チュンギルが自動小銃製造の最初の実験に失敗すると、主任は技術と資本の面での自立思想を厳しく批判する。

この映画が取り上げる分派主義者の問題は、キム・イルソンとその抗日ゲリラ部隊が一九五六年に党政治から中国支持の延安派とソ連派を粛清しようとしたことに基づいている。この事件があったために、分派主義者はかつて国家にとって公共の敵とみなされていた。『初めて行く道』で総じて否定的に主任を描いていることは、北朝鮮の外に権力基盤を形成した者たちに対する党の敵対的態度が強くなったことの反映である。こうした歴史的見地から、党内のライバル派閥を最終的に消滅させようとするキムの政治闘争を正当化する試みとしてこの映画を解釈することも可能だ。

北朝鮮では、「敵対的」というレッテルを貼られた人たちはほとんど社会から見捨てられることになる。結局、北朝鮮において人びとの人生行路を決定づけるのは、社会的、階級的背景であり、これは自分の努力で獲得するものではなく、過去から引き継ぐものである。この点で、北朝鮮では人の社会的地位が最初から定められており、そこから上昇するには制限や社会的な壁がある封建社会とそれほど変わらない。たとえば、抗日闘争という経歴は、北朝鮮の階級制度の上層部に位置するために最も好ましい条件の一つだ。しかし、多くの人びとにとってこれは選択の問題ではなく、自ら制御できない歴史的宿命なのだ。

『初めて行く道』の朝鮮語のタイトルは「初めての旅」を意味し、新しいコミュニティにすべての人を一体化していくというテーマについて「道」というメタファーが用いられている。しかし、この映画が実際に扱っているのは、三十五年に及ぶ日本の植民地支配からキム・イルソンと彼が結成した朝鮮労働党が引き継いだ階級制度の再構築である。新しい社会構造確立の背後にある経済的動機が、一九六〇年代になって形成された主体思想の先駆けになったのは明らかだ。こうして、『初めて行く道』は北朝鮮経済の黎明期の物語に主体思想を遡及的に適用している。

この作品が八〇年代に制作されたことを考えると、自助自立経済のスローガンによって北朝鮮の農業生産と軽工業が破綻した最初の兆候に目が向く。そうした失敗の残酷な影響が食糧不足の形で表面化することになる。北朝鮮経済が劇的に先細りするなかで、七〇年代中期から重工業と武器製造を中心とした政策に対し批判が高まった。この状況に照らすと、『初めて行く道』は四〇年代に経済政策が計画され実施された歴史的状況を明確にする試みのようにみえる。その試みによってこの映画は厳しい経済危機で苦境にあえぐ今日の労働者階級の士気を高めることができるのだ。この映画は北朝鮮国民に、貧しいが人びとが自信に満ちていた当初の状況を思い出させ、貧しい農業社会が基本的な技術や資本なしでいかに近代的な工業国に変貌を遂げたかをふり返らせる。北朝鮮体制はいまだに、少なくとも表面上は、外国による援助は必要ないとしている。この映画は「人間の能力」という言い方を使って、金銭的、技術的問題に対する唯一の解決策として精神力を強調する。これが、解放後に基盤が築かれ、六〇年代に展開された主体思想を八〇年代の大局的視点から見たものだ。この映画は、かつて国家建設の時代に今より少ない資源で成し遂げたことがあったように、自分たちの努力をもってすれば経済的奇跡を達成できるというメッセージを北朝鮮労働者に伝え、鼓舞しようとしているのだ。したがって、オ作品は八〇年代の観客に対し、独立した近代国家としての朝鮮民主主義人民共和国の建国神話を復活させたという理解が可能だ。

『旅団長のかつての上官』

チェ・プンギ監督の『旅団長のかつての上官』(一九八四)は、北朝鮮の人民賞桂冠作品賞を受賞した映画で、社会的上昇の誘惑と圧力に負けることを拒否する英雄的な軍用トラック運転手の物語だ。『初めて行く道』が北朝鮮史初期の階級創生に関する映画であるならば、『旅団長のかつての上官』は階級と社会的地位の間で、また階級意識という抽象的概念と社会的認知という現実的な必要性の間で、普通の北朝鮮の人びとが経験する微妙な衝突に重点を置くものだ。この映画は、チュ・ヒョンチョルという人物が非常に骨折りだが感謝されることのない仕事に献身的に取り組む感動的な話を通して、世俗的な欲望に高貴な信条が打ち勝つことを示している。

ヒョンチョルは朝鮮戦争以来三十年以上も人民軍のトラック運転手として奉職してきた曹長だ。休戦後に退役命令を受けるが、生涯この慎ましくも重要な仕事を続ける決意をした。経験不足の新兵キム・チョンミンがでこぼこの山道でトラックを修理するのを助けたことで、ヒョンチョルは軍が自分のような熟練者を必要としていると認識したのだ。何年も経ったあと、チョンミンが旅団長という新しい任務に就くために現われ、以前と変わらぬ情熱をもって同じ仕事をしているヒョンチョルに再会する場面で映画は始まる。二人の間の上下関係が逆転したことで大きな軋轢が生じ、高齢の元上司に対する敬意から、旅団長は曹長を除隊させようとする。この決断でヒョンチョルが大きく失望したことに気づいた旅団長は、低い位のまま国のために働きつづけたいという曹長の願いを最終的に聞き入れる。この経験豊かな老兵は、米軍が南朝鮮から完全に撤退し国家再統一が達成されるまでこの仕事を続けるという。

チェ作品が取り組む中核的問題は、チョンミンの高潔な意図が周りに完全には理解されていないということだ。周りの人間たちは、人生における成功や失敗を自分たちの社会的地位や役割という観点から判断する傾向がある。彼らが模範とするのは、新人のトラック運転手として苦労しながら職業人生を始め、白雪嶺に輝かしい帰還を遂げる旅団長のような人物である。ヒョンチョルの妻と娘、息子は、ヒョンチョルが退職して家族と平穏な生活を楽しむことを頑なに拒否することで悩んでいる。彼が仕事に全身全霊をかけていることが他からあまり認知されていないという事実に彼女たちはいらだっているのだ。セリフとして明示的に語られることはないが、人びとが彼の仕事を高級将校の仕事と同じくらい意義あるものとは考えていないことを、この映画は示している。若い新兵たちと列を組んで老兵が現場を行進している「奇妙な」光景について、職場の若い女性がちらりと口にするのを聞いて、彼の妻は恥ずかしい思いをする。ヒョンチョルが苦しい肉体労働をして、道路工事で重い石を運び、山の基地に補給物を輸送する姿を見るのが家族にはつらいのだ。

この映画はヒョンチョルを労働者階級の美徳の極致として描く。彼は北朝鮮社会で最も尊敬される成員としての条件をすべて兼ね備えている。とりわけ彼は、革命闘争中に日本人に殺された極貧の農業従事者の息子である。母親と残りの家族も、朝鮮戦争中、米軍の侵入者の手によって殺された。さらに、ヒョンチョルの妻は退役軍人である。彼女自身も労働者階級の出身で、両親を米軍によって殺された過去をもつ。こうした完全無欠の階級的背景と職務に対する純粋な誠実さに、さらに最も重要なことに、社会的流動性の誘惑に乱されない態度も加わって、ヒョンチョルは民衆の理想的な英雄の資格を持っている。

ヒョンチョルの子どもたちは父親の階級的背景のおかげで名声を享受するが、同時に彼の社会的地位の低さについて不平を述べているのはかなり皮肉だ。息子のトンスは空軍大学校を卒業して爆撃機パイロットになり、娘のスオクはいつも自宅の机に座っている姿が映されている。大学受験のために勉強をしているようだ(あるいは、もうすでに大学生かもしれない)。彼らの将来は確保されている。父親から労働者階級の血筋を受け継いだからだ。しかし、トンスとスオクは他人が父親の肩書きをどうみるかということばかり心配している。この映画で強い緊張感を生み出しているのは、まさにこの階級と社会的地位をめぐる対立した見方である。労働者階級の成員として社会からあらゆる恩恵を享受するヒョンチョルの子どもたちが、なぜさらに高い社会的地位を得たいと願うのか。このジレンマは彼らの「プロレタリアート楽園」において労働者階級がもつ自己認識に問題があることを示している。

チョンミンはヒョンチョルの引き立て役で、この年老いた英雄の観察者、さらに語り手の役目も果たす。世間的にはチョンミンは最高の地位まで登りつめた成功者だ。しかし、この映画では、旅団長は階級的には曹長より上かもしれないが、人としてはかならずしもそうではないということが常に強調されている。旅団長は質素な軍服を着ている老人ヒョンチョルに対し、視線で敬意を表す。この老兵は三十年も同じ制服を着つづけているのだ。彼らの互いに対する敬意を通して、この映画は、北朝鮮の政治的文化のなかで認められている公的権力と個人的倫理とのデリケートなバランスを保持している。しかし、ここで特記すべきなのは、この映画が社会における序列の必要性を否定していないということだ。この映画では序列は社会の中のさまざまな人たちが果たすさまざまな役割としておおまかに定義され、個々人が国家に割り当てられた役割を適切に果たす限り、彼らはみな地位的に同等なのだ。いいかえれば、序列はおおよそ便宜のための制度として扱われている。

より現実的な見地から述べると、人の職業的序列は社会的地位とかならずしも合致しないようにみえるかもしれないが、そのギャップはそうした制度をもつ国家の結束の重要性に影を落とすべきでないということをこの映画は示している。階級と地位の摩擦に対する解決策として、この作品はチョンミンとヒョンチョルが示す異なる地位にいる人びと同士の調和的な依存関係を強調している。冒頭の場面で、曹長の経験と知識がなければ、運転初心者であるチョンミンはトラックが泥にはまって抜けられない問題を解決できなかったことが示される。一方で、ヒョンチョルは、自分の方が年齢も上で、過去には彼

図21 チェ・プンギ監督『旅団長のかつての上官』(1983) 勲章を受け誇らしげな英雄・ヒョンチョル

の上司であったにもかかわらず、他の兵士と同様にこの若い旅団長に服従する。彼らの協力関係が社会にもたらすよい影響は、ヒョンチョルがチョンミンに対し、部隊内の兵士の一人が兵役を終えたら大学に行けるよう助けを求める場面で示される。この兵士は退役間近というときに職務怠慢でヒョンチョルから叱責されていた。表向きは厳しいイメージがあるが、曹長が暖かい面がある人物だということを発見したこの兵士は、自らの職務を良心的に果たす決意を新たにする。このエピソードの根底にあるメッセージは、仕事に一生懸命取り組み、自分を捨てて献身することは無意味にみえるかもしれないが、究極的には他の人たちから尊敬され認知されるというものだ。このテーマは父親の偉大さを完全には理解できないでいるトンスとスオクに対しチョンミンが語る次の言葉を通してさらに強調される。「星（軍の階級）や職務は単に指導者や党のために働く上での役割分担を示すだけで、その人の威厳や社会の成員としての国に対する見方、ましてや忠誠心を示すものではない。われわれの党は、階級や職務ではなく誠実さを最高の基準として人を判断すべきだとかつて教えたではないか」。チョンミンの主張は、党から授与された立派な勲章がいくつもついた制服を着てヒョンチョルが目の前に登場し、家族、新しい義息とその両親を含むみなを驚かせる劇的な場面で確認される。ヒョンチョルに対する畏敬の念に打たれた子どもたちに対する教育的効果が倍増するのは、海軍高官であるトンスの義父が公的に認められたヒョンチョルの素晴らしい名誉を目撃しているからだ。このクライマックスの場面でドフマは終盤にかかり、トンスの結婚式を通して、二つの異なるグループの地位格差は家族の絆で克服できるという象徴的なメッセージが最後に伝えられる。

『旅団長のかつての上官』は、解放された社会主義国家における階級は職場における役割区分にすぎないことを主張する映画だが、北朝鮮の階級制度における理論と実践のギャップの問題を顕著に露呈させている。階級革命後三十年が経った今も、北朝鮮の国民は自らの社会的地位を自分自身ではなく他人の目を通して測っているのだ。資本主義の韓国と同様、北朝鮮の一般的な労働者はブルーカラーの仕事よりもホワイトカラーの仕事を好む傾向があり、社会的地位の上昇願望を持ち、職業で人を判断する。自分の地位について国家が説明することとその地位について自ら感じることとの間の差異は否定できない。北朝鮮人の社会的アイデンティティに対する見方において、階級と富はいまだに主要な判断基準となっている。そうでなければ、スオクは自分と義妹の家族との違いについてそれほど心配しないだろうし、トンスは父親の軍服を脱がせるために新しいスーツを買ったりはしないだろう。こうしたふるまいに対する文化的な説明は、スオクが父親に語る「私の義兄の地位と私たちの体面について考えるべき」という言葉に見出せる。このセリフは北朝鮮が朝鮮社会における相互行為で極めて重要な要素である「体面」という伝統的な儒教的概念から解放されていないことを物語っている。この考察から、北朝鮮の社会生活では、数十年にわたって唱えられつづけてきた階級平等に関する社会主義的教義よりも伝統的な文化的価値観の方が重みをもつと結論づけられる。

この映画が八〇年代初期に製作されたことを考えると、その対象とする観客はいわゆる単一階級制度がすでに実施されたあとに生まれ育ち、階級闘争や階級の矛盾を経験したことがない北朝鮮の若い世代であるように思われる。父親の階級についてトンスとスオクが示す表面的な理解からは、国家が階級の廃止という目標を達成しようと奮闘しているときに「権力」の地位を求めることは好ましくないということが暗示されている。こうして、この映画は現代の北朝鮮人に共産主義社会における階級、社会階層、職業の序列の定義をもう一度見直すことを促している。

『トラジの花』

北朝鮮の最も代表的な映画監督の一人であるチョ・ギョンスンの『トラジの花』(一九八七)は、戦後期にある山村の再建のために若さを投げ打って献身する農村の少女チン・ソンリムの物語だ。ソンリムが国家の大義のために自分を犠牲にする姿に焦点を当てることによって、一九五〇年代から六〇年代にかけて経済再建の熱狂に巻き込まれた北朝鮮の第一世代の大志と焦燥を描く作品になっている。しかし、別の観点からみると、この映画は今日の北朝鮮社会における深刻な問題の一つを扱っている。それは、社会的流動性と都会への大脱出について地方の若者が抱く願望である。この映画は、職業と住居を選択する自由を否定することによって硬直した社会階層システムを正当化しようとしている。この意図されたメッセージを伝えるためにこの作品では多大な努力が払われているが、一方では単一労働者階級という思想に伴う問題を露呈させている。

映画のタイトルによって暗示されるように、ソンリムは人里離れた地方で育った少女だ。同じ村の青年パク・ウォンボンと婚約している。ソンリムと違って、彼女の婚約者は素朴な村人を嫌い、いつも都会の生活を夢みている。のちに、彼は故郷と婚約者を捨てて都市に移り住む。彼はソンリムに自分と一緒に出ていくことを何度も促すが、彼女は頑なに拒否する。彼女は生まれ育った場所に留まることは自分の義務だと信じている。ウォンボンが去ったあと、ソンリムは貧困にあえぐ悲惨な村を豊かで肥沃な農村社会に変えるために献身することで、別れの辛さを克服する。ある嵐の夜、彼女は村の共同農場にいる羊の群れを救出しようとして、英雄的な死を遂げる。二十七年後、ウォンボンと息子セリョンが村に現れる。そこでは、ソンリムの妹ソンファが姉の悲劇的な愛と早すぎた死という痛々しい記憶とともに今も暮らしている。父親とソンファの過去を知らない息子は、父の意志に従ってこの村に定住したいと望む。しかし、彼は村人たちの敵対的な態度に直面する。その後、セリョンは父親が村人に対して犯した「罪」のことを知り、立派な同志になることで許しを乞う。しかし、ウォンボンは自分のコミュニティから疎外され、永遠に失敗者として社会に留まるという宿命を慎ましく受け入れることで初めて償いをする機会を与えられる。ソンリムは山奥の人びとのみがその美しさを理解する花にちなんで「トラジ（キキョウ）の花」と呼ばれ、故郷に対する彼女の愛情が偲ばれている。

『トラジの花』は八〇年代から九〇年代に北朝鮮で製作された「隠れた英雄」シリーズの作品だ。このシリーズでは、荒れた土地や未開の森を開拓することに献身した地方の若者が主人公になった。これらの映画は、荒地に残り、国家のために静かに働く者たちを美化し賛美する。こうした政治的プロパガンダとしての目的は、千里馬《チョンリマ》労働運動（一九五八年）、七〇日戦闘（一九七四年）、三大革命赤旗獲得運動（一九七三〜七四年）、一〇〇日戦闘（一九七八年）など強制労働を動員するためのあらゆる急速な運動を映画の筋書きに組みこんでいる点をみれば明らかだ。これらの映画は主な題材として北朝鮮の国家建設初期を扱っているが、そうしたイデオロギー的メッセージが長期にわたる経済不況を生き延びるために必死にもがき苦しんだ八〇年代と九〇年代の観客を対象にしているのは明らかだ。映画が企画・制作された社会的、経済的コンテクストを考えると、これらの作品の主な意図は一般的な北朝鮮国民の士気を高めることだったともいえるだろう。

しかし、他の映画と比べて、チョ監督の『トラジの花』は、立派な仕事や快適な都会の生活様式を求める個人の欲望に伴う問題という比較的新しいテーマを提示している。この願望の中核にあるのは、単一労働者階級という問題含みの考え方だ。朝鮮戦争休戦後の国家再建時代、北朝鮮は急速な構造変革を実施し、富を基準にした序列を否定する階級制度を確立した。それ以来、この制度はその正当性や適切性が真剣に問われることなく北朝鮮の各世代に引き継がれてきた。北朝鮮の若者からすると、この階級制度には根本的な問題があり、社会の変わりゆく状況を取り込むことができていない。既存の社会秩序の欠陥に気づいたとしても、彼らはそれを正す取組みに着手できない。社会階層システムを創生し保持してきたのは国家であり、体制内で適切だと判断される位置に個々人を割り当てる唯一の権限を有しているのも国家なのだ。この体制に対する不満が高まっているのは、国家がいかに否定しようとも、結局はこれが新たな序列の仕組みとして機能するからだ。国家が個々人をさまざまな地位に割り当てる選定プロセスは、それ自体序列的で差別的だが、国の調和にとっては必要だという考えは国民のコンセンサスに基づくと国は常に主張している。それゆえ、社会の各成員は自分に与えられた役割が自身にとってもほかの人にとっても最善のものとして受け入れることが期待されている。こうして、国家は国民の間で社会的流動性を持たせる基盤を放棄している。

北朝鮮の社会階層システムには強制性が伴い、個々人が自らの生活設計をする機会は厳しく制限されている。『トラジの花』では、個人が職業を選択する自由は西洋資本主義の腐敗した思想だとして非難されている。ウォンボンを否定的に描くことで、この映画は今日の北朝鮮の若者がブルーカラーの仕事よりもホワイトカラーの仕事を好む傾向に対して警告を与えている。また、自分に与えられた地位に忠実である人たちに厳しい肉体労働を押しつける悪質な人間の影響力に対し、特に注意を向けている。

地方の若者の地位が都会の工業労働者と同等だと強調することで地方の若者が自身に誇りを持てるように、この映画は、農業が国家経済に重要な貢献をしている点にも触れている。このテーマは人口抑制政策における変更を反映している。過去において、党は生まれ育った土地への強い執着を地域主義だとして批判し、社会における内的反抗を引き起こすだけだと主張していた。そうして、党は国中で人口が移動することを奨励した。社会主義的再建主義の初期段階における工業発展はさまざまな新しい仕事を創出し、地方の若者たちは労働力を補塡するために動員された。これら地方の若者は工業労働者に変貌を遂げ、のちに都市人口の大多数を形成するようになった(14)。しかし、八〇年代に地方の人口減少と農業の衰退が深刻になると、北朝鮮政府は人口移動政策への対策を考えねばならなかった(15)。政府の住民管理に関する新政策は、バランスのとれた職業構造を維持することに重点を置くことになった。

農業の意義を強調するために、『トラジの花』は人間と自然とのつながりを前景に置く。ソンリムは飾り気のない生まれながらの美しさを持ち、それゆえ理想的で賢明な農業従事者として描かれている。映画の冒頭で、ウォンボンが息子と故郷に戻ってくる場面がある。丘の頂上から美しい村の風景を一望すると、ウォンボンは故郷を捨てたことを深く反省する。セリョンが花を咲かせていないトラジをみてがっかりすると、ウォンボンは「根っこのために咲くのだ、僕たちも」という。トラジの根は伝統的な朝鮮料理に使われてきたので、美しさと有用性の両方の意味をもつ効果的なメタファーとなっている。加えて、花がしおれたあとも土のなかで深く根を張ることが重要だということを、この木が観客にはっきりと思い起こさせる。こうしてこの映画は、既存の社会構造を自然の秩序だとみなしている。

しかし、この映画をより深く分析すると、表面的なテクストに水を差すさまざまな矛盾するメッセージが浮かび上がる。とりわけ、自然の暴力的な側面は無視すべきでない。この映画は、ヒロインの命を奪ってしまうことになる暴風雨と戦う村人たちも映し出しているのだ。映画の地理的、時代的設定は現実とはかけはなれており、北朝鮮の典型的な農村社会を代表するものとしてこの村をみることはできない。この村は険しい山々に囲まれ、外の世界から完全に孤立している。基本的な農機具と日用品という「天国のような」物品が偉大なリーダーから供給されるのを除き、村人と外の人間との交流はない。実際、村の住民は社会的流動性という考え方そのものに対し否定的であり、外の人間を歓迎されない侵入者として扱っている。セリョンは村に定住するつもりだが、ダルレという食用植物の名前をもつソンファの娘は近所で昔から伝えられている「ビョッケ里《リ》では通りがかりの鳥に巣を作らせるな」という言葉を告げる[16]。

興味深いことに、チョ・ギョンスン監督のこの作品は、工業化の集中的な取組みによって北朝鮮社会のあらゆる領域で劇的な変化が生じた時代という設定になっている。もちろん映画のなかでは、外部からの影響がこの村から完全に排除されているので、全国で一斉に起こっている社会的大変革についてはまったく触れられていない。この歴史的文脈を考えると、小さな世界に隔離され閉じこめられた人びとが、外の行為者の助けなしに迅速な近代化に成功するというのはかなり奇妙だ。いいかえれば、この映画が意図するユートピア的メッセージは怪しげで、根底にディストピア（暗黒郷）という隠れた意味があるのではないかという疑念を抱かせる。実際、橋で逃げた子牛をダルレが追いかける場面は、皮肉な見方を誘う。外の世界へつながる唯一の出口として、橋には多くの象徴的意味がこめられている。これは都会から来たセリョンがダルレと出会う場所だ。子牛が手に負えないほど逃げ回る様子は、山の中の辛く単調な生活から逃げ出したいという欲望にかられる地方の若者を象徴しているという解釈も可能だ。皮肉にも、子牛が逃げるのを止めようとして失敗するのはセリョンだ。彼は子牛と一緒に川に飛び込んでしまう。牛が暴れ回る動き、つまり、苛立つ若い農民が自分たちの場所から抜け出そうとするのを押さえつけようとする彼の試みは無駄に終わるのだ。しかし、この橋の場面のシーケンスを通して、この映画はソンリムとウォンボンの過去の衝突を解決する可能性を示そうとする。彼らの失敗に終わった恋愛が、ダルレとセリョンの間に芽生える親密な関係というハッピーエンドにつながるのだ。

この映画は楽観的な結末を暗示しているが、それは硬直した社会階層システムの犠牲者としてのウォンボンにとっては皮肉な状況だといえる。彼は割り当てられた村の集団農場での職務が自分に合わないという理由だけで苦悩する。自分に与えられたものに満足できない夢想家として彼は批判される。しかしこの映画は、またしても皮肉なことに彼を才能ある人、特に絵が得意な人物として描く。市役所を設計し、村の絵も描く。こうしてこの映画は実際、能力や好みといった個人間の相違を考慮することなく、社会階層システムを強要する国家の高圧的で権威主義的なやり方を露呈させている。ここにウォンボンや彼と似たように創造性があり冒険的な北朝鮮の若者たちの実存論的苦悩がある。

観客がウォンボンの内的苦悩に同情しないようにする方策の一つとして、村の若者が隣村に新作映画を観に行くシーケンスが挿入されている。映画の中の映画というモチーフで、平壌の都会の様子を見せている。公園で休日を楽しんだり、家族とゆっくり海岸を歩いたり、大劇場でさまざまな文化的催しを鑑賞している。この様子を見ている観客は、職業および教育における機会、社会・文化環境、またいうまでもなく日用品や消費材という点で大都市と農村地域の著しい格差を確認するだけだ。この映画内映画のプロパガンダ的利用は北朝鮮映画全般の役割に当てはまるかもしれない。ビョッケ里から来た観客は自分たちの首都の住民が「幸せな」生活を送っている様子をみて喜ぶだけでなく、自分の故郷をスクリーン上にみえる近代都市に変えていくために「懸命に働こう」と発奮する。ウォンボンの友人たちはみなこの計画を追求することをすんなり選択する。しかしウォンボンは彼らと違って「だれもが自分の人生を選ぶ権利がある」と告げて、大都市への逃避を迷うことなく選択する。この奥深い山村には何もない。映画もないし、新しい服があったとしてもそれを着る機会がない。それゆえ彼は連帯の精神に背き、単一労働者階級という思想に逆らう「逸脱者」という烙印を押される。興味深いことに、映画内映画がその意図をウォンボンに伝えられなかったという事実が、外側の映画、つまり『トラジの花』そのものの観客も動揺させる意味合いを持つ。自分の目に見える現実が仮想世界でどのように扱われているかを認識するとき、彼らはウォンボンのような行動に出るかもしれないのだ。つまり、この映画のプロパガンダ的テーマを観客が額面通り受け取らないかもしれないということだ。

党が単一労働者階級についてどれだけ正当性を主張しようと、北朝鮮社会が序列的構造として機能してきたことはよく知られている。多くの社会主義国家がそうであったように、北朝鮮では、低レベルあるいは非熟練の労働者よりも熟練した労働者の方が高い地位を享受している。彼らは地位の面でも物質的報酬においても異なる扱いを受ける。個人の社会的地位がその者の階級だけで決定されるわけではないことは明らかだ。それは、職業、収入レベル、教育、生活様式、消費パターンなどさまざまな要因による。伝統的なマルクス主義者は、農民は「より軟弱」な政治意識をもつとしており、工場労働者よりも低い位置に置く。(17) 農民は工場労働者からの指導を「必要」としているので、階層構造で低い位置をあてがわれているのだ。マルクス主義が労働者を二つのタイプに区別していることに照らすと、この映画が都市労働者と地方農業者、工業中心地と地方の僻地が平等であることを強調しても、そこにはイデオロギー的に矛盾する要素が含まれている。

『トラジの花』を皮肉的に解釈すると、北朝鮮政府が一九八〇年代の社会的、経済的危機を切り抜けるために時代遅れの政治制度に対して人民の支持を結集させようとしたのだという結論に至る。この映画が強調しているように、北朝鮮の第一世代は、国の急速な近代化を通して短期間のうちに朝鮮戦争による被害からの復興で大成功を収めた。しかし、今日の北朝鮮国民にとって、初期の成功物語はあまりに遠く、理想主義的すぎるかもしれない。それにもかかわらず、『トラジの花』は社会的流動性に対する若者の「欲求不満」に基づく願望を否定するという政府の目的を忠実に実行し、集団的利益あるいは真の同志関係の名の下に個人の生き方を支配する権威主義的社会の強圧的な性質を正当化する役目を果たしている。

第2節　韓国映画にみる階級のダイナミクス

『風吹く良き日』

『風吹く良き日』（一九八〇）は、韓国で最も人気のある映画監督の一人であるイ・ジャンホの作品であり、マリファナ吸引の罪で一九七六年から四年間活動停止したあとの復帰第一作である。イの映画制作再開は、一九七九年のパク・チョンヒ（朴正熙）大統領暗殺で国全体に衝撃が走り、政治的混沌と社会不安がみられた時期と一致する。韓国社会に突然の大混乱が生じたことで、イ監督は映画が社会批評に取り組める新時代が韓国映画史に到来したことを宣言した。『風吹く良き日』を筆頭に、イは都市に住む貧しい人びとの日々の辛苦を扱う映画である『暗闇の子供たち』（一九八一）、『寡婦の舞』（一九八三）、『馬鹿宣言』（一九八三）を世に出した。これら四作品の制作後、イは社会批評映画の最前線から退いた。

この四作品は全般的に、韓国映画の新しい方向性に対するイ監督の職業的コミットメントを表しているが、新しい映画の中心的テーマの一つである階級の問題に関する集中的な分析は欠けている。それゆえ、社会批評の媒体としての映画の機能に対するイの具体的な考えをこれらの作品から引き出すのは難しい。このあいまいさは彼の映画にみられる強い商業的傾向に関係していると思われる。しかし、イが若手映画人に影響を与えたことは否定できず、彼らは韓国映画であまり扱われてこなかった主題の一つに気づかされた。それは、急速に発展する国の輝かしいスローガンの影で苦悩する大衆という主題である[18]。

『風吹く良き日』は、国家主導の工業化の過程で、都市人口が成金と貧しい大衆に両極化した状況を扱っている。貧富の差が拡大していることで貧しい大衆が抱く不安と喪失感で溢れた作品だ。この映画は主に、農村地域からソウル周辺に移動し活況な経済のための安価な労働力となっているが、最終的には新しく蓄積された国家の富の分配が受けられない人びとに焦点を当てている。地方の素朴な人間が労働市場で非熟練の都市放浪者に変貌せざるをえないような状況に対する怒りが混じった悲劇的な敗北感を伝えることに成功している。人びとは、急変する社会構造に自分を適合させようと必死に努力しても、すぐに途方にくれてしまう。それは地方でも都市でも同じことだ。この喪失感は冒頭のクレジット場面でうまく表現されている。少年の不満顔が映るが、列車が通り過ぎるのと同時にその顔がゆっくりと消えていく。すると、少年の隣にいる老人の姿が目に入る。老人は何もない緑の野原をじっと見つめている。これによって農村からの大規模な流出が暗示され、続いて故郷を離れソウルに生きる三人の若者の物語が展開される。

トッペ、キルナム、チュンシクの三人は「ソウル市民」になる夢を追い、地方にあるそれぞれの故郷を離れる。ソウルで仕事を転々としながら、とりあえず高所得者層の住宅地域にある小さな店の手伝いとして落ち着く。まもなく彼らは、人間味のない大都市の根無し草という自分たちの共通点に気づき、友達付き合いをはじめ、寂しさを分かちあう。都会の最下層の生活は耐え難く、屈辱的でさえもあるが、それぞれが恋の相手を見つけ、前向きな気持ちを保とうとする。しかし最後には、密かに想いを寄せていた女性に裏切られ、金に翻弄された末、無垢な夢も壊される。彼らは風で吹き飛ばされるようにすべてを失ったのだ。三人の若者は離れ離れにならざるをえないが、友情を破ることはしないと誓いあう。

『風吹く良き日』は、パク大統領暗殺によって権力が空白状態になったときに登場したチョン・ドゥ

図22 イ・ジャンホ監督『風吹く良き日』(1980) 地方出身の若者3人(左からチュンシク、トッペ、キルナム)が飲み屋で都市生活の疎外感を語り合う

ファン(全斗煥)将軍下の粛軍クーデターの最中に制作された。この時期、映画の検閲規制が強化され、社会で深刻化する階級格差と大衆の無力な立場について公に議論することは許されなかった。したがって、イは極めて政治社会的な題材を三人の不運な若者たちの個人的な冒険失敗物語に減縮し、都市住民として見誤った夢に悲喜劇的なタッチを加えた。この映画は、階級という概念に直接言及することはなく、現代韓国社会の構造的な問題に対する批判を避けようとしている。それにもかかわらず、階級間の経済格差が拡大していることに関する国民と政府間のイデオロギー的対立のパターンがあらわれているのを観客はこの映画から読みとることができる。

階級間の不平等に関する隠れたメッセージを伝えるためにイが使うさまざまな映画的手法のなかでも、計算されたサウンドの使用は特に注記すべきだ。イが背景音を意図的に操作していることは、セミの鳴き声が列車の汽笛と顕著な対照をなし、農楽隊による民謡のリズムが現代韓国の流行歌（映画のタイトル楽曲）と混じりあう冒頭のクレジット部分ですぐにわかる。調和しない音が並置されていることで、自分の土地から引き離され、人を寄せつけない新しい土地に移住した人びとの混乱状態を示す重要なメタファーとして機能する。さまざまな音が重なりあっているのは、二人の登場人物についての複層的な物語と、個人の経済力で序列が決まる階級制度におけるさまざまなグループ間の緊張関係を暗示している。

この映画は、平和な日曜の午後、立派な教会と豪邸のショットから始まる。教会の鐘がライトピアノの音と重なりあい、カメラは食後の皿を回収しているトッペに焦点を合わせている。彼が配達人として働く中華料理屋にこの家の家族が出前を注文したものだ。まもなく、ピアノの音は犬の鳴き声と混じり、カメラはトッペと大きなジャーマンシェパード犬を映したあと、家族を映し出す。カメラは家族の目線からトッペの目線に垂直に位置を変える。犬は門と入り口の間の階段にいて、トッペが回収しなければならない皿から残り物を食べている。トッペと犬が皿のとりあいをしているのを階段の上の庭から家族が見下ろし、嘲笑しながら軽口を叩いている。トッペは最後に犬のように吠えて、その家を立ち去る。

ピアノ音楽は成金のこれ見よがしの生活様式を風刺的に映し出すものだ。彼らにとってピアノはステータスシンボルである。この楽器は高価な家具であり、それゆえ「高い生活水準」と西洋クラシック音楽という「高貴な趣味」を表すと彼らは思っているのだ。このシーケンスで奏でられる簡単なエチュードは「スイートホームの夢」を連想させるもので、韓国の中産階級のなかで特に人気がある楽曲である。単調で無感情の音が流れ、演奏者が何度も間違える様子をみると、彼らの気取った物質主義を監督が冷笑的にみているのは明らかだ。犬の鳴き声がピアノの金属音を何度となく中断させることによって、この映画は成金の贅を尽くした生活様式を嘲笑い、階級間の社会的不調和と文化的不適合を強調している。社会の周縁にいる人びとにとって、ピアノ音楽と教会の鐘は自分たちが入り込めない世界を示唆するものだ。トッペが近所にいる自由気ままな放蕩娘のミョンヒと遭遇するとき、彼女はいつも玄関のチャイムか車のクラクションとともに登場し、さまざまな不協和音を奏でるピアノ音楽が続く。トッペと仲間にとって、ミョンヒと彼女の友人は奇妙なおとぎの国を象徴している。

二つの階級の両極端にいるトッペとミョンヒのかみあわないやりとりは、トッペの言語能力を奪い去る効果をもたらす。これは、トッペがミョンヒの誘惑ゲームの罠に陥っていく過程で起こる。ミョンヒが子どもっぽさと残酷さでトッペの無垢な心を弄ぶ。彼女に魅了されると、彼はしばしば言葉を失い、ピアノの音、ミョンヒの甲高い笑い声、犬の鳴き声のなかに身を置くのみだ。彼が直面する不条理は、ソウルに移り住んでから発症した吃音に明白にあらわれる。自分の位置を失ったことで言葉を失うという奇妙な事態は、キルナムとチュンシクにも観察できる。トッペが口ごもると、キルナムとチュンシクは沈黙する。彼らが普通に話せるのは、三人でいるときだけだ。そのときでさえ、彼らの会話は犬の鳴き声で時々遮断される。皮肉なことに、鳴き声が始まると彼らは自由を感じる。鳴き声でもって感情が解き放たれるという奇妙な状況が意味していることは明らかだ。人間としては発話不能な彼らだが、犬と一体になることで、不公平な社会に対し少なくとも吠えることはできるのだ。それが、無駄なことだとしてもだ。

イ監督はトッペの物語を増幅させて韓国社会の広範な構造的問題を明示的に告発することは注意深く避けているが、鋭敏な観客は、街の酒屋の場面でそうした問題にそれとなく言及されるのを見逃さない。その場面で、チュンシクは酒屋の主人であるキムに故郷のことを聞かれる。農民出身であることを明かしたくないチュンシクは、ソウルの孤児院で育ったと答える。思いがけない答えが不安げなチュンシクから返ってきたので、どう対応すべきかキムが思案していると、後ろにいた酔っ払いの一人がそれとなく語るのが聞こえてくる。「ちょうどお前の小説の雰囲気のようだ。お前もそんな社会構造に興味があるだろう?」会話全体は聞こえないが、この発言はこの映画の舞台とされた時代には公に語られなかった階級問題に触れているのだ。それゆえ、そのセリフは背後にある大音量の音楽に紛れ、ほとんど聞こえない。

『風吹く良き日』では、音響効果が階級対立の暴力的な側面を伝えるのにも使われている。映画のなかで、車の音とピアノ音楽がしばしば組み合わされ、中流階級の俗物根性を暗示している。七〇年代まで、韓国社会の中流階級にとって車は必要不可欠なステータスシンボルとみられていた。街路を見せる場面の一つで、ミョンヒと恋人のチャンスは子どもがおもちゃで遊ぶように車を運転している。チャンスの車が歩道で遊んでいた小さな男の子をあやうく轢《ひ》きそうになる。しかし、チャンスもミョンヒも自分たちの無責任なお遊びの被害者を心配することなどない。このシーケンスを通して、観客はウィーン・ワルツのピアノ演奏を聴く。この演奏は徐々にキーが間違って不快なものになり、突然止まり、同じ小節が何度もくり返される。このシーケンスの音のパターンとスクリーン上の内容は、映画の後半で起こる、異なる階級に属する登場人物たちの暴力的な対立を予期させるものだ。

成金の非道徳的なふるまいとともに、強者が弱者を食い物にする物質主義的な社会にある階級関係の問題を表す別の兆候として、イ監督は売春を取り上げる。体を売るという考えは、チュンシクと一緒の床屋で働く少女にみられるように、困窮した貧民窟の人びとが生き残るための手段の一つになる。彼女は、チュンシクが自分に恋心を抱いていることに気づかず、土地仲介で大金持ちになった成金で既婚の中年男と付き合う。チュンシクがホテルの部屋に踏み入って彼を襲うと、彼女は目に涙を浮かべて「医者にかかれず死にかけている父のために私に今何ができるの?」と告げる。観客は彼女の浅ましい取引やチュンシクの無謀で浅はかな反応を簡単に責めることなどできない。しかし、チュンシクは殺人未遂で刑務所に送られ、彼のソウルの夢は打ち砕かれ消えてしまう。ある意味、チュンシクの行動は成金の悪趣味な道徳的価値観に対する貧しい民衆の集団的怒りを反映している。チュンシクの暴行場面の前に現れる路上生活者の老人は、自己中心的な金持ちの犠牲になった罪なき人びとを代表している。彼は、土地投機家に騙されすべての所有物件を失ってしまい、精神病院に収容されたという。それゆえ、チュンシクの物語を通して、この映画は無力な大衆の自己破壊的な苦闘は社会で不可避のことかもしれず、また、社会は経済的繁栄の背後にある階級関係の緊張に目を向けていない、ということを警告しているように思える。

この映画の最後に、キルナムとチュンシクは彼らが愛する夢の都市ソウルを去らざるをえなくなる。トッペはミョンヒのからかいを受けて立ち直れないほど傷つき、キルナムは自分の将来の妻だと思っていたチュノクに裏切られ、自分の有り金を全部もって逃げられる。チュンシクが刑務所に入れられるように、キルナムは軍隊に徴兵される。この映画におけるイ監督の女性の描き方は単純すぎるが、全体的にみれば、『風吹く良き日』は現代韓国人の生活における階級間対立の拡大に異議を唱えるとされる社会的リアリズム映画のパロディとしてもみることができる。この映画が描いているのは、今日の韓国社会が基本的に二つのタイプの人たちを生み出しているということだ。一つは、空虚な生活を満たす金のほかは何も持っておらず、それゆえいつも快楽に飢えている階級で、もう一つは生き残るために取引する体しか持たない階級だ。階級問題の原因は不均衡な社会経済構造にあり、それは政治指導者が豊かで強い国家を盲信した結果もたらされたものであることをこの映画は間接的に主張している。『風吹く良き日』は、経済の近代化に突進する政府に対する破壊分子の政治活動よりも、急激な社会の構造変化や都市化が進むなかで上昇願望の夢を果たせない韓国の地方住民の混乱に焦点を当てている。

『九老アリラン』

パク・チョンウォン監督の『九老アリラン』(一九八九)はイ・ムニョル(李文烈)による同名の小説に基づいた映画だ。八〇年代ソウルの九老工業団地を舞台に、控えめな少女が自信に満ちた工場労働者に変貌するストーリーを通して、韓国プロレタリアートの政治意識の覚醒を描いている。『風吹く良き日』と比べて、『九老アリアン』は階級問題について率直に語っており、エミール・ゾラ風に工場労働者の怒り、恐れ、不満をとらえようとしている。主人公は、衣服工場の女性労働者チョンミと同僚のヒョンシクだ。ヒョンシクは、学歴と本名を隠し労働者として働く大学生である[19]。この工業団地内で起こる労働争議、産業災害、性的嫌がらせといったエピソードの緩いつながりのなかで、この映画は語られる。一般大衆が知ることはめったにない仕事場の醜い状況をさらけ出し、労働者階級の重労働で利益を得る階級が身体的、感情的搾取をしていることに対し若い女性労働者たちが孤独に戦う姿に重点を置いている。工場労働者としてのチョンミの自己意識が変化する過程を追うことで、この映画は、非人間的な労働環境で機械のように扱われ虐待される彼女のような人びとに同調し、精神的支援をするよう観客に訴えかける。この意味で、パク監督の『九老アリラン』は社会批評映画の模範的作品といえる。

『九老アリラン』は階級闘争という主題を扱う上で、階級関係の問題の根本原因として韓国社会でブルーカラー労働者が差別的にみられている点を指摘する、という新鮮な切り口を提供する。労働者階級に対する軽蔑的な見方は肉体労働よりも頭を使う労働を尊ぶ儒教的な考えに根ざしており、現在の韓国人のなかでもいまだに多くみられる。職業的役割と性的役割という意味で社会において二重に制約される位置にある女性労働者の問題に注目することで、この映画は、産業化と近代化を最大目標として追求する国において昔からある労働者階級に対する偏見の深刻な心理的、政治的影響を曝け出そうとする。

韓国の女性は国が野心的な経済発展計画に全面的に着手する以前から、国家経済の建設あるいは再建において必要不可欠な役割を果たしてきた。[20] 産業化の過程で彼女たちは大きな貢献をしたが、若い工場労働者が敬意をはらわれ、社会の成員として受け入れられることはほとんどない。彼女たちへの差別的態度は、「工場《コンジャン》の少女」を意味する「コンスニ」という広く使われている侮蔑語にあらわれている。この言葉は、家事で伝統的に低い地位だった「シクスニ」（食事《シクサ》を準備する台所女中）に倣って作られたものだ。この映画で、女性労働者が見下されている状況は、仕事場で濃いグレーの制服を来た若い女性たちの列を高い角度から写していることにつながっている。カメラの目は、監獄のように人がひしめく部屋を常に監視している男性の工場管理者の目と同じだ。実際、工場所有者のオフィスの窓を通してみると、少女たちは囚人と変わらないようにみえる。彼女たちはしばしば工場の門扉の金属棒の背後か、作業場の低い天井からぶらさがった薄暗い蛍光灯の下に映っているのだ。

少女たちは酷使され、賃金も安いが、この映画によると、彼女たちにとって最も堪えがたい苦悩は身体的あるいは金銭的なものではない。それは、主流社会が彼女たちを辱め、軽蔑的に扱うことだ。チョンミと友人は、自分たちが工場労働者だというだけで一番低い階級としてみられる惨めな状況を嘆く。彼女たちは意識的に互いを「コンスニ」と呼ぶ。大学生の恋人のことを話す若い女工がいると、「コンスニに大学生の恋人！」と彼女たちは皮肉をこめてなじる。自ら侮蔑語を使うのは、彼女たちを見下す社会の態度を、彼女たち自身が内在化していることを意味する。この映画は、そうしたコンプレックスを、最も憂慮すべき事柄ながら悲しいほど無視されてきた害悪の一つとして提示する。それは、社会全体が若い女性工場労働者の心理に永続的に植えつけてきたものだ。女工とその侮蔑的なレッテルへの自虐的反応に対する不公平な固定観念は、「私はコンスニタイプじゃない」「なりたくてコンスニになったとでも思うの？」「コンスニのくせにビールを飲むの？」などのセリフで確認できる。予想通り、これらの少女たちは工業団地の外では職業を隠し、労働者としてのアイデンティティを認めることを拒否する。

映画の最初で、チョンミは女工としての不利な地位を静かに受け入れるが、社会の不正義の問題を解決するために政治的行動をとることは渋る。同僚たちが労働組合を組織しようと奮闘していることに彼女は無関心を装う。ほんのわずかな賃上げなど屈辱的な要求だと考え、そうした集団的活動について冷ややかな態度さえ見せる。工業団地のような場所での階級内コミュニケーションについて理想主義的な考えをもつチョンミは、同僚労働者が組合を組織する唯一の動機が金銭的なことだけに集中していることを嫌悪する。ミギョンが彼女に労働運動への参加を呼びかけると、「私は勉強するために夜学にきたのであって、工場の外では仕事のことは考えたくもない。労働組合ができても、それで何が変わるっていうの？　工場で働くことに満足するようになるの？　給料が十倍にでもなるの？　彼らは泣いている赤ん坊に餅をあげるようにして小銭をくれるかもしれない。でも私にはそんな屈辱的なことはできない」と彼女は答える。

組合に対するチョンミの懐疑的態度は、労働運動に批判的な社会環境で自分の利益を求める韓国の労働者が一般に受身的であることの別の理由に注意を向けさせる。どの労働者も組合活動を始めるとすぐに、労使関係の調和的で「家族的」な絆を「脅かし」、産業の「正常な」操業を妨げる者という烙印が押される。労働運動に関与することの真の危険はそこにある。雇用者との摩擦が生じるだけでなく、政府の権威を無視しているとみられるため、政府からの反発を誘発してしまうのだ。政府による労働組合の厳しい非難は、国家安全保障の名の下でのイデオロギー的批判とほとんど似た状況になりがちだ。急進的な組合活動家たちが引き起こす混乱は、国の急速な経済発展にブレーキをかけることになり、韓国における階級革命に向けた北朝鮮共産主義者たちの煽動を促すと政府は主張する。いわゆる「ブラックリスト」に載ることのリスクが普通の労働者の大多数が共闘に参加することに対する最大の抑止力になっている。それゆえ、この映画では、会社の不公平な圧力と政府による事業主の完全な庇護に対する諸刃の剣として、労働者の抵抗を特徴づけている。

工場労働者が組合組織化への協力を求めて同僚たちにビラを配る短いシーンで、パク作品は、職場で再び政治的に立ち上がることを大衆が恐れていることを伝えている。機動隊が到着するやいなや、指導者たちは消え去ってしまう。たまたまビラを受けとったチョンミとヒョンシクは逮捕され警察に連行される。この事件で二人が出会い、すぐに深い絆を結ぶことになるが、その一方で組合についての彼女たちの実際の思いとは関係なく、同僚や管理者たちから望まない注目を集めはじめる。

自分の意に反して政治的な注目を集めてしまったことで、チョンミは虐待的な階級構造に対して以前もっていた無知な考えと、新たに芽生えた社会的な活動意識との間のジレンマに苦しむ。これ以降の語りにおける主人公の描かれ方は、女工たちの悲観的な自己否定や自己嫌悪に固執しないという監督の考えに沿っている。それとは逆に、『九老アリラン』が強調するのは、間違って植えつけられた自己卑下の見方を彼女たちが克服し、正当な敬意と報酬を受けるに値する社会の誇り高い成員としてのアイデンティティを求めるようになる過程である。自己認識が変わりつつあるという兆しは、映画の初めの方で、チョンミがヒョンシクに次のように打ち明ける場面にみえる。「あなたに会うまで、女子労働者が工場所有者の娘や女学生と同等だなんて思ったことは一度もなかった。私たちが自分たちのことをどう思っているか、あなたにはわからない。外出するとき、街を歩くとき、私たちはいつも油にまみれた汚い爪や髪についていているかもしれない糸に気づかれるのではないかと、ビクビクする」。主人公が新たに自信を得たことで、労働者としての自分が置かれた社会的コンテクストについて政治的見方をもつようになる。この変化は労働組合の必要性を認識するところで確認される。

最初の抗議運動は頓挫するが、そのシーケンスのあとで産業事故が続けて発生し、マンベが電気ショックで負傷し、ミギョンは死亡する。これによって組合に対するチョンミの考え方が決定的に変わる。チョンミは労働条件の悪化は低賃金と同じくらい悪質だと主張しつづけていた。それは、労働条件こそが労働に関係する辛苦の真の原因であり、会社による労働者の人間的待遇に直接関係するからだ。映画の後半部分で、彼女は集会で演説に立ち、この点を同僚たちに伝えようとする。「お金のことは話さないで。もっと大切なことがある。なぜ彼らはいつも私たちを騙し、嘘をつく？なぜ彼らは私たち貧しい労働者を見下す？私たちも彼らと同じ人間。同等の扱いをするよう要求すべき」。マンベの負傷後、チョンミは会社が安全規則の順守を怠っていたこと、労災手続きをごまかしていたことを知る。会社は法律に定められている当局への報告をせず、マンベと個人的に示談をしようとする。マンベと妻が苦しむのをみて、チョンミは支配階級に対して労働者が無力な立場にあることをついに確信し、自分たちの集団的な声を会社と社会に伝えるための適切な手段が必要だという結論に達する。適切な代表者もおら

図23 パク・チョンウォン監督『九老アリラン』(1989)　ミギョンの葬式に向かう労働者の行進を機動隊が阻止する

ず組織力のない抗議運動は、彼女たちの大義を未払い賃金についてのまとまりのない混沌とした問い合わせという低級なものにしてしまい、彼女たちの地位を改善するための長期的な対策にはまったく取り組んでいないことを彼女は知る。チョンミが労働運動への参加を最終的に決意したのは、ミギョンの死がきっかけとなっている。大多数の女工と同様、ミギョンは一週間に九十時間も働かされていた。夜、眠気を覚ますために興奮剤を常習していた。実質的には奴隷制のような状況の下、彼女の脆弱な体はついに壊れてしまう。彼女の悲劇的な死をきっかけに、女工たちは「監獄」を飛び出し、街に繰り出す。親友を悲劇的な死で失ったことで、チョンミは労働者コミュニティの一員だと自覚し、好むと好まざるを問わず、大衆と集団的アイデンティティを共有していることを認識する。

チョンミが最終的に自らエンパワメントを

実現して強くなることで、人間性の要求が社会的に抑圧されても労働者は回復力をもつというこの映画の中核的テーマが実現される。彼女の友人の多くは、はっきりしない理由で退職させられるが、チョンミは工場でのあらゆる労働関係のトラブルを生き抜き、映画のクライマックスとなる組合の大ストライキを目撃する。社会的現実と階級関係に対する理解が深まるとともに、彼女は人として、また労働者としての誇りと自信に基づいた新しい自己像を発見する。自分のアイデンティティを彼女が最終的に受け入れることを通して、この映画は、自分たちが社会で尊厳をもつ存在であることを妨げる不公正な障害に異議を唱える労働者階級の潜在力を称賛する。

チョンミの成長の過程で、ヒョンシクが極めて重要な役割を果たすことについて、簡単に触れておくべきだろう。ヒョンシクは過去数十年における韓国労働運動に深く関与した多くの大学生を代表している。そのなかには学歴のない若者のふりをして、労働者の生活を直接経験するために、また大衆の教育のために工場で働いた者もいた。彼らは貧困のために教育の機会をあきらめざるをえなかったチョンミのような工場労働者のためにさまざまな形の夜間学校を運営した。彼らが都市の若い労働者たちに与えた影響は注目に値し、労働者たちが人権に目覚める助けとなった。これはヒョンシクがチョンミに与えた影響によくあらわれている。彼女が健全な自己認識に到達する上で、彼の暖かい心と社会正義に対する意識は大きな支えとなった。

イの原作では、チョンミの人生と社会に対する見方を変えたヒョンシクの役割に重きが置かれているが、パク監督の翻案映画では、焦点がチョンミ自らがそうした変化をもたらした努力へと移っている。たとえば、この映画では終盤で彼らの関係が逆転する。チョンミはヒョンシクに大学こそが彼のいるべきところだと説得する。そして、ヒョンシクはチョンミの助言に従い、最終的には大学に戻る。工場労働者は、失敗に終わった最初の抗議運動で会社と交渉するための代表としてヒョンシクを持ち上げようとする。しかし、チョンミは、いったん彼がその役目を果たしたら彼にふりかかるであろう恐ろしい結末にすぐに気づく。結局チョンミは、差し迫る警察との暴力的衝突の直前に工場を出るようにヒョンシクを説得する。彼女の行動は、抑圧的な階級構造に抵抗することで労働者たちが自らの行く末を制御することができることを示している。こうしてこのパク作品は、韓国社会で対立が激しい階級関係を改善する主導権は労働者階級の手にあること、また、そうした潜在的能力を発掘する上でヒョンシクのような知識人が助けになれることを暗示している。この映画は、貧しく無教養な女工を、家父長的保護とリーダーを必要とする無垢な被害者として描くのではなく、彼女たちの内なる強さと自尊心を強調しているのだ。

『九老アリラン』のような社会的抵抗映画が製作されたのは歴代の軍事政権の最後の時期である。当時に比べると、今日の韓国の映画人は階級問題を自由に扱えるようになった。パク監督が検閲委員会に提出した最終版に至るまでに比類なき量の「カット」を強制されたということは、階級関係の点から現代韓国人の文化的アイデンティティを模索するために「社会的意識の高い」映画人が直面しなければならなかった圧力の大きさを証明している。数十年前と比れば、このトピックがタブー視されることはなくなったが、検閲の苦い経験の残滓はいまだに存在する。それゆえ、振り返ってみれば、『九老アリラン』はやや断片的な語りの構造や単調で昔ながらのカメラワークであるにもかかわらず、現代韓国映画史において重要な映画であり、特に社会批評映画の進展において影響力のある映画だった。

『追われし者の挽歌』

パク・クァンスは、イム・グォンテク、チャン・ソヌ、ホン・サンス（洪尚秀）とともに、国外の批評家に最もよく知られた韓国映画人の一人だ。一九八八年に第四二回ロカルノ映画祭において青年批評家賞第三位を受賞したデビュー作『チルスとマンス』（一九八八）以来、パク作品のほとんどが国際映画祭で上映され、表彰されてきた。『あの島へ行きたい』（一九九三）は、英国の公共テレビ局「チャンネル4」が資金を提供した作品だ。こうした国際的活躍によって、パク作品は言語の壁を越えて幅広い観客に届けられてきた。

パク監督の成功の鍵は、深刻な社会的問題とメロドラマの伝統的技法を効果的に組み合わせたことにある。よくあるタイプの登場人物たちと彼らの関係が予想通りに展開されるなかで、普通の人びとの日常生活に隠された政治的暴力と社会的不正義を掘り起こすのである。パク監督自身がインタビューで述べているように、彼の映画の主要テーマは、民族の分断や階級対立のような「韓国社会の現実」から抽出したものだ。[21] パク監督の興行的成功は、この監督が映画の楽しさを深刻なテーマと同じくらい重要だとみなしていることの証拠だ。メロドラマ様式で政治的問題を取り上げる形式の例として『追われし者の挽歌』がある。これは悲劇的なラブストーリーで、炭坑村の荒涼とした風景と一九八〇年代の民主化運動を背景に、家族の対立と醜聞殺人事件が展開される。『九老アリラン』と同じように、『追われし者の挽歌』は高学歴の労働運動家と社会から排除された者の関係を中心に進行し、不安定な日常生活にもかかわらず、踏みにじられてもよりよい将来への希望を持ちつづける彼らの不屈の精神に焦点を当てている。

ハン・テフンは、韓国労働運動に関わり無教育の労働者と偽って大衆の現実に「飛びこむ」大学生たちの代表だ。『追われし者の挽歌』のストーリーは、韓国社会で最も疎外されたグループの一つである鉱夫の生活にテフンが入り込む過程がベースとなっている。彼が家を出て都会の生活から遠く離れた場所に移るとき、カメラは、自分が参加した労働闘争の意味について常に逡巡して悩む若い活動家を映し出している。炭坑村に入ると、テフンは自身のコミュニティ内の村人だけでなく、韓国社会全体が直面する社会的、政治的現実を徐々に見出す。コミュニティのさまざまな成員とのやりとりを通して、自身の労働者階級のニーズに対する理解と社会改革に対する考えが試されることになる。その意味で、これは疎外された大衆の社会的現実のなかで都会の知識人が学ぶ体験教育についての映画なのだ。

この映画の筋書きは単純だ。お尋ね者の労働活動家テフンは衰退する炭坑村にやってきて、偽名（キム・ギョン）で仕事を探す。結局、炭坑ではなく小さな練炭工場で働くことになるのだが、そこで彼は孤独な少年デシクと喫茶室の給仕ヨンスクと親しくなる。父は炭坑ストライキの指導をして服役中、母は村から逃げたというデシクにとって、テフンは兄のような存在になる。ヨンスクは「チケット喫茶室」でコールガールとして働いている。工場所有者の放蕩息子であるソンチョルを通して、彼女はテフンに会う。ソンチョルは女性と酒に溺れ、暴力的で、母親を捨てた父に対する憎しみを抱えた人物だ。テフンの影響で、ヨンスクは次第に自分の仕事を恥ずかしく思うようになる。ある日、テフンはソンチョルが「チケット」を拒否したヨンスクを力まかせに殴っている現場をみてしまう。この事件でテフンは警察に行くことになり、逃亡者としての真の姿がばれる大きな危険に晒されてしまう。うまく尋問を切り抜け、警察から解放されると、テフンは村を出る決意をする。テフンが去ることを知り、ヨンスクは彼と行動をともにしたがる。しかし、彼女は出発直前にソンチョルにつかまってしまう。テフンを失うことを恐れ、彼女はソンチョルをナイフで襲う。一方で、テフンはデシクの助けを得て、追いかける警察をやっとのことでかわし、駅に到着する。ヨンスクが殺人未遂で逮捕されたことはつゆ知らず、テフンは彼女を待ちつづける。しかし、列車が到着し、彼は一人で去らざるをえない。

主人公をとりまく政治的現実の生々しさを想起させるために、パク監督は新聞の切り抜き、テレビニュース、コンピュータのスクリーンを映画の随所で使用する。その直接的な役割は、映画の語りを適切な歴史的コンテクストに置くことである。夜のシフト中、テフンは偶然オフィスで「労働者階級地下組織発見」という新聞記事の見出しをみてしまう。彼はまた、一九九〇年の韓国労働組合全国協議会の設立に関するテレビニュースをホテルの部屋で偶然目にする。こうしたメディアの場面はこの映画にドキュメンタリー的要素を加える。また、これらの道具は主人公の内的な葛藤と緊張を表すものであり、彼に公共の安全を脅かす「危険な犯罪者」としての自分の怪しい身分を思い起こさせるものだ。

テフンが村人たちと育むさまざまな関係を通して、この映画は、知識人と労働者の連携の問題を考察する。知識人と労働者との連帯は、一九八〇年代以来韓国の民主化運動の背後で大きな駆動力になってきた。軍事独裁が続くなか、勤勉な大衆を犠牲にして、自分たちの利益をなりふり構わず追求する資本家階級および同様の特権階級のみが恩恵を得た、という共通認識の上にこの連携は存在した。しかし実際のところ、彼らの協力関係は常に効果的というわけではなかった。テフンと友人のリムジンがバーで話す場面で語られるように、いわゆる「一九八七年六月民主抗争」は二つの陣営側の取組みがうまく調整されていれば成功していたのだ。

テフンが学生活動グループから一時離れたことで示されるように、階級対立は過激派イデオローグに

図24 パク・クァンス監督『追われし者の挽歌』(1990)　ソンチョルに対する殺人未遂で警察に拘留されるヨンスク

よって単なる政治課題として曲解されることもありうる。過激派は既存の社会秩序の正当性を拒否する弁明として階級対立を使う傾向にある。(22) 都会の若い知識人は、その情熱と誠実さにもかかわらず、時に大衆が日常的に必要とするものに共感することができず、自分自身が労働運動の指導権をとってしまう。テフンは、労働者階級の憂鬱な現実を自ら体験し、自分が階級闘争だと考えていたことと、それが各労働者に実際意味することとの違いについて初めて知る。労働者階級の社会的現実を学ぶというテフンの教育が頂点に達するのは、社会的、経済的不平等の無垢な犠牲者となっているデシクに道徳的強さを見出す時だ。デシクは学校をやめて工場で働いている。収入はほんのわずかだが、服役中の父親に欠かさず送金をし、家族でまた一緒に暮らすという夢を決して諦めていない。しかし、社会は彼に韓国文化で最悪の誹謗である「父なし子」という烙印を押す。父親が労働争議を煽動したとして有罪判決を受けたということは、この少年が生涯、社会的汚名を着せられることを意味する。それゆえ、階級闘争はデシクにとっては日常を意味する。最も感動的な場面の一つは、デシクがテフンに服役中の父親について告白するところだ。暗い画面が柵で二つに分けられ、デシクが刑務所に入る父親のようにみえる。

大衆の強さを認識したテフンは、都会の闘争の最前線に復帰せよというナムジンからの要請を拒否する。テフンが望むのは「現実の厳しさ」を経験することであり、抽象的な知的観点から彼や他の活動家の心に形成されたロマンチックな理想によって正しい判断ができない状態を続けることではないのだ。労働者たちと接触を続けるというテフンの決意を通して、この映画は「資本階級と権力エリートによる制度的抑圧」から大衆を救うという高尚だが幻想にすぎない知識人活動家の使命感に対する疑問を投げかける。遠隔の炭坑村にいる大衆の「中に入り込む」決意をするまで、この使命感がテフンの良心を動かしていた。大学生としての特権を奪われ、辛苦に満ちた炭鉱夫の悲惨な生活のどん底に放りこまれたテフンは、彼らの強い自衛本能と、都会の知識人による思想的「指導」に頼ることなく不公正な社会に異議を申し立てる意志を見出す。ある意味、テフンはあるグループを他のグループと対峙させる傾向のある「対立的社会」の被害者なのだ(23)。この見地からすると、彼は搾取される労働者とそれほど違わない。違いといえば、彼の苦しみは政治的思想によるもので、炭鉱夫の苦しみは社会的、経済的状況によるものだということだ。それにもかかわらず、彼らはともに現在の問題を拒否し、より民主的な将来を思い描くという点で共通している。このテーマは韓国語の原題「彼らも我らのように」に反映されている。

この映画は、生活を続けるための緊急措置を提供することなく炭鉱を閉鎖すると脅した会社の所有者と炭鉱夫の間の対立が高まった論理的な結果として、大衆による集団的行動を描く。ヨンスクとの日帰り旅行から戻ったテフンはこの行動を目撃する。村人たちが強く怒りを表し、テフンのあきらめたような態度と対照を成しているが、それと同時に、両者は相補的な関係を見せている。怒り狂った村人たちが会社に向かって行進している強烈なイメージとデシクの内面的強さがこの映画の労働者像を完結させるのだ。デモ参加者の隠れた力に感動したテフンはほとんど敬虔で宗教的ともいえる態度を呈し、ナムジンに以前語った「結局、失敗したのは「民衆[24]」ではなく、知識人だけだ。僕たちは新しい思想で生まれ変わる必要がある」という言葉を思い出す。

『追われし者の挽歌』は、テフンの大衆に対する見方に変化が生じたことを示すためにトンネルのメタファーを用いる。映画の冒頭部分、カメラはテフンを運ぶバスが長いトンネルを抜け、その後、曲がりくねりながら炭坑夫が住む山の麓まで降りていく様子を見せる。彼は、明るい都市の風景から石炭色の暗い炭鉱地へと移動するのだ。デシクによる告白のシーケンスの最後にもトンネルが出てくる。しかし、これは逆の動きを示すもので、テフンとデシクが暗いトンネルを抜け、大きな笑みを見せて明るい世界へと出てくる場面だ。そこには元気そうな他の炭坑夫もいる。気持ちを高揚させる場面である。

トンネルのシーンで明暗対象法の効果によって希望に満ちたメッセージが伝えられるにもかかわらず、この映画は全体として、抑圧された者の将来に対し、単純で楽観的なビジョンを約束するものではない。この点は、ヨンスクが村での悲惨な生活、特にソンチョルの束縛から逃げようと必死でもがいたあとに訪れる悲惨な結末が示している。彼女は金を拒絶することでソンチョルに抵抗することを学ぶが、その悲劇的な宿命は彼女の無力さを確信させるだけだ。ソンチョルは、腐敗政治と癒着した冷酷な産業主義の悪を具現化している。彼は、父親の金を使って自分の「黒い共和国」を牛耳る。彼は完全に人を遠ざけ、いつもひとりぼっちだ。あちこちバイクを乗り回しているが、村人と混じりあうことなどまったくない。彼は破壊的な物欲主義的価値観でヨンスクやデシクのような社会で最も脆弱な人びとを餌食にする、道徳的に腐敗した資本家階級の代表なのだ。

韓国労働運動史で最も暴力的な時期が終わろうとしていた一九九〇年に制作された『追われし者の挽歌』は、知識人と労働者の両方の視点から階級の問題を劇的に描いている。希望と絶望を経験し、テフンは結局、ヨンスクのような複雑な問題が社会に存続する限り自分の旅は終わらないことを学ぶ。このテーマは映画の最後のナレーションで要約される。「今日がどんな呼び方をされようと、変化はすでに始まった。消え去るべき者たちは今日の暗黒に絶望しているが、明日の明るさのなかに生きる者たちはそれを希望と呼ぶ」。こうして『追われし者の挽歌』は、九〇年代初期の観客に対し、今日の暗さを傍観するのではなく、社会の明るい未来への道に向けた構想に活発に関与すべきだと告げている。

第3節　階級の存在と文化的伝統

E・P・トムスンによると、階級体験は「ほとんど生産関係によって決定され」、そこでの階級意識とは「伝統、価値体系、思想、制度的形式で具現化される文化的観点からこうした体験が対処される様式」である。(25)トムスンの主張からみれば、上記の六作品は現代コリアン社会における階級体験が生産関係だけでなく、文化的伝統によっても同じくらい影響を受けていることを示しているように思える。これらの映画は、生産関係によって大衆がその社会の支配的イデオロギーに晒され、その支配的イデオロギーは異なるグループ間における富と権力の不平等と複雑に結びついていることを表している。しかし、経済体制よりも深いレベルで登場人物たちが苦悩するのは、社会的序列に対する伝統的認識の遺産であり、これは生産体制に基づく階級の区別という考えに合致しない。富と社会的尊重は階級に対する現代コリアンの考え方の二重性を説明する要素だ。これは、北朝鮮が階級問題は根絶したと主張したあとでさえ、北朝鮮映画に階級問題が登場することの理由である。本章で検討した北朝鮮の三作品では、労働者階級の成員たちは管理職にいる者たちを羨ましがっている。この反革命的態度は『初めて行く道』の無名の武器局主任とビョンチャン、『旅団長のかつての上官』のヒョンチョルの子どもたち、そして『トラジの花』のウォンボンを通して伝えられる。彼らが労働者階級を快く思わないのは、身体的な辛苦や物質的な困窮からではなく、肉体労働を冒瀆する態度が原因だ。この心理的な現象は共産主義イデオロギーで適切に対処できることではない。彼らの階級体験をみると、北朝鮮が古い封建社会から受け継いだ職業的地位に序列をつける見方をいまだに認めていることが確認できる。

前近代的な階級区分の残滓が根強く続いていることは韓国映画のなかでも観察できる。女工に対する偏見や社会が彼女らの社会的地位についてもつ先入観に対し彼女らが控えめな反応をするのは、北朝鮮労働者が示す不満と本質的には変わらない。皮肉にも、韓国社会の新しい中流階級は成金として同様に蔑まれている。彼らが生産関係の上層階級に属するにもかかわらずだ。『風吹く良き日』の金持ちの若者と土地ブローカー、『九老アリラン』の工場所有者とその仲間たち、あるいは『追われし者の挽歌』のソンチョルと父親は、経済面では出世したが、社会的には上昇できていないため、自尊心をほとんど持てないでいるのだ。彼らは狡猾で、素朴な労働者たちを虐待し、自らの物質的成功のみを追求する者として描かれている。道徳的欠陥のある彼らは、搾取的な資本主義社会の悪を体現しているのだ。彼らが非人間的な社会を生み出す原因になっていることは、映画の最後に死や殺人が起こることで示されている。

階級問題を扱う上で、これらの映画はコリアン社会における教育の意義について直接的あるいは間接的に言及している。北朝鮮と韓国の両方で、高等教育は人の社会的地位を上昇させる上で極めて重要な役割を果たしている。北朝鮮映画では、党が「模範的な」国民とその子どもたちに与える最初の報奨は大学で学ぶ機会であることが描かれている。これは、大学教育が北朝鮮の厳しい階層化を保持するメカニズムの一部になっていることを示している。(26)『初めて行く道』のチュンギルの地位が上がったこと、『旅団長のかつての上官』のチョンミの職業的成功でさえ、すべて彼らの教育的達成が寄与したものだ。社会的流動性に対する教育の影響は韓国社会の方が大きい。『九老アリラン』では、多くの工場労働者が夜学で学んでおり、また、若い娘たちのなかに貧民窟生活を逃れる一つの方法として大卒の男性と結婚することを夢みる者がいることを示す場面がある。チョンミは弟の教育のために自分を犠牲にさえする。コリアンが教育に高い価値を置く傾向と、一般に高学歴者が尊敬される傾向は、古い儒教的教えに基づくものだ。

しかし、教育は社会的地位を上昇させる効果的手段以上のものだ。韓国映画では、また、程度はやや弱まるが北朝鮮映画でも、知識人は無学な大衆にとっての模範的存在として社会における特権的な場所を与えられている。地下労働運動に関与する現代の大学生は、コリアン文化における知識人の社会的関与という長い伝統を実行しているということも可能だ。社会的改革者としての彼らのイメージは、朝鮮の歴史における儒学者兼活動家という伝統を反映している。腐敗した独裁政治を転覆した一九六〇年の四・一九革命、一九八〇年の五・一八光州民主化運動（光州事件）、一九八七年六月民主抗争によって示されているように、学生は、現代韓国で歴史の流れを変える大きな力の一つとなってきた。

分析した六本の映画のうち、三作品で若い知識人の視点から語りが展開されている。『旅団長のかつての上官』で北朝鮮軍事大学校の優秀卒業生としてチョンミンが果たす役割は、『九老アリラン』のヒョンシクと『追われし者の挽歌』のテフンと似ている。北朝鮮におけるいわゆる新知識人の代表として、チョンミンは党と大衆の間を結ぶ役割を果たした。『初めて行く道』では、元パルチザンで権力エリートのチョルジュンが北朝鮮史の初期に同様のことをした。さらに、『九老アリラン』と『追われし者の挽歌』では、主人公が大衆を啓蒙し社会正義を実現するという使命感に駆られて行動している。

しかし、知識人の前向きなイメージにもかかわらず、彼らを語りの主要な視点として使うことで、大衆が自己実現をする能力というテーマの強さが拡散する結果になっている。大学生は将来、中流階級に属することになる。労働者の生活様式を体験することで、ヒョンシクとテフンは社会的現実についての教育を深めることができる。しかし、彼らが労働者と同じ心境になるのは一時的なことであり、それも、極貧の労働者の実存的必要性という類のものではなく、理想主義を介してのことだ。その結果、彼らは長い目でみれば大衆にとってよそ者であるということから逃れられない。労働者階級の女性と彼らの関係は、根本的な階級格差を示唆している。たとえば、『追われし者の挽歌』で、ヨンスクがテフンに対して抱く恋心は夢想のレベルで止まっている。二人の間で社会的に受け入れられる実質的な関係が生まれるのは、この語りのなかでは無理だ。この意味で、テフンが最後に一人きりで旅立つのはこの映画全体の現実的な語りと合致するものである。より控えめな形だが、『九老アリラン』のヒョンシクとチョンミの友人関係も劇的な結末へは発展しない。

本章で考察した韓国の作品の監督三人のプロフィールをみると、これらの映画に登場する若い知識人は監督本人の観客に対する態度を反映したものだという見方もできる。知識人である主人公を通して、これらの監督は社会秩序に異議を申し立て、文化的テクストとしての映画の批判的機能について大衆に教示する。北朝鮮では状況が真逆で、現状維持を正当化するという政府の意図を忠実に守ることが映画に求められている。しかし、北朝鮮のような厳格な体制であっても、映画はそれ自体の内的論理をもつ文化的テクストとして存在する。その複雑な機能と解釈学的な可能性は政府による制御が及ばないものだ。そのため観客は、労働者が自らの地位についてもつ主観的な見方とその問題に関する党の公式見解との間に矛盾があることに気づいてしまうのだ。そうした自己矛盾的なメッセージがあることで、北朝鮮映画のテクスト的崩壊に注意が向き、皮肉な解釈が可能となる。これは、北朝鮮と韓国の映画にしばしばみられるように、文化的テクストにおける意味の生産の機能が抑制されたときに生じる避けられない結果である。

現代コリアにおける階級という概念は、共産主義の北朝鮮と資本主義の韓国で異なるイデオロギー的土壌において形成されてきた。急速な工業化の渦中にある社会では、階級問題に関する議論がかならず、工業化の矛盾を掘り起こすことにつながる。コリアの場合、状況はより複雑だ。なぜなら、現代のコリアンは古い封建的階級制度と結びついた価値観にいまだにしがみついているからだ。それは、生産関係に基づく階級という近代的な概念によって完全にはとって代わられるものではないのだ。上記の映画六作品は、現代のコリアンがもつ階級をめぐる認識が現在の経済体制における彼らの地位によってのみ決定されるわけではないという事実を証明している。映画テクストで扱われる階級関係のテーマの豊かさは、まさに伝統的な文化的価値観と近代的産業社会構造の間に生じる摩擦のなかに存在する。現代コリアンは文化的に規定された社会的敬意を享受できない限り、経済的地位に満足することはない。これは社会主義側でも資本主義側でも事実であるようだ。階級に関する文化的見方と経済的見方の間で衝突が続く限り、一般大衆の階級に関する意味づけは現代コリアにおける公式的な定義に異議を唱え、その脱構築を続けるだろう。

註

（1）　たとえば、ブルース・カミングス（Bruce Cumings）は、朝鮮戦争を階級闘争が原因となった内戦と定義している。Bruce Cumings, *The Origin of the Korean War: Liberation and the Emergence of Separate Regimes, 1945-47*, vol. I; and *The Origin of the Korean War: The Roaring of the Cataract, 1947-50*, vol. II (Princeton, Princeton University Press, 1990).

（2）　Arthur A. Burger, *Cultural Criticism* (Thousand Oaks, Sage Publication, 1995), p. 47. 階級についてのマルクス主義の定義に関する議論の詳細は以下を参照。Michèle Barret, *The Politics of Truth: from Marx to Foucault* (Cambridge, Polity, 1991); T. B. Bottomore, *Classes in Modern Society* (London, George Allen & Unwin, 1965); Pierre Bourdieu, *Distinction: A Social Critique of the Judgement of Taste* (Cambridge, MA, Harvard University Press, 1984); Anthony Giddens, *The Class Structure of the Advanced Societies* (London, Hutchinson, 1973); Stuart Hall, *The Hard Road to Renewal: Thatcherism and the Crisis of the Left* (London, Verso, 1988); Karl Marx and Friedrich Engels, 'The communist manifesto,' in David McLellan (ed.), *Karl Marx: Selected Writings* (Oxford, Oxford University Press, 1977), pp. 219-47; Frank Parkin, *Marxism and Class Theory: A Bourgeois Critique* (London, Tavistock, 1979); and Nicos Poulantzas, *Classes in Contemporary Capitalism*, trans. David Fernbach (London, NLB, 1975).

（3）　Richard Scase, *Class* (Buckingham, Open University Press, 1992), p. 2.

（4）　Peter Saudners, *Social Class and Stratification* (London, Routledge, 1990), p. 15.

（5）　E. P. Thompson, *The Making of the English Working Class* (London, Victor Gollancz, 1980), p. 10.

（6）　Thompson, *The Making of the English Working Class*, p. 11.

（7）　最終的な分類は、一九七一年ごろから公式文書に頻繁にあらわれるようになったといわれている。この分類に関しては以下を参照。North Korea Research Institute (ed.), *Pukhan Ch'ongnam (A Survey of North Korea)* (Seoul. North Korea

Research Institute, 1980), p. 528.

（8） Frank Parkin, *Class Inequality and Political Order: Social Stratification in Capitalist and Communist Societies* (Frogmore, Granada Publication, 1972), p. 137.

（9） Sŏ Chaejin, *Pukhan Sahoe-ŭi Kyegŭpkaldŭng Yŏn'gu (A Study of Class Conflict in North Korea)* (Seoul, National Unification Institute, 1996); Kyŏngnam University Far-east Research Institute (ed.), *Pundan Pansegi Nambukhan-ŭi Sahoe-wa Munhwa (A Half-century of North and South Korean Societies and Cultures)* (Seoul, Kyŏngnam University Far-East Research Institute, 1996); and Yun Tŏkhŭi and Kim Tot'ae, *Nambukhan Sahoe Munhwa Kongdongch'e Hyŏngsŏng Pangan (Towards Formation of the North and South Korean Social, Cultural Community)* (Seoul, National Unification Institute, 1992).

（10） *Chosŏn Chungang Yŏn'gam 1988 (Chosŏn Chungang Year Book 1988)*, Chosŏn Chungang (ed.) (P'yŏngyang, Chosŏn Chungang T'ongshinsa, 1988).

（11） National Statistical Office 刊行の *Annual Report on the Economically Active Population (Kyongje Hwa'dong In'gu Yonbo*, 1972, 1985 and 1996) によれば、全労働者中、第一次産業に従事する労働者の割合は、一九五八年の八〇・六パーセントから一九九五年の一二・五パーセントへと減少している。これに対して、第二次産業および第三次産業に従事する労働者の割合は、一九五八年にそれぞれ四・六パーセントと一三・八パーセントであったが、一九九五年には二三・六パーセントと六四・〇パーセントへと増加している。

（12） これらの映画監督は学生時代にアカデミックな映画サークルに関わっており、映画制作を学ぶために留学した者もいる。多くは二十代を一九八〇年代に起こった激しい民主化運動の渦に巻きこまれて過ごした。

（13） 政府は労働争議を映画の題材として扱うことを厳しく禁止した。そのため、この時期に制作された映画では、労働問題とは直接関与しない都市に住む貧民が扱われているものが典型的である。チョ・セヒ（趙世熙）の有名な小説を原作とするイ・ウォンセ監督の『小さなボール』はその好例だ。チョの小説では、ソウル郊外の工業地帯が舞台となっているが、イ監督は映画化するにあたり舞台を海沿いの村へ変えなければならなかった。

（14） 結果として、北朝鮮の産業構造もまた変化した。農業と工業の比率は、一九四六年には五九・一パーセント対二三・二パーセントだったが、一九六三年には二一・五パーセント対六〇・六パーセントになった。

（15） たとえば、農地改革が行われ工業の国有化が実施された一九四六年には全人口のおよそ七四・一パーセントが農業人口であったが、共同農業が導入された一九六三年には四三・八パーセントへと減少し、さらに一九八七年には二五・三パーセントになった。農業人口の一貫した減少とは対照的に、工業部門は一九四六年の一二・五パーセントから一九六三年には四二・〇パーセントに、さらに一九八七年には五七・九パーセントへと増加した。一九八〇年代以降、北朝鮮の経済政策は重工業から農業、軽工業、貿易へと劇的な変化を遂げた。

(16) この言葉はウォンボンの故郷に対する自己中心的な姿勢を暴き出している。ウォンボンの昔からの友人たちは彼を「カッコー」と呼んでからかう。このあだ名はソンリムを呼ぶときにウォンボンがカッコーの鳴き真似をしたことからきている。のちにウォンボンはソンリムを捨てるが、これもまた観客に、自分のものではない巣で托卵をするカッコーを想起させる。このアナロジーは映画中の登場人物の一人も持ち出している。

(17) Kim Jong Il, 'Sahoejuŭi kŏnsul-esŏ kun-ŭi wich'i-wa yŏkhal' (The army's position and role in the socialist reconstruction), in Kyŏngnam University Far-east Research Institute (ed.), *Kim Jong Il Chŏjaksŏn (Selected Works of Kim Jong Il)* (Seoul, Kyŏngnam University Far-east Research Institute, 1991), pp. 1-34.

(18) イ監督は一九七〇年代から八〇年代にかけて、女性の私生活を描いた『星たちの故郷』(一九七四)、思春期の悩みを描いた『膝と膝の間』(一九八四)、悲劇的な恋愛を描いた『哀恋妃』(一九八五)など伝統的なメロドラマによって商業的にたいへんな人気を博した。一方で、『旅人は休まない』(一九八七)や『ミョンジャ・明子《あきこ》・ソーニャ』(一九九二)などの作品で社会問題に対する関心を示しつづけた。近年は韓国における米国映画の直接配給に対するボイコット運動に積極的に関わっている。イはペ・チャンホ、チャン・ソヌ、パク・クァンス、シン・スンス(申承洙)ら若い監督にとってメンター的役割を果たしている。

(19)「偽装労働者」という表現は労働争議を煽動するために高学歴を隠して単純作業の労働者として企業に潜入する学生を意味する。この新語の定義は、韓国における労働運動や産業紛争の政治的方向づけに学生や知識人が関与してきた長い歴史を如実に表している。

(20) 一九六〇年代に中小企業の輸出促進担当であった政府当局者の回想録によると「輸出業で必要とされた労働力は若い女性の働き手だけだった。貧しい少女たちは頭髪を売り、そして売った髪でつくったかつらを買ったのも彼女たちだった。また夜通し働き、絞り染めの生地を作ったのも彼女たちである。……この国はとても貧しかった……そして男たちに仕事はなかった」という。『朝鮮日報』一九九九年十一月一日、一三面。

(21) Yi Chŏngha, 'Pak Kwangsu interview,' in Yi Hyoin (ed.), *Han'guk-ŭi Yŏnhwa Kamdok 13 In (Thirteen Korean Film Directors)* (Seoul, Yŏlrin Ch'aektŭl, 1994), p. 239-50.

(22) Choi Jang Jip, 'Minjujuŭi-roŭi ihaeng-gwa nodong undong' (Transition to democracy and labour Movement), Chang Ulbyŏng *et al., Nanbukhan Chŏngch'i-ŭi Kujo-wa Chŏnmang (The Structures and Prospects of North and South Korean Politics)* (Seoul, Hanul

Academy, 1994), pp. 136-70.

(23) Hagen Koo, 'Strong state and contentious society', in Koo (ed.), *State and Society in Contemporary Korea*, pp. 231-49.

(24) 民衆に関する議論の詳細は以下を参照。Koo (ed.), *State and Society in Contemporary Korea*.

(25) Thompson, *The Making of the English Working Class*, p. 11.

(26) パーキン（Parkin）の見解では、これはほとんどの社会主義国家における再建初期において一般的にみられる現象であるという。パーキンは「大戦前の東欧では、今日の西欧のほとんどの国々と同様、大学は中流階級と上流階級が享受できるものだった。社会主義的再建期にプロレタリア家庭からの学生を優遇する選抜システムが導入され、この状況は劇的に変化した」と指摘している。Parkin, *Class Inequality and Political Order*, p. 142.

結論

北朝鮮と韓国の映画産業は、共産主義と資本主義という正反対の国家イデオロギーの下、互いにまったく異なる製作・配給体制を有している。このことはそれぞれの映画でイデオロギーがどのように表出しているかをみれば明白だ。韓国と北朝鮮の映画をいくつか比較分析すると、民族としての自己認識を形成する上で、政治的、経済的基盤と社会の文化的影響力の間に複雑な関係があることが露呈する。本書は、二つの異なる政治経済体制の下で生活するコリアンが社会と民族に関してもつ相反的な見方の具現化という映画の機能を明らかにした。しかし、韓国と北朝鮮の映画で観察できる相違点がある一方で、四十五年にわたる政治的対立にもかかわらずコリアンの間で完全には失われていない文化的同質性が力を持ちつづけていることが本書の分析を通して浮かび上がった。

文化的テクストとしての映画は人びとがその社会をどう解釈するかをダイナミックに展開する。人びとは映画を通して自らを理解し、互いに意思疎通する過程に積極的に関与していくため、社会についての彼らのさまざまな関心事が映画を通して示される。これらの関心事の意味を詳述する、つまり、クリフォード・ギアツの言葉を使えば「厚い記述（thick description）」をするために、私たちは、日常生活の特定のコンテクストで概して「権力に仕える」形で機能するものとしてイデオロギーをとらえるべきである。[1] 文化は多くの領域でイデオロギーの広範な機能を浮かび上がらせる。現代コリアのコンテクストでは、社会と民族に関する北と南の対立する見方を仲介するものとして文化的伝統の重要性が存在する。文化は仲介のメカニズムとして解釈でき、その特徴は歴史のなかで形成されてきた。映画テクストに隠された暗示的な意味を掘り起こす上で、文化的影響力はそのコンテクストに照らして見極めるべきだ。コリアの場合、そのコンテクストは主に儒教だと判断される傾向にあるが、伝統的な理想にみられる際立った社会的価値観は再解釈されつづけるとの主張も可能だ。それが特に当てはまるのは、論争を招く新しい価値観が社会のイデオロギー的基盤を弱体化させそうな時だ。そうした価値観には、たとえば個人主義、平等という概念、社会的に受け入れられる人間関係に対する新たな考え方のようなものがある。こうした変化は急速な工業化や民主化のプロセスに関連して起こる傾向がある。

本書で分析した十七本の映画は、コリアン特有の歴史体験を扱い、現在の分断国家に対する彼らの理解と直接関係するものだ。しかし同時に、これらの映画は民族としての「単一性」に対するコリアンの変わることのない信念を照らし出す。それぞれのテクストにおいて、植民地解放以降のコリアンがもつ相反的な自己認識の中核部分で、緊張と融和、政治的断絶と文化的継続の共存が確認できるのだ。

一九〇三年、朝鮮人は初めて映画を知ることとなった。朝鮮一般大衆の大多数にとって、映画の導入は、経済的繁栄と技術的進歩を意味する西洋文化との本格的な出会いを意味した。当時の超大国である日本、米国、英国、フランス、ロシアによるプロパガンダの一環として、映画が朝鮮の文化環境に入ってきたのだ。そのため、朝鮮映画産業の始まりは西洋のそれとは大きく異なる。フランスと米国の映画はそれぞれリュミエール兄弟とトーマス・エジソンの実験に起源をもつ。しかし、朝鮮人にとって映画は、西洋でみられたような科学的研究の結実や芸術活動ではなかった。それは、朝鮮土朝後期に政治的、経済的利益のために一般大衆の注意を引こうと外国の企業や外交団、宗教団体が利用した便利な道具にすぎなかったのだ。そうした状況下では、当初から政治的に利用されたことで朝鮮映画が苦境に立たされるのは避けられなかった。一九二〇年代初期から一九四五年までの間、朝鮮総督府はプロパガンダ映画を大量に製作した。この時期、一六〇本以上の映画が朝鮮で作られたが、そのほとんどは内容が極端にメロドラマ的だったり親日的だったりした。しかし、この抑圧的な環境にあって、民族主義映画の微かだが明白な萌芽がみられた。今日、初期の反植民地主義的抵抗映画とこの不安定な環境で驚くほど発展した「傾向派映画」は、韓国における民族主義的映画運動の起源とみなされている。映画史研究者はこれらが北朝鮮映画の進展にも貢献したと認識している。

皮肉なことに、コリアン・シネマ産業における政治的検閲と経済的介入は解放後も続いた。この歴史的コンテクストは、本書において、現代コリアン・シネマのイデオロギー的土台を分析する上での論拠になっている。「春香伝」の翻案映画五本は、儒教の性道徳と階級区分という遺産に韓国映画と北朝鮮映画が異なる方法でいかに対処・調整するかを示すよい例だ。韓国映画三本における春香像のパターンは、男性の幻想のなかで作られた理想的な女性像の相補的な側面、つまり高潔だが性的魅力があり子どものような脆さもある女性を示唆している。韓国映画が、男性中心のジェンダー・ダイナミクスに驚くほど適応した女性として春香を描くのに対し、北朝鮮映画では、春香の階級的背景に焦点を当て、伝統的な階級構造の矛盾に異議を唱える勇気を最大の長所としてもつ労働者階級の女性の代表として彼女を描いている。

同様に、朝鮮戦争を扱う六作品は、コリアンの民族主義に対する見方において南と北の間に深い溝があることを露呈している。北朝鮮の三作品では、朝鮮民族主義を究極的に定義する人物としてキム・イルソン(金日成)を掲げる取組みと反帝国主義のテーマの展開とが組み合わされているのがわかる。時系列的にみると、この三本の作品では、キム・イルソンが指導したとされる反植民地主義ゲリラ活動がさらに美化されることと、北朝鮮政治で彼の権力基盤が徐々に一体化されたことの間に連関があったのは明らかだ。それゆえ、これらの映画のイデオロギー的強調点は、朝鮮労働党が推進する公式の朝鮮史と合致する。党当局によると、「階級のない地上の楽園」の達成という目標のためにキム・イルソンのリーダーシップが不可欠なことを正当化する道のりを、北朝鮮社会はたどっていることになる。

北朝鮮の作品と比べると、韓国の戦争映画三作品は、支配的な反共イデオロギーに対し複雑な扱い方をしている。三作品とも、現代コリアが直面する多くの問題の責任は民族が強制的に分断されたことにあるという考えを強調する。一方、それらの映画は、民族主義のイデオロギー的基盤として反共主義が適切か否かをめぐって高まった懐疑的見方を示している。（容共であろうと反共であろうと）共産主義を扱う上で、韓国政府が示す白か黒かの極端な論理に対して人びとの態度が変化しているのは、韓国社会の自己認識がより柔軟で今も進化しつづけていることを暗示するものだ。

第四章で分析した六作品は、人びとの階級体験と文化的伝統との間の密接な関係を明らかにする。階級に対する見方は、労働関係において個人が経験するさまざまな事柄によって形成される。しかし、現代コリアンの階級に対する主観的見方に関しては、社会における自らの位置を判断するときに古い階級制度を重要な参照枠として今なお使っていることを特記しておくべきだろう。北朝鮮の三作品は「無階級社会」という公式の教義を押し進めようとしているが、実際には人びとが無階級社会を心から受け入れていないという事実を吐露しているのは明らかだ。労働者階級に属する登場人物のなかには、政府が押しつけた柔軟性のない階層システムに不満を示す者もいる。この傾向は、北朝鮮における最近の経済危機と政策破綻に関係しているように思われる。

八〇年代から九〇年代に作られた韓国映画の多くは、六〇年代と七〇年代の厳しい経済発展計画に動員されながらも、社会の経済的進展から疎外された人びとに関する社会的問題に取り組む傾向がある。それらの作品は、社会的、経済的不正義に対する大衆の絶望と怒りを扱っている。社会構造に問題があること、またそれにともない物質主義が蔓延していることに対して、これらの映画は批判的な態度をとり、社会批評としての映画の役割を強固にしている。この点に関し、映画の機能は北朝鮮と韓国で正反対となっている。

北朝鮮と韓国のイデオロギー的対立が映画でどう表出しているかというテーマは確かに研究の価値があるが、本書は過去から共有しつづけてきた文化的遺産を北朝鮮と韓国の映画が同様に利用していることにも等しく注目している。コリアン・シネマにおけるイデオロギーの表出は、現代コリアン社会の政治的、経済的ニーズを顕在化させているが、その根本的なルーツは人びとの間で生きつづける古くからの文化的伝統にさかのぼるのだ。こうして、文化的テクストとしての映画は社会の歴史性を刻みこむ。社会的序列と家族生活に関する儒教の教義は、南北両方の映画に広く取り入れられている。たとえば、春香伝の翻案映画五本はすべて、家族の成員間の調和、団結、忠誠に基づく伝統的な儒教的家族倫理を強調している。この意味で、これらの映画は表面的な語りの部分では二国間のイデオロギーの違いを利用しているものの、伝統的な朝鮮社会の文化的同質性が全作品に共通する底流を成しているとの主張も可能だ。重要なのは、伝統的な結婚と性道徳、そして孝行を強調するなかで、儒教の父系的価値観は民族のより大きな政治的問題を解決する実行可能な手段として機能できるということを、これらの映画が示唆していることである。民族主義に家族主義を重ねていることは、北朝鮮と韓国の戦争映画における顕著な類似点だ。また、管理職につく高学歴の人間が一般的に尊敬されていることは、伝統的な儒教による社会観から生じる南北の共通項である。

現代のコリアン・シネマは、さらに研究すべき豊富な主題を提供している。一九八〇年代後期以来、韓国映画産業には、政府のイデオロギー的抑圧に異議を唱える政治意識の強い若手の監督たちが登場してきた。彼らは、三十年に及んだ軍事政権の間に達成された国家の繁栄が韓国人にとって真に意味することについて、前世代の監督たちよりも挑発的で深淵な疑問を投げかける。歴史的大変動に対する彼らのアプローチは、政治的、社会的領域における悲劇的な過去と共同社会としてのコリアンが折りあいをつけるために、現在にも影を落とす過去の影響を解決することを目指している。彼らの斬新な視点が向けられるのはトピックだけに限らない。映画的美学や技法においても、それまでの映画人たちとは一線を画そうとしている。「禁じられた」主題と形式的な革新への彼らの関心は二一世紀の幕開けにおいて韓国映画産業の成熟を示す前向きな兆候としてみるべきだ。それゆえ、現代韓国映画は映画研究者に対し、映画、イデオロギー、美学の関係についてさまざまな主題を提供する。

韓国映画のこうした新しい展開がある一方で、北朝鮮の最近の映画はいまだにキム一族の優位性を学ばせようとしている。特に、キム・ジョンイル（金正日）が父親の後継者である必要性、つまり北朝鮮のリーダーシップにおける父系的血統のレトリックを伝えている。これらの映画は北朝鮮社会が孤立し閉鎖的であることを確認させるものだ。しかし、この状況を北朝鮮映画のイデオロギー的停滞の決定的証拠として理解することには慎重であるべきだ。前述したように、最近の北朝鮮映画を入手するのは極めて困難で、映画というレンズを通して社会主義的国家計画に基づく体制の破綻が及ぼす全体的な影響や政治的混乱の潜在性を理解する、ましてや説明することはかなりの難題である。北朝鮮が文化的、政治的な面で外部からの圧力や影響に抵抗しつづけるなか、この困難が近い将来低減するとは考えにくい。

コリアン・シネマ産業の行方はいくつかの外的要因に左右されるだろう。韓国ではそれは主に経済的なものだが、北朝鮮では政治的要因に大きく影響されると考えられる。才能ある若手の韓国人監督が登場したことで、韓国映画の将来に関心を寄せる者は希望が持てる。彼らの真剣なメッセージと芸術的実験は引き続き注目していくべきものだ。経済状況が不安定で、国の政治的将来も予測できないなか、コリアン・シネマの明確な方向性を思い描くのは難しい。しかし実際のところ、文化的テクストとしての複雑性があるからこそ、コリアン・シネマは社会学的研究テーマとして豊かな潜在性を秘めている。

註

（1）Thompson, *Ideology and Modern Culture*, p. 20.

第Ⅱ部　トランスナショナル・シネマ

『春香伝』

――ニュー・コリアン・シネマで古い伝統を「売りこむ」

下層階級出身の美しい女性が自らの出自に対する偏見と戦い、社会的地位の高い男性と結ばれるという話は、多くの文化で共通する恋愛物語の題材だ。「春香伝」は朝鮮の女性美に対する考え方の原型であり、一八世紀初期にシャーマンの伝説から生まれた。それ以降、春香の物語は口承による民話に多く登場する。時を経るにつれ、春香の美は、その時代の観客がもつ特有の要求や関心に応じて、さまざまにつくり変えられ、練り上げられてきた。また、各時代における大衆娯楽として、パンソリ（朝鮮の伝統的な民俗芸能）、漢文、大衆小説、舞台劇、西洋風オペラ、映画、テレビドラマなどほとんどすべての媒体で春香はつくり直されている。各媒体がもつさまざまな美学的志向は、多岐にわたる変容を通して明らかになるテクストとオーディエンスの関係性のなかに見出すことができる（Chon 1998）。この民話の本質は、ユートピア社会に対して一般大衆がもつ願望の具現化にある。春香の勇気ある抵抗は、支配的な階級制度に打ち勝つ。だが、オーディエンスにどの程度受け入れられるのか、あるいは拒絶されるのかを左右するのは、語りにおける内的動機の必然性と外的要素の適切さである。それゆえ、バージョンごとの劇的な差異は、伝統的な口承民話が歴史を通して伝達される上でオーディエンスが果たす決定的な役割を明確に反映している（Chon 2003）。コリアン・シネマの歴史におけるこの物語の重要性は、多くのバージョンが製作されていることをみれば明らかだ。春香の物語に基づく作品は、今日までに北朝鮮作品三本を含め十六本も製作されている。それぞれのバージョンで、この伝統的な美女は、その時代の観客に特有の要求に沿ってそれぞれ異なった姿であらわれる。[1]「春香伝」を息の長い伝統にしているのは、この作品のもつ真正性というよりも、観客の創造性に富んだ想像力なのだ。

イム・グォンテク(林權澤)の『春香伝』(二〇〇〇)はこの伝統的な口承文芸の新たな解釈を提示するもので、世界の観客へ向けて製作された。イム監督は韓国映画史における最も著名な人物の一人だ。四十年以上に及ぶ映画監督としてのキャリアは、韓国映画の劇的な歴史を反映している。二〇世紀後半、韓国の映画産業は、政治的介入と常に対立し、ハリウッドからの間断ない脅威から自国産業を守ろうとして闘った。イムはパク・チョンヒ(朴正熙)軍事政権下の韓国映画暗黒期を生き延び、八〇年代初期にはコリアン「ニュー・ウェーブ」の中心人物へと自らを変容させた。そして、八〇年代中期の民主化運動以降、イムはニュー・コリアン・シネマにおける「巨匠」として国際的な評価を得た。

旧世代の映画人として、イムは、ニュー・コリアン・シネマの新しい潮流を積極的につくりだしていった。『下流人生〜愛こそすべて〜』(二〇〇四)の完成時点で、一九六二年の監督デビュー以降、九十九作品を制作したことになる。そのため、イムの映画づくりの方向性を一般化して「ニュー・コリアン・シネマ」と一括りにすることはできない。民主化以前は、反共の戦争映画シリーズや、急速な経済の近代化を支持する「善き」市民を扱った国策映画を制作していた。また、イム作品には歴史ドラマ、ホラー、アクションスリラー、現代的な都市生活を描く映画や、恋愛メロドラマも含まれる。多作であることとその作品の質の高さから、韓国において最も人気のある商業映像作家の一人としての評価が疑われることはなかった。しかし、八〇年代初頭、イムの映画制作へのアプローチに重要な変化があった。これは主として、過去の作品に対する自己批判に基づくものだった。それまでの作品ではもはや差し迫った社会問題に向き合えないとイムは考えたのである。イムは、時代が映画に求めるものを理解する優れた洞察力と、観客が欲するものを生み出す知性を備えていた。彼の映画づくりが政治的な干渉にさらされることはしばしばあったが、そうした干渉によって製作が完全に中断されることはなかった。イムは主流社会から周縁化された人びとの物語を通して観客と意思を通わせることを常に追求している。この姿勢は、コリアン・シネマの大御所というイムの現在の立場を理解する上で鍵となる要素である。

現代における韓国民族映画の復活に対してイムが果たした貢献として最も特筆すべき点は、イムが民族的アイデンティティの創出を追求してきたことである。とりわけ彼が映画表現において「コリアらしさ」の意味を絶えず問いつづけてきたことは、若い世代の映画人が新たな創造と実験を通して文化的伝統を定義し直す自信を与えることとなった。そのような映画の例としては、イム自身による『風の丘を越えて／西便制』(一九九三)、『祝祭』(一九九六)、『春香伝』、『酔画仙』(二〇〇二)、ペ・チャンホ(裵昶浩)監督の『情』(二〇〇〇)、キム・ギドク(金基徳)監督の『春夏秋冬そして春』(二〇〇三)、キム・ヒョンソク監督の『爆烈野球団!』(二〇〇二)、チュ・ギョンジュン監督の『童僧』(二〇〇三)がある。これらの作品が発信する郷愁を誘うセンチメンタリズムは、日本による植民地支配(一九一〇～四五年)、朝鮮戦争(一九五〇～五三年)、軍事独裁政権(一九六二～八七年)といった観客が共有する歴史上のトラウマを解消させる。また、商業主義か芸術的実験主義かに関係なく、このタイプの郷愁映画あるいは歴史映画は、新たなコリアン・アイデンティティを明らかに反映している。イムは近代化と政治変動のプロセスを通して何が失われたかを観客に考えさせることによって、ニュー・コリアン・シネマの主要な動向に大きな影響を与えている。歴史や社会に対するこの非政治的なアプローチは、八〇年代から九〇年代初期にあらわれたコリアン「ニュー・ウェーブ」とは異なる性質をニュー・コリアン・シネマにもたらすことになった。「ニュー・ウェーブ」が韓国の民主化運動の一部であるとすれば、九〇年代中頃以降のニュー・コリアン・シネマは、過去の政治闘争の結末として理解できる。ニュー・コリアン・シネマの実践者たちは、新しい民族的アイデンティティと、政治的支配を受けない自律した映画づくりを追求することによって、韓国における文化的民主主義を実現しようとしているのだ。

『春香伝』は、イム監督の最も野心的な作品であり、傑作といってもいいだろう[2](Chong 2003: 411)。昔話をリメイクするにあたって、イムは国内のみならず、世界の観客も楽しめるような作品づくりを試みた。『春香伝』とそれ以前の作品との違いは、それまでの作品が、韓国の観客あるいは国際映画祭のどちらかのみに向けて制作されていたという点だ。叙情的な音楽であるパンソリを視覚化するという形式と様式面での実験は、イムによる演出の真骨頂だ。民間伝承に対するこうした現代芸術的アプローチを通して、『春香伝』は「文化的伝統の際立った独自性が、グローバルな観客に「コリアらしさ」の意味を意識させる上で極めて重要だ」という考えに取り組もうとしている(So 2002: 8-9)。これは韓国人が民族的アイデンティティについてもつ支配的な信条を反映している。文化的伝統のなかから抽出された「コリアらしさ」の概念は、西洋化や近代化という歴史的、社会的プロセスにもかかわらず、人びとの集団的アイデンティティを定義する上で求心力をもつ(Ho 2000)。『春香伝』は、「朝鮮の美のエッセンスは……理想的な美として普遍的に受け入れられうるのだ」という幻想を実現しようとしている(Yi 1993: 173)。この意味において、イムの『春香伝』で追求された朝鮮の美は、世界中の映画祭やアートシアターで大きな関心と熱気を引き起こすことに成功したと思われる。だが、韓国の商業映画館での観客の反応は贔屓目にみても今一つだった。結果的に、この映画は国際映画祭あるいはアートシアター向け

図 25 伽耶琴を弾く春香と夢龍

の映画になってしまった。

本稿では、民族的アイデンティティ創造の妥当性を評価するために、『春香伝』が朝鮮の民俗芸能と文化的伝統を幅広い海外の観客に向けてどのように提示しているのかを探る。『春香伝』によって追究された伝統の再生は、ニュー・コリアン・シネマに特有のマーケティング戦略であり、他の民族映画と異なる文化的独自性を強調する働きをしている。『春香伝』は韓国の民族映画（national cinema）を世界映画（world cinema）の「公式な」歴史に位置づけるものだ。また、この映画が達成した芸術性は、韓国の映画産業がいかに成熟したかを示すものだと考えられる（Min 2001: 28）。この映画は、世界の映画文化のなかでグローバリゼーションとローカリゼーションが同時に起きているというクロストレンドに対応した韓国映画産業のダイナミクスを示すよい例となっている。ここでのテーゼは、現代映画の商業的成功による韓国映画産業の近年の急成長によって、国内外の映画批評家をより一層取りこむ手段が生まれたということだ。さらに、「コリアらしさ」なるものを探し求める映画監督たちの生涯にわたる旅路（S. Chong 1987: 216-39; Im 1993）の検証は、韓国映画における新たな方向性の創造に役立つ可能性がある。

1　世界の観客へ向けた新たな民族的アイデンティティの創造

「コリアらしさ」という考え方においては、民族の集団的アイデンティティはその独自の文化的経験や伝統によって定義できると想定されている。これは文化的伝統を通して民族の特性を強調することによって、「われわれ」の存在に対する他者の認識、あるいは他者の存在に対する「われわれ」の認識のためにつくりあげられたものである。(3) しかし、この概念上の人為性は社会の現実がもつ異質性を正確に反映していない。事実、現代韓国の文化活動においては、伝統的要素と現代的要素の異種混淆が明らかに起こっている(Yi 1993: 174)。さらに、外国人の考えに基づく東洋的様式またはフュージョン的様式が都市生活のなかに取り入れられ、文化財の消費に新しいトレンドを生み出している。それゆえ、この「コリアらしさ」という認識は、かならずしもすべての韓国人に当てはまるわけではない。特に、大衆のディスコースによって構築された「ローカル性」は、消費者がもつ特定の要求に応じるものであり、相対的な観点からしか説明できない。

ニュー・コリアン・シネマの実践者が追求した新しい民族的アイデンティティの創造は、このコンテクストから理解されるべきである。八〇年代以降、韓国の映画人や政策立案者たちは、世界映画の新勢力として韓国映画を打ち出す方法を探りはじめた。八〇年代半ばから九〇年代初期の民主化運動の時期には、近代化、植民地主義、冷戦による衝突、軍事独裁の問題が映画のテーマとして取り上げられた。この新しいグループを率いたのは、パク・クァンス(朴光洙)、チャン・ソヌ(張善宇)、パク・チョンウォン(朴鍾元)らの大卒で学生運動に賛同する若い進歩的な映画人たちだった。彼らは政治に対して受動的なそれまでの映画文化を批判し、いまや経済的豊かさを達成した資本主義社会の政治的腐敗と経済的不平等を暴き出そうとした。一方で、既存の映画製作システム出身の旧世代映画人グループも、民族分断の結末に苦しむ植民支配後の状況を批判する声を上げた。イ・ジャンホ(李長鎬)、チョン・ジヨン(鄭智泳)、チャン・ギルス(張吉秀)がその代表的な人物だ。パク・クァンスの『チルスとマンス』(一九八八)、『追われし者の挽歌』(一九九〇)、パク・チョンウォンの『九老アリアン』(一九八九)、『われらの歪んだ英雄』(一九九二)、チャン・ソヌの『ウムクペミの愛』(一九九〇)では、パク・チョンヒ軍事政権の政治的横暴と貧富の差の深刻化に苦しむ普通の市民をそれとなく扱っている。イ・ジャンホの『旅人は休まない』(一九八七)、チョン・ジヨンの『南部軍』(一九九〇)、チャン・ギルスの『銀馬将軍は来なかった』(一九九一)、パク・クァンスの『あの島へ行きたい』(一九九三)は、朝鮮戦争の「公式」な解釈を拒否するものだ。大国の代理で行われた戦争の意味を再定義することを通して、彼らは紛争に巻き込まれたコリアンの憎しみや犠牲を映画として表現する。こうした問題を扱う上で、現在の社会的、政治的問題を解決するための中心的モチーフとして文化的伝統が描かれることは多い。さらに、一九八七年以降、国内映画市場の開放を求めるハリウッドの圧力が高まっていたが、これはかえって反米主義を煽り、映画監督たちが韓国の映画文化における米国の強大な存在感に異議を申し立てる結果につながった。この意味では、民族映画を通して伝えられる「コリアらしさ」は常に再構築されているといえる。

カンヌ、ベネチア、ベルリンの三大国際映画祭は、韓国の映画関係者や政策立案者の多くにとって民族映画を宣伝できる最高の場所と考えられている。とりわけカンヌは、韓国映画を世界に披露する舞台としてほとんど神聖な場となった。韓国人は競争心理から、なぜ日本が一九五〇年代に、台湾と中国が八〇年代にグランプリを受賞しているのに、韓国はカンヌやベネチアでグランプリを受賞していないのかをしばしば問題にしてきた (Jeon 2001: 266)。イム・グォンテクは二〇〇二年にカンヌで『酔画仙』によって最優秀監督賞を受賞したとき、「民族を背負っているという心理的重荷から解放された」と述べた。その同年、イ・チャンドン(李蒼東)は『オアシス』(二〇〇二)でベネチア映画祭最優秀監督賞を受賞している。映画批評家たちは、この二作品と一九六一年にベルリン国際映画祭で最優秀監督賞を受賞したカン・デジン(姜大振)の『荷馬車』(一九六一)を合わせ、最優秀監督賞三冠として取り上げた。

ほかにも成功した作品はさまざまあるが、イムの『春香伝』は現代韓国映画史において重要な意味をもっている。低予算で作られたイムの芸術映画『風の丘を越えて／西便制』は、当時、史上最大の興行収入を記録した。その結果、イムは「国民的監督」と呼ばれることになった。この「国民的監督」が二〇〇〇年カンヌ映画祭のコンペティション部門に『春香伝』を出品したことは、韓国が国際的な認知を切望していることを強く印象づける出来事だった。

儒教的社会規範に基づく抑圧された男女の関係に対する逆転したオリエンタリズムやオリエンタリストのディスコースは、国際映画祭における韓国映画の最もよく知られたマーケティング戦略と呼ばれがちだ(So 2002: 8-16)。これはしばしば、民族映画のアイデンティティにお墨つきを与える試みだとして批判される。女性化された大衆の断片的で異質なイメージは、分断国家のポストコロニアル状況をあらわす。たとえば、イムの三作品『曼陀羅《マンダラ》』『キルソドム』『太白山脈』はそれぞれ一九八一年、一九八五年、一九九四年にベルリン国際映画祭で賞を受賞しているが、これらは発展途上にある国家の悪政や国家分断による民衆間のイデオロギー的対立によって犠牲になった個人の苦悩を扱っている。一方、ベネチア国際映画祭で賞を受賞した『アダダ』(一九八七)と『派羅羯諦《ハラギャティ》』(一九八九)の二作品は、既存の家父長制的社会制度と文化的偏見のなかで苦闘する女性たちの陰鬱な生活を描いている。最後の二作品に関していえば、抑圧的な儒教的家父長制と社会変化の犠牲者として女性を描写しており、女性の身体を韓国のポストコロニアル状況の隠喩とみなしている(James and Kim 2002)。さらに、イムは性差の特徴に基づくディスコースを展開し、国家を女性的、劣等、受動的なものとして描いている。それは、韓国人女性をエキゾチックで誘惑的、また原始的だと示すことにつながり、「一貫して重苦しく抑圧されたという韓国人女性のイメージを強めている」(Doane 1988: 216)。

そのイデオロギー的な欠点や男性中心的な姿勢にもかかわらず、イム作品にみられる「コリアらしさ」の映画的昇華は、資本主義社会の周縁に存在する不安定な生活における伝統と現代の不協和音に焦点を当てつづけている。社会の描写とその結果として生じる社会的圧力は、イム映画の最も重要なテーマだ。さらに重要なのは、イム映画では国や民族的伝統に関する概念が、歴史において社会的、政治的に周縁化された大衆の声を通して表現されるということだ。

『春香伝』で追求されたようなコリアン・アイデンティティは、文化的伝統の美的性質、とりわけ「ベールに覆われた」女性という女性的な国家イメージに大きく依拠している。一方、『春香伝』におけるパンソリの映像化は、歌手と聴衆のオーサーとしての声を黙らせる傾向がある。ここでは「ソリ（音・言葉）」の映像化に焦点が当てられており、「イミョン（物語の内的側面）」の大部分は捨てられている（Park 2003: 19-20）。それゆえ、この作品では、中世朝鮮の美しい映像のなかで人物はしばしば単なる小道具として描かれている。語りの心情的要素は映像にメロドラマ的効果を与えているが、民衆の歴史的経験を伝えることはできていない。語りの内的部分で表現される彼らの主観性は、この映画の主たる関心事から疎外されている。さらに、この映画で描かれる歴史は、古い朝鮮の理想化されたイメージで観客を楽しませようとしている。

『春香伝』の文化的伝統によって脚色された「コリアらしさ」のスタイリッシュな表現は、韓国における排他主義的な映画文化に対する監督の反抗なのだ。この意味で、『春香伝』は、イム・グォンテクをカンヌへ導く次の芸術作品『酔画仙』を予見していたのである。『酔画仙』は朝鮮王朝時代（一三九二～一九一〇年）後期の著名な画家チャン・スンオプ（張承業）の放埒な生活を描いたものである。イムは、この映画を自作品のなかで最も自身を反映したものだとみている。(4)

そう遠くない過去に暴力的な社会的混乱を経験した韓国の映画人にとって、自国の観客が抱える日々の関心事や現実逃避の夢想を超越した芸術的実験の追究は、身近には捉えにくいコンセプトだ。しかし、民主主義と文民統治が回復されたことによって、映画人は新たな観客を世界中に求める自由を得た。民主化された社会では、映画はいわゆる「苦しむ大衆」の名の下に政治に支配されることはない。この観点からみると『春香伝』は、文化的伝統の現代的再構築によって解釈された新しいコリアン・アイデンティティを探究しているように思われる。韓国映画史における『春香伝』の重要性は、この挑戦的な新しい局面、すなわち、グローバルなコンテクストにおける観客の期待を再定義したという点にある。

2 音声から映像へ——カンヌとソウルにおける『春香伝』

資本主義社会の文化的商品として、映画は対価を払って見る観客を満足させる必要がある。標準化と普遍化は、民族映画の財務的な説明責任を最大化させるのに役立つ主要なマーケティング戦略だ。こうした商業的観点から見た場合、ある国の昔からの伝統を売りこむことは、映像の複雑化につながるように思われる。自分たちとは距離感がある人びとが登場する見慣れない場面は、観客次第で多様な意味を生み出す可能性があるからだ。

『春香伝』で表現される「コリアらしさ」という考えに対してカンヌとソウルの観客が示す異なる反応を検討することによって、イムがどのような観客を主たるターゲットとしているかを定義することが可能だ。そうした観客は、伝統を再構築する上で「時間」に対する感覚を監督と共有することだろう。スクリーン上で伝統的な朝鮮の美をとらえることは、イムの生涯にわたる映画づくりの哲学である

(Chong 2002: 173)。とはいえ、四十年以上にわたる商業映画監督としての成功があったからこそ、イムは芸術的な実験を追求することができたのである(Chong 1987: 136-61)。『春香伝』は、イムの商業映画監督からアート映画作家への転換を意味する。イムはインタビューで、自身の初期映画の多くは「低予算」映画ばかりだったと述べており(James and Kim 2002 : 276)、新世紀のはじめに『春香伝』の新作を世に出した理由は朝鮮の文化的伝統の美しさを新しい世代に示したかったからだと強調した。さらに、彼は、『春香伝』は韓国の伝統的美学と西洋の映画媒体との調和的な出会いであることを示したかったと述べている。パンソリの形式的な特質と映画的技法を合成するという革新的なアイデアが、『春香伝』で試みられたのだ。こうしたコンセプトはローカルな文化に起源をもつ大衆歌劇の伝統を、グローバルな観客へ向けた現代アートへとつくり変えるものだ。この作品がカンヌで認められたことの直接的な結果として、『春香伝』は米国の商業映画館で公開された初めての韓国映画となった。当初は興行成績が振るわなかった韓国国内においても、カンヌのニュースが届くと上映が延長されることになった。とはいえ、その結果はそれまでと大きく変わらなかった。ソウルでの精彩を欠く受け止められ方は、「国際映画祭受賞」のもつ「疎外効果」を裏づけるものであり、カンヌでの受賞が長期的にもつ象徴的な意義と韓国の映画業界に対する短期的な影響の違いを明確に示したのだった。

「春香伝」あるいは「春香歌」は、一八世紀末から一九世紀初期にかけて花開いたパンソリのなかで現存する最古のテクストである。ある春の日、春香《チュニャン》は南原府使の息子である夢龍《モンニョン》と出会い、愛しあう仲となる。ところが、夢龍は家族とソウルへ移るために南原を離れなければならなくなる。夢龍の旅立ったあと、春香は新たな府使となった卞学徒《ピョンハクト》の接待を要求される。春香は卞から言い寄られるが、それを拒み、その結果投獄される。新府使の誕生日に開催される宴会で春香は処刑される予定であったが、科挙に合格した夢龍は暗行御使《アメンオサ》として村に戻り、春香を死の瀬戸際から救い出す。

『春香伝』は、シェイクスピアの『ロミオとジュリエット』のコリア版だ。『春香伝』が『ロミオとジュリエット』と異なるのは、『春香伝』には女性のセクシュアル・アイデンティティと身体を男性の欲望の対象としか見ない家父長主義的階級制に対する大衆の批判が含まれている点だ。セクシュアリティは「自己がもつ柔軟性のある特性、また、身体、アイデンティティ、社会的規範の間の主要な接点」として機能する(Giddens 1993: 5)。家庭に入る女性は「良妻賢母」の理想を身につけるべきとされる一方で、下層階級の一部の女性は、儒教社会におけるセクシュアリティの二重基準を支えるのが社会的な役割とされている。前者のタイプの女性は「良き乳房」(Sceats 1996: 118)であり、子を産み育てる役割を担う。後者のタイプは「汚れた身体」であり、異性と私通する役割を担う。しかしながら、両者とも自らの考えや欲求に基づいてセクシュアル・アイデンティティを築く権利を奪われている。春香は、家父長制の序列で定められた女性としてのセクシュアル・アイデンティティを拒絶する。春香は「尊敬される妻」の地位を求めながら、同時に自らの性的欲求を実現しようとするのだ。彼女が結婚相手として特権階級の貴族の男性を選ぶことは、知識と価値体系の再生産を独占しようとする権力エリートの権威に対する異議申し立てである(Sol 1999 : 324-8)。婚前交渉や階級の異なる者同士の結婚を認めることによって、この物語のハッピーエンドは偽善的な性道徳や階級の区別で苦しむことのない、より自由な社会を求める大衆の願望を表している。イムの『春香伝』は、パンソリと映画芸術双方の形式的特性の混淆によって表現される創造的かつ実験的な着想を背景としつつ、民話から解釈される反抗的な姿勢を確認しようとしている。

本質的には、『春香伝』はパンソリのリズム、ピッチ、ダイナミクスを豊かで絵画的な映像へと変容させた作品となっている。パンソリは一人の歌い手（クァンデ）と一人の太鼓奏者（鼓手《コス》）によって演じられる歌劇である。パンソリでは目にみえるものよりも音のほうが重要な伝達手段だ。「パン」は広場を意味し、「ソリ」は音や歌、語りを意味する。歌い手は通常男性で舞台の真ん中に立ち、劇的な物語を歌（ソリ）と語り（アニリ）で演じる。歌い手は音に劇的な効果を与えたり、観客の共感を呼び起こしたりするために、ときおり象徴的な身振り（パルリム）を行うが、歌い手の動きは極めて抑制されており様式的なものである。いいかえれば、中国の京劇や日本の歌舞伎とは対照的に、鮮やかな背景幕を背にした色とりどりの衣装をまとった登場人物たちによる派手な演技や劇的な身振り、表現舞踊がパンソリにはないのだ。これこそが、パンソリを演じるにあたって観客のかけ声（チュイムセ）が決定的に重要な理由である。観客は歌い手の指示に従い、物語に対するクリエイティブな想像力を表現する（Ch'oi 1990: 109）。『春香伝』では、パンソリの観客が枠物語中の役者として登場し、歌い手の声に反応しては拍手し、笑い、踊り、嘆き、怒り、泣く。ある意味、『春香伝』における語りの構造（紋中紋）の枠物語的性質は、伝統的な舞台芸術を映画の形式へと変身させる上で、観客と歌い手の相互作用が劇的効果をもつことを確かめる試みなのだ。

芸術映画としての『春香伝』の独創性は、音声と映像の関係を逆転させるという実験的な表現方法にある。通常の語りによる映画づくりでみられる音声の使い方とは対照的に、この作品ではパンソリとして語りを伝えるために音声を主たる伝達手段として用いる。伝統的に音声は、雰囲気を醸し出したり、登場人物の心理状態を表現したりすることで物語の展開を支えるものだった（Hill and Gibson 1998: 43-4）。演技と音楽が完全に一致したリズム、歌とシンクロする編集、美しい風景や深い愛情についての歌詞の映像化は、世界中の観客にこれまでにない芸術的体験を提供する。これは、写真の歴史から発展し現在の形になったという映画に対する従来の考え方に疑問を投げかけ、代わりに舞台芸術の歴史と映画を結びつける試みなのだ。要するに、『春香伝』は、朝鮮の文化的伝統をトランスナショナルな空間へと置き、舞台芸術と映画という二つの異なる美学をもつ世界を融合させているのである。同時に、『春香伝』は朝鮮の芸術史に映画をしっかりと位置づけるものとなっている。

パンソリがもつローカル性と複雑な言語的特徴（Chon 2003: 12）によって音声と映像を同期させるというイムの芸術的実験は、複雑で動的なものとなった。『春香伝』はパンソリ映画であり、『風の丘を越えて／西便制』のようにパンソリに関する映画ではない。『風の丘を越えて／西便制』は、近代韓国のパンソリ歌手の悲劇的な話をドラマ化したものだ。この作品には、「沈清伝」や「春香伝」など韓国人観客には馴染みのあるパンソリが含まれている。しかし、この映画では語りのモチーフとして、また、物語の流れのなかで必要とされる特別な雰囲気の場面をつくりだすためにパンソリが使われている。対照的に、『春香伝』ではパンソリ自体の物語性が重要な要素となっている。映画といっても、パンソリ固有の特徴である言語の解釈学的性質を無視することはできない。外国語映画に馴染みのない観客は、話の展開についていくために字幕を読むことで頭がいっぱいになってしまう場合が多い。実際、韓国人を含む普通の観客にとって、視覚的メッセージ、音声による語り、そして字幕を同時に理解しなければならないというのは、疎外感をもたらす映画体験であろう。それゆえ、こうした観客はシンクロした映像と歌詞のリズミカルな言語表現がもつ効果を容易に見逃してしまうことがある。より厳密にいえば、表にあらわれる言語表現の下に潜む豊かな文化的、社会的含意に対する予備知識がなければ、オリジナルの言葉による舞台芸術の映画的表現において、映像と音のシンクロ効果を十分にとらえることはできない。映像が他の言語による解釈を通して仲介されることになるのだ。これが口承伝統のローカル性を

図26 ブランコで遊ぶ春香を夢龍が扇で指し、房子に連れてくるよう命令する

映画芸術という普遍的な言語へと「訳す」際の言語的、文化的な限界である。

こうした議論を裏打ちする場面が二つある。一つは、夢龍の従者である房子《パンジャ》が、森にいる春香を呼ぶために送られる場面で、二つ目は、春香を自宅から呼びだすために新しい府官が二人の役人を派遣する場面である。これらの場面で登場人物が森や村を横切るときのリズミカルでコミカルなステップは、パンソリの「人間国宝」チョ・サンヒョン（趙相賢）が歌う速くリズミカルなサイクル（チュンジュンモリ）とほぼ完全に同期している[5]。一方、音と映像が同期して生まれる効果は、歌による詳細な言語表現の仲介を必要とする。そうでなければ、二つの場面の一見似通った雰囲気はその違い、つまり、春香とその周辺人物の複雑で変化する関係性、登場人物の異なる心理状態、あるいは語りにおける二つの場面の劇的機能の違いなどを容易に区別することはできない。「愛の歌《サランガ》」の場面と「十杖《シプチャン》」

図 27　夢龍の命令で走って春香のもとへ行く房子

歌《カ》」の場面はパンソリのもつこうした言語的特徴を具体的に論ずる上で役立つ。これらの場面では、俳優のセリフに被せるようにチョの声が流され、やがてそれが俳優のセリフにとって代わる。チョは俳優の声を代弁し、俳優は視覚的イメージの一部となる。語りや歌を構成するチンヤン、チュンモリ、チュンジュンモリ、チャジンモリ、フィモリといった緩から中庸、急へと移り変わるリズムのサイクルがもつダイナミズムは、登場人物が経験する喜び、悲しみ、不安を明確に伝え、衝突の展開をクライマックスへと導いてゆく（Kim 1990: 261）。リズムと語りによって、架空の人物と現実の人びとが心を重ねるクライマックスが簡潔に導かれる。これら現実の人びとがまさにこの物語で扱う主題なのだ。イミョンで表現される深い感情や圧倒的な感情の力を映像へと変換することは容易ではない。一方、チョによるこの場面の文学的解釈は、再構成された映像における簡素な描き方よりも遥かに複雑である。チョのパンソリには朝鮮の豊かな詩的伝統と民話に基づくユーモア、風刺、洗練された比喩的表現が豊富に含まれているのだ。

『春香伝』で提示された「コリアらしさ」は、新しい美的感覚を求める現代人のために新たに生み出された概念だ（佐藤 2000: 321-4）。その意味で、この概念は、芸術的センスの高い世界の映画ファンに向けた新たなアイデンティティを創造するために、大衆主義を捨てているのだ。反対に、『春香伝』に対する韓国人のいささか期待外れな反応は、監督による形式面でのスタイリッシュな実験的試みが、手軽なエンターテイメントを好む大多数の観客によって広く評価されなかったというのが理由の一つかもしれない。また、昔からの伝統に対するイムの新しい解釈に対して批評家からの論評が十分に得られなかったことは注目に値する。この作品はほとんど完全に黙殺されたのだった（Jeon 2001: 266）。カンヌで審査員に認められた「コリアらしさ」だが、『春香伝』に対して韓国人の間で広がる無関心を回避する助けにはならなかった。民俗文化の芸術的表現に対する認識が、いまだにごく一部の映画通のなかだけに留まっているということだ。

『春香伝』に対するソウルでの一般的な反応は、大衆芸術としてのパンソリの現代的な意味に対する懐疑的な見方、つまりパンソリの最も重要な社会心理的機能とされるその時代の大衆の怒り「恨《ハン》」や「喜び《シンミョン》」、あるいは「奮《フン》」を伝えていないといった考え方を裏づけるものだ（Sol 1998: 416）。しかしこれが本当ならば、韓国人観客の間で『風の丘を越えて／西便制』が驚異的な人気を誇る理由をどう考えればよいだろうか。たしかに、同作品は芸術映画として、映画評論家と一般的な映画ファンから同様の支持を生み出し、韓国映画の歴史を書き換えた（Im 1993）。こうした支持があったからこそ、昔からの伝統を現代的な形式で実現する試みが成功したのだ。チョ・ヘジョン（Cho Hae Joang）が指摘しているように、

『風の丘を越えて／西便制』の成功はいわゆる「私たちの文化の探求」というこの時代の大衆運動が追い風となっている(Cho 2002: 138)。「『風の丘を越えて／西便制』症候群」をつくりだすほどの国民の圧倒的な反応は、韓国人がもつ郷愁や喪失感を炙り出している。

イムは、「パンソリは時代や場所を問わず誰もが楽しめるものだ」と述べている（Im 1993）。だが、いう昔からの伝統がもつ普遍性に対するイムの信念と相容れない。映画と口承伝統の美学的特徴を混淆させるという困難な側面があるにもかかわらず、『春香伝』は歌の視覚化にあたって観客の役割に頼ることはない。批評家のなかにはカンヌ映画祭の受賞作である『酔画仙』に対しても厳しい見方をするものがいる。この作品は昔からの伝統をほとんど「剝製化した美」であり、現代の観客にとっての新しい解釈や映画的昇華などないというものだ(Chong 2002: 174)。期待外れに終わった『春香伝』と『酔画仙』の興行成績は、こういった批判を裏打ちするように思える。

実際、観客の能動的な関与こそがパンソリのテクスト性の構成要素となっている。これは映画の観客の視点とは異なる概念である。映像の写真的性質は、テクストの再構成の際に視聴者の主観性や自発性を奪いがちだ。結果として、語りの視覚化はテクストによって完結することとなる。そのため、映画で語られる人びとや歴史に自分を重ねてみることのないような観客には満足してもらえる。一方、口承伝統に対してイムが『春香伝』で行った芸術的実験は、テクストと消費者の新たな関係を利用している。これは新たな観客を獲得するための新しい表現形式なのだ。この新しい観客には、昔からの伝統の新たな支持者として、これまでとは異なる主観性と感受性を探究することが期待されている。

3 新たな挑戦としての古い伝統

文化的伝統を表現することは、民族映画の新たなアイデンティティを探求する上で有用なパラダイムだ。観光ポスターにみるように、韓国の文化遺産がもつエキゾチックなイメージは「他者」という考えを満足させることができる。イデオロギー的偏向が極端でないやり方での伝統文化の芸術的再生は、世界映画の市場へ進出する非西洋映画の多くがもつ大きな特徴である。ほとんどの場合、そうした映画によって追求された美学的な実験的性質が歴史の当事者や伝統をつくりだした民衆の声をかき消すことはない。それでも現代社会の現実に対する批評は行っている。監督個人が、普通の人びとの生き方を決定づける支配的な社会的規範とイデオロギー的価値観に抵抗しているのだ。

しかし、イムの『春香伝』では、民衆の声は沈黙させられ、歴史や伝統に対する懸念は映画表現からとり除かれている。伝統に対する民衆の視点からの現代的解釈が否定されているのだ。皮肉なことに、このアナーキスト的で個人主義的なアプローチは、過渡期にある現代韓国人のアイデンティティを表現している。民主化のための長い闘争の末、韓国社会は多様化し複雑になっているが、一つの民族としての実在感は薄れてきている。人びとの間にあるさまざまな懸念や変化しつつある関心事を封じることは、もはやできない。『春香伝』はこの韓国社会の過渡期を巧みに表現している。

さらに、『春香伝』に対するさまざまな反応は、ニュー・コリアン・シネマで表現された新しいアイデンティティ・ポリティックスの不透明性や両面的価値を暗示している。民主化は映画産業に深遠な影響を与えた。以前と比べ、大きな自由を得られるようになったのだ。政府は、悪名高い事前検閲の条項を廃止し、題材やイデオロギー的立場の選択に関して映画人に多くの自由を与えた。今や映画人は、現代韓国人のアイデンティティがもつ過渡的で多層的な面を伝えるために、これらの変化に向き合わなければならなくなった。韓国社会は民族映画の創出において、イデオロギー的な価値を最重要基準として要求することはなくなったのだ。

新たなアイデンティティをつくりあげることは衝突や矛盾に満ちた過程であり、映画人は観客の複雑で予想できない消費パターンがあることを理解しなければならない。『春香伝』に対するソウルでの無言の反応と、カンヌでの成功に対して韓国が見せた強い関心との興味深い対比は、この議論を裏づけるものだ。国は「コリアらしさ」を世界へと広めたい。同時に、韓国が自己を他者と区別する際の相反する考えは、伝統に対するステレオタイプ的な解釈に支えられた「コリアらしさ」という概念が十分に検討されていないことを明示している。さらに、韓国的なテーマでありながらハリウッド型のエンターテインメント作品を好む最近の観客の嗜好は、異種混淆性（hybridity）、異質性（heterogeneity）、模倣性（mimicry）という考え方を反映している。この点は、文化的伝統に対する認識を理解する上で重要である。韓国映画の新たなアイデンティティ・ポリティックスは、「コリアらしさ」を世界に売りこむにあたっての統合性と断片性の相互作用を示すものであり、民族映画産業の芸術および財務両面での成熟を示唆している。

韓国における歴史映画の製作は、単に近年の国際映画市場における需要の高まりを反映しているだけなのかもしれない。しかし、より重要なことは、商業的関心事を超えて、文化的伝統の現代的解釈に疑問を投げかけている点である。ニュー・コリアン・シネマの途切れることのない芸術的達成、大胆な実験的試み、そして商業的成功を切り分けて評価することはできない。この意味でイムの『春香伝』は現在の韓国映画産業の健全な状況を象徴していると考えるべきだ。この作品はニュー・コリアン・シネマに重要な潮流を生み出し、新しい市場を開拓した。イムが追求した伝統と歴史の芸術的でノスタルジックな再現は、現在の韓国における歴史映画の復活を導いた新しい世代の映画人からの挑戦を受けている。イ・ジェヨン（李在容）監督の『スキャンダル』（二〇〇三）、イ・ジュニク（李濬益）監督の『黄山ヶ原』（二〇〇三）など歴史映画のめざましい商業的成功が示唆するように、歴史や伝統に対して観客や投資家の関心が高まっているのだ。若い世代の映画人は、現代の観客の新鮮でクリエイティブな想像力に応えるために歴史と伝統にしきりに立ち返ろうとしている。ニュー・コリアン・シネマにおいて昔からの伝統が売れ出されたことは、映画業界の利益追求と観客の多様な要求という両面の産物として理解されるべきである。

註

（1）北朝鮮と韓国の「春香伝」のさまざまなバージョンの詳細な分析については、本書『コリアン・シネマ』第二章を参照。

（2）イム監督はのちに『酔画仙』でカンヌ国際映画祭監督賞を受賞しているが、それでも自分は『春香伝』の監督として記憶されるだろうと述べている。

（3）ハルミ・ベフ（Befu, Harumi）は、いみじくも「民族的アイデンティティは固定されたものではなく、客観的でもなく、永続的に定義された存在でもない。むしろ、クリエイターと消費者の必要に合致するよう絶えず作られつづけているのだ」と述べている（Befu 1993: 5）。

（4）二〇〇三年十月二一日にソウルで行った筆者によるインタビューでの発言。

(5) イムは、一九七六年にチョによって録音されたパンソリ演奏を『春香伝』のなかで用いている。

参考文献

Befu, Harumi (ed.) (1993) *Cultural Nationalism in East Asia*, Berkeley: University of California Press.

Cho, Hae Joang (2002) 'Sopyonje: Its Cultural and Historical Meaning', in David E. James and Kyung Hyun Kim (eds.), *Im Kwon-Taek: The Making of a Korean National Cinema,* Detroit: Wayne State University Press, pp. 134-56.

Ch'oi, Chŏng-sŏn (1990) 'P'ansori-ûi Ch'uimsae' (The Responses of P'ansori), in Yi Ki-u and Ch'oi Tong-hyŏn (eds.), *P'ansori-û chipeyeong, The Horison of P'ansori,* Seoul: Sina, pp 90-128.

Chŏn, Pyŏng-hyŏng (1998) 'P'ansori-ûi Hyŏngsŏng-gwa Pyŏnhwa' (The Formation of P'ansori and its Transformation), in the Academy of Korean Language and Literature (ed.), *P'ansori Yŏngu (A Study of P'ansori),* Seoul: T'aehaksa, pp 9-47.

Chŏn, Yŏng-sŏn (2003) *Kojŏn Sosŏl-ûi Yŏksajŏk Chŏn'gae-wa Nambukhan-ui Ch'unhyangjŏn (The Historical Development of Classical Novels and North and South Korean The Tale of Chuanhyang),* Seoul: Munhakmaulsa.

Chŏng, Chae-hyŏng (2002) 'Punailyŏjŏkin Tongyangjŏk Sayu-ûi Hyŏngsanghwa' (The Realisation of Trans-self, Oriental Thought), *Korean Film Critiques*, 14, pp. 170-4.

Chŏng, Sŏng-il (ed.) (1987) *Han'guk Yŏnghwa Yŏn'gu I: Im Kwantaek (Korean Film Studies I; Im Kwon-Taek)*, Seoul: Onûl.

Chŏng, Sŏng-il (ed.) (2003a) *Im Kwantaek-I Im Kwantaek-ûl Malhada 1 (Im Kwan-Taek on Im Kwon-Taek 1)*, Seoul: Hyŏnmum Sŏga.

Chŏng, Sŏng-il (ed.) (2003b) *Im Kwantaek-I Im Kwantaek-ûl Malhada 2 (Im Kwan-Taek on Im Kwon-Taek 2)*, Seoul: Hyŏnmum Sŏga.

Donne, Mary Ann (1988) 'Woman's Stake: Filming the Female body,' in Constance Penley (ed.), *Feminism and Film Theory*, London: British Film Institute, pp. 216-28.

Giddens, Anthony (1993) *The Transformation of Intimacy: Sexuality, Love and Eroticism in Modern Societies*, Cambridge: Polity Press.

Hill, John and Church Gibson, Pamela (eds.) (1998) *The Oxford Guide to Film Studies*, Oxford: Oxford University Press.

Hŏ, Mun-yŏng (2000) 'Chunhangdyon', *Cine 21*, 2, p. 1.

Im, Kwon-Taek (ed.) (1993) *Sopyonje, Yŏnghwa Iyŏgi (Sopyonje, Movie Book)*, Seoul: Haneul.

James, David E. and Kim, Kyung Hyun (eds.) (2002) *Im Kwon-Taek, The Making of a Korean National Cinema*, Detroit: Wayne State University Press.

Jeon, Pyeong-Kuk (2001) 'International Critique on Korean Cinema and Its Aesthetic Properties - Focusing on the Award-Winning Works at International Film Festivals,' *Yŏnghwa Yŏn'gu (Film Studies)*, 17, pp. 265-303.

Kim, Ik-tu (1990) 'Ch'anggukhwa-ûi Munjejŏms' (The Problems of Making Korean Classical Opera), in Yi Ki-u and Ch'oi Tong-hyŏn (eds.), *P'ansori-ûi Chipyŏng (The Horizon of P'ansori)*, Seoul: Sina, pp. 241-69.

Min Pyŏng-rok (2001) 'Han'guk Yŏnghwa Sanŏp-ûi Hyŏnhwang-gwa Daean Yeongu' (The Current Stage of Korean Film Industry and A Study of Alternatives), *Korean Film Critiques*, 13, pp. 25-40.

Park, Chan E. (2003) *Voices from the Straw Mat: Toward an Ethnography of Korean Story Singing*, Honolulu: University of Hawai'i Press.

佐藤忠男（2000）『韓国映画の精神 ── 林權澤監督とその時代』岩波書店

Sceats, Sarah (1996) 'Eating the Evidence: Women, Power and Food,' in Sarah Sceats and Gail Cunningham (eds.), *Images and Power: Women in Fiction in the Twentieth Century*, London: Longman, pp. 117-27.

Sŏ, Chŏng-nam (2002) 'Chihwason-gwa Oasis, Krigo Major Yŏnghwaje-ro Kanûn Kil' (Chihwason and Oasis, the Road to the Major Film Festivals), *Korean Film Critiques*, 14, pp 8-16.

Sŏl, Sŏng-gyŏng (1998) '*Ch'unhyangjŏn*-ûi Kyetong' (A Genealogy of The Tale of Chunhyang), in the Academy of Korean Language and Literature (ed.), *P'ansori Yŏngu (A Study of P'ansori)*, Seoul: T'aehaksa, pp. 405-17.

Sŏl, Sŏng-gyŏng (1999) 'Shin Jaehyo P'ansori Sasŏl-ûi Tûsŏng' (The Characteristics of P'ansori Narration of Shin Chae-hyo), in Yi and Ki-u, Ch'oi Tonghyŏn (eds.), *P'ansori-ûi Chipyŏng (The Horizon of P'ansori)*, Seoul: Sina, pp. 322-45.

Yi, Chae-hyŏn (1993) 'Uri Mŏrit'ong-ûi Sukpyŏn - "Sopyonje Syndrome" and "Sŏ T'aeji Syndrome" ' (Excreta in Our Head: 'Sopyonje Syndrome' and 'Sŏ T'aeji Syndrome'), in *Sangsang (Imagination)*, 1:2, pp. 162-77.

アジアン・ノワールにおける無法者の影

——広島、香港、ソウル

ギャング映画や犯罪スリラー映画はアジア地域で重要な意味をもつが、西洋におけるアジア映画研究ではこのジャンルに対する真摯な注意がほとんどはらわれない傾向がある。一般に、アジアのギャング・ノワールでは、既存の社会秩序が批判され、大衆が伝統的な儒教的倫理観に影響されながら心に描く理想のポストコロニアル社会が表現されている。それは、民族映画（national cinema）のなかでも独自の特徴をもつジャンルという枠のなかで発展し、米国のフィルム・ノワールにみられる厭世観、虚無感、決定論的世界観を（典型的には戦後の資本主義的な社会秩序というコンテクストのなかで）再定義しながら、トランスナショナルな実践を行ってきた。ノワールの伝統は日本、韓国、香港それぞれにおける映画の全般的な発展に影響を与えてきた。そうした影響を与えた様式、テーマ、登場人物に関するノワール的特徴は、黒澤明監督の『酔いどれ天使』（一九四八）、『野良犬』（一九四九）、『悪い奴ほどよく眠る』（一九六〇）、『天国と地獄』（一九六三）、ユ・ヒョンモク（兪賢穆）監督の『誤発弾』（一九六一）、キム・ギヨン（金綺泳）監督の『下女』（一九六〇）などに明確にみることができる。トランスナショナルなこの流れは、名誉、義理、兄弟の絆（および家族にまつわるその他の道徳的側面）に対する意識と、犯罪の闇世界がもつ残虐性や孤独を融合させ、儒教的な異種混淆化（hybridization）をアジアのノワールにもたらした。そこには、この地域の歴史におけるポストコロニアル的状況が長い影となって尾を引いている。

一九七〇年代、日本映画は総じて衰退期にあったが、それにもかかわらずギャング映画はたいへんな人気を博した。特に、深作欣二監督の『現代やくざ 人斬り与太』（一九七二）、『仁義なき戦い』（一九七三）、『仁義の墓場』（一九七五）は、様式の面でも人気の面でもこのジャンルの映画にとって大きな転換点となった。八〇年代にはジョン・ウー（呉宇森）監督の『男たちの挽歌』（一九八六）、『狼／男たちの挽歌・最終章』（一九八九）といった香港のギャング映画が登場し、アジア地域内の文化の行き来を刺激した。九〇年代以降、日本のネオ・ノワールが国際的な評価を得ているが、これは北野武、三池崇史、塚本晋也の作品によるところが大きい。七〇年代から八〇年代にかけて韓国は軍事独裁政権下にあり、ノワール的な犯罪映画の製作は事実上タブーとなっていた。この状況が香港のギャング映画に利益をもたらした。一方、パク・チャヌク（朴贊郁）監督の『復讐者に憐れみを』（二〇〇二）、『オールド・ボーイ』（二〇〇三）、『親切なクムジャさん』（二〇〇五）といった犯罪映画は、韓国映画の復活と九〇年代以降の国際的成功にとって重要な役割を果たした。香港では一九八九年の天安門事件以降、先の見えない将来に対する不安に焦点が当てられるようになった。何かを失うことに対する恐怖心やアイデンティティの変容が映画人にとって支配的なテーマとなり、一九九七年の中国返還に対して香港人の多くが感じていた複雑な感情が表現された。ジョン・ウー監督の『ワイルド・ブリット』（一九九〇）はベトナムへと追われた三人の男たちの友情と裏切りの物語である。一方、恋に破れた二人の孤独な警察官の物語であるウォン・カーウァイ（王家衛）監督の『恋する惑星』（一九九四）は消えゆく街の感動的なダイアリーになっているが、将来への希望を感じさせる。アンドリュー・ラウ（劉偉強）監督とアラン・マック（麦兆輝）監督の『インファナル・アフェア』に代表されるようなギャング・ノワールは返還後の香港における過渡期的アイデンティティを伝えている。本稿では、グローバリゼーション時代における文化的影響力のトランスナショナルな動きとして「アジアン・フィルム・ノワール」の躍動を探る。

1 社会批評としてのギャング・ノワール

現代のアジアン・ノワールにみられる極端さと過剰さの美学はホラー、サイコ・スリラー、犯罪劇のなかに浸透しており、北野、三池、塚本、パク・チャヌク、キム・ジウン（金知雲）がこの「アジア・エクストリーム」の代表的な映画監督として挙げられる。レイモンド・ボードとエティエンヌ・ショームトンは、「古典的フィルム・ノワールの真正な感情である苦悩と不安を観客に共同経験させる」ような「モラル上の葛藤、犯罪、そして動機と出来事の複雑な矛盾」について述べている（Borde & Chaumeton 2003: 25）。アジアン・ノワールでは、被害者の心理が苦悩と不安をつくりだす上で決定的な要素となっているが、それは新旧の社会的価値観が複雑に共存していることで現代社会にモラル・ハザードをもたらしているからだ。物質主義と資本主義の階級秩序はアジアの伝統的社会に入り込んだ外来の創造物を象徴している。これらの映画で見せられる暴力よりも恐ろしい社会的な疎外、隔離、孤独を生み出す現代の都市生活において、伝統的な人間関係や集団志向の生活様式は解体されている。分かりにくい性格描写、錯綜した筋書き、心をかき乱すような映像は、弱者の苦悩がほとんど顧みられない物質主義社会に対する抵抗を表現している（Standish 2005: 330）。

通常の観客は、暴力、セックス、犯罪の嗜虐的な表現に社会的価値あるいはメッセージ性をほとんど、あるいはまったく読みとっていないが、西洋のジャンル映画ファンは、「アジア・エクストリーム」を異国情緒あふれる幻想の世界として楽しむ。こうした映画は、暴力のもつ社会的重大さに疑問を投げかけるというより、心理的な影響を観客に伝えることを狙いとすることが多い。たとえば、アジア・エクストリームでは家庭内の暴力、体罰、性的虐待、近親相姦がよく扱われるが、これらは伝統的な儒教的観点からすると最もデリケートな問題である。閉鎖的な空間である家庭や学校における暴力や虐待は個人のトラウマを通して表現されており、それによって、苦悩する人びとに目を向けようとしない社会を批判している。しかしながら、人びとが互いに無関心で孤立した社会に生きることの心理的影響や個人に焦点を当てることで、社会の不平等や崩壊が曖昧にされたり、無視されたりする傾向がある。同様に、現代アジアのフィルム・ノワールの多くは、社会の歴史から切り離された個人を中心に置いた犯罪と復讐の物語になっている。

佐藤忠男（1987; 1995）によれば、日本のギャング・ノワールは西洋支配に対する心情の表現だという。深作は、自身のギャング・ノワールは戦後の米国統治（一九四五～五二年）とその後数十年にわたって日本政府が追求した急速な経済発展に対する大衆の視点を映すものだと強調し、また、米国による占領は新しい形の暴力をつくりだし、それが日本の旧い暴力に終焉をもたらしたと主張している。急速な発展を遂げる資本主義社会における弱者の苦悩を深作が映画で扱ったことによって、一九七〇年代、大衆映画文化が復活することになった。対照的に、現代日本のノワール映画は総じて大衆映画文化が求めるものには関心を払っておらず、ファン層向けに作られている。

とはいえ、人気は社会批評としての映画の動員力を評価するバロメーターである。日本国内外における映画監督としての北野武の評判は、この議論をする上で適切な事例となる（Mes & Sharp 2005）。現代日本映画における随一の映像作家という（西洋での）北野の名声は揺るぎないものだ（Gerow 2007）。北野作品で表現される不安と空虚を創造的に昇華したものとして犯罪者心理の残虐性と奇矯性（これらは普通の日本人が社会の日常のなかで経験するものと西洋の観客は思っているかもしれない）を西洋の観客が美化してとらえるのは、文化的隔たりの大きさが一役買っている。また、国際的な映像作家として北野が描く過激さと静謐さにはオリエンタリズム的な視線が向けられ、注目されている（たとえば、『HANA-BI』（一九九七）は、第五四回ベネチア国際映画祭で金獅子賞を受賞し、日本映画が禁止されていた韓国で五十二年ぶりに上映された日本映画となった）。[1] しかし、日本の観客の大半は、世界映画（world cinema）におけるエスニック・ポリティックスや西洋の映画祭を狙った展開戦略には無関心である。もちろん、北野が国際的に評価されていることで、日本のメディアやファン（ジャンル映画の観客の中核をなす）も北野をもてはやしているが、一般的な観客は北野作品がもつ社会批評としての重要性については認識していない。むしろ日本においては、暴力に対する北野の個人的な表現として北野作品をとらえる傾向にある。[2] どたばた喜劇のコメディアンとしてテレビに映る滑稽なイメージが、才能ある映画監督としての評判を覆い隠しがちだ（とはいえ、どちらの仕事においてもみられる風刺的性向は、それほど異なったものではないかもしれない）。対照的に、商業映画監督として深作、ジョン・ウー、パク・チャヌクが得た人気は、自国の観客に向けたより効果的なコミュニケーションを達成できたことを示唆しているのかもしれない。また、ジョン・ウーとパク・チャヌクのノワール的な犯罪スリラー作品は、西洋での上映前に、アジアの映画ファンに国境を超えて享受されていた。それゆえ、大衆向け社会批評としてのアジアン・ノワールの重要性は、国、地域、世界という枠組みのなかでそれぞれ異なった方法で評価し理解することができる。

アジアのフィルム・ノワールは、トランスナショナルな系譜をもつ。世界の映画市場では米国映画が覇権を握っているにもかかわらず、アジア地域における人気映画の国境を超えた流れは、相互関係を通して自国民向け映画の発展に明らかに影響を与えている。犯罪を描く上での厭世観、心理的空虚、道徳的葛藤といったアジアン・ノワールに共通する特徴は、アジアとハリウッドのノワールのトランスナショナルな流れと民族的特性とが組み合わされたものであり、地域的ジャンルとグローバルなジャンルを現地化させている。こうしたナショナルな要素とトランスナショナルな要素を明らかにするために、本稿では、深作の『仁義なき戦い』、ジョン・ウーの『男たちの挽歌』、パク・チャヌクの『オールド・ボーイ』という三つの民族映画（national cinema）を例に比較する。これらは、それぞれおよそ十五年の間を置いてアジアにおけるギャング・ノワールの新しい伝統を打ち立てた作品である。同時に、これらのそれぞれ異なるスタイルとテーマは、トランスナショナルな映画の時代における民族映画の重要性を強調しており、国民「独自の」歴史と民族の文化的伝統を際立たせている。本稿の結論として、グローバルなコンテクストからみたアジアのギャング・ノワールにおける多様性と共通性の重要性について考察する。

2　無法者、ヒーロー、組織暴力団――暴力の三つの顔

ヤクザ、英雄、組暴《チヨボク》（組織暴力団）は、それぞれ日本、香港、韓国のギャング・ノワールにおける犯罪者のタイプを表す言葉である。犯罪に対するイメージは、それぞれの国が歩んできた近代化の違いを反映している。とはいえ、アジアのギャング・ノワールは、その時代の政治情勢と向きあうのが常であ

り、儒教的伝統のコンテクストにおける国家と国民の理想的な関係に疑問を投げかける。資本主義社会においては、国家が独占する公的権力が社会正義を体現するものではないのが前提だ。いいかえると、カネが伝統的な社会規範を破壊しており、犯罪は破壊的で不正な行為というより、社会正義を取り戻すための手段として正当化されうる（Magnan-Park 2007）。たとえば、警察が機能せずに国民を守ることができない場合、一般市民は既存の社会秩序を疑うことになる。結果として、スクリーン上のヒーローはしばしば犯罪者の側を選び、悲惨な状況のなかを生き抜こうと苦闘する個人を見棄てるような崩壊した社会制度のなかで、別の形の「家族・国家」を提供する。

アジアのギャング・ノワールの典型的なオープニングは、獄中にいて、あるいは徴兵されて一般人との接触を失っていた主人公が犯罪組織の大物と出会うというものである。この出会いは、社会復帰の道につながる。儒教の教えでは、父親・家長と国家は一体のものとみなされており、主人公は裏社会の長に代理父を見出す。しかしながら、伝統的な倫理観を取り戻したいという時代錯誤的な願望によって、主人公は徐々に国家と裏社会の両方と対立するようになる。以下に詳細に論じる三作品では、こうした主人公とナラティブ構造がそれぞれ異なった形で展開されている。

『仁義なき戦い』における孤独な無法者

一九四七年、広島の闇市。復員兵の広能（菅原文太）は、米兵の一団が日本人女性を暴行する場面に出くわす。広能は土居（名和宏）組の若杉（梅宮辰夫）の助けを借りて女性を救う。原爆の焼け跡を歩き回っていた広能は喧嘩に巻きこまれ、暴漢を殺してしまう。そして、獄中で若杉と再会する。保釈後、広能は山守組組員になり、組長（金子信雄）の右腕となる。土居組が支持する市会議員選挙を山守組が妨害工作したことによって、組同士の対立は避けがたいものとなる。若杉は義兄弟の契りを交わした広能の殺害を避けるため、土居に背を向け、山守組につく。山守は広能に土居を殺すよう命じるが、失敗すると山守は何者かに広能暗殺を命じる。広能は暗殺者から逃れるうちに、土居の殺人未遂で逮捕され再び獄中へ戻る。広能が獄中にいる間、若杉は暗殺者を殺し、広能の仇を討つ。山守は警察に若杉の居場所を知らせ、若杉は結果的に殺される。出所した広能は、組同士の抗争に再び巻きこまれる。山守は組の新しい若頭で頻繁に山守に盾突く坂井（松方弘樹）を殺すよう広能に頼む。広能は拒否するが、山守への忠誠は変わらぬことを約束する。抗争に終わりはない。名誉や仁義ではなく、「カネ」が究極の目的だからだ。山守の裏切りに愛想の尽きた広能は欲深い世界に対して孤独な闘いを宣言する。

『仁義なき戦い』は続編が四作（まとめて「仁義なき戦いシリーズ」として知られる）製作されるなど興業的に大成功を収め、一九七〇年代におけるヤクザ映画の人気復活に貢献した。伝統的なヤクザ映画（任俠映画）の作法に最も過激な形で背き（山根・米原 2005）、暴力と残虐性を大胆かつ自然な形で描いた深作作品は、このジャンルを道徳的メロドラマからアナーキーで社会的メッセージ性のあるものへと変容させた（Standish 2005: 317, 330）。戦前を舞台にした任俠映画は名誉、人間性、忍耐、義理といった古い価値観を称揚し、上下関係に基づく伝統的な制度を美化していた（佐藤 1995; 四方田 2000）。時代劇とともに任俠映画を占領軍当局が禁止したのはそのためである。つまり、大日本帝国への郷愁と旧体制の権力者への忠誠を呼び起こす可能性があると考えられていたのだ（佐藤 1995: 52-3）。深作のヤクザ・ノワールは無法者の美化を拒否し、懐古的な感傷主義と忠誠や名誉という伝統的な価値を体現したサムライの伝統の終焉を宣言している。たとえば、若杉が腹を切ろうとするのを広能が手伝うとき、獄中にいるこの二人のヤクザは、伝統的には武士が主人に対して忠誠を示すための儀式的な自死である切腹を、国家による監視と処罰の制度への抵抗の行為に変容させている。あとの場面で、広能はヤクザ世界の大物に対して誠心から謝罪しようとするが、指詰めで失態を見せてしまう。これは、伝統的価値観の死による儀式の形骸化を意味している。また、親分である山守が子分に頼っていることにもそれは示されている。山守は、苦境に立たされると泣いて子分たちに慈悲を乞い、自分にとって利用価値がなくなると情け容赦なく彼らを拒絶する。さらに、広能が坂井の葬儀で、親分や地元企業からの献花で飾られた祭壇をピストルで撃つとき、社会が資本主義的発展を遂げることに対する反感や、古い価値観や制度が外国からの侵入を拒否できないことに対する悲嘆は否定しがたいものとなる。この映画の悲観主義や厭世観は、日本政府が推進する高度経済成長のビジョンを批判し告発しているのだ。

一方で、外国からの侵入者と資本主義的社会の発展に対する強い反発は、敗戦国の国民が外国人に対してもつ排外的な不安感を暴き出している。冒頭の流れは、ヤクザの英雄的イメージを裏書きするものである。レイプされている女性を救うとき、占領軍に対する抵抗として暴力が描写されるのだ（とはいえ、罪のない人に対する犯罪は、米国統治下で生き残るための手段でもあった）。レイプの場面はマッカーサー元帥率いる米占領軍を直接的に告発している一方で、（去勢された民族のメタファーとしての女性の体をめぐって）男同士の絆が理想化されるのは、アジアのポストコロニアル映画で西洋に対する反感が示されるときのステレオタイプ的な表現である。占領軍から日本人女性を守ろうとした広能の勇気は、広能を犯罪組織の世界へ、また、若杉との義兄弟の契りへと導くこととなる。

その後の深作作品『やくざの墓場　くちなしの花』（一九七六）では、反米感情が在日コリアンへの反発にとって代わる。彼らは戦争中、安価な労働力として日本への移住を強いられ、戦後本国に引き揚げなかった人びとである。在日コリアンをスケープゴートとして描くことで、日本人のもつ心理的な劣等感を相殺しているのだ。主人公の黒岩（渡哲也）ははみだし者の刑事で、伝統的な男らしさというものを信じていない。黒岩は、地元の小さな暴力団西田組の組長で在日コリアンの岩田（福本清三）と兄弟分になり、西田組の元親分の妹で同じく在日コリアンの啓子（梶芽衣子）と恋に落ちる。まもなくこの関係は対立する組の知るところとなり、黒岩は拷問を受けたあと、岩田を裏切る。そして、職を失い、ついには路上で殺される。権威に対する黒岩の向こう見ずな態度とコリアンに対する共感は、植民地拡大と敗戦という結果に対して日本人が感じていた相反的な心理を示唆している。

深作映画の斬新で反抗的なアンチヒーローは、伝統的なヤクザ映画のジャンルを社会批評へと変容させ、西洋的な資本主義の確立と伝統的な日本的価値観の死を乗り越えようとした。五十嵐惠邦（2006）は、一九七〇年代におけるヤクザ映画の人気は、日本における消費社会の到来というコンテクストのなかでとらえるべきだと述べる。それまで大半の日本人は農村生活を送っており、都市文化には馴染みがなかった。それゆえ、これらの映画によって、あるいは映画のなかで表現される排外主義は、当時起こっていた劇的な社会の変化と政治的混乱に対する一般市民の相反する感情を伝えているとみることが可能だ。

一八六八年の明治維新以来、近代日本の国家イデオロギーは「脱亜入欧」であった。現在の政府が公式に表明していることではないが、このイデオロギーはいまだに強い影響力を持ち、日本がアジアの一部であることを否定する日本人は多い。日本の帝国主義的な拡大と他のアジア諸国の併合により、植民地・占領地の住民は軍事、労働、性奴隷のために召集され、居住地から移動させられた。そのなかには、七〇～一〇〇万人の朝鮮人も含まれた。戦後、財産をもって帰国することが禁止され、また母国ですべてを失っていたため、彼らの多くは帰国が不可能だったり、あるいは帰国を望まなかったりした。母国自体も冷戦の戦場となっていたのだ。現在、四十五万人の在日コリアンが帰化を拒んで国籍を保持しており、現代日本における最大のエスニック・マイノリティーになっている。エスニック・マイノリティーが存在するということ、とりわけ相当な数が存在するということは、大衆に人気の「日本人論」、すなわち「日本は単一民族国家である」という神話を揺るがせる。ごく最近まで、日本はエスニック・マイノリティーが存在しないと主張していた（Hicks 2004）。

コリアンがヤクザ的生業に関わるという一般的なイメージは、この植民地主義と社会的排除という歴史的なコンテクストから理解する必要がある。帰化を拒んだコリアンは教育や職業において差別されてきたがゆえに、きつい、汚い、また世間体の良くない商売を営んだ。日本人の民族的な純一性に対する誇りは、他のアジア人に対する差別と、西洋の社会や文化に対する劣等感の正当化に寄与した。日本の大衆文化によってつくりあげられた「ヤクザ」という儀式的な人間像は、西洋人的（occidental）なアイデンティティと排外主義に対する相反的な視点が展開される場として機能し、また、七〇年代以降、日本で起こっていた巨大な社会変化に対する大衆の秘かな願望や政治的不安を示している（五十嵐 2006）。国主導による近代化のプロセスは、伝統的な家族の価値観を国家のイデオロギーとして利用したが、従来からの農村的生活様式に根差す個々の家族の生活が犠牲になることを強いた。しかしながら、消費社会が突如到来し、テレビが全国的に普及したことで、それまで支配的だった農村的な考え方は衝撃を受けた。特に、都会での政治デモのイメージが映し出されたときのショックは大きかった。深作のギャング・ノワールの視聴者は映画の外では資本主義社会の物質的豊かさを享受していたものの、社会の変化に対する苛立ちや不満のせいで他の欲求を抱えており、犯罪暴力の映画的表現がその欲求を満たしたと思われる。日本の文化的伝統に起源はあるものの、ヤクザは外国の侵入、とりわけ（唯一ではないにしろ）米軍による占領が生み出した社会的勢力である。それゆえ、ヤクザの物語を通して表現される対立や反感は、資本主義の発展や伝統の喪失だけではなく、侵略の歴史および単一民族国家ではないことを日本人に思い起こさせるエスニック・マイノリティーにも向けられたものである。

他の深作作品と同様、『仁義なき戦い』は反戦の声明でもある（山根・米原 2005）。オープニングイメージとして映される原爆のキノコ雲は日本の反戦映画を象徴するものだが、これはまた日本の旧制度の価値観に抗して生まれた新しい力に対する不安の爆発も表現している。深作の撮影、編集の手法（いわゆる「実録映画」に特徴的なもの）は、戦争で荒廃した日本を巧みに再生し、新種の暴力となる野蛮さや残酷さに焦点を当てている。戦後の混乱期にある日本を描きだすなかで、深作は新聞のスチール写真の挿入、自然照明、手持ちカメラ、全知的なボイスオーバーによるナレーションなどの技法を用い、臨場感と現実味を生み出している。仁義なき戦いシリーズにおけるカネをめぐるヤクザの抗争物語は、「戦後日本のもう一つの歴史であり、華々しい復興と経済成長の陰に隠れた路上の真実である」（Mes & Sharp 2005: 57）。

深作作品を含むギャング映画の人気は、一九七〇年代後期、撮影所システムの終焉にともない不調となった。毎年十本以上のヤクザ映画が作られはするものの、そのほとんどが劇場公開を経ずして直接ビデオ化されている。とはいえ、仁義なき戦いシリーズの大人気ぶりは、一九七〇年代に大衆映画文化が追求した左翼政治志向を暗に示している。若いインテリは反ベトナム戦争と反米の激しい政治集会のあとに映画館に駆けこんだ（佐藤 1995: 135-7）。不安で苛立っていた過激派インテリもまた、仕事や学業のために故郷を離れた新興都市部の孤独な大衆と同様に、ピンク映画や暴力的なヤクザ映画をみるという楽しみをもっていたのだ（四方田 2000: 189）。深作作品はかつてヤクザ映画を秘かに愛好していた知識人にノスタルジアを引き起こすが、いまや老年となったこの世代は、ビデオとして製作される現代ヤクザ映画のファン層ではない。しかしながら、深作作品に典型的にみられる現実離れの反資本主義とポストコロニアル批評は、現代アジアのギャング・ノワールにおける反抗性や政治意識のルーツとなっていることを示唆する。現代ヤクザ映画の視聴者は減りつづけているが、小さなアパートの一室で義侠に夢をみるような主に独身男性からなるファン層にとって、ヤクザ映画は「大いなるやましい喜び」でありつづけている（Schilling 2003: 35）。

ヤクザ映画はもはや人気のジャンルではない。親分と子分という上下関係に若い世代が魅きつけられることはないが、儀式的な人間としてのヤクザは現代日本の映画的想像力において重要な位置を占めており、社会的弱者の不安を表現し、社会の爪弾き者を象徴している。こうして、現代の映画人は、ヤクザ神話の失墜や存在論的な問いかけにしばしば関心を寄せている。たとえば、北野の『ソナチネ』（一九九三）では、敵対する組と抗争中の中松組を助けに行くという名目で、村川（北野）と子分のチンピラたちが組長によって沖縄に送られる。ヤクザから足を洗うことを考えていた村川はしぶしぶこの命令を受け入れるが、沖縄に到着すると組長が実は中松組と敵対する組と手を結んでおり、村川と中松組の双方を殺すことになっていたことを知る。これに対して、村川と子分たちは静かな海辺で漫然と過ごし、砂にまみれて子どもじみた遊びに興じながら死に向かう準備をする。

社会から爪弾きにされた者たちの問題だらけの危険な生き方や、彼らが最終的に戦うときの動きのない銃撃戦に対する北野のストイックな描き方は、深作が切り開いたギャング・ノワールの作法に異議を唱えるものである。深作作品の手持ちカメラによるダイナミックな映像と高速な場面転換は、騒乱が続いた七〇年代の混沌とした日本と、日常生活における資本の拡大と蓄積に対する強力でアナーキーな抵抗を的確に表現している。対照的に、北野映画の観想的で静謐な映像とロングショットは、搾取的関係に対する諦観的な厭世感を伝え、日常生活の不条理や虚しさの余韻を残す。北野の暴力の扱い方は冷笑的であるだけではなく、対象とする苦悩から感情的な距離をとる傾向にある。さらに、北野がつくりだす東洋的な日本の美しく趣のあるイメージは、暴力の社会的根源に対する批判を先送りすることに一役買っている。

『男たちの挽歌』におけるヒーロー

むき出しの感情が不在の暴力描写とモラルからの隔離によって『ソナチネ』で表現された虚無感と孤独は、八〇年代後期から九〇年代半ばにかけて花開いた香港のギャング映画、とりわけジョン・ウー監督とプロデューサーのツイ・ハークによる血なまぐさいヒーロー映画と著しい対照をなす。日本の領土拡大、侵略、植民地支配の被害者たちは、（深作のギャング・ノワールに表現されているような）日本自らが生み出した惨禍に対する激しい抗議には懐疑的であったかもしれないが、日本映画の伝統は各地域の映画人独自のフィルターを通して、それぞれの民族映画に影響を与えた（Cho 1996; 四方田 2001; 劉 2006）。ジョン・ウーは黒澤映画とヤクザ映画の熱心なファンであり、彼のギャング映画は、イタリアのウエスタン映画や剣術映画、[3] フィルム・ノワールだけでなく、近隣アジア諸国の伝統からも同様に影響を受けている（Bordwell 2000: 100）。なかでも、六〇年代後期の任侠映画の象徴である俳優・高倉健が演じる登場人物は、ジョン・ウー作品のヒーローのモデルとなった。また、深作のアナーキー的なスタイルとテーマは、ジョン・ウーに直接的な影響を与えていないようにみえるが、人間関係の政治化における類似性はジョン・ウー作品で明確にみてとれる。

マーク（チョウ・ユンファ）と親友のホー（ティ・ロン）は、偽札づくりのシンジケートで働いていた。偽札の取引で裕福な生活は送れていたものの、ホーは弟のキット（レスリー・チャン）のためにシンジケートを離れる決心をする。キットは警官候補生で、ホーが闇社会とつながっていることを知らなかった。ところが、ホーは組織を離れる前に裏切られ、台湾で刑務所に送られてしまう。激怒したマークはホーの復讐を実行するが、敵対するギャングから足を負傷させられる。三年の刑期を終えたあと、ホーは父親が敵対するギャングによって殺されていたことを知る。キットは父親の死に対しホーを責める。一方、マークは生き地獄にあった。シンジケートの新しいボスであるシン（レイ・チーホン）のもとで働くが、シンは彼を獣のように扱い、ホーを脅迫するようキットに強要する。ホーは、マークとキットへの相反する忠義に引き裂かれる。マークはシンに復讐し、シンジケートで以前の地位を取り戻すことを望んでいたが、キットはホーがシンジケートに戻ることを決して許さないのだった。

『男たちの挽歌』は商業的に大成功を収め、八〇年代から九〇年代にかけてヒーロー映画の時代を確立し、香港大衆映画の人気復活に貢献した。当時、香港の映画産業は、西洋とテレビ業界で訓練を受けた「ニュー・ウェーブ」の監督世代に牽引されていた。彼らは中国本土の文化に対して感情的、文化的な強いつながりを感じておらず、カンフー映画やメロドラマよりも、剣術ファンタジーやギャング映画に関心があった。彼らは映画祭や見本市において批評家から高い評価を得たものの、映画産業自体は不振に陥った。一方、ニュー・ウェーブ系ではないジョン・ウーは商業映画の制作に傾倒しており、彼の流血ヒーロー映画は娯楽としての香港映画の国際的評判を高めた（Cho 1996: 61-2; Bordwell 2000: 82)。

『男たちの挽歌』は、騎士道的アクションドラマの伝統のなかに、ギャング映画という重要な領域をつくりだした。ブルース・リー（李小龍）とジャッキー・チェン（成龍）が「カンフー映画の双龍」(Bordwell 2000: 49）であるように、チョウ・ユンファ（周潤発）は、アジアのギャング・ノワールの象徴となったのである。『狼／男たちの挽歌・最終章』『ワイルド・ブリット』『ハード・ボイルド』（一九九二）など、『男たちの挽歌』以降のジョン・ウー作品は、西洋の映画ファンのなかでこのジャンルの人気を広げた。ロー・カー（Law Kar）によれば、西洋のファンは「抑制を知らない激しさが西洋のジャンル映画ではほとんどみられない、まさにそれゆえに」愛好しているという（Teo 1997: 178）。『男たちの挽歌』は、美学的な観点からいえば最も完成度の高いヒーロー映画とはいえないかもしれないが、今なお香港のギャング・ノワールにおける金字塔でありつづけている。

一方、『インファナル・アフェア』は、香港の中国返還後、アンドリュー・ラウとアラン・マックが作った新しいスタイルのギャング・ノワールである。鏡像となる二人の男と犯罪世界のストーリーを再利用したこの作品は国内外で成功を収め、マーティン・スコセッシによって『ディパーテッド』（二〇〇六）としてリメイクされた。『インファナル・アフェア』およびその続編は、初期のヒーロー映画よりも予算が潤沢で、その分、視覚的によりスタイリッシュな作品となっている。しかしラウとマックは、現在の社会秩序に代わるものとして裏社会を美化することはしなかった。英国による植民地支配が終わり、中国共産党の指揮下で新たな香港のアイデンティティが生まれた。とはいえ、道徳的な葛藤、虚無感、厭世観は、新体制の社会においてさえ善と悪の明確な線引きを拒否している。主人公である男たちの精神的な絆と社会正義の追求は生きつづけ、中国人の誇りが取り戻される。民族意識は友情や家族の伝統的な価値を象徴するため、ヒーローが自らの真のアイデンティティを明かすとき、それは民族と国

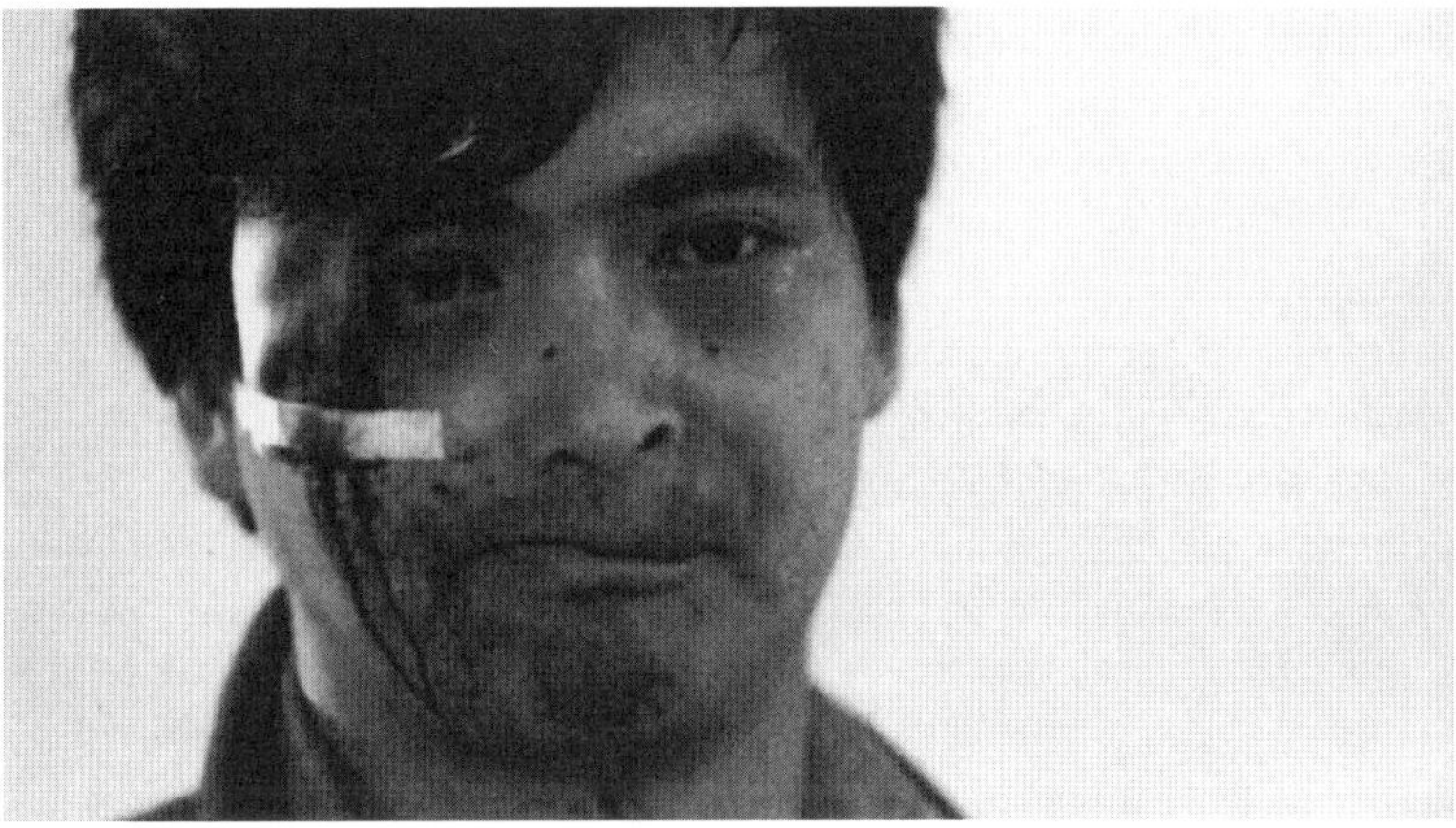

図28 ジョン・ウー監督『男たちの挽歌』(1986)　チョウ・ユンファ

家の下僕としてなのである。

『男たちの挽歌』の原作タイトル『英雄本色』が示すように、この裏社会の物語は伝統的な価値観と社会秩序の妥当性を確認する民族的メロドラマである。ヒーローたちの美化されたイメージを通して描かれる男だけの堅固な社会の関係性においては、ファム・ファタールや他の女性が出る幕などない。民族的アイデンティティという考えが、社会の権威に対するあらゆる疑問にとって代わり、旧英国植民地の市民がもつ不安を娯楽性のある英雄的空想物語に変容させている。更生したホーと足に不具合のあるマークという二人の鏡像的登場人物の永遠の友情関係は、『ハード・ボイルド』や『インファナル・アフェア』における警官と英雄的ギャングのペアのように、中国本土の文化的伝統と英国領のポストコロニアルな歴史性という香港ノワールの相反する歴史的ルーツを強調している。すなわち、植民地香港では、経済的収益性が社会的に最重要な事柄だったが (Magnan-Park 2007)、共産主義中国への返還でこの状態が悪化した。それでも儒教は香港人がもつ中国的心情における道徳的指針でありつづけている。香港のギャング・ノワールは本質的にはヒーロー物語、ヒーローの騎士道的な兄弟愛や人間離れした武闘術の物語である。そこでは銃撃戦が現代の剣術を表現している。ジョン・ウーのヒーローが悲劇的な結末を迎えたのは彼が植民地香港の臣民だったというのが理由だとすれば、『インファナル・アフェア』のヒーローは民族に仕えたという理由で異なった運命をたどったといえる。彼は資本主義という悪と戦うために統一中国から植民地独立後の香港に送りこまれたのだ。

『オールド・ボーイ』における組暴

『復讐者に憐れみを』は、アジアン・ノワールの代表的存在としてパク・チャヌクの評価を確立させた作品である。(4)この作品はアジア・エクストリームのファンには評価の高い作品だったにもかかわらず、犯罪、暴力、セックスの感傷的でない描写によって商業的には失敗に終わった。対照的に、パク・チャヌクの次作品『オールド・ボーイ』は一般客にも人気を博した。異常な誘拐とそれに続く残酷な復讐を描いた迫真の物語は、観客が感情的に距離を置くことを許さない。ごく普通の会社員だったオ・デス（チェ・ミンシク）は、理由もわからぬまま十五年間監禁される。誘拐犯のイ・ウジン（ユ・ジテ）はデスに、自分が解放された理由を知ったら自殺するだろうと告げる。ウジンは姉の自殺の引き金となった噂を流したとして、デスを責める。その噂とは、ウジンの姉がウジンによって妊娠させられたというものだった。デスの監禁は本当の復讐のための準備に過ぎなかった。ウジンは、催眠術をかけた上でデスが実の娘と近親相姦の関係になるようにしかけ、そのあとで新しい恋人が実の娘であるということをデスに気づかせる。

『オールド・ボーイ』はパク・チャヌクの人気映画監督としての評判を回復させた。彼の『ＪＳＡ』は、二〇〇〇年に韓国で最も人気のあった映画であり、韓流ブームを牽引した代表的作品の一つだった。『オールド・ボーイ』は商業的な成功を収めただけではなく、カンヌ国際映画祭でのグランプリを含め多くの国際映画祭で賞を獲得した。チェ・ミンシク（崔岷植）は、生きた蛸《たこ》を食べる場面や長い廊下で大勢のギャングをハンマーで殴り倒していく場面の怪物的なイメージとともにアジア・エクストリームの象徴となった。何十年もハリウッド映画の独壇場だった韓国で、『オールド・ボーイ』が示したように、商業的成功、美学的実験、社会的メッセージ性を同時に追求することが主たる歯車となって、民族映画が復活したのだ（本書62－77頁を参照）。

『オールド・ボーイ』は、フィルム・ノワールの常套に満ちている。フラッシュバック、一人称によるナレーション、ひねりの効いたプロット、ショッキングなどんでん返し、ドキュメンタリーのスチール写真とニュース映像の挿入、複雑な性格のファム・ファタールなどがそうだ。また、タブー的テーマを扱う際の道徳的葛藤は諦念と厭世観を生み出しており、過去からの避けられない結果を現在に与えている。さらに、アジアにおけるトランスナショナル映画の例としてみると、『オールド・ボーイ』の暴力、セックス、犯罪の描き方は、日本のギャング・ノワールと大衆芸術の伝統からある程度影響を受けているのがわかる。たとえば、人間に対する自然の圧倒的な力を映像化することは、通常は人間と自然の調和を追究する韓国映画の伝統的な美学にとっては馴染みのないことであった。一方で、刑務所の廊下における格闘場面は、日本の漫画のフレームに韓国のギャング映画のアクションスタイルを融合させたものである。ちなみに、この映画の原作は同タイトルの日本の漫画である。一方で、『オールド・ボーイ』のテーマは、『復讐者に憐れみを』やのちのパク・チャヌク作品『親切なクムジャさん』と同様、韓国に特有なもので、とりわけポスト儒教社会における不条理や資本主義的階級制度における経済的不平等といったテーマを扱っている（Lee 2000）。

パク・チョンヒ（朴正煕）の軍事独裁政権下（一九六一〜七九年）で、韓国は急速な経済的成長を達成するために民主主義の理想を犠牲にした（Choi 1994）。そして一九八〇年代後期に、工場労働者、学生活動家、急進的な知識人の連合が進歩的な宗教グループに支援され、軍事政権の終焉をもたらした。一九六〇年代に生まれ、八〇年代に学生生活を送り、民主化が達成されたときに三十代だった世代、いわゆる三八六世代（Robinson 2005: 24）は、大衆運動を導いた新しい勢力を象徴した。イム・リンス（林常樹）と並んでパク・チャヌクは三八六世代を代表する映画監督であり、独裁政権の発展とその影響を文化的、政治的に批評することに関心を寄せている。たとえば、『復讐者に憐れみを』は、九〇年代後期の韓国通貨危機のさなかに起きた誘拐と殺人を扱った物語である。韓国通貨危機は、市民社会に対するセーフガードを備えない国家主導の急速な経済成長が生んだものであり、全国的な失業やそれに伴う家族の離散、自殺率の上昇といった甚大な社会問題がもたらされた。

会社員のデスと資本家のウジンが、ウジンの豪華なペントハウスで対峙する場面でみられるように、パク・チャヌクにとって犯罪は階級社会制度に対し疑問を投げかける手段となっている。デスを獣へと変容させた組暴とウジンが関係をもっているということは、階級社会において権力と暴力が私有的なものになったことを象徴している。国家が強者の横暴から自分を守ってくれなかったことに対する一般市民デスの怒りから生まれる残虐性と残忍性は、個人の所有物となった暴力に対する過激な反応である。組暴は資本主義の裏の顔であり、国家権力は資本家階級を罰する権力をもっていない。実際、警察が登場するのは、酔って路上で喧嘩をしたデスを拘束する冒頭場面のみである。個人が私的に復讐する方法

図29 パク・チャヌク監督『オールド・ボーイ』(2003)　チェ・ミンシク

としてのカネのイメージは、ポスト儒教社会に対する主要な批判であり、これは『復讐者に憐れみを』で実業家の個人的な復讐を手助けするために買収された刑事、また『親切なクムジャさん』で少年の誘拐と殺人の罪をヒロインに負わせる刑事の救いようのないイメージのなかでも取り上げられている。『オールド・ボーイ』の近親相姦に対する道徳的葛藤は、儒教的家父長社会に対する強烈な批判となっている一方で、その批判は資本主義における経済的階級の対立の問題にも結びついている。近親相姦関係でウジンとデスが直面する道徳的ジレンマは、正反対の方法で解決される。姉の自殺を幇助したウジンはカネにものをいわせて米国に逃げ、罪悪感を軽減するためのスケープゴートとしてデスを使うのだ。しかし、『オールド・ボーイ』は他のアジアン・ノワールと同様に男性中心的な視点をもっており、デスの娘であり恋人であるミド（カン・ヘジョン）の描き方は家父長制度に対する批判を台無しにするものだ。ウジンとデスの複雑な心理的駆け引きに気づかないミドは、結局は男性の性的欲望に残酷に利用されるだけの哀れな可愛い少女にすぎない。『仁義なき戦い』における代理父と息子、契りを交わした義兄弟の関係、また、『男たちの挽歌』における父・息子の関係と兄弟愛と同様に、『オールド・ボーイ』における家父長制的道徳観と男性中心の家族規範は、ポスト儒教社会批判としてアジアのギャング・ノワールを取り上げることの皮肉を証明している。すなわち男性中心の視点による脱構築が、家父長制社会の問題点を浮かび上がらせているのだ。

3　社会の流人――ポストコロニアルの歴史と儒教的伝統

これら民族映画三作品のギャング・ノワールが提示する社会批評は、西洋支配への反抗と弱体国家の劣等感を明らかにしている。日本のヤクザ映画では、国家権力が消滅し、米国の強大なイメージがそれにとって代わった。香港の流血ヒーロー映画では、宗主国の英国政府は植民地社会で何の権威も持たない。ヒーローは犯罪にまみれた闇社会に属しており、その鏡像は植民地主義的な権力側にある。韓国の映画では、腐敗した犯罪世界そのものが資本家階級に仕える専制的国家権力の比喩的表現となっている。こうしたポストコロニアルな歴史性は、アジアのギャング・ノワールが表現する資本主義社会の不平等に対する批判の中核をなすものであり、西洋支配に対する人びとの不安という被害者心理を伝えている。アジアン・ノワールで描かれる残忍で腐敗した上層者に対する無力な弱者の闘いは、いずれもポストコロニアル社会における経済発展に対する大衆の不満を暗示しており、社会不安や経済的不平等を描写することで、秩序の破綻と伝統的価値観の死がもたらした大衆の苦悩を表現している。この意味で、アジアのギャング・ノワールはグローバルな資本統合の時代における各国の民族感情を明確に反映している。そして、土着の伝統とハリウッドの伝統との異種混淆化によって、ポストコロニアル的感覚、伝統的社会における価値観の死に対する不安、西洋支配に対する怖れといったアジアン・ノワールでまさに核となる特徴を的確に表出しているのだ。『仁義なき戦い』における占領軍支配下の広島や、『ソナチネ』における南国沖縄は、反戦とポストコロニアル的感情の混じった複雑な被害者心理を伝えている(5)。これらの映画によって描かれる日本のポストコロニアル的現実は、香港のギャング・ノワールにおいても同様にみられる。元英国領である香港のイメージを描くのに、薬物、レイプ、売春、偽ドル札を西洋資本主義の悪のメタファーとして用い、外部からの領土侵入を表している。また反対に、伝統主義的価値観の死によって、暴力に訴える道徳的根拠が弱者に与えられている。伝統にしがみつく者の粗暴さや虚しさは、集団志向の伝統的道徳に対する郷愁や、現実社会で行き場を失った感情を表現している。つまり、アジアン・ノワールは今日の社会における儒教的伝統の妥当性をめぐる問いを中心に展開されているという見方もできるということだ。これらの映画におけるモラルの曖昧さは、善と悪の明確な線引きを拒む一方、冷酷な闘いを描く悲劇的な物語は、これらの登場人物が積み上げた人間関係の避けられない重みを表している。儒教的道徳では家族関係を否定することは罪であり、これが仏教の考えであるカルマ(前世の行いゆえの報い)と結びつけられると、家族のつながりを破壊する者は誰であろうと地獄へ落ちるということになる。これがアジアン・ノワールにおける悲観主義の根幹にあると考えられる。

ポストコロニアル的感覚、そして西洋の物質文化の氾濫は、しばしば伝統的な価値観や道徳に対する外来物の勝利として描かれる。さまざまな小道具やアクションが、二つの世界の対立を示すために使われている。たとえば、日本映画における指詰めや腹切りは、伝統的な価値観や人間関係に対する敬意を象徴している。個々の作品においては、それが複雑で相反するやり方で表現されるにしてもだ。同様に、日本のギャング・ノワールに登場する日本刀や包丁といった伝統的な武器は、それが負かされることで伝統的な社会的価値観の死を示している。一方で『オールド・ボーイ』でありあわせの武器として使われたハンマーは、資本主義的階級関係における弱者の無力な立場を伝えている。対照的に、西洋のスーツ、車、そして何より銃の所有は、資本家の優位性を象徴しているのだ。

香港のギャング映画における銃撃戦は、ポストコロニアル的状況の西洋的特徴（occidentalism）を特に表現しているととらえられるが、韓国のノワールで銃が象徴しているのは、国家の銃規制を無視できる人びとの社会的地位である。『オールド・ボーイ』では、ウジンのみがこの権力を有しており、銃の射程距離分だけ、被害者から距離を保つことができる。一方、被害者が自己防衛のためにハンマーに頼るということは、敵との距離をなくすということであり、二人を向かい合わせ、両者の苦痛と恐怖に直面させる。この物理的近接性によって観客は二人の至近距離でのやりとりや表情をつぶさにみることができ、資本家が享受していた特権である距離を奪い取る(6)。

ネオ・ノワールの事例として分析した上記の民族映画三作品では、犯罪世界を映すプリズムからさまざまな色が放たれている。宗主国の権力や征服、軍事的侵略や占領といった記憶はすべて国家と映画の関係に重要な影響を与えてきた。しかし、それぞれの映画において犯罪や暴力の根源は似ており、国家権力の政治的濫用や西洋に影響を受けた階級社会の物質的追究に対する大衆の反動を表現している。観客が犯罪者に感情移入する上で、植民地の歴史性、そして儒教的家族のイデオロギーに基づく道徳的正当化は極めて重要である。行き場がないという感情や無力さは、現代社会に生きる人間の自己破壊性を表現している。つまり、アジアの三つの社会で異なる時期にギャング・ノワールが隆盛したり衰退したりしたことは、グローバルなコンテクストにおける現代アジア文化を考察する上で批評的な洞察を促すものである。また、アジアのギャング・ノワールのローカル性と異種混淆性は、ヨーロッパ中心の普遍主義やオリエンタリズムに異議を申し立てるものだ。同時に、それぞれの社会におけるポストコロニアル的感性と儒教についての映画的表現が異なっていることは、各作品において人びとが経験した特定の歴史と文化的伝統が扱われていることを示している。

註

(1) 植民地支配の最後の十年間、朝鮮総督府は朝鮮語映画を禁じ、親日的で日本語使用の映画のみを許可した。日本による朝鮮の侵略と占領という歴史的トラウマは、日韓間のみならず、アジア内での映画の制作協力やトランスナショナルな文化流動に対する主たる障壁となっている。

(2) たとえば、映画監督で活動家の足立正生は、北野は社会の現実に言及することなく暴力をファンタジーとして描いていると批評している。(二〇〇七年九月二九日、北九州ビエンナーレ、『幽閉者 テロリスト』(二〇〇六)上映後の監督トークから。)

(3) 殺陣を目玉とし、義侠と忠誠の武士道的考えに基づく時代劇。

(4) ノワールというジャンルが、ジョン・ウー作品のスタイリッシュな銃撃戦やロングコートをまとった男たちといったイメージと強く結びつけられる紋切り型の考えを嫌うことから、パク・チャヌク自身は「ハード・ボイルド」と呼ばれることを望んでいる。

(5) 占領終結後も、一九七二年まで沖縄は引き続き米軍の占領下に置かれた。沖縄が舞台になっていることが作品のなかで強い印象を与えているのは、米軍が沖縄に存在しつづけることへの異議からだけではなく、沖縄の人びとに対して日本人がもつ根強い偏見と差別があるからである。

(6) ジョン・ウー作品に多くみられるダンスのような銃撃戦のシーケンスもまた、伝統的な剣術と比べて敵対者間の距離が近い。通常、敵同士すぐ間近で向かいあって銃を相手の頭に突きつけたり、血まみれの床に座ったまま数フィートという近い射程距離で撃ち合ったりしている。

参考文献

Borde, Raymond and Etienne Chaumeton (2003) [1955] 'Towards a Definition of Film Noir,' trans. Alain Silver, in Alain Silver and James Ursini (eds.), *Film Noir Reader*, Seventh Edition., New York: Limelight, pp. 17-25.

Bordwell, David (2000) *Planet Hong Kong: Popular Cinema and the Art of Entertainment*, Cambridge: Harvard University Press.

Cho, Jaehong (1996) *Segye Yeonghwa Gihaeng I (World Cinema 1)*, Seoul: Georeum.

Choi, Changjip (1994) 'Minjunjueuiroeui Ihaenggwa Nodong Undong' (Transition to Democracy and Labour Movement), in Chang, Eulbyeong Chang (ed.), *Nambukhan Jeongchieui Gujowa Jeonmang (The Structures and Prospects of North and South Korean Politics)*, Seoul: Hanul Academy, pp. 136-70.

Choi, Hongjae (ed.) (2005) *386eui Kkum, geu Seongchaleui Iyu (A dream of 386, the reasons of reflection)*, Seoul: Nanam Publishing.

Gerow, Aaron (2007) *Kitano Takeshi*, London: British Film Institute.

Hicks, George (2004) *Japan's Hidden Apartheid: The Korean Minority and the Japanese,* Aldershot: Ashgate.

Higson, Andrew (2002) 'The Concept of National Cinema,' in Alan Willams (ed.), *Film and Nationalism,* New Brunswick and London: Rutgers University Press, pp. 52-67.

五十嵐嘉邦（2006）「任侠から実録へ――ヤクザヒーロー変貌と昭和四〇年代の日本の社会」『文化批評』二〇〇六：冬、三六〇～三八六頁

Kim, Jongwon and Cheong Junghyun (2001) *Uri Yeonghwa 100 yeon (Our film history 100 years),* Seoul: Hyeonamsa.

劉文兵（2006）『中国十億人の日本映画熱愛――高倉健、山口百恵からキムタク、アニメまで』集英社新書

Magnan-Park, Aaron (2007) 'The Heroic Flux in John Woo's trans-Pacific Passage: From Confucian Brotherhood to American Selfhood,' in Gina Marchetti and Tan See Kam (eds.), *Hong Kong Film, Hollywood and the New Global Cinema: No Film is An Island*, New York: Routledge, pp. 35-49.

Mes, Tom and Jasper Sharp (2005) *The Midnight Eye Guide to New Japanese Film*, Berkeley: Stone Bridge Press.

Richie, Donald (2001) *A Hundred Years of Japanese Film,* Tokyo: Kodansha International.

Robinson Michael (2005) 'Contemporary Cultural Production in South Korea: Vanishing Meta-Narratives of Nation', in Chi-Yun Shin and Julian Stringer (eds.), *New Korean Cinema*, Edinburgh: Edinburgh University Press, pp. 15-31.

Sato, Tadao (1987) *Currents in Japanese Cinema*, Tokyo: Kodansha.

佐藤忠男（1995）『日本映画史 一九六〇―一九九〇 第三巻』岩波書店
Schilling, Mark (2003) *The Yakuza Movie Book: A Guide to Japanese Gangster Films*, Berkeley: Stone Bridge.
Standish, Isolde (2005) *A New History of Japanese Cinema: A Century of Narrative Film*, New York and London: Continuum.
Teo, Stephen (1997) *Hong Kong Cinema: The Extra Dimensions*, London: British Film Institute.
山根貞夫、米原久（2005）『仁義なき戦いを作った男たち――深作欣二と笠原和夫』ＮＨＫ出版
四方田犬彦（2000）『日本映画史一〇〇年』集英社
四方田犬彦（2001）『アジアの中の日本映画』岩波書店

一九六〇年代韓国ホラー映画における家族、死、そして怨魂《ウォンホン》

本稿では初期の韓国ホラー映画作品『下女』(キム・ギヨン(金綺泳)監督、一九六〇)、『魔の階段』(イ・マニ(李晩煕)監督、一九六四)、『殺人魔』(イ・ヨンミン(李庸民)監督、一九六五)、『月下の共同墓地』(クォン・チョルフィ(権哲輝)監督、一九六七)における家族、死、そして、復讐心を象徴する怨魂《ウォンホン》の関係について論じる。怨魂は韓国ホラー映画における絶対的なモチーフであり、他のアジア諸国や西洋のホラー映画とはかなり異なるお決まりの題材となっている。怨魂は悪魔や神や怪物の化身ではなく人間の霊であり、家族の対立や性的暴行などの理由で亡くなった罪のない若い女性の魂を指すことが多い。根強く残る忌まわしい記憶を「恨《ハン》」(発散できず、内にこもってしこりとなる感情)と呼ぶこともできるが、人の霊の意志は、死によって身体から離れたあとでさえも「魂」としてあらわれるのだ(Park 2005: 140)。民間伝承によれば、人は死後、魂が身体から分離するという(Yi *et al.* 2010: 22)。怒りに満ちた魂は満たされない霊となってこの世をさまよい、復讐と世俗的な欲望を満たす方法を探し求める(Kim 1991: 144)。復讐は治癒のプロセスであり、「恨」を晴らすことによって死者(魂)が生きる者たちとの失われた結びつきを取り戻す。怨魂の文化的な定義は複雑だが、本稿では一九六〇年代の韓国ホラー映画において女性の霊が強力な社会的アレゴリー(寓意)としてどのように機能するかを探る。韓国ホラー映画はそれ自体が多面性を持っており、家族をめぐるメロドラマ、犯罪スリラー、古典的道徳劇(公案小説)と

いったさまざまな要素が絡んだジャンルである。

女性の霊による復讐劇はアジアのホラー映画の定番になっている。『リング』（中田秀夫監督、一九九八）の世界的な成功によって、欧米の視聴者は長い黒髪の白装束女の幽霊を日本のホラー映画特有の象徴とみなすようになった。しかし、日本のホラー映画はトランスナショナルな映画文化を模索しており、仏教や神道など日本の文化的、宗教的な伝統から影響を受けながら、「他者性」に関する民族的経験を明確に表そうとしている。同様に、韓国のホラー映画は、地域社会で共有される不安やトラウマ的経験を伝えるために、他国の映画から学んだ汎用的実験を用いながら発展した。そして、日本映画と同じように、韓国の復讐劇における霊の表出は、民族の複層的な文化的信条と関係しており、具体的には、シャーマニズム、儒教、仏教、道教、そして新たに導入されたキリスト教に基づいている（Yi *et al.* 2010）。韓国の怨魂は、家族社会における他者性という概念の表象として理解することが可能であり（Baek 2008: 67）、それを象徴するのが怨魂の容姿である。白装束は、夫に先立たれた女性の貞操をあらわす社会的な記号であるだけでなく、喪服としての機能ももっている。つまり、生者と死者、双方に対する忠義のしるしなのだ。一方で、長い黒髪は性的な抑制や統制に抗する生命力、若さを暗示している。結婚した女性の整えられた髪型と対照的に、怨魂の長く乱れた髪は、儒教の伝統に抗う抑えきれないエネルギーを意味しているのだ。

この時期の韓国ホラー映画は、社会的に容認された性や家族に対するふるまいという面でも同様の影響を受けている。処女性と貞操は結婚の絶対的な条件である一方、不妊や不貞、嫉妬は破滅的な特質だ。女性の身体を縛りつけるこうした道徳的桎梏は、日本のホラー映画と大きく異なっている。『雨月物語』（溝口健二監督、一九五三）では、女性たちの怒りは死者と生者の間の絶え間ないエロティックなファンタジーとなってあらわれるが、この作品にみられるように、日本のホラー映画では女性の満たされない性的欲求に注意が向けられている。日本映画では生殖のモチーフが明示的に表現されることはないが、韓国映画では、家庭と生殖から恐怖が生み出される。子どもを産めない女性は、家庭において立場を失い、よそ者とみなされるのだ。韓国の幽霊譚でも、伝統的な慣用句である「勧善懲悪」に基づく家族の道徳がしばしば含まれる。端的にいえば、善は報われ、悪は罰せられるということであり、他人を傷つければ自分の子どもたちが報いを受けるということだ。家父長制社会の規範を学ばせることが韓国のホラー映画における幽霊の機能の一つなのだ。性道徳に背いたと不当に責められた怨魂は、自らの無実を証明し、悪の力から自分の子どもを守るために母親としての権威をもっていることを証明しなければならない。実際、自分の子どもを気遣う気持ちは、怨魂があの世へと行くことをしばしば阻む。復讐が果たされたとき、家長は怨魂の母性本能を認めなかったという自らの道徳的誤りに気づく。韓国ホラー映画においては、肉体的な抑圧も遥かに厳格だ。日本のホラー映画では、処女性の違反や再婚は、社会的な汚名とはみなされないが、韓国のホラー映画では、夫を失った女性は家族への忠節を示すために貞操を守りつづけるか、自害しなければならない。「死ぬことがあれば、義理の家族に

図30 家族における他者性の表象としての怨魂（クォン・チョルフィ監督『月下の共同墓地』より）

幽霊として仕えよ」という古い諺にあるように、死後でさえも女性は夫の家族に仕えつづけなければならない。この意味で、怨魂は、家族に関する規範の犠牲者であるだけでなく、家父長制を脅かすものであり、本稿でみていくように、怨魂の勝利は家父長制社会の無能を表し、伝統的な家族が機能不全にあることを暴き出すのである。

1　詩的正義——『下女』と『魔の階段』

パク・チョンヒ（朴正熙）の軍事政権（一九六一〜七九年）における政治的抑圧と社会不安は、六〇年代韓国におけるホラー映画隆盛の引き金となった。本稿で論じる映画はこの時期を代表する作品であり、「善い」死者の霊である怨魂を通して、社会正義に対して広く一般に考えられている文化的信念を浮き彫りにする。『下女』は急激な近代化による混乱のなか、ある中流階級の家庭で実際に起こった家政婦殺人事件を下敷きにした犯罪心理スリラーであり、韓国ホラー映画の傑作だ。『下女』では、欧米型資本主義の到来による家父長制社会の死に対する不安が、性的な妄想や虐待を通して表現されている。家政婦のミョンジャは、中流階級家庭の家長である音楽教師ドンシクのサディスティックな欲望の犠牲となる。まず、ミョンジャはステータスシンボルであると同時に、家族同士のダイナミクスの変化を示唆する存在でもある。裁縫師として成功を収めた妻は家事から解き放たれ、家族の支配権を握ってゆく。一方で、ドンシクは一家の大黒柱としての権威を失う。ドンシクは、その苛立ちを家政婦ミョンジャへの性的暴力を通して解消する。妊娠したミョンジャは、階段から身を投げ堕胎することをドンシクの妻から要求される。ドンシク夫婦の欲望はミョンジャを怪物的存在に変容させ、ミョンジャは家庭生活を脅かす危険な存在となる（Kim 2000: 92）。こうしてミョンジャは徐々に常軌を逸した残忍な行動に走ることによって、自分に与えられた役割を果たす。長男を階段から転落させるように仕向けて殺し、さらに夫婦の間に生まれたばかりの赤ん坊を母親の腕から奪いとると、赤ん坊を殺すと脅す。ここで映画のナラティブを完結させるのに必要となるのが毒薬だ。アジアのホラー映画では総じて、西洋の毒薬がありふれたモチーフとなっている。毒薬は異質なものが及ぼす影響の危険性を示唆しているのだ。『下女』では、ドンシクはミョンジャとともに毒薬を飲んで自殺することを選ぶが、これによりドンシクはミョンジャの呪いから家族を守ることになる。

図31 家父長制社会における外部からの侵入者、他者性の表象である『下女』

『下女』のナラティブは、家長が新聞の社会欄に掲載された家庭内殺人事件の記事を読み上げるという枠物語とフラッシュバックを中心に構築されている。この枠物語で恐怖の対象を家族空間の外に置くことで、観客は怨魂の形での復讐という恐怖から解放される。これによって、超自然的な展開を迎えることなく、効果的な結末をもつナラティブとなるのだ。同時に、『下女』はこの悪夢が「現実」の物語であり、観客自身の家庭でも起こり得るものだと警告する。一九六〇年代、一九七〇年代の多くの映画は、見知らぬ女が私的な家庭空間に入り込み、妻の家事を代行するという『下女』の基本的な語りの構造を踏襲している。女の存在は、慣れ親しんだ空間である家庭をどこか奇妙でグロテスクな場へと変容させる。女は自らが家族の一員となることを要求し、妻の立場を奪おうとする。最終的に、女の死は家族の崩壊を招く。実際、『下女』は怨魂についてのストーリーではない。最後のどんでん返しで家族は冒頭の状態に戻って終わる。しかし、同作品における強力なメタファーは韓国映画独自の方法で他者性を強調しており、幽霊物語のなかで伝統的には意地悪な継母が占める役割を家政婦が担っている。

『下女』やこれを模倣して作られた作品はそれ自体が幽霊映画というわけではないが、文化的に染みついた怨魂への恐怖を利用しており、西洋の物質主義によってもたらされた道徳的堕落に対する恐怖と怨魂を結びつけている。それは特に『魔の階段』において明白だ。『魔の階段』は犯罪スリラーであると同時に幽霊なき幽霊物語であり、勧善懲悪のナラティブをベースとしている。医師のグァンホは、病院長の一人娘ジョンジャとの結婚話をきっかけに、看護師ジンスクとの長年の関係を終わらせることを決める。身重のジンスクは二人の関係を病院長に暴露すると脅す。怒りに駆られたグァンホは、ジンスクを病院の階段から突き落とし流産させる。さらにグァンホはジンスクの殺害を企て、建設工事中の病院敷地内にある池にジンスクを投げ捨てる。建設中の建物はジンスクの墓石を意味し、こうしてグァンホは過去の思い出から公然と一線を引いて、病院長の娘との将来の生活を送ることができるのだ。ところがやがてグァンホは、ジンスクの怨魂をいたるところで目にするようになる。ジョンジャが精神科医にグァンホの妄想について話したことを知ると、グァンホは、ジンスクを落としたのと同じ階段からジョンジャを突き落としてしまう。ジョンジャの手術をするグァンホだったが、そのさなかにナース服のジンスクを目にする。恐れ慄いたグァンホは逃げ出し、皮肉なことに同じ階段から転落する。その後、警察がグァンホをジンスクの殺人未遂容疑で逮捕しにくると、看護師長が池から瀕死のジンスクを救出していたことが明らかとなる。彼女たちの集団としてのアイデンティティは、階級と性の搾取のなかで生まれる女性の結束を明確にあらわしている。ジンスクの命を救った恩人は、ジンスクが復讐を遂げる手助けをする。法律がグァンホを罰さないので、自ら死に向かうようグァンホを仕向けたとジンスクは説明する。

図32 階級と性的搾取の中で生まれる女性たちの結束と復讐(イ・マニ監督『魔の階段』より)

『魔の階段』は、西洋の製品や大衆文化が韓国社会に急速に広まっていく時期に公開された。家父長制社会の縮図として病院を描くこの映画は、家庭内での恐怖を通して社会批評を提供している。病院長の家や病院の建物は、日本統治時代(一九一〇〜四五年)に台頭した新興富裕層の西洋的な生活様式を思い起こさせ、西洋風の階段がある市庁舎は、『下女』や同時期の映画にみられるような中流階級の家のバリエーションとして理解することが可能だ。病院は院長が所有する私的な空間だ。階上の場面では院長が家族と交わす私的な会話が映し出され、階級の低い従業員や患者がいるのは一階である。まるで両班階級の家庭におけるお手伝いの女性のように、看護師は看護師長の監視の下、一つの部屋で寝食をともにする。六〇年代から八〇年代にかけて製作された韓国映画において、工場や病院、公衆浴場、その他のサービス業の寮で若い女性が共同生活を送る様子を描いたものは、広く知られた同情を引くナラティブに基づいており、国家主導の急速な近代化のために動員された女性都市労働者

図33　国家主導の近代化に動員された女性都市労働者と女性たちの空間（キム・ギヨン監督『下女』より）

の苦難を強調している。階下は女性たちの空間となり、そこで看護師たちはジョンジャの西洋風ファッションや身振り手振りを揶揄し、ジンスクの肩をもって公然とグァンホを非難する。同様に、階段のある建物が、社会階層を昇るために生まれる前の子を殺したグァンホの家父長制的な男性性を意味しているように、池はお腹の子を流産で失ったジンスクの母性を暗示する女性の空間と解釈することができる。この意味で、拒絶された母親が池に浮かぶとき、状況の卑劣さ、そして子宮のなかで捨てられた子の存在が示される瞬間となる。池は誕生と抵抗を表す隠喩としての空間となり、輪廻転生や母子関係を暗示しているのだ（Cho 2004）。母の胎内への比喩的な回帰という儀式を通して、社会悪であるグァンホを罰するために、ジンスクは生まれ出る前の新しい命を得る。そのときグァンホは、節度のない不道徳な西洋資本主義が人格化した存在になっていた。この映画のタイトルには二つの意味がある。犯行の場所を意味するだけではなく、グァンホの不道徳な欲望を表すメタファーともなっているのだ。グァンホは社会的地位に執着したために怨魂から罰せられる。こうして『魔の階段』は、男性医師（白衣の男）を通して韓国社会における西洋の悪影響を表現している。これは、あとで論じる『殺人魔』でもみられるように、六〇年代に製作された多くの映画で典型的にみられる特徴だ。それらの作品における悪い男たちは女性に毒を盛り、ヒロインを性的に虐待したり、誘惑したりすることで、女性たちを操作して争いが起こるように仕向け、結果的に家族の崩壊を招くようにする。このコンテクストにおいて怨魂が果たすのは、男性医師という形で人格化された西洋の影響と戦うということだ。彼女にとって代わった女性に対して怒りを向けることはない。この映画で追求されている勧善懲悪は、怨魂の勝利であり、西洋の物質主義に打ち勝つ人間的な価値の具現化であるが、同時に、伝統的社会において抑圧され制御された女性性を正当化する男性中心的道徳の解体も行っている。

2　吸血猫と貞淑な妓生——『殺人魔』と『月下の共同墓地』

『殺人魔』は儒教の局所的な解釈、女性のセクシュアリティに対する偽善的な見方、死後に対する仏教的な見方、そして西洋化という歴史体験に関わる映画である。この作品は伝統的な韓国の幽霊物語と西洋の吸血鬼を融合させたもので、怨魂に憑かれた吸血化け猫が登場する。搾取される性としての女性たちの結束と連帯を強調しており、ファム・ファタールの悪魔的な性格と貞淑な妻の善良なイメージを融合させてもいる。物語はエジャを中心に展開する。シモクと幸せな結婚生活をおくるエジャであるが、子どもができないことを気に病んでいる。伝統的な両班の家族文化では、婚姻関係の目的は子を設けることであり、夫婦は寝室を別にする。こうした観点から、エジャとシモクの関係においては、エジャは妊娠できないために伝統的な「善き」妻よりも低い地位に置かれている。エジャの従姉妹ヘスクはお手伝いとして働いているが、エジャに嫉妬心を抱いている。ヘスクはエジャの義継母と共謀してエジャを罠にかけ、エジャは不倫の疑いをかけられることになる。この悪魔的な二人の偽善は明らかだ。継母は家庭医のパクと不倫関係にあり、ヘスクは画家を誘惑する。いずれも不道徳な行為で、韓国文化では受け入れられないものだ。四人の犯罪者がエジャを毒殺するために共謀し、エジャは自分を強姦しようとする画家に抵抗し、身を守ろうとする。彼女は罪に問われることよりも死を選ぶ。エジャの自殺は女性のみに貞操を強いるこの時代の典型的な社会規範を映画のなかで忠実に表現したものである。エジャは最期に一匹の猫に復讐を誓う。まるで赤ん坊に乳を与えるかのように、死にゆくエジャはこの猫に自らの血を与え、自らの母性本能を証明するのだ。十年後、エジャはとり憑かれた猫とともに怨魂として再びあらわれる。猫はエジャの赤ん坊であり、二人の関係は家父長制を呪うための疑似的親子関係となっている。二人の共生関係は、子を産まねばならぬという圧力だけでなく、不妊という結果によって家族内で自分の女性性や社会的立場が否定されたことに対するエジャの怒りを示唆するものだ。韓国の民話においては、狐や蛇がよく悪と結びつけられるが、猫はあまり馴染みのある動物ではない。それゆえ、猫のもつ異質性によって怨魂が悪魔性を帯び、家父長社会制で女性に求められる期待に対する不安の表現として機能する。

図34　韓国の幽霊物語と西洋の吸血鬼を融合させた『殺人魔』

　不妊の妻、性的に活発な義継母、家庭内でエジャの地位を奪い取ろうと悪巧みするお手伝いの従姉妹、という女性の登場人物たちは、伝統的な韓国における離婚や家族からの拒絶の原因である不妊、不倫、嫉妬を人格化したものである。六〇年代の韓国ホラー映画においては、性的挑発、悪あるいは不道徳が、生きている人間の執着の対象となることをこれらの登場人物は示している。怨魂は、悪人を攻撃するかもしれないが、善人を傷つけることはめったにない。また、これらの登場人物は、この時期における映画が怪物のような女性をどう表現しているか、さらに彼女たちの関係性がいかに相反的なものであるかについて多くを物語っている。伝統的な韓国人の感覚からいえば、ストーリーの展開のなかで最も印象に残るのは家庭医と性的関係をもつ高齢の義継母の不義である。愛情にはあふれているが子を授かることのできない妻、という葛藤をもつエジャのアイデンティティと同様、義継母も家族から追放されるという危機に常に立たされている。彼女は家長となった長男の実の母親ではなく未亡人であり、貞節を守りつづけるか、あるいは夫を追って自死すべきなのだ。エジャは邪悪な義継母を溺死させる。義継母はエジャに操られた吸血猫として蘇る。彼女はシモクとヘスクの子である孫たちの寝顔を舐め、天井から血を滴らせて息子を殺そうとする。いがみあう女たちはこうして死において一つとなり、この女の結束が家父長制の家庭を破壊させるのだ。邪悪な女と怨魂との連携は、彼女たちを抑圧する文化における女性の多様な声を意味しているといえよう。韓国の家族ホラー映画において義母や継母は恐怖の中枢にあり、義母・継母コンプレックス、つまり家父長制の家族で生みの母の代わりとなる邪悪な女性に対する恐怖は、こうした民族映画の独自性を示す一つの側面である。

『魔の階段』で生者は死者のようにふるまうが、『殺人魔』では死者が生と死の境界域にあるものとして描かれている。エジャは猫へ化身するが、時に生きている人間のようにふるまうこともある。たとえば、エジャが戻ってくると、シモクは彼女を病院へ連れて行き身体検査を受けさせる。医師はエジャが生きていると確信するが、彼女の心音は奇妙で、血は水のように薄いのだ。行動にも一貫性がみられない。ほとんどの場合、エジャは人間のようにふるまい、まっすぐに歩き、扉から部屋に入る。エジャがパク医師を殺すとき、超自然的な力に頼ることはなく、電気ショックを使って殺す。彼女はまた画家をナイフで刺し、ヘスクの頭を棒で叩く。コミカルで非典型的な怨魂の描き方は、この映画をわかりにくく奇妙なものにし、明らかに異様な感じを与えている。それは、シモクが美術展を訪れる映画の冒頭シーンから明らかだ。雨が降っているかのようにシモクは傘をさして歩いているが、空は明るく晴れている。ギャラリーに入ると、展覧会は終わっている。不気味な笑い声に導かれていくと、隅にあるエジャの肖像画に気づく。壁から肖像画をとると、エジャの笑みは消え、顔が変形してしまう。昼の場面が突如として夜の森の場面へと変わる。闇につつまれたタクシーのなかで、木々のなかで踊る白衣の幽霊たちをシモクは眺めている。幽霊の姿は白昼に撮影されたものだ。極端な露光は、白と黒のイメージに鮮烈なコントラストを生み出し、奇妙でシュールな印象をこの場面にもたらしている。タクシー運転手は、幽霊屋敷へとシモクを連れていくが、ここで彼を待ち受けているのは画家だ。シモクがベッドの下に隠れるなか、怨魂として蘇った元妻エジャが画家を殺す。戸惑い混乱したシモクは画家の手紙を発見し、真実を知る。手紙には、四人が犯した犯罪が告白されており、観客に対してはフラッシュバックを通してそれが明らかにされる。

『サイコ』(アルフレッド・ヒッチコック監督、一九六〇)におけるノーマンとその母の愛憎や、『何がジェーンに起こったか?』(ロバート・アルドリッチ監督、一九六二)の二人姉妹の嫉妬と暴力のように、家庭内の対立関係はハリウッド映画では必要不可欠なテーマである。これらの映画では、偏執狂の息子のマザー・コンプレックス、父親から愛され認められることを強迫観念的に求める娘を通して、怪物的女性に

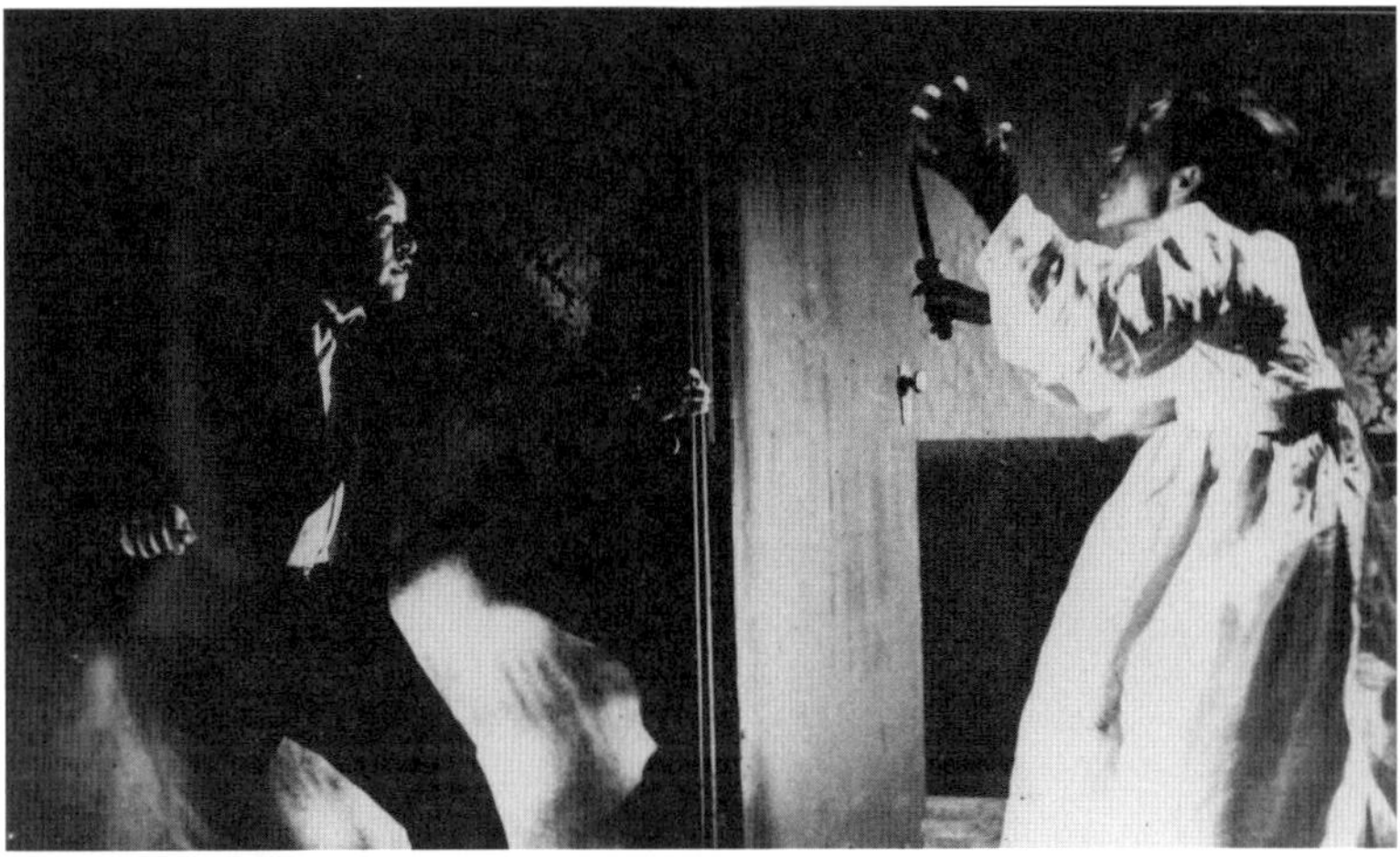

図35 韓国の家族ホラー映画における義母・継母コンプレックス（『殺人魔』より）

対する悪夢のようなイメージを描いている。これらの例は、文化的伝統の違いにもかかわらず、ホラー映画においては母親的人物の社会的位置が否定される傾向にあることをまず示している。しかし、ここで論じる韓国映画にみられる道徳的な立場とトラウマ的な記憶は、アブジェクション（母性棄却）とホラー映画に対する異なった理解をもたらす。バーバラ・クリードは、ホラー映画に関する論文のなかで、「ホラー映画は、おぞましきもの（死体、排泄物、怪物的な女性）との対峙をもたらし、最終的には、おぞましきものは排除され、人間と非人間の間に境界線を引き直す」（Creed 1996: 46）と述べている。このプロセスを通して、ホラー映画は、母親による権限と父親による決まり事を切り離す働きをする。しかし、こうした普遍的概念は、『殺人魔』のように女性を中心とした韓国のホラー映画では複雑化する。『殺人魔』において、家庭内の「善き女性」の地位をめぐる三人の女性の葛藤を理解するためには、特定の文化的、政治的側面への注意が必要だ。「善き母親」コンプレックスは、この映画のテーゼであり、アンチテーゼでもあり、猫の憑依はエジャと義継母との連帯を表している。どちらも、新たな家長を生み出すという自らの義務を果たせなかった女性なのだ。この意味では、三人の子を産んだへスクのみが「善き女性」を名乗る資格を有しており、それはへスクが怨魂となったエジャから子どもたちを必死に守ろうとすることでさらに強調される。そこでは、男性性を失い、混乱した家長であるシモクは無力なのだ。

シャーマニズムの観点からは、怨魂は悪であり、追放されねばならない。そうでなければ家族、とりわけ子どもたちが苦しむことになる（Yi *et al.* 2010: 62, 72）。しかし、シャーマニズムは怨魂から家族を守ること、つまり、憑依した猫から義継母の霊魂をとり除くことができない。そして、生きた女性と死んだ女性の戦いは、仏教的な魔除けへと至る。子どもたちの面倒をみるためにシモクの家に謎の女性が現れ、智の菩薩、文殊菩薩であることを明かすことで最終的に物語は落着するのだ。彼女はエジャの怒りから子どもたちを守り、エジャの魂を死後の世界へと連れて行き、なぜ女たちが争っていたのか、その真実をシモクが理解するのを助ける。仏教の見方では、輪の形で生と死はつながっている（Yi *et al.* 2010: 144）。このような観点からいえば、怨魂は排除されるべきものではなく、善き状態に変容させられるべきものとなる。文殊菩薩は善と悪をめぐる現世的な争いを超越し、弱い家父長とその子どもたちを救い、家族のまとまりが完全に崩壊するのを防ぐ。こうして『殺人魔』では、死に対する複雑な伝統的考え方を西洋の悪魔憑きや吸血鬼という概念と混ぜ合わせながら、家庭内の恐怖に新たな解釈を与える。その結果、生者と死者が共生するという実験的な視点が生まれるのである。

『殺人魔』では、男たちとの対立する関係を背景として、苦難を背負う女性同士の間で同時に起こる対立と連帯が、ホラーを通して歴史的、文化的な特異性を伝えている。同様のダイナミクスは『月下の共同墓地』でも明らかだ。この作品は、妓生であるミョンスンの悲劇的な物語である。一七世紀後期を舞台にした「春香伝」は韓国で最もよく知られた物語の一つだ。主人公であり題名にもなっている春香は、妓生の娘であり民衆（階級制度のもとで搾取される人びと）の不屈の精神を体現する。同様に、妓生の論介《ノンゲ》は愛国女性を代表する歴史上の人物として人気がある。論介は、文禄・慶長の役（一五九二～九八年）のさなかに日本人武将を殺すために自分を犠牲にし、劇的な死を迎える。つまり、暴政あるいは外国からの侵略に対する大衆の抵抗のメタファーとして妓生を解釈することが可能なのだ。『月下の共同墓地』は元妓生の妻をめぐる物語だ。この妻は裕福な新郎に裏切られ、ついには家政婦と家庭医によって殺される。この映画は、日本の統治下で導入された植民地的近代性に関係する親日協力や秘密の道楽という記憶への比喩的な洞察に満ちている（Kim 2000: 17）。貞淑な妓生を使うことで、このホラー作品では、彼女が身体を売ることは「もう一つの性」としての女性の脆弱さを、また彼女の貞節さは強制的な性的服従の拒絶を表している。パク・チョンヒ軍事政権の初期に製作されたこの映画で、怨魂は日本の植民地支配の遺産と戦い、国家の消滅や衰退という不安の再生を伝えている。

　この映画のヒロインは二つの名前をもっている。女学生としてのミョンスン、そして妓生としてのウォルヒャンである。二つの名前は洗練された両班の妻として、また、下層階級の妓生としての分裂したアイデンティティを反映している。そして、子を産むことと男性の性的欲求を満たすという社会における二重の役割を切り分けている。ミョンスンは、民族独立のために戦って投獄されたチュンシクと婚約者ハンスを助けるために、ウォルヒャンになることを余儀なくされる。チュンシクは罪状の全責任を負い、ハンスは釈放される。ハンスはウォルヒャンと結婚し、男の子ヨンジンが生まれる。結婚によって彼女はミョンスンの名前を取り戻し、まもなくハンスは「金鉱王」として大金持ちになる。ここで物語は悪い方向へと向かいはじめる。自分の家族が妓生に関係する問題を抱えていたことからミョンスンを嫌悪する家政婦ナンジュが登場し、毒薬事件が起こるのだ。日本人医師の部下として働く医師テホは、植民統治者やハンスのような親日協力者らの下での「犬のような生活」に飽き飽きしており、ミョンスンを殺すための毒薬をナンジュに渡す。ナンジュとテホにとって、成り金のハンスとその家族は社会悪であり、民族の敵だ。ハンスは、ナンジュから誘惑されると、毒薬に苦しむミョンスンを裏切り、さらに不義をはたらいたとして不当にミョンスンを責め、彼女を「汚らしい妓生の淫売」と呼ぶ。絶望したミョンスンは自殺を図るが、彼女の最期の言葉は「陽のあたる場所に私の死骸を埋め、墓石には「妓生ウォルヒャンの墓」と記して」という苦々しいものだった。チュンシクは、自分の妹に何が起こったかを知り、ハンスの裏切りに激怒する。同時に、妓生ウォルヒャンの話は、ハンスに恥辱をもたらすものだった。ハンスは、貧しい民族を裏切った成り上がりとしてみられる。ナンジュと（ハンスの義継母である）ナンジュの母親（自ら妓生出身ということで二人は共謀していた）に復讐するために、そして、息子がナンジュから毒殺されるのを止めるために、ウォルヒャンは当然のごとく怨魂として蘇る。この観点からいえば、貞淑な妓生としてのウォルヒャンは、道徳的にはアンビバレントな存在である。彼女の自己犠牲的な行動は、彼女を家父長制的社会規範の犠牲者とみる観客の同情を呼ぶが、一方で、彼女の復讐は他の女性たち、つまり男性の権威に反抗する人たちを罰することでもある。つまり、彼女は死ぬことによって家族の義務という桎梏から逃れられるかもしれないが、蘇ることによって、家父長制に仕えつづけているのだ。

この映画の冒頭と終わりでは、この物語の道徳的指針について多くが語られている。真夜中の共同墓地から映画は始まる。棺桶が開き、白装束に身をつつみ、髪を纏めた美しいミョンスンが現れる。棺桶から出ては来たが、死んでいるかどうかはまったくわからない。彼女はタクシーに乗りこみ、行き先としてかつての自分の家を運転手に丁寧に告げる。家に戻って息子ヨンジンをナンジュから守りたいのだ。苦しみ泣いている自分の赤ん坊を見つけると乳を与える。妓生として「汚れた」身体と対照的に、彼女の母性本能は、「良き乳房」(Scents 1996: 118) をもっていることを証明する。映画の最後のシーンで、ハンスはヨンジンとともにウォルヒャンの墓を訪ねる。ヨンジンは三人の主要人物、すなわち成り上がりのハンス、不在の独立志士チュンシク、貞淑な妓生ウォルヒャンの特性を示すために連れてこられたのだ。墓石の傍らに立ち、赤ん坊を抱いた夫ハンスの最期の言葉は、ウォルヒャンの安らかな死を願うものだった。ハンスは、息子のヨンジンによい人生を送らせることを約束し、叔父と同じ道をたどらせることを誓う。つまり、かつての対日協力者が息子を独立の志士へと育てることを誓う、というかなり皮肉な状況でこの映画は終わるのだ。こうして『月下の共同墓地』は、植民統治下の朝鮮という歴史が根底に存在する特定の民族的、文化的な枠組みのなかに怨魂を位置づけている。

図 36 日本の植民地支配に対する大衆の抵抗のメタファーとしての妓生(『月下の共同墓地』より)

3 結論

一九六〇年代の韓国ホラー映画では、ジェンダー、性、家族に対する抑圧的な期待によって苦しむ民族のメタファーとして女性の身体が用いられている。儒教的家父長制社会の規範に従わないと、女性は現世において「善き女性」としての立場を確保できず、来世においても安息は与えられない。それゆえ、道義に反する行為を行ったと不当に咎められたり、家父長制社会の規範に背いた女性は、汚名を晴らすためにこの世に戻らねばならないのだ。儒教の教えでは、死者の霊は敬うべきものであると同時に、距離を置くべきものでもある（Yi *et al.* 2010: 109）。死者を敬って祈れば、先祖を追悼する儀式を通して現世の人びととの社会的関係が束ねられ強化される。死に対するこうした視点が、怨魂を社会正義の人格化とみる大衆の認識を生み出している。しかしながら、本章で論じた四つの映画における怨魂の描き方は、韓国社会における家族の倫理的正当性の不平等さを露呈させる。怨魂とその敵は、偽善的な社会秩序に対して両者がもつ怒りと苛立ちを表しており、一九六〇年代の多くの映画でくり返し描かれる女性たちの対立は、家父長制社会の犠牲者として彼女たちが共有する定めの結果としてもたらされたものである。彼女たちの究極の敵は男だ。そして、男は女たちの戦いの騒ぎに巻きこまれた無力な子どもとして描かれる傾向にある。怨魂の復活は、家長の権力の潜在的喪失と男性性の象徴的な去勢を示している。韓国ホラー映画の最も重要な特徴の一つは、社会批評としての機能である。これらの映画は、被害者（怨魂とその敵）の集団的な声を通して、家父長制社会における掟の（少なくとも一時的な）解体を探り、それを女性の強い主体性と対照化している。それゆえ、悪魔のような義母、継母、家政婦、夫の愛人といった韓国ホラー映画で描かれる社会悪は、苦悩する民族のさまざまな声の反映として理解することが可能だ。この声は女性だけのものではなく、下層階級のものでもあり、さらには外国の影響に脅かされる民族という考え方自体を表しているのである。

参考文献

Baek, Moon-im (2008) *Wolha-eui yeogokseong: Yeogwi-ro ingneun hanguk gongpo yeonghwasa (Sorrowful Screaming: A History of the Female Ghost in Korean Films)*, Seoul: Chaeksesang.

Balmain, Colette (2008) *Introduction to Japanese Horror Film*, Edinburgh: Edinburgh University Press.

Cho, Eunseon (2004) 'Seong Jeongcheseong-gwa dijiteol maecheseong-e daehayo' (About Sexual Identity and Digital Video Media), in Yonsei University Media Art Centre (ed.), *Hakkyo-e guisin-i sanda: Yeonghwa-wa Siseon 07 (Ghosts Live in School: Film and Perspective 07)*, Seoul: Igaseo, pp. 42-61.

Creed, Barbara (1996) 'Horror and the Monstrous-Feminine: An Imaginary Abjection,' in B. K. Grant (ed.), *The Dread of Difference*, Austin: University of Texas Press, pp. 35-55.

Heo, Ji-woong (2011) *Mangryeong-eui Gieok: 1960-80 nyeondae hanguk gongpo yeonghwa (Memories of the Ghost: Korean Horror Films from the 1960s to the 1980s)*, Seoul: Korean Film Archive.

Jang, Yoon-seon (2008) *Joseon-eui Seonbi, Gwisin-gwa Tonghada (Joseon Scholars Communicate with Ghosts)*, Seoul: Isub.

Kim, Soyoung (2000) *Pantaseutik hanguk yoenghwa: geundaeseong-eui yuryeong-deul (Ghosts of Modernity: Fantastic Korean Cinema)*, Seoul: Ssias-eul ppurineun saram-deul.

Kim, Yeol-gyu (1991) *Minjok munhwa baekgwa sajeon (National Culture Encyclopaedia)*, Seoul: Academy of Korean Studies.

Lowenstein, Adam (2005) *Shocking Representation: Historical Drama, National Cinema, and the Modern Horror Film*, New York: Columbia University Press.

Park, Seong-gyu (2005) *Juja cheolhak-eui gwisin-ron (Ghost Theory of Zhu Xi's Philosophy)*, Seoul: Korean Studies Information.

Sceats, Sarah (1996) 'Eating the Evidence: Women, Power and Food,' in S. Sceats and G. Cunningham (eds.), *Image and Power: Women in Fiction in the Twentieth Century*, London: Longman, pp. 117-27.

Yi, Chan-su, Jeong Sun-deok, Kim Dong-gyu, Kim U-hyeong, Beophyeon, Choi Dae-gwang and Oh Mun-hwan (2010) *Hanguk jonggyo-eui gwisin-ron: uri-ege gwisin-eun mueosinga? (Ghost Theories in Korean Religion: What are Ghosts to Us?),* Seoul: Mosineun saram-deul.

『ナヌムの家』から『鬼郷』まで
——映画を通した旧日本軍性奴隷制の記憶継承

1　記憶の継承手段としての映画

韓国映画史において社会批評は強い存在感を示してきた。まず、一九五〇年代から六〇年代には社会派リアリズムに基づくドラマが興隆し、戦後韓国における西洋資本主義の矛盾を批判するために、都市部の貧困層、失業者、日雇い労働者、戦災孤児、その他行き場をなくした人びとの暮らしに焦点を当てた映画が作られた。七〇年代、抑圧的な軍事政権下で韓国の映画文化は十年あまり沈黙を続けたが、八〇年代の民主化運動を背景として社会批評の伝統に回帰した。社会派リアリズム劇の復活と、西洋の商業映画に代わるものとしての独立系映画の台頭は、ネオリベラル資本主義のグローバルな拡散の結果として困窮する人びとの苦悩を伝えようとする映画人たちにとって転機となった。そのなかでも、チョ・ジョンネ(趙晶来)監督の『鬼郷』(二〇一六)は商業映画で慰安婦の物語をドラマ化することに対し広く持たれていた懐疑的な見方に対し異議を唱え、韓国映画史における新たな時を刻んだ。チョの歴史映画は、日本による植民統治下の朝鮮を舞台に第二次世界大戦中に日本軍の「慰安婦」つまり性奴隷となるために連行された二人の少女の苦境を語るものだ。韓国映画界では、社会批評の豊かな伝統があるにもかかわらず、「慰安婦」の物語が劇映画の題材になることはほとんどなく、チョの『鬼郷』が登場するまでは、「慰安婦」に関する映画は草の根活動家によるドキュメンタリーにほとんど委ねられていた。

一九九八年、「国連女性に対する暴力に関する戦時性奴隷制特別報告書」のなかで、「慰安婦」は第二次世界大戦中、日本軍が構築した「組織的強姦、性奴隷制、奴隷制類似慣行」の被害者であると明記された。特別報告者のゲイ・J・マクドゥーガルは「「慰安婦」の話は、自分がこれまで聞いたなかで最も酷いものにはいるが、これらの女性たちの話は五十年近く埋もれてきた」と述べた（国連人権委員会、一九九八年四月）。本稿では、ビョン・ヨンジュ（邊永柱）監督の『ナヌムの家』（一九九五）をはじめとする独立系ドキュメンタリー映画から歴史フィクションの『鬼郷』にいたるまで、韓国映画における「慰安婦」物語の展開を考察する。「五十年近く埋もれてきた」話の掘り起こしを可能にする映画の力について検討し、無視されることの多かったこの歴史上の出来事を映画として表現することが、元「慰安婦」である被害者から新世代へ歴史の記憶を継承させ、女性に対する戦時の性暴力と犯罪を今後防止することに貢献できるということを論じていく。

ドキュメンタリー映画は、日本の軍事的性奴隷制という遺産についての記憶継承のために使われる最も一般的な形式であり、しばしば公共の利益に資することができる。被害者の日常生活を伝え、彼女たちに声を与えて生《なま》の証言を提供することで、性奴隷制の犯罪性と非人間性に対する観客の理解を促すことが可能になる。同時に、記憶の継承への参加は、社会と再び関係性をもつ機会を被害者に与えることでもある。心的外傷後の不安症や不当な社会的偏見や汚名と何十年も戦いつづけてきた彼女たちが、人間関係に対する信頼を再び築きはじめることができるのだ。また、こうしたドキュメンタリー映画の一義的な目的は教育であり、娯楽ではないため、主な観客は、このテーマについてすでにある程度認識しているか、あるいは関心をもつ人びとや、映画アクティビズムを支援するために、人権団体が主催する博物館や展示のような公共スペースを訪れる人びとになる。

日本や韓国の見地からいうと、軍事的性奴隷制についてのドキュメンタリーは、ジェンダーとセクシュアリティについての家父長制的規範に基づく両国の保守的な国民感情を打ち砕く可能性があるため、主流メディアではタブー視されている(Yang 2015; Cho 2016)。また、国際的なメディアの見地からいうと、このトピックは政治的課題であり、東アジアの安全保障とその地域における米国の軍事的戦略を脅かす日韓の外交紛争の一つとなっている(Tisdall 2015; Totsuka 2014)。こうして、他の人権問題と比べ、日本の軍事的性奴隷制に関する映画による記憶継承には、政府や主流メディアからの投資や支援が差しのべられない状況があるのは確かだ(Yang 2015; 和田 2003; Soh 2000)。

図37 日本軍による性奴隷制の被害者の記憶を描く初の劇映画『鬼郷』(2016)

そうしたなか、『鬼郷』はこの歴史上の悲痛な出来事について一般の人びとを教育する新たな方法を提案した。制作開始以前から、チョ・ジョンネは、活動家のみを対象とした映画コミュニティを大きく超えて、被害者の記憶を広く伝えることを目的としていた。「慰安婦」の物語について強く意識していないかもしれない大多数の観客にも届くように、幅広い視聴者に強い印象を与える手段として、チョは被害者の記憶を歴史劇へとつくり変え、映画制作の主流的慣行と非主流的慣行のどちらともいえないアプローチをとった。こうして、チョはドキュメンタリー映画の伝統に一石を投じ、日本軍による性奴隷制の歴史を扱う初めての劇映画『鬼郷』を制作したのだ。

『鬼郷』に対する一般観客の反応は、韓国映画文化の弁証法的エッセンスを鋭く表すものだ。チョはもともとこの映画の国内配給を確保することさえ苦労していた。しかし、二〇一五年十二月に激しい批判のなかで締結された日韓の「慰安婦合意」や、元「慰安婦」である被害者を中傷したとして訴えられた『帝国の慰安婦』(二〇一三)の著者パク・ユハ(朴裕河)の裁判が注目を集めるなどの状況があるなか、国民の目が「慰安婦」に向きはじめた(Choe 2015)。一般国民の怒りがますます激しくなったことに後押しされ、この映画は、批評家および視聴者から驚くほど肯定的な評価を集め、観客動員数が増え、興行成績で成功を収めたのだった。さらに、国際映画祭や世界中の大学でこの映画が特別上映され、チョが会場に招待された。この映画は普通の国民の社会的良心と政治的関与から恩恵を得ると同時に、それをさらに喚起したのだった。

2　参加型ドキュメンタリーにおける記憶の継承

韓国の映画アクティビズムは、ハリウッドの支配に反対し文化面から民主主義を促進する新たな民族映画を提唱するものとして、一九七〇年代後期、大学キャンパスから生まれた。皮肉なことに、それは映画を通した政治的関与に対するイデオロギー的介入と制度的抑圧に立ち向かう形で進化した。映画アクティビズムのスローガンとして叫ばれたのが「小映画」「民族映画」「民衆映画」だ。この運動が独立系映画の台頭につながり、十年も経たないうちに商業映画に対抗する勢力となった。

しかし、民族映画が「主流・商業映画」と「独立系・非商業映画」の二つに分かれても、それらが互いに対立することはなかった。むしろ、両陣営にとってより創造的で挑戦的な映画づくりの環境が生み出されたのだ。独立系映画監督たちは「社会変革のための映画」を提唱し、経済発展を進めるネオリベラルな政治に導かれた急速な拡張主義に抵抗した(Kim 2015)。この時代に製作された映画のなかには、キム・ドンウォン(金東元)監督の『上渓洞《サンゲドン》オリンピック』(一九八八)があり、映画アクティビズムの基本形を定義づける上で極めて重要な作品だ。

図38 韓国初の独立系ドキュメンタリー映画『上渓洞オリンピック』(1988)

『上渓洞オリンピック』は、都会の貧困層を被写体とした日誌のような作りの映画だ。国が一九八八年ソウルオリンピックの準備を進めるなか、強制的な再開発計画によって家を失った住民コミュニティの物語を記録している。国家の再開発計画に反対する地元住民の抵抗を支援するために、キムは彼らの日常生活とその辛苦を映画におさめたのだった。『上渓洞オリンピック』は韓国初の独立系ドキュメンタリー映画の一つであるとともに、強力な政治的視点を明示する先駆的映画の一つでもある。後述するように、この参加型ドキュメンタリーの様式は、日本の軍事的性奴隷制という題材を扱う上で最も頻繁に用いられるようになる。

キム・ドンウォンのP.U.R.Nプロダクションを皮切りに、新たに台頭した独立系プロダクションの一群はその後、現代韓国映画におけるアイデンティティ・ポリティックスの創生に極めて重要な影響を与えた。新世代の映画監督と視聴者が、旧来からの商業映画の政治的受動性を否定したのだ。一九八〇年代後期までには、パク・クァンス(朴光洙)、パク・チョンウォン(朴鐘元)、チャン・ソヌ(張善宇)のような映画アクティビズムの前線にいた映画監督たちの後に位置するグループが主流の映画産業に参加するようになる。彼らが独立系と商業映画の両方に足場をもったことで、主流の韓国映画は政治的風刺や社会批評を含むことが多くなり、最終的には八〇年代のコリアン・ニュー・ウェーブにつながった。

大学キャンパスを中心とした映画アクティビズムと業界における新世代の監督たちの登場に刺激を受け、イム・グォンテク(林権澤)、チョン・ジヨン(鄭智泳)、イ・ジャンホ(李長鎬)などのベテラン監督たちが、八〇年代韓国の社会的対話に正面から向きあう一連の映画を生み出した。そうした映画は今では、その当時の社会状況を明確にとらえた韓国映画の正典的傑作とみなされている。民主化の苦しいプロセスや何十年と続いた政治的動乱のなかで、戦後韓国で人気のあった社会派リアリズムが徐々に復活し、民族の映画文化がその進歩的伝統を再発見したのだった。緩やかにではあるが、国家保安法に違反した政治犯、不法外国人労働者や移民、脱北者、中国の朝鮮族、親日協力者、家庭内暴力の被害者、性的マイノリティーなどの物語が主流の視聴者にとってもはやタブーではなくなった。

この革命的な環境において、ビョン・ヨンジュと彼女のプロダクション会社であるドキュ・ファクトリー・ビスタが一九九五年『ナヌムの家』と題するドキュメンタリーを製作した。『ナヌムの家』は「慰安婦」被害者の集団的記憶を扱う映画における一つの形態を確立した。それは、コミュニティ志向の参加型ドキュメンタリーである。参加型の様式は、受動的な観察や古典的な講釈ではなく、監督とその被写体間の個人的な相互作用を拠り所としている（Nichols 2010）。『ナヌムの家』が例示するように、参加型ドキュメンタリーでは監督が被写体の日常生活に対して長期にわたる真摯な関わりあいをもつことが求められる。

旧日本軍の性奴隷制に関する映画の多くで共通してみられるのは、コミュニティ志向の参加型ドキュメンタリー様式を採用している点であり、被害者・支援者コミュニティの主要な参加者として監督が位置づけられている。現在、被害者のコミュニティは非常に小さく、ごくわずかの高齢女性のみで成り立っている。彼女たちはみな精神的にも物理的にも非常に緊密で、まさに支援者の援助を得て共同生活をしていることが多い。このコミュニティは隔絶されており、ほかの人を寄せつけない。それは長く耐えてきた心理的トラウマに基づく自らの選択でもあり、解放後韓国に戻ったときに直面した社会的排斥によって強いられた状況でもある。その結果、元「慰安婦」についてのドキュメンタリーでは、いかなるものでも純正な相互作用と真の友情が極めて重要であり、監督はそうした関係を築くために、かなり長い間そのコミュニティに完全に根を下ろさなければならない。したがって、存命の被害者の数が少なく、彼女たちの物語を記録することに関心をもつ監督もわずかであることを考えると、このジャンルの多くの映画の

図39 日本軍の性奴隷制を初めて扱った記念碑的作品『ナヌムの家』（1995）

被写体が実際に重複していることは驚きではないだろう。事実、ある映画のなかで、その監督以外の映画監督の姿がスクリーン上に映るのは珍しいことではない。

日本軍の性奴隷制を扱う映画は、過去二十年にわたって韓国内外で製作されているが、その絶対的多数は参加型ドキュメンタリーである。批評家が最も高く評価しているものとしては、ビョン・ヨンジュ監督の三部作である『ナヌムの家』、『ナヌムの家Ⅱ』（一九九七）、『息づかい』（一九九九）、また、『破られた沈黙――韓国の日本軍慰安婦』（デシル・キム＝ギブソン監督、二〇〇〇、原題 *Silence Broken: Korean Comfort Woman*）、『オレの心は負けてない』（アン・ヘリョン（安海龍）監督、二〇〇七）、『終わらない戦争』（キム・ドンウォン監督、二〇〇八）、『〝記憶〟と生きる』（土井敏邦監督、二〇一五）などがある。

図40 故カン・ドクキョンの個人的内面の世界に焦点を当てた『〝記憶〟と生きる』（2015）

これらの映画を通して、何度も語られるスクリーン上の記憶に一貫性があることは、彼女たちの証言の歴史的真実性を証明するものだ。また、これらの映画の間で、異なるスタイルやアプローチがあるということは、スクリーン上の記憶の多重性と多様性を示唆している。さらに、さまざまな監督による歴史研究と同一人物に対するインタビューの蓄積は、集団的な記憶継承の信頼性を裏づけるものである。

この議論の優れた例として、故カン・ドク

キョン（姜徳景）の物語を同じく扱いながら、土井の『〝記憶〟と生きる』とビョン・ヨンジュの三部作の間ではアプローチと視点が異なることが挙げられる。土井作品でみるカン・ドクキョンは女性的で悲しみを帯びた美しさ、孤独感、絵の才能を見せている。対照的に、ビョン作品はカン・ドクキョンが癌と闘う強い意志をもっていること、また、彼女の死が近づくことに対して他の被害者たちが絶望感を持ちつつも、彼女を励まして支えていることをとらえている。対照的考察ができるもう一つの点は、ビョンが若い支援者として描かれているのに対し、土井が映画のなかで被害者とどう関係しているかである。土井のカメラは、ビョンが自らの作品のためにカメラを抱えている映像を素晴らしい技巧でとらえている。似たような対照研究は、アン・ヘリョンの『オレの心は負けてない』における広範なテクスト分析でも可能だ。こうした意味で、旧日本軍の性奴隷制についての新しい映画は記録の継承を結合させ、豊かにする。新しい映画が出るたびに、物語の新しい側面が探索され、新しい証拠とすでに馴染みのある被害者を紹介することで、次世代の大衆が参加する記憶継承の継続性を強固なものにするのだ。

3　記憶の継承における相互参照——共著者性と集団的主観性

ビョン・ヨンジュの「慰安婦」三部作は、彼女自身を含む支援者グループが数年間かけてスクリーン上の記憶継承をいかに達成したかを示すものである。「慰安婦」問題を扱う最初の映画として『ナヌムの家』はまず冒頭に、日本軍の戦時性奴隷制に関する一連の事実を提示する。それから、ソウルの日本大使館前で毎週水曜日に行われている抗議運動の様子が映し出される。「慰安婦」問題について知識を豊富にもつインタビュアーとしてビョンが被害者に自己紹介する姿がみえる。映画のなかで、彼女たちの関係が進化し発展するとともに、ビョンが徐々に自分自身を重要な記憶継承者として位置づけていく様子をみることができる。

『ナヌムの家』では、監督が被害者の物語についての客観的なインタビュアーでありナレーターでもあるという位置に自身を置こうとしている。ほとんどのシーンで、ビョンの声が聞こえるが、スクリーン上で彼女の姿がみえるシーンは限られている。故キム・ハクスン（金学順）が一九九一年に旧日本軍の戦時性奴隷制について初めて証言をし、その後まもなく数名の被害者が声をあげて証言をしたが、この映画は、大多数の人びとがこの問題についてまったく不案内であること、また、多くの被害者がカメラの前で公に発言することを躊躇したことを示している。性犯罪のトラウマ的記憶については間接的に仄めかされることが多い。

ビョンは被害者と中国への旅に出る。旅を続けるなかで、ビョンが知識豊富なインタビュアーから記憶の継承者へと変容するのを観客は目撃する。ビョンの一行は一九四五年の終戦のあとでも朝鮮に戻れなかった他の被害者たちを訪れる。旧日本軍の「慰安所」跡を訪れる旅によって、被害者たちは自らのトラウマ的記憶に直面する。トラウマのショック、恥、屈辱を感じながら、被害者たちは「慰安所」

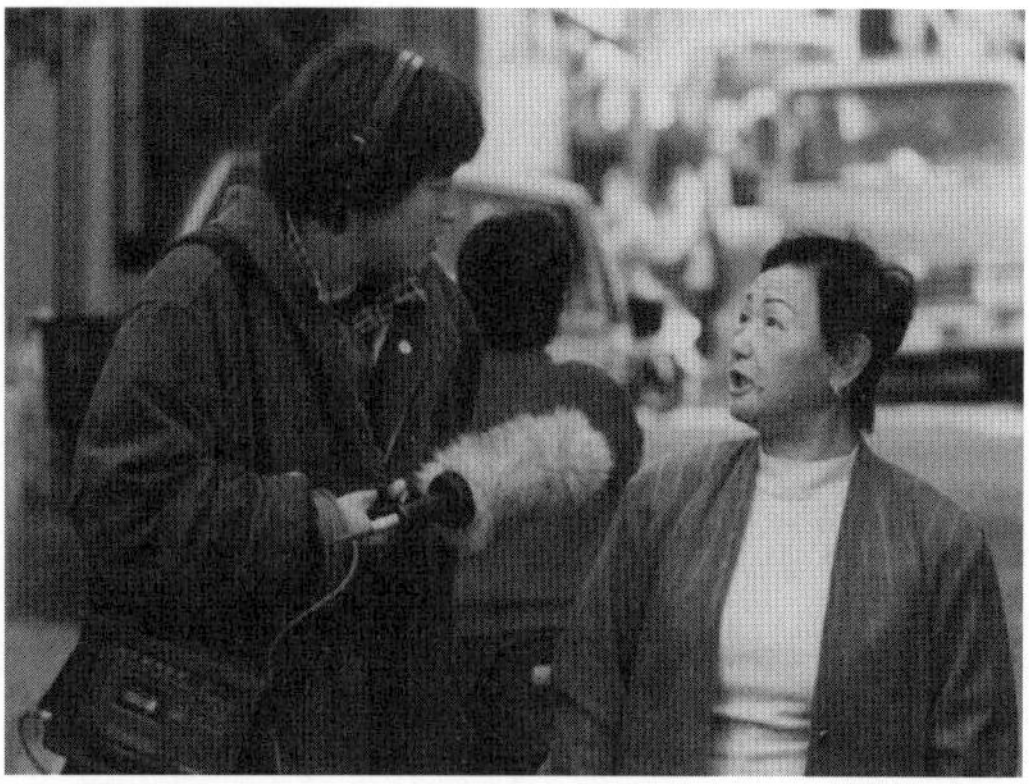

図41　ビョン・ヨンジュ監督と旧日本軍の戦時性奴隷制の被害者

での出来事の詳細を話すことを余儀なくされる。何度も強姦され、拷問され、中絶や避妊手術を強要されたことを彼女たちは語る。被害者の女性たちに傷を見せられ、屈辱的な話を聞かされる経験が新しい大きな一歩となり、ビョンは重要な記憶の継承者になったのだ。同時に、被害者たちもただ受動的にインタビューを受ける存在から、歴史の記憶を次の世代へ継承しようとする能動的な記憶保持者へと変容する。

『ナヌムの家』が記憶継承のプロセスが始まった道筋を示したとすれば、その続編である『ナヌムの家Ⅱ』は記憶継承の共著者性を見極めるものである。筆者とのインタビューで、ビョン・ヨンジュは、『ナヌムの家』が初めて上映されたとき、被害者たちは観客と会うことを心配していたが、暖かく共鳴的な反応があったと知るとすぐに続編製作を示唆した、と語った（ビョン 2015）。第二作で、被害者たちは第一作とは異なる側面に光を当てることを希望し、自分たちの慎ましく誠実な生活を記録するようビョンに頼んだ。重要な記憶継承者として、監督が被害者と築いた偽りのない関係性はそのコミュニティを共有する意識と連帯感を示している。つまり、映画の製作によって、被害者が人間関係に対する信頼を回復する治癒のプロセスが展開されているのであり、ある意味、この女性たちは『ナヌムの家Ⅱ』のプロデューサーなのである。

図 42 記憶継承の共著者性（『ナヌムの家Ⅱ』より）

『息づかい』は三部作の最終作品であり、ロードムービーとなっている。被害者たちが韓国各地やアジアを旅し、旧日本軍の性奴隷制による他の被害者たちと会うのだ。ナレーターは監督ではなく、被害者の一人である。イ・ヨンス（李容洙）は旅の途中で出会った被害者たちにインタビューする。こうして、ビョンの三部作は被害者たちが声を上げることを促し、証言の意義を認識させることによって、彼女たちを積極的な記憶保持者そして人権活動家に変容させていくのだ。記憶の継承は監督が始めたものであるが、それを完了させたのは被害者自身だ。従来からの参加型ドキュメンタリーとは異なり、映画のオーサーシップは監督だけにあるのではない。それは、「監督・記憶継承者」とその「被写体・記憶保持者」の両方に属するのだ。歴史の記憶を再構築する上でのこうした共著者性と女性たちの集団的主体性は、最近の映画でも参照できる。

『オレの心は負けてない』は、ビョンの三部作から記憶継承の共著者性とフェミニスト的視点を引き継いだ参加型ドキュメンタリーの一つである。この映画は、十八年続いた訴訟の後半部分を追ったもので、九年以上の歳月を扱っている。旧日本軍の性奴隷制に対する法的責任を否定しつづける日本政府に抗議する在日韓国人のソン・シンド（宋神道）と、彼女を支援する社会活動家グループを追った記録映画だ。プロデューサーのヤン・チンジャ（梁澄子）は一九九一年にソンと最初に出会い、その約八年後にソンと彼女の仲間を映像で記録しはじめた。ヤンやソンの支持者、その他のフェミニスト活動家は、ソンがなかなか心を開かないので、彼女と付き合うのは極めて困難で苛立ちを感じたとこの映画のなかで語っている。特に、過去の詳細について尋ねられると、彼女はしばしば声を荒げ、その後黙りこんでいた。筆者とのインタビューのなかで、ヤンはソンの姿や物語を記録するためにホームビデオカメラを向けることさえ嫌がられたので、最初の数年間はソンの記録をとることについては考えもしなかった、と述べた（ヤン 2016）。しかし最終的には、ソンの記憶を記録するために、ヤンはソンにカメラを向けねばな

図43 旧日本軍性奴隷制の被害者、在日韓国人のソン・シンドとプロデューサーのヤン・チンジャ（撮影：柴崎温子）

らないと感じた。つまり、この映画は、大衆が参加する記憶の継承が日常生活のなかでいかに実現されたかをとらえるアマチュア的作品なのだ。さらに、この映画の最も価値ある貢献として、「慰安婦」問題の解決をさらに複雑にする問題として、在日コリアンに対する人種主義と民族差別が根底にあり、それに抗議する普通の日本人を記録していることが挙げられる。市民として彼女たちが関与したことが助けとなり、ソンは社会的疎外をのりこえ、日本社会で尊重される一員になれた。

ビョン・ヨンジュやヤン・チンジャの作品と比べて、『終わらない戦争』と『〝記憶〟と生きる』は異なるタイプの相互作用と親密性を示している。従来からの参加型ドキュメンタリー様式を使いつつ、キム・ドンウォン監督と土井監督はそれぞれ、信頼できる外部者が被害者を訪ねインタビューするという観点から被害者たちの物語を描いている。監督と被写体の間には感情の面で距離感があり、その相互作用は上記で論じた映画ほど個人レベルのものではない。映画による記憶継承の多様性が、被害者が語る歴史上の記憶の客観性を考察する上で極めて重要であるという点をこれらの映画は示唆している。さらに、キム・ドンウォンと土井のアプローチは、女性監督者のそれとは異なり、自らを記憶の継承者として位置づけることはない。その代わり、彼らは観客と被害者間の仲介者でありつづけようとする。

実際、従来からの参加型ドキュメンタリーでは、被害者の記憶の再構築における記憶継承者たちの過度な操作を制限することが可能だ。観客の観点からすると、ドキュメンタリーは、スクリーン上に映るものに対し過剰な感情的判断を下さないように観客を遠ざける非個人的なテクストとして考えることも可能だ。その意味で、監督を親しみやすく知識豊富な外部者として位置づけることによって、観客が単に記憶継承のプロセスの感情的側面に溺れるのではなく、歴史の記憶継承に積極的に関与する客観的で批評的な観察者の立場から歴史の記憶について考えることが促される。

4 『鬼郷』におけるドラマ化と記憶の継承

興行的な成功にもかかわらず、『鬼郷』に対する一般視聴者の受容はすべて肯定的だったわけではない。特に、性犯罪の表現がフェミニストによる批判の対象となった。なぜ被害者たちはみな少女だったのか。死んだ少女との再会で、なぜ韓国歴史ドラマでお決まりのシャーマン的儀礼を経なければならないのか。「悪の植民者・日本の軍人」に対する「無力な被植民者・朝鮮人の父親や兄弟」という対極的構図は避けられないことなのか。性暴力がなぜそれほど暴力的かつ侮辱的で、組織的責任をほとんど放棄し個人による犯罪を強調するように描かれているのか、といった疑問が投じられた（Son 2015）。

ドキュメンタリーと異なり、『鬼郷』は、被害者の証言をより包括的にフィクション化するために、歴史メロドラマ、アニメーション、テレビの家族ドラマをはじめとするさまざまなジャンルで従来から使われてきた定型を採用している。この映画で使われる固定観念や聞きなれた比喩表現は、映画アクティビズムやフェミニストによる独立系映画をかならずしも支持しない、あるいは以前から支持しているわけではないかもしれない幅広い観客に強くアピールするためのものだ。

たとえば、数多くの無垢な少女を被害者にすることは、この問題における支配的なディスコースを裏づけるものだ。ヤン・チンジャは二三八人の被害者が旧日本軍の「慰安所」の正確な場所を示し、そうした場所の名前がまったく重複しないことを指摘している。しかも「慰安所」の地名は、日本軍がアジアを侵攻したルートと一致する。被害者はほとんどが「慰安所」へ行く途中または「慰安所」で見た少女たちについて語るが、朝鮮に戻ってからその少女たちとは一人も会っていない。彼女たちの証言は、旧日本軍の性奴隷制に関する既存の研究を裏づける傾向にある。そうした研究によると、軍が連行あるいは欺いて性奴隷とした五万人から二〇万人の少女・女性のうち、約八〇パーセントが十五歳から十六歳の少女だったという（和田・石坂 1996; Yoshimi 2000; Soh 1996）。

もう一つの例は、この映画において何度もあらわれる蝶のモチーフである。それは、視聴者がおおかた馴染みのあるシンボルである。チョ・ジョンネ監督は、白い蝶が戦後故郷に戻れなかった被害者たちを意味していると述べた。戦争と女性の人権博物館のパンフレットによると、黄色い蝶は「軍の性奴隷を強いられた二〇万人の女性」を象徴するもので、ベトナム戦争時の韓国軍による性暴力の被害者を支援する「蝶《ナビ》々基金」「記憶バタフライプロジェクト」「黄色い蝶の壁」をはじめとするさまざまな記念碑や募金グループが用いている。マンハッタンには黄色い蝶と少女の像まである。これは、二〇一五年に『コンフォート・ウーマン』と題されたオフブロードウェイのミュージカルに出演した日系米国人俳優エドワード・イケグチが製作・寄付したものだ（*The Korea Times* 2015）。

白い蝶が舞い上がるなか、シャーマン的媒介を通して少女たちは再会するが、これもまた、引き裂くことのできない彼女たちの関係と自らの歴史を心に刻みこもうとする意志を象徴的に表現している。この映画は、中国にある日本軍「慰安所」に拘束された二人の少女たちの美しい友情を描いている。切っても切れない二人の関係がこの物語の中核を形成している。この語りの装置は被害者の物語における現実の公的ディスコースにしっかりと根をはったものだ。たとえば、ソウルの日本大使館前の「平和の少女像」の制作者であるキム・ウンソン（金運成）は、少女の隣の席が空いているのは、戦後になっても韓国に戻れなかった少女を意味しており、少女の肩にとまる小鳥は死んだ少女と生き残った被害者を結びつける媒介を意味していると語っている（*Newsis* 2016）。

『鬼郷』の最も意義深い貢献は、特に、日本の戦時性奴隷制の記憶をもつ人びとが次々と亡くなっていくなか、記憶の継承を続ける別の方法を試みているということだ。ほとんどの場合、個々の物語の主人公は亡くなる。韓国で生き延びている元「慰安婦」は現在わずか約四〇名だ（二〇一六年八月時点）。『鬼郷』における歴史の記憶のドラマ化は「定型だらけ」ではあるが、劇映画の形式による記憶の継承は希望を与えるものであり、挑戦する価値はある。

『鬼郷』における二人の少女間の切り離せない関係は高齢の被害者と新世代の支援グループの間の記

図 44 チョ・ジョンネ監督『鬼郷』(2016) より

憶継承を示唆するドラマ的装置である。チャンミンは前世において日本人兵士に殺されるが、ウンギョンとして生き返る。ウンギョンは現世において、強姦され、父親がその強姦者に殺されたというトラウマ的記憶に苦しむ。チャンミンの霊にとりつかれ、ウンギョンは「慰安所」での親友ヨンヒと再会する。チャンミンとヨンヒの引き裂くことのできない関係は、被害者の集団的アイデンティティを示唆している。さらに、ウンギョンとしてチャンミンが生まれ変わることは、日本軍が犯したものと似たような性犯罪が今日でも世界中で起こっていることを意味している。

5　記憶継承に対する包含的概念の創生

『鬼郷』について特記すべきことの一つは、おそらくエンドクレジットだろう。それは十分以上も続き、この映画の製作費の約半分にあたる一一億六二二〇万ウォン（約一億一五〇〇万円）のクラウドファンディングで資金を提供した七万五七二〇人の名前が次々と出てくる。キム・ドンウォンとビョン・ヨンジュが民主主義の勢力として映画アクティビズムを導いた映画人を代表するとすれば、チョ・ジョンネは一九九〇年代韓国におけるポスト民主化の文化運動に参加した次世代監督に属する。チョ自身が長い間被害者の支援をしており、彼女たちに対する敬意をこめて『鬼郷』を作った。ドキュメンタリーではないが、コミュニティ志向の参加型映画制作の伝統を明らかに受け継いでいる。主流社会において一般人が参加する記憶継承の新しい可能性を示唆しているのだ。

ビル・ニコラスによれば、ドキュメンタリーは「他者の利益のために立ち上がるあるいはそれを代表する」ものだ（Nichols 2010: 43）。旧日本軍の性奴隷制についての被害者の歴史的記憶を扱う参加型ドキュメンタリーは、若い世代を教育するために大衆が参加する記憶継承の重要な手段として機能する。金銭的な支援がなくとも、また時には抑圧的な政府の介入を受けながらも、ビョン・ヨンジュをはじめとする多くの映画監督は、被害者の記憶の事実性を支える強力な映像と精巧な記録を通して軍事的性暴力の残虐性を伝えるために、コミュニティ志向の参加型ドキュメンタリーの伝統を確立した。

しかし、主流社会へのアクセスが限られていた彼女たちのドキュメンタリーと異なり、『鬼郷』はこの記憶継承の対話とプロセスをはるかに多くの視聴者に伝えた。この映画は三カ月の間に六〇〇の主要映画館で三五〇万人以上の動員数を記録したのだ。映画の完成度に関する細かな点には議論の余地があり、上映のタイミングについても当然議論すべきだが、それでも、『鬼郷』の商業的成功は大きな到達点として認識されるべきである。

参考文献

Choe, Sang-hun (2015) 'Disputing Korean Narrative on "Comfort Women," a Professor Draws Fierce Backlash,' *The New York Times*, December 18, http://www.nytimes.com/2015/12/19/world/asia/south-korea-comfort-women-park-yu-ha.html?_r=0（二〇一六年八月一日アクセス）

Totsuka, Etsuro (2014) "Proposals for Japan and the ROK to Resolve the 'Comfort Women' Issue: Creating trust peace in light of international law", *The Asia-Pacific Journal-Japan Focus 11*, No. 1, pp.1-12.

Newsis (2016) "'Japanese Comfort Women': A Yet to be Concluded Story." February 4, http://www.newsis.com/ar_detail/view.htmlar_id=NISX20160204_0013878872&cID=10201&pID=10200（二〇一六年八月一日アクセス）

Nichols, Bill (2010) *Introduction to Documentary*, Bloomington: Indiana University Press.

Park, Yu-ha (2015) *Comfort Women of the Empire: Colonial domination and the struggle of memory*, Seoul: Puriwaipari.

Soh, Chung-hee (Sarah) (1996) "The Korean 'Comfort Women': Movement For Redress," *Asian Survey* 36, No. 12, pp.1226-1240.

Soh, Chung-hee (Sarah) (2003) "Japan's National/ Asian Women's Fund for 'Comfort Women'," *Pacific Affairs* 76, No. 2, pp. 209-233.

Son, Hui-jeong (2016) "How Can a 'Vulgar We' Be Imagined", *Cine 21*, March 16, http://www.cine21.com/news/view/?mag_id=83396（二〇一六年八月一日アクセス）

The Korea Times (2015) 'Yellow Butterfly Comfort Woman Statue Made Public', August 1, http://www.koreatimes.com/article/933149（二〇一六年八月一日アクセス）

Tisdall, Simon (2015) 'Korean Comfort Women Agreement Is A Triumph for Japan and the US', *The Guardian*, December 28,

https://www.theguardian.com/world/2015/dec/28/korean-comfort-women-agreement-triumph-japan-united-states-second-world-war（二〇一六年八月一日アクセス）
UN Commission of Human Rights (2008) Women 2000: Sexual Violence and Armed Conflict: United Nations Response, http://www.refworld.org/docid/3b00efbd24.html（二〇一六年八月一日アクセス）
和田春樹（2003）『日本・韓国・北朝鮮――東北アジアに生きる』青丘文化社
和田春樹、石坂浩一（1996）『日本は植民地支配をどう考えてきたか』梨の木舎
Yang, Kee-ho (2015) "From Korea and Japan's issues to international conflict: analysis and implications of the 'Comfort Women' issue", *Japanese Studies*, 42, pp.6-28.
Yoshiaki, Yoshimi (2000) *Comfort Women*, New York: Columbia University Press.（吉見義明（1995）『従軍慰安婦』岩波書店の英訳）

インタビュー

チョ・ジョンネ　二〇一六年五月二三日、横浜にて
ヤン・チンジャ　二〇一六年六月一日、東京にて
ビョン・ヨンジュ　二〇一五年六月二〇日、英国・シェフィールドにて
キム・ドンウォン　二〇一五年六月二一日、英国・シェフィールドにて

グローバルシネマとしての韓国映画と北朝鮮映画
——二〇〇〇年から現在まで

Contemporary Korean Cinema: Culture, Identity and Politics（現代コリアン・シネマ——アイデンティティ、文化、政治）は韓国映画が新たなオルタナティブ・グローバルシネマとして飛躍する勢いをみせていた二〇〇〇年に刊行された。それは歴史的な南北首脳会談が開かれた年でもある。キム・デジュン（金大中）とキム・ジョンイル（金正日）が世紀の会談を行ったことで、映画の分野でも韓国と北朝鮮の間でそれまでにない本格的な交流や相互協力が試みられることになった。韓国では、北朝鮮映画を見ること自体が反政府的行為だった時代が一気に終焉を迎えた。国際映画祭だけでなく、一般の映画館、さらには地域の体育館や市民会館といった公共施設でもオム・ギルソン（厳吉善）監督の『安重根《アン・ジュングン》と伊藤博文』（一九七九）やチャン・ヨンボク（張英福）監督の『林巨正I－V』（一九八七—八九）などが上映され、テレビでも放映された。こうして、韓国人は好奇心と期待を胸に日常の場で北朝鮮映画と出会ったのだが、そうした関心もまもなく消え去った。「単純」「淡白」「つまらない」といった冷ややかな評価が、映画の専門家、観客、視聴者が示した一般的な反応だった。一方、脱北者や南北分断、離散家族の話は、二〇〇〇年代の「分断映画」ブームにつながった。

特に、一九九九年に公開されたカン・ジェギュ（姜帝圭）監督の『シュリ』以降、パク・チャヌク（朴贊郁）監督の『ＪＳＡ』（二〇〇〇）、カン・ウソク（康祐碩）監督の『シルミド』（二〇〇三）、カン・ジェギュ監督の『ブラザーフッド』（二〇〇四）、パク・クァンヒョン（朴光鉉）監督の『トンマッコルへようこそ』（二〇〇五）、チャン・フン（張薫）監督の『義兄弟』（二〇一〇）と『高地戦』（二〇一一）などは、観客動員数の記録を毎年更新するほどの人気を博した。分断ドラマと戦争映画は代表的な興行ジャンルとなり、ローカル・ブロックバスター時代を開くとともに、映画産業の量的拡大を導いた。個別の作品をみても、興行面を念頭に置き、製作時の時代的背景を敏感に反映させている。『ＪＳＡ』や『トンマッコルへようこそ』のように人間的で暖かいイメージの北朝鮮軍やロマンチックな南北統一観を描いた作品は、「ポスト民主化時代」の産物であり、当時の韓国人が持っていた平和的統一観をよくあらわしている。しかし、ポスト反共映画の時代にあっては、童話のように美しい分断ドラマや戦争ドラマを見つけるのは難しい。戦争映画ではもはや政治的タブーなどといったイデオロギー的判断は保留され、残酷さを描く映像美学と華やかな民族叙事という見どころに重点が置かれている。また、「生活が豊かな資本主義社会の住人である韓国人は、貧しい北朝鮮住民を受け入れるべきだ」という上から目線で北朝鮮が扱われ、脱北者の苦しみや離散家族の痛みが行き過ぎたメロドラマ風に描かれた。そうして、愛国主義を前面に出した南北統一スポーツ映画が登場したり、分断コメディやドラマなど喜劇的なアプローチもとられるようになった。このように、脱冷戦的な立ち位置から、あるいは純粋に娯楽的なテーマとして、南北離散家族の再会や「南の男と北の女」の恋愛物語などを扱う映画が数多く登場したのだった。それらの映画はおおむね政治的問題とは無関係に、北朝鮮社会にも愛する家族が住んでおり、南北統一を、困難ながらすでに定まった道筋であるかのように描いた。

二〇〇八年のイ・ミョンバク（李明博）政権発足とともに、北朝鮮映画を含めた韓国の大衆文化のディスコースは変化した。分断後、政治的にタブーとされていた北朝鮮映画に大きな政治的波及力はなく、北朝鮮映画に対する人びとの関心がすぐに薄れた以前の状況とは異なり、二〇一〇年代の韓国大衆文化は、脱北者が語る北朝鮮の話を発掘し、最大の人気トピックに仕立て上げた。二〇一一年に放送が開始された東亜日報系テレビ局チャンネルAの『いま会いに行きます』をはじめとする「脱北美女トークショー」は、北朝鮮を刺激的な娯楽素材へと変身させた。出演者の派手な話術と矢継ぎ早の暴露的発言によって、北朝鮮に関するさまざまな話が放送と印刷媒体を介して「事実のように」北朝鮮の日常として定着し、特派員による報道の主要な情報源ともなった。映画もこの保守的潮流に乗ることになる。社会的批評性を欠いたまま、壮大なスペクタクルとアイドルスターを前面に推し出した南北分断映画や朝鮮戦争映画が登場したり、ポスト共産主義映画が人気を博したりした。しかし同時に、独立系映画を中心に、韓国社会でないがしろにされ差別を受ける脱北者の痛みを描いた映画や脱北者が自ら作った映画も上映され、韓国映画は、葛藤と対立を自由な表現の起爆剤に転換させることによって、南北分断と統一に関する対話の可能性を開き、さまざまな社会的言説を形成したのだった。

一方、韓国とは異なり、北朝鮮映画は過去十七年以上にわたりより複雑な様相をみせてきた。まず、二〇〇三年四月、イ・ドゥヨン（李斗鏞）監督による韓国映画『アリラン』が韓国と北朝鮮で同時に封切りされ、さらに、南北交流や合作として作られた映画が平壌《ピョンヤン》国際映画祭などで一部の国民を対象に公開された。また、この時期は、あからさまな政治的プロパガンダというよりは、夫婦間の葛藤や男女平等といった家庭の問題、職場における集団主義と個人主義の問題など、北朝鮮住民たちの私的生活を扱う作品が出はじめる分岐点でもあった。同時に史劇も多数製作された。こうした作品は、ほとんどが高麗時代や壬辰・丁酉倭乱（文禄・慶長の役）までさかのぼり、日本の侵略戦争、植民地支配、独島（竹島）問題などの今も続く領土紛争、北朝鮮の核開発などを背景に、西洋や周辺国との敵対的関係に対する党の歴史解釈を国民に教育する政治的手段として積極的に活用されている。

しかし、二〇一〇年代の北朝鮮映画は、九〇年代後半と同様、再び低迷状態にある。二〇〇〇年の南北首脳会談をきっかけに、韓国ＫＢＳ第一テレビでの『全国のど自慢』を通じた放送交流が始まり、また、韓国系アメリカ人のネルソン・シン監督による南北合作アニメ映画『王后沈清（エンプレス・チョン）』（二〇〇五）が製作された。同時に、北朝鮮社会で韓国のドラマやＫ－ポップなどが紹介され、非公式チャンネルでも「韓流」が流入しはじめた。また、一般に携帯情報端末が普及したことで、韓国の映画やドラマ、Ｋ－ポップ、テレビ番組の波及効果はさらに大きくなった。しかしそこに、二〇一一年、北朝鮮映画産業の絶対的なパトロンだったキム・ジョンイルの死が訪れた。韓国とはまったく対照的に、北朝鮮映画の製作本数は低調となり、いまやその存在さえ脅かされる状況に陥っている。

韓国映画と北朝鮮映画は、国際社会に対してそれぞれ大きく異なるイメージを送り、別々の方向へと徐々に進んでいる。本稿では、二〇〇〇年から二〇一七年現在までの韓国映画と北朝鮮映画の主要な動向と論点を紹介することで『コリアン・シネマ』の結びとしたい。

1　「ナショナル」から「トランスナショナル」へ

欧米や日本の研究者、批評家は、一九九〇年代後期以降の韓国映画をニュー・コリアン・シネマと呼ぶことがある。これは民主化運動という大衆的基盤をもとに進展した八〇年代末から九〇年代までの韓国映画を指すコリアン・ニュー・ウェーブと区別される概念である。(1)映画研究者や批評家は、ジャパン・ニュー・ウェーブ、香港ニュー・ウェーブ、台湾ニュー・ウェーブと同様、韓国のニュー・ウェーブをドイツやフランス、英国といった西洋のニュー・ウェーブに匹敵する重要な社会派映画として説明する傾向がある。これは一方では、西洋の映画の時代区分を非西洋社会の映画に適用させて理論的妥当性を検証しようとする研究者や、アジア映画に西洋中心的なアプローチを用いる批評家による、非西洋社会の映画の一般化として理解することもできる。

西洋社会の知識人や批評家は、韓国のニュー・ウェーブを進歩的なレジスタンス映画として受けとめた。日本ではビデオ市場で「朝鮮半島」を扱う成人向けのエロティックな土俗《エスニック》映画も紹介されていたが、ヨーロッパや米国市場では韓国映画が紹介されることなど珍しい時代があった。韓国映画に対する否定的なイメージや先入観さえ存在しなかった時代、軍事独裁に抵抗する市民の民主化闘争にメインストリームの映画人が参加して大衆の社会的団結を導く役割を果たしたという事実自体が、西洋の知識人や批評家には新鮮な衝撃だったようだ。政治とは無関係な文芸作品だけが出品されるそれまでの国際映画祭では見られなかった映画に、彼らが初めて接したからだ。当時、民族映画運動を導いた学生が作った独立系映画や短編映画は、イム・グォンテク（林權澤）やチョン・ジヨン（鄭智泳）をはじめとするメインストリームの映画人に長く潜在していた抵抗の意識を覚醒させた。政治的抑圧と暴力に対抗して市民がみせた勇気は、主流映画が持ちうる大衆運動性を認識させ、映画は主流・非主流の区別なく驚くほどの政治的動員力を発揮するようになった。こうして、韓国の大衆映画は、民主化プロセスを通して社会運動としての様相を示すようになり、国際社会にも紹介されはじめたのだった。

韓国社会は軍事独裁国家として知られていたが、その映画については、「エスニック調」文芸映画でみられるように、政治的には穏やかで性的には挑発的といったイメージが持たれていた。しかし、コリアン・ニュー・ウェーブはそれを一瞬にして忘れさせた。八〇年代、民主化運動の兆候を読み取った英国をはじめとするヨーロッパの知識人や批評家たちが、韓国映画を「新しい社会派映画の発見」「新潮流」として紹介しはじめた。また、今村昌平、大島渚、スタンリー・クワン（關錦鵬）、ウォン・カーウァイ（王家衛）、ホウ・シャオシエン（侯孝賢）、エドワード・ヤン（楊德昌）のような日本、香港、台湾のニュー・ウェーブ監督が国際映画祭の常連ゲストになり、アジアの作家主義映画の巨匠として崇められたように、イム・グォンテク、チャン・ソヌ（張善宇）、パク・クァンス（朴光洙）などの韓国ニュー・ウェーブ監督も社会派監督の代表格として大小の国際映画祭に招待されるようになった。

しかし、日本、香港、台湾のニュー・ウェーブの巨匠たちの名声とは異なり、韓国ニュー・ウェーブ映画は歴史的重要性と社会運動としての象徴性にもかかわらず、国際社会での名声や国内の観客に与える影響は後に登場するニュー・コリアン・シネマやポストニュー・ウェーブ映画ほど大きくはなかった。実際、欧米の批評家や研究者、グローバルシネマの観客から幅広く受容される状況は、後続のいわゆる三八六世代の監督たちが主な原動力となって実現した。さらに、民主化後の韓国映画がみせた進歩的観点は、日本、香港、台湾などのアジアのニュー・ウェーブのように一回の「ウェーブ」でとどまることなく、主流の大衆的作品のなかで今も続いており、現代韓国映画のグローバルアイデンティティを先導している。したがって、八〇年代の韓国社会の熾烈な政治的状況を伝え、これまでにない映像で新鮮味を提供した作品とは異なり、商業性が強まった体制内の映画に失望した批評家は、タイのニュー・ウェーブやマレーシアの新世代映画運動などに新たな可能性を追い求めた。しかし、一部の批評家に失望あるいは批判があるにもかかわらず、現代韓国映画はグローバルシネマを代表しており、アジア映画産業の中核をなしている。

　こうしてアジア映画の今を体現する現代韓国映画が、ニュー・ウェーブ期やニュー・コリアン・シネマ期の映画と最も異なる点は、そのトランスナショナリティにある。トランスナショナリティは排他的な意味での国籍および地域性を拒否する。境界を示すはずの国籍が、逆に、映画に関わる人びとの複合的な地域性や多様性を浮かび上がらせるのだ。『血と骨』（二〇〇四）の崔洋一監督による『スSOO』（二〇〇七）、延辺《ヨンビョン》出身の朝鮮族であるチャン・リュル（張律）監督による『キムチを売る女』（二〇〇五）、『豆《トゥ》満江《マンガン》』（二〇一一）、『私の頭の中の消しゴム』（二〇〇四）の監督である韓国系アメリカ人イ・ジェハン（李宰漢）による『サヨナライツカ』（二〇〇九）、『オペレーション・クロマイト』（二〇一六）は、トランスナショナル・コリアン・シネマを代表する作品である。こうした現代韓国映画の代表的作品が、純粋に韓国資本や韓国人制作者だけで作られることは珍しくなっているのだ。在日コリアン、在中コリアン、韓国系アメリカ人の監督が制作を手がけ、中国をはじめとするアジア諸国が共同製作・投資・配給を行うことで、出演者も多様な多国籍映画が作られている。資本と製作は韓国が主導するが、出演者は日本や中国からも参加するというような、多国籍性を多様な形式で選択できる汎アジア映画につながっている。民族映画として出発しながら、トランスナショナリティを積極的に表現し、伝えようとする韓国映画のグローバルアイテンティティが最も際立つ作品群といえる。

　現代の韓国映画が、グローバルシネマとして、排他的な意味での民族映画が持つ文化的偏狭性を徐々に克服しようとしている一方で、本書が扱うもう一つのコリアン・シネマである北朝鮮映画はその正反対の道を歩んでいるようだ。特にキム・ジョンウン（金正恩）政権になって以来、劇映画の年間製作本数はわずか三、四本程度となり、作品の内容や国民の受容状況などを伝える映画年鑑や『朝鮮映画』のような公式の評論誌は九〇年代後半からすでに廃刊あるいは休刊状態にある。しかも、製作されたわずかな数の作品の内容は以前と変わらず、国民が政府の立場を代弁するような思想教育を最優先するなど、キム・ジョンウン時代の北朝鮮映画をグローバルなテクストとしてみるのは難しい。しかし、逆にいえば、このように極端な国家主義的視点で製作される北朝鮮映画はほかの社会では見ることのできない独自性をもつローカル映画であり、アクセスしにくいものの研究者にとっては重要な資料である。グローバル資本主義の文化が地球の隅々まで浸透している今日、このように一人の最高権力者が国民の文化的趣向を政治的意図を持って統制し、大衆文化を政治的な道具にすることができる社会などどこにあるのだろうか。

また、逆説的にいうと、創作物として映画が持つ意味と価値を重視しない党と同様に、外部世界の偏見によってフィクションである映画が北朝鮮の現実のように扱われ、メディアを通してそれが世界に拡散、流布される現象も、北朝鮮映画研究者にとっては重要な研究テーマである。北朝鮮の外にいる多くのメディア関係者、また、東アジアの国際関係と安全保障、北朝鮮の社会、政治、歴史、経済などの専門家は、映画制作者が当然享受すべき表現の自由を北朝鮮政府が侵害することには批判的だが、創作物としての映画が持つ虚構性を認識せず、スクリーンに登場する社会と人物が現実をそのまま映す鏡であるかのように扱う傾向がある。また、外の世界で再生産される北朝鮮映画に関する言説に対し、北朝鮮の住民はもちろんのこと視聴者が反論することなど実際のところ難しい。

しかし、さまざまな利害関係が絡み、多数の人が関与する映像制作において、映画が完全に統制されることはないし、また逆に、絶対的な統制を阻止する客観的かつ中立的な立場なども存在しない。確かに北朝鮮では映画を自由に制作することはできないが、ドキュメンタリーも劇映画のように外部からの制約や主観的な立場から自由になれない。しかし、劇映画の場合、最初から現実を記録することを目的とするドキュメンタリーとは異なり、映画が制作者や社会の思考や感情を内包することを前提に作られる創作物である。特に、大衆娯楽としての役目を重視する韓国の主流映画や政治的プロパガンダの役割を優先する北朝鮮の映画を、二つの社会の現実や政治的、社会的課題を紹介するために一部だけ切り取り編集して示すことは、作品が持つ内的論理さえ無視する行為である。その最も端的な例はおそらく、キム・ジョンイルからキム・ジョンウンへの政権交代、社会の変化、核開発問題を扱うテレビの時事番組の資料として画面によく登場する北朝鮮の劇映画の使用だろう。しかし、韓国や日本の映画のように、北朝鮮の映画も結局は、現実の世界を生き、失望し、怒り、新しい世界を夢見る人びとのために作られたファンタジーなのだ。

2　現代韓国映画の大衆作家主義——ポン・ジュノとパク・チャヌク

新世紀を目前にした二〇〇〇年、韓国映画はかってない大胆な社会的メッセージと実験的映像を世に送り出した。パク・チャヌク監督の『JSA』、イ・チャンドン（李滄東）監督の『ペパーミント・キャンディー』、イム・グォンテク監督の『春香伝』などがその代表作品である。これらの作品は、反共主義という国家イデオロギーが持つ暴力性、光州事件によるトラウマ、そして伝統的民俗芸能であるパンソリの映画化を通して、民主化以降、韓国映画の志向する大衆作家主義を十二分に示している。

二〇〇〇年以降の韓国映画において、大衆作家主義を標榜する監督たちが作った社会参加志向の作品は、国内だけでなくグローバル市場でも安定した人気を博している。韓国商業映画の監督たちは、たとえ作品の背景が朝鮮戦争や日本の植民地支配時代のような歴史的空間だったとしても、扱うテーマは現代物と大きく変わらないものを選ぶ。政治エリートの無能、腐敗、不正、そして彼らと結託して自分の欲を満たす富裕層、それに伴う階級対立で苦しむ庶民の生活といったテーマは、時代を超えて観客を引きつける。また、家族、職場、軍隊のように閉じた空間で密かに横行する人権侵害などを扱った作品も時代劇と現代物の両方で登場し、主流映画の観客に対して深刻な社会問題への注意を喚起し、公憤を生み出している。逆に、いかに優れた演技やアクションといった娯楽要素を備えていたとしても、共感できる歴史認識や批判的な社会認識を示さなければ、観客の批判を受けることもある。

　最近の例では、二〇一七年七月に公開され「親日か反日か」という議論に包まれたリュ・スンワン（柳承完）監督の『軍艦島』における日本植民地支配の歴史認識と、八月に公開されたチャン・フン監督の『タクシー運転手』における光州事件の歴史的解釈をめぐる観客の多様な反応、メディアによる賛否両論の評価、マルチプレックス全館で上映して興行成績トップを狙うアプローチなどが、現代韓国の商業映画における大衆作家主義の状況を端的に示している。特に、二〇〇〇年代に最も人気のあるジャンルだった戦争映画で、民族分断と北朝鮮社会に対するこれまでと異なる認識が示され、近年では日本の植民地支配を扱った作品や時代劇が、興行成績および社会批評としての役割の点で他をリードしている。代表的な作品としては、チョ・ジョンネ（趙晶来）監督の『鬼郷』（二〇一六）、イ・ジュニク（李俊益）監督の『空と星と風の詩人～尹東柱《ユン・ドンジュ》の生涯～』（二〇一六）と『朴烈《パク・ヨル》』（二〇一七）、チェ・ドンフン（崔東勲）監督の『暗殺』（二〇一五）、キム・ジウン（金知雲）監督の『密偵』（二〇一六）、リュ・スンワン監督の『軍艦島』などが挙げられる。これらは各年度の興行成績で上位の作品であり、国内外の映画祭に招待されたり受賞したりしている。二〇〇〇年代の南北和解ムードが分断ドラマ製作のきっかけとなった状況とは異なり、日本軍による性奴隷「慰安婦」として被害にあった女性たちに関する日韓政府の合意が当事者を含む多くの韓国人の怒りを買い、社会的問題に飛び火して日韓の外交関係が悪化するなか、新しいジャンルとしてこうした映画が集中的に作られた。これらの作品の高い人気は、二〇〇〇年代に南北分断と朝鮮戦争を扱った歴史物が続いて製作されたように、二〇一〇年代の韓国映画史に新たな節目をもたらすと考えられる。

人権問題を扱う上で、商業映画が独立系の映画に先立って社会参加的な役割を果たした例としては、ファン・ドンヒョク（黄東赫）の『トガニ 幼き瞳の告発』（二〇一一、「トガニ」は「るつぼ」の意味）が挙げられる。聴覚障害者学校の校長と教職員による性的暴行事件の実話をもとにベストセラー作家コン・ジヨン（孔枝泳）が執筆した小説を映画化した本作品では、韓国のトップ俳優の一人であるコン・ユ（孔劉）が主人公を演じ、驚異的な興行成績を収めるとともに、即座に社会的波及効果をもたらした。実際、この作品は、公開年内に障害者の女性や児童に対する性的暴行の公訴時効をなくす「性暴力犯罪の処罰等に関する特例法改正案」（別名「トガニ法」）を通過させるという社会的成果を残すことになった。

このように、韓国商業映画の社会的役割は、日本の主流映画の社会的役割とはかなり差があるように思われる。また、商業映画に対して観客が寄せる期待や好みも異なる。韓国映画を楽しむ観客は、悪役として登場する現実世界の権力者や金持ちを憎み、国を売り飛ばした政治家をこらしめる主人公を見て同病相憐れみ、カタルシスを得る。韓国では多様なジャンルのなかでも戦争映画や時代劇、犯罪スリラー、社会ドラマが人気を集めている。現実の政財界の事件をパロディ化して、最高のエンターテイメントを提供するからである。

大衆作家主義を代表する作品と監督の中で、世界的に最もよく知られる監督としてパク・チャヌクとポン・ジュノ（奉俊昊）が挙げられる。特に、二〇〇三年に公開されたパク監督の『オールド・ボーイ』とポン監督の『殺人の追憶』は、二〇〇〇年に続き、二〇〇三年を韓国映画史で新たな海路が切り開かれた年にした。国内上映で大興行記録を立てた『オールド・ボーイ』は、翌二〇〇四年には世界の未公開作品を招待するカンヌ国際映画祭において、コンペティション部門の厳しい規定を破って、非コンペティション部門からコンペティション部門へと出品カテゴリーが移され、審査員特別グランプリを受賞するという異例の記録を打ち立てた。『殺人の追憶』は今なお評論家と観客が最高の韓国映画として記憶する作品である。ハリウッドのジャンル的慣習に監督特有のユーモアと政治風刺が加わり、韓国犯罪スリラーの真髄をみせた。

韓国ノワールを代表するこれら二作品は、現代韓国社会で民主化運動が意味することについてさまざまな角度から批判的疑問を投げかけている。たとえば、『オールド・ボーイ』の冒頭シーケンスに登場する警察は、軍事独裁国家の暴力性が失せた後、庶民を保護する社会の安全装置さえもが消え去った現実を風刺している。夜の街で酔っぱらった主人公に警察は強い態度をみせない。歴史的な南北首脳会談を導いた伝説的人物とされるキム・デジュン大統領もテレビのニュースを通して真近にみえるが、庶民の日常からはほど遠い存在だ。政府は資本家を守る番人の役割を忠実に果たすだけだ。最終的に、国家が持つ公権力は、主人公に起こる拉致、監禁、殺人操作はもちろん、主人公の復讐劇に対してもなす術を持たない。一方、『殺人の追憶』は民主化運動が激しかった一九八〇年代半ばの華城《ファソン》連続殺人事件を題材としている。作品中の警察は軍事独裁政権に反対する学生デモ隊を妨害することだけが仕事で、民間人の治安に関しては無能だ。刑事は科学的捜査ではなく、迷信にどっぷり浸った惰性的な方法で拷問のような旧態依然とした捜査をする。こうした混乱が重なる中、住民は連続殺人に無防備にさらされたまま恐怖に震える。そのほか、二〇〇三年にはキム・ジウン監督の『箪笥《たんす》』、カン・ウソク監督の『シルミド』、チャン・ジュナン(張駿桓)監督の『地球を守れ!』などの名作が人気を独占しつづけるという珍しい状況が起こった。韓国映画は娯楽性と作品性を同時に追求しながら、興行記録を塗りかえつづけたのだ。

二〇〇三年は、国際社会で韓国映画を代表する二人の巨匠、ポン・ジュノとパク・チャヌクにとっても非常に重要な転換点となった。『オールド・ボーイ』はパク・チャヌクの復讐三部作の第二弾である。第一弾『復讐者に憐れみを』(二〇〇二)は、『JSA』と異なり、興行的には失敗だった。『オールド・ボーイ』はパク・チャヌクに国内における興行的成功と国際映画祭での受賞という珍しい組み合わせの二タイトルを同時に与え、それが第三弾の『親切なクムジャさん』(二〇〇五)の興行的成功と国際映画祭への招待につながった。実際、パク・チャヌクの作品すべてが興行的に成功しているわけではない。二〇一三年の作品である『イノセント・ガーデン』は実験的映像を打ち出したが、興行的には失敗した。しかし、二〇一六年カンヌ国際映画祭公式招待作品の『お嬢さん』は国内興行で大ヒットとなり、英国をはじめとするヨーロッパ諸国で韓国映画の最高観客数を更新した。こうして、現在もパク・チャヌク作品の興行面での傾向は変わっていない。これは、パク・チャヌクの映画が観客に馴染みのあるあらゆるものを「ひねる」というやり方を採用し、それがパク・チャヌク独特の映像美学に貫かれているということと直接関係している。おそらく、B級マイナー映画のような実験的精神が幅広く大衆的な人気を享受するのには限界があるのだろう。つまり、パク・チャヌクが好む「ひねる」やり方は、韓国映画の興行成績で一般的な基準となっている「観客一千万人突破」に達する人気につながるほど観客の嗜好と完全に合致しているわけではないのだ。しかし二〇一七年、韓国三大マルチプレックス・チェーンの一つであるCJ CGVは、ソウルの龍山《ヨンサン》アイパークモールに「ダイバーシティ映画」専門のブランドであるCGVアートハウスの一環としてパク・チャヌク記念スクリーンを設置した。たとえ観客一千万人を動員する監督でなくても、パク・チャヌクは現代韓国映画の象徴的存在といえるのだ。

一方、ポン・ジュノの場合、パク・チャヌクのようにカンヌやベネチアといった代表的な国際映画祭での華々しい受賞歴はない。その代わりに、『殺人の追憶』以降のポン・ジュノ作品は、韓国映画史を新たに塗りかえる記念碑的なもので、大衆性と作品性を兼ね備えている。特に、ポン・ジュノ特有のコミカルながらもシニカルな社会批評的メッセージは、韓国映画史上最高の興行作品となった『グエムル—漢江《ハンガン》の怪物—』(二〇〇六)で見事に発揮される。同作品の総観客動員数は一三〇〇万人を超え、二〇一四年にキム・ハンミン(金漢珉)監督の『バトル・オーシャン 海上決戦』が登場するまで十年近く、韓国映画史上最高の観客動員記録を保持していた。『グエムル』は、単純に娯楽や愛国心に訴えるのではなく、韓国社会の深刻な環境汚染問題を扱っており、商業映画が果たしうる社会参加的な役割を示唆する最も興味深い例である。『グエムル』の冒頭シーケンスでは、米軍が放流した毒物によって誕生した人食い魚が登場する。その後人食い魚と死闘を繰り広げる女子中学生と彼女を探す家族の物語が展開される。同作品は二〇〇〇年に起こったマクファーランド事件(在韓米軍による漢江毒物放流事件)がもとになったといわれている。また、人食い魚に殺される少女のイメージも、二〇〇二年の米軍装甲車による女子中学生圧死事件を記憶している観客には明らかな社会的メッセージを伝え、在韓米軍による犯罪から市民を守れない韓国政府も風刺の対象にしている。政府は米軍による環境汚染の事実を隠し、米国の指示で操り人形のように動く無力な存在でしかない。キングコングやゴジラのような都市全体を破壊する怪力も持たない人食い魚はこうした政府の姿を連想させる。また、映画の中に登場するさまざまなシーンや小道具は韓国の環境汚染問題だけではなく、ベトナム戦争中、環境汚染を引き起こした米軍の軍事行動さえも想起させる。そうした歴史的、社会的真実を否定し、卑怯にも漢江の橋の下に隠れて人を殺し苦しめる怪物が、ポン・ジュノの描く権力者たちの姿なのだ。

このように、商業映画でありながら痛烈な政治批判もはばからない大衆作家主義は、現代韓国映画のグローバルアイデンティティを表すキーワードである。最も保守的な文化様式である商業映画を選択し、すでによく知られた社会問題を取り上げながら、大企業の系列会社であるマルチプレックスの最大の受益者として全国のスクリーンを独占する特別な恩恵を享受できるという点が、一千万人の観客を動員する韓国映画の政治的二重性である。一千万人には達せずとも、数百万の観客を動員する映画の多くも、朝鮮戦争や日本の植民地支配などを扱う歴史物、ギャング・ノワールないしは犯罪スリラーなどで、保守的な政治論理と資本主義社会を批判するテーマを中心的に扱っている。

大衆作家主義で韓国映画を代表する監督が持つ両面性は、パク・チャヌクとポン・ジュノが国際的な映画監督としての名声を得る過程にも如実に表れている。彼らは、韓国国内およびアジア市場では興行的な成功で有名な監督であり、ヨーロッパを中心とする国際映画祭では実験的作品性を重視するマイナーなグローバル映画と目される、というハイブリッド戦略をとっている。こうして国際的な名声を得た後に、彼らはハリウッドに進出する。パク・チャヌクの『イノセント・ガーデン』がその代表例だ。同作品は興行的には不調だったが、評論家には好評を博した。また、パク・チャヌクが共同製作者となりポン・ジュノが監督した『スノーピアサー』(二〇一三)は、ハリウッドの伝統的な製作配給方式を崩す新たな契機をもたらした。この作品は、配給会社のワインスタイン・カンパニーがディレクターズ・カットを許さなかったため、最終的に公開が一年以上遅れ、劇場公開とほぼ同時にオンフインストリーミングサービスが開始されるという、既存の配給システムの破壊をもたらした。さらにポン・ジュノ監督の『オクジャ』（二〇一七）は、劇場上映ではなく、オンライン配給を条件とするネットフリックス・オリジナル作品であるにもかかわらず、カンヌ国際映画祭のコンペティションに招待されるという破格の道を歩みつづけている。つまり、韓国の商業映画監督たちがみせた大衆作家主義は、国際的にも主流と非主流の区分を曖昧にし、ハリウッド映画が維持してきた市場の秩序を壊す役割を果たしたのだった。『オクジャ』がカンヌで起こした事件によって、カンヌ国際映画祭では、二〇一八年以降オンラインストリーミング作品を公式セッションから除外することを決定した。一言でいうと、ポン・ジュノは、グローバル映画配給システムの「ゲームチェンジャー」だったのだ。

韓国の商業映画における大衆作家主義は、キム・ギドク（金基德）やホン・サンス（洪尚秀）を含む多くのアジア出身の芸術映画監督について西洋的枠組みのなかで語られる異国的な新鮮さとは異なっている。これらの「国際映画祭キッズ」たちは、映画祭の時期になれば自国で集中的な注目を受ける巨匠である。彼らの作品の製作と配給も主に外国資本で構成され、映画祭には常連ゲストとして招待される。パク・チャヌクやポン・ジュノにみられる差別化された韓国映画のグローバルイメージは、商業映画の観客を対象とする大衆作家主義が、他のアジア地域の映画の持つグローバルイメージとは異なるものだということを明白にあらわしている。まず、黒澤明、溝口健二、小津安二郎といった巨匠たちによる日本映画がアジア映画の歴史を作った。それに続き、中国のチャン・イーモー（張芸謀）やチェン・カイコー（陳凱歌）などといったいわゆる「第五世代」の監督たちは、中国政府の政治的弾圧による国内上映禁止という極端な状況のなかでも、国外で大きな反響を呼び起こし、八〇～九〇年代のアジア映画の継承者と

図45 カンヌ国際映画祭のコンペティションに招待された最初のネットフリックス・オリジナル映画『オクジャ』(2017)

なった。また、ウォン・カーウァイらの香港ウェーブ、エドワード・ヤンやホウ・シャオシェンらの台湾映画は「アジア映画といえば芸術映画」という固定されたイメージを強化するものとなった。そしてその十年後に登場した韓国映画が、既存のアジア映画に対する西洋の固定観念を破ったのだ。英国の配給会社タータンは、深作欣二、三池崇史、北野武とともにパク・チャヌク、キム・ギドク、キム・ジウンなどの作品を「アジア・エクストリーム」と呼んでいる。コリアン・ウェーブの勢いを受け、二〇〇〇年代の韓国映画は大衆作家主義の下で作られたトランスナショナルな商業映画としてアジア映画の中核を成している。つまり、韓国映画の大衆作家主義こそがアジア映画の現在といえるのだ。

3　現代北朝鮮映画の人民性

現代の韓国映画でみられる大衆作家主義に対し、北朝鮮映画における創作の拠り所は「人民性」といえるだろう。人民性とは、キム・ジョンイルが『映画芸術論』(一九七三)の中で提示した重要な概念の一つだ。北朝鮮映画における創作原則の中で最も重要な概念は作品の「種子《チョンジャ》」、すなわち作家がいいたいこと、作家の問題意識や思想の核であり、作品の種子を人民の情緒に合わせて共感できるように伝達しなければならないというのが人民性の意味である。内容面では、労働者階級を代表する模範的な主人公と、この主人公を中心とした集団主義的社会像を描き、種子が人民の生活に根を下ろせるようなものにしなければならない。また、形式面では、「隠れた英雄に見習う」式のドラマで、あらかじめ定まった教訓的結末に至るまで緊張感を失うことなく、興味を引くものにしなければならないとしている。

人民性とは、北朝鮮映画の大衆的人気を観客の立場から検証する創作原則である。もちろん、テクストの内的論理としては、党が要求する理想的な人民の姿を描かねばならない。時代劇ならば封建社会の階級秩序、日本の植民地支配、西欧の侵略に対し、指導者の到来を願いながら抵抗を続ける人民の姿であり、現代劇ならば人民の小さな悩みや葛藤にも対処する最高司令官の恩恵に感謝する人民の姿ということになる。このように、北朝鮮映画制作は「歴史物と現代物を半々の割合で作り、人物の形象化やテーマは互いに異なるものにせよ」というキム・イルソン(金日成)の古い教示に従っており、半世紀が過ぎ、キム・ジョンウンの時代になっても、そこから大きく抜け出せていない。こうした擬似的な人民の姿と時代の再現の要求は、創作者による素材の選択と表現の自由を制約する。北朝鮮の映画は、政権の樹立以前はディストピアであり、人民の抵抗が悲劇的結末で終わっていたが、政権樹立後はユートピアのような社会となったので、観客が予測できない恐怖や絶対的な危機意識につながるような葛藤を扱うことができなくなってしまった。外部勢力の脅威に備える労働者に、社会全体に対する絶対的な危機意識はないのだ。こうして、「もしかしたら起こりうる侵略」に備えながら、仕事仲間や隣人たちの日常的な悩みや葛藤を扱い、一様にハッピーエンドで終わるという展開が典型的なジャンルになった。そこには、ドラマとしての娯楽性や緊張感を見つけるのは難しい。結局、アクション、SF、スリラー、災害ドラマなどの商業映画でみられる壮大なスペクタクルや刺激的でエキサイティングなストーリー展開、ファンタジーのような派手な映像は、現代北朝鮮社会を背景とする作品では実現しにくい要素であり、そうした娯楽性は時代劇に期待されている。

現代の北朝鮮で製作される時代劇では、戦争、探偵、アクションスリラーが主要なジャンルとして挙げられる。SFや仮想現実といった未来物は党が要求する社会主義リアリズムに反する。また、暴力性の強いアクション映画は、人民の情緒を害するので、時代背景を過去に限定しなければならない。現実を生きる人民を健康的な労働者階級として写実的に描く社会主義リアリズムの原則に合わないホラー、スリラー、怪獣映画などの製作も期待しにくい。こうした点から考えると、七〇年代末にキム・ジョンイルに拉致されたシン・サンオク（申相玉）監督が一九八五年に発表した『プルガサリ』が北朝鮮で作られた最初で最後の怪獣ホラー映画であるという事実は興味深い。『プルガサリ』は民間伝承をもとに、朝鮮社会を背景として製作された日本との合作映画である。北朝鮮の映画界では、キム・ジョンイル時代の方がキム・ジョンウン時代よりも多くの自由を享受したことを示唆する例だ。

軍事関連の映画でも同じ状況がみられる。現代の北朝鮮社会を背景とする軍事映画のほとんどは厳密な意味での戦争映画とはいえない。韓国では二〇一四年、南北分断と朝鮮戦争による避難民の話からベトナム戦争の英雄話まで続く分断物語を描いたユン・ジェギュン（尹齊均）監督の『国際市場で逢いましょう』が上映された。同作品は、丁酉倭乱（慶長の役）時の李舜臣《イ・スンシン》将軍の一代話を描いたキム・ハンミン監督の『バトル・オーシャン 海上決戦』（二〇一四）に続き、同年の観客動員数二位を記録した。続いて、二〇一五年にはキム・ハクスン（金学詢）監督の『ノーザン・リミット・ライン 南北海戦』という二〇〇二年の延坪《ヨンピョン》海戦（南北の軍事衝突）をスペクタクルにした戦争映画が作られ、ハリウッドのブロックバスター『ターミネーター』を抜いて驚異的な興行記録を樹立した。このように、韓国では現代社会を背景として愛国心に訴える戦争映画や分断映画が製作されているが、北朝鮮映画における南北武力衝突の扱いはほとんど戦争映画とはいえない。局所的に南北の軍事衝突や米軍の定期軍事演習が強調されているものの、朝鮮戦争や抗日遊撃隊の活動を扱った古典的な作品が有していたスペクタクルや劇的なストーリー展開はみられないのだ。韓国軍や米軍はほとんどスクリーン上には登場せず、離れた場所に配置された部隊の勇猛さ、団結、犠牲の精神がストーリーの中心になっている。つまり、戦争のスペクタクルではなく、部隊内で起こる兵士物語となっているのだ。

このように、北朝鮮の史劇は、朝鮮時代や日本の植民地時代を背景とした戦争映画やアクションドラマを通して、現代物では扱えないスペクタクルや娯楽性を提供している。資本家階級の悪行に対し、彼らに苦しめられる人民が立ち向かい、ドラマチックな勝利を得る姿と資本家階級が身に受ける懲罰を描いて、観客にカタルシスを与えるのだ。妓生《キーセン》や泥棒という現代北朝鮮社会では存在しえない人物を主人公に設定し、悪人たちが誇張して描かれ、飛び交う武術の競演、搾取階級の生活を描写するための派手な衣装と踊り、豪華な祭り膳などがエンターテイメントとして登場する。また、日本や米国など、外国社会や外国人を登場させて多様な見どころを提供したりもする。ただ、人民の抵抗が悲劇的な結末に終わり、指導者の到来を待ち望む、という全体的にストーリー展開が暗い作品も多い。

時代劇の本格的な製作は、八〇年代以降、北朝鮮映画史上三作目の「春香伝」映画である『春香伝』に続き、『林巨正』、『洪吉童伝』などで始まった。二〇〇〇年代以降に登場する北朝鮮史劇は個人史ではなく、説話や歴史的な出来事を題材とし、民族叙事詩として作られている。善悪構造が鮮明で、階級闘争の枠組みが強調されることも、政治的な教育だけでなく、現代劇では扱えない多様な娯楽的要素を含ませて映画の人民性を強化しようとする努力としてみることができる。代表的な作品としては、『青磁の魂』(二〇〇三、ピョ・グァン監督)、『生きている霊魂たち』(二〇〇〇、キム・チュンソン監督)、『血に染まった略牌』(二〇〇四、ピョ・グァン監督)、『平壌《ピョンヤン》ナルパラム』(二〇〇六、ピョ・グァン/メン・チョルミン監督)、『東海《トンヘ》の歌』(二〇〇九、チャン・ヨンボク監督)などがあり、日本による植民地支配と朝鮮総連、日本の領土侵略などを題材としている。

一方、解放された社会としての北朝鮮を背景とする現代劇の主なジャンルは、軽いタッチのホームコメディや家族ドラマ、仕事や隣人との話を描いた人間ドラマなどで、日本の庶民劇のような素朴な楽しみを与える内容となっている。このジャンルでは家庭内の葛藤や男女平等の問題などを扱うが、露骨な愛情表現や三角関係、不倫などはほとんど登場せず、また、戦争映画やアクション映画が提供する豪華なスペクタクルを取り入れることも難しい。その代わりに、『青い絹の上で』(二〇〇一)や『キム同志《ドンム》、空を飛ぶ』(二〇一二)のような集団体操やサーカスなどのスポーツ映画を通じて視覚的楽しさを提供している。しかし、ほとんどの作品は日常的リアリズムに近く、努力を怠らない英雄として描かれる主人公が孤独に戦う姿をみせた上で、創作者の意図的な演出によって最後には主人公の周囲にいる人びとの誤解と無関心が解決するというドラマチックな結末を提供する。もちろん、北朝鮮体制が安定期に入る前の「過渡期」を背景として、限定的だが外部勢力が浸透し、それに影響された反社会分子が登場する軍事映画もある。しかしこうした設定も、反社会分子を傍観すれば社会全体の安定が脅かされることもある、という危機意識を植え付ける程度の葛藤と破局の描写にとどまる。それ以上の住民間の対立は、現在の北朝鮮社会では存在しえないのだ。葛藤は少数の社会構成員の中途半端な党への忠誠に原因があり、これを悟らせる主人公の努力と犠牲を描き、民族解放戦争のために、住民全体が一糸乱れず団結する集団主義的解決方法を示している。つまり、「一人はみんなのために、みんなは一人のために」という北朝鮮憲法に明記された政治スローガンをテーマにしているのだ。

このように、北朝鮮映画の人民性が韓国映画の大衆作家主義と最も異なる点は、党が要求する最適な人民のイメージを現実世界の人民の姿として追求すべきだとする政治的目的性にある。しかし、政治的に計算された人民性では、方法論的に大衆娯楽性を実現するのが難しいという皮肉が存在する。もちろん、韓国映画で多くみられる作家主義も、商業性の面で拘束を受け、体制に対し順応的な面があることは否定しがたい。しかし、それにもかかわらず、韓国の映画産業は健全な批判的精神を有している。たとえば、パク・チャヌク、ポン・ジュノ、イ・チャンドンのような韓国映画を代表する監督たちが政府のブラックリストに載り、「反政府映画人」として分類され、政治的制裁を受けても、その創作活動や大衆からの人気に影響は出ない。対照的に、観客からの支持がほとんど明示されない北朝鮮社会では、映画が追求する人民性を検証するのは容易でない。しかしまた、脱北者の証言でも指摘されるように、現代の北朝鮮住民は西洋大衆文化が入りやすいメディア環境にあり、たとえ非公式であっても、以前の社会とは比較にならないほどのスピードで多様な西洋大衆文化に接触できている。したがって、現代の北朝鮮映画が、以前のように党の定めたジャンルの典型を固守しながら大衆的人気を確保することは、さらに難しくなった。善良で模範的な主人公が勝利し、すべてが最高指導者の偉大さと愛に帰するという予測可能な展開と道徳的結末を持つ北朝鮮映画が、現政権への批判を娯楽の材料にして、暴力やエロティックな場面を頻繁に取り入れる韓国映画の刺激的な娯楽性に対抗できる術はない。また、韓国では、映画に差別的な社会観や人種観、ジェンダー意識などがあれば、市民団体の激しい批判の対象となることもある。

結局のところ、民主化の過程で得た表現の自由を前提とした現代韓国映画の大衆作家主義が観客の自発的選択によって成立したのとは異なり、二〇〇〇年代以降、北朝鮮の映画が志向する人民性は、依然として国が主導する配給および受容のプロセスを介して実現するほかないのだ。しかし、こうした試みは、変化する人びとの生活環境、特にメディア環境によって大きな課題に直面している。もちろん、北朝鮮映画は国家主義映画として、今も政府によって製作から配給までの全過程と観客の鑑賞方法までをも管理されている。過去と比べて変わったのは、映画の主な配給方式が映画館などでの上映ではなくテレビ放映になり、中央で集中的に配給を管理しているため、国による制御がより厳格になったことだ。受容についても、『労働新聞』をはじめとする党機関紙などに視聴者の感想や専門家の評価を載せて、住民たちの間で作品が話題になるように積極的に介入するようになった。こうした管理体制と論評、受容状況の独占は、キム・ジョンウン時代になっても保持されている。

しかし、まだ本格的なニューメディア時代に入っていない北朝鮮映画が、過渡期的な意味で、映画の主な配給方法をテレビ放映としている点は、北朝鮮映画のジャンルに関する方針に与える影響という点で注目すべき環境の変化である。一九九二年からキム・ジョンイルの指示で製作されはじめた『民族と運命』シリーズは当初二〇部作になる予定だったが、二〇〇二年に一〇〇部作へと変更された。現在六四部まで作られた『民族と運命』は、単一テーマに基づき、毎回劇的な瞬間で完結せずに終わる。ストーリーを次の部につなげるというシリーズ映画の展開方式や、複数部作を短期間に同時に撮影する制作方式などは国家主義だからこそできることであり、北朝鮮独自の新ジャンルと言える。テレビ放送を通じた映画の配給は、観客の自発的で主体的な選択を要求しない。西洋社会のように、放送局同士の視聴率競争や多様なチャンネルの選択肢がないため、北朝鮮の視聴者は、一方的に放映される映画を視聴するだけにとどまりやすい。これに対し、映画館での鑑賞は原則的に個人が購入を決定する経済活動であり、積極的な文化的選択である。北朝鮮政府が団体鑑賞や討論会などを通じて集団的文化体験を先導しようと努力しても、感動的で面白い作品の評判が人びとの間に口コミで伝われば、それが彼らの自発的な購買行為につながるのだ。

したがって、二〇〇〇年代に入り、北朝鮮映画の製作本数が目に見えて減っているという事実は、テレビが主な娯楽とプロパガンダの媒体となり、映画産業が大きな転換点にあるという背景があってのことだと理解できる。九〇年代初頭まで、北朝鮮は年間平均二五本程度の劇映画を製作していた。「苦難の行軍」時代（一九九四―九八年の飢饉と経済的困窮の時代）には年二、三本と低調ではあったが、二〇〇〇年代以降は年間平均十本以上程度と回復していた。作品の中には、『生きている霊魂たち』（二〇〇〇）や『ある女学生の日記』（二〇〇六）のように国際映画祭に出品されたものもあり、国民からも多くの人気を得た。しかし、こうした人気作品があったにもかかわらず、キム・ジョンウン政権が誕生して以来、映画を北朝鮮社会の大衆文化を代表する分野とみることは難しくなっている。むしろ映画ではなく、テレビドラマが以前よりも活発に製作されている。こうした傾向はもちろん映画産業を取り巻くさまざまな社会的変化とも密接に関連しているが、それが映画産業には積極的に反映されなかった最も根本的な原因を探るには、何よりも、前述のように、国が必要とする「人民性」が、激変したグローバルメディア環境の影響によって、複雑で深刻な困難に直面したという事実から出発すべきだ。たとえば、二〇一五年以降、外国人訪問客による携帯電話の持ち込みに対する厳しい取締りはなくなったと言われており、外国の文化が流入した。特に、急速に流入する韓流ドラマの娯楽性と韓国の商業映画が持つ刺激的な内容、辛辣な社会批評もはばからない作家主義が、北朝鮮の人びとに与えうる文化的な衝撃は十分予想できる。実際、脱北者の証言から、北朝鮮当局が韓流ドラマや映画を流通させる者に死刑や厳刑を処する対応をしていることも知られている。

4　国家主義映画の現在と未来

私たちはなぜキム・ジョンウン時代の北朝鮮映画に注目すべきなのだろうか？　キム・ジョンウン体制下では、国民や海外に向けた宣伝事業の主要な手段として、ニューメディアやスポーツなどの現代的な大衆文化と遊戯施設の設置が推進されているため、劇映画の年間製作本数は三、四本にすぎない。こうした映画産業の縮小状況に対して、北朝鮮政府の立場は明らかである。「新しい時代に合った、国民が好むに値する作品を創作すること」を促す『労働新聞』の社説（二〇一二年一月一日）や二〇一六年第七次党大会でのキム・ジョンウンの演説が示すように、映画は、大衆の間で人気がなければ、以前のように国の主要産業として独立した地位を享受することができないということだ。特にキム・ジョンウン時代は、キム・ジョンイル政権が映画産業を庇護し、八〇年代に韓国、香港、英国、フランスなどの西洋社会との合作や交流を通して、海外の文化に対して開放的な態度をとろうとした時代とは違う。キム・ジョンウン時代の北朝鮮映画は、以前のように特別な芸術分野とは認識されていないのだ。

まさにこうした意味で、キム・ジョンウン時代の北朝鮮映画には、国民の支持が得られる新しい企画や創作活動が要求されている。ニューメディア時代に突入したいずれの周辺国でもそうであるように、映画産業が他の媒体との競争に晒されているためだ。特に、抗日遊撃隊による祖国解放という壮大なストーリーの主人公としてキム・イルソン神話を作り、血統に基づく権力継承を正当化したキム・ジョンイル時代の映画のように、キム・ジョンウンにも自らを民族神話の象徴とする新しい叙事詩や大衆向けのストーリー作りが必要である。キム・ジョンウン時代の北朝鮮映画が、キム・ジョンイル時代のように「米帝国主義の侵略から北朝鮮住民を守るためのミサイルと核」「先軍政治の核開発論」という民族的言説を作って伝播させる主要な媒体として本格的な役割を果たすかどうかは、特に注目すべきだ。こうした問題意識の下、以下では、二〇〇〇年以降の北朝鮮映画の流れと産業としての特徴について、人民性という観点を中心に検討する。

二〇〇〇年代に入り、北朝鮮映画は、本数としては少ないが、グローバル社会に対して北朝鮮の立場を代弁し、「孤島」のユートピアのような社会像を描く映画へと脱皮しようとしていた。そのきっかけは何よりも「苦難の行軍」時代が終わり、そこから回復したという自信だといえる。九〇年代後半、「苦難の行軍」時代に入ると、北朝鮮映画は製作本数が急減し、作品も全体的に暗く、十分な財政的支援がないことが如実にあらわれていた。物資の不足に苦しむ住民の現実を背景に、キム・ジョンイルのリーダーシップと「先軍政治」の必要性を信じて、全体のために個人が自らを犠牲にする住民の姿が描かれた。しかし、政府による「苦難の行軍」の終了宣言後、北朝鮮の『タイタニック』と呼ばれる『生きている霊魂たち』が製作された。『生きている霊魂たち』は、日本の太平洋戦争敗戦後、強制徴用されていた朝鮮人の帰国に使われた浮島丸の沈没事件を扱った作品で、最先端のコンピュータグラフィックスを駆使し、多くのエキストラを動員するなど、北朝鮮映画史上最大の予算をかけて製作された。もう一つ注目すべき作品は、『私が見た国』である。これは、国民に核兵器開発の正当性を説得し、日米の反対を振り切って核実験を強行する北朝鮮の意志を描いた作品である。一人称のナレーションは、七〇年代に北朝鮮を訪問してキム・イルソンをインタビューした読売新聞論説委員の高木健夫をモデルにした高橋実という人物とその娘（東京大学教授の設定）によるものだ。一九八八年に第一部が製作され、九二年には第二部の撮影が開始されたが、すぐに中止された。キム・ジョンイルの指示で、二〇〇九年に第二部が完成し、二〇一〇年には第五部まで製作された。一九九三年に行われた日本ロケなどを通して外国の事物が映し出され、実在するアメリカ人外交官をモデルにした人物が登場するなど、国民の関心を引くさまざまな素材が盛りこまれている。キム・ジョンウン時代の核問題が、この映画のテーマと関連していることが窺える。また、主人公の父は科学者であり、主人公も父の使命感に刺激され科学者になろうとする『ある女学生の日記』（二〇〇六）も核開発のための科学分野の発展を強調する政治的メッセージを扱っている。

もちろん、キム・ジョンイルとは別の方法ではあるが、キム・ジョンウンもまた国民に対する政治的プロパガンダ媒体としての映画産業に注目し、技術革新の重要性を強調しながら、映画産業の支援に乗り出している。二〇一三年に再登場した3D映画がその代表例である。キム・ジョンウンは平壌に建てられた3D映画館を視察して、全国に複数の3D映画館を建設せよとの現場指導を行った。こうした指示は、急速に進歩するグローバルメディア環境に対処し、北朝鮮映画の大衆娯楽性を技術レベルでも高めようとする政策的支援とみることができる。3D映画館の開設と3D映画の製作は、一九九〇年代以降にキム・ジョンイルによって始められたが、「苦難の行軍」時代に入り「人民の末梢神経を刺激する退廃的な映画」という批判を受け、中断された。しかし、キム・ジョンウンは再び3D映画を製作する決定を行い、北朝鮮の人びとが西洋社会のマルチプレックスのような現代的な設備で大衆的な娯楽を楽しむ姿を西洋世界に見せようとしている。

キム・ジョンウン時代に北朝鮮映画が追求する人民性は、平壌市内を中心として発展するアミューズメント施設や、徐々に西洋化され華やかになっている舞台芸術分野とも連結させて考えてみる必要がある。キム・ジョンウンは現代的なテーマパークや大規模なプール、スキー場を開設するなど、アミューズメント施設の建設に熱心で、娯楽施設で自由に笑って楽しく過ごす市民の姿を国内外に見せようとしている。また、二〇一二年に「文化芸術分野に革命を起こすに値する遠大な構想で新しい世紀の要求に合わせてキム・ジョンウンが直接組織した」というモランボン(牡丹峰)楽団も、その代表的な例である。韓国の女性アイドルグループを参考にしたような短いスカートにハイヒールという装いで、派手なダンスを踊り、ディズニーや米国のポップ音楽を演奏する姿は、国民の生活に入り込んだ韓流と西洋の大衆文化を党が全面的に否定するよりも、政府の統制の下で住民の文化的欲求を解消しようとする懐柔政策のあらわれとみられる。これにより、キム・ジョンウンは父親のキム・ジョンイルとは異なり、若く現代的な感覚を持った指導者として打ち出される。彼の独特なヘアスタイルが若者の間で流行していることは、脱北者の証言だけでなく、インターネット上の画像でも簡単に確認できる。携帯電話をアクセサリーのように持ち歩き、アップルコンピュータのマニアとして知られるキム・ジョンウンが映画制作者たちに望む人民性とは、まさにこうした現代的な意味での大衆娯楽性だといえる。

しかし、全体的にみて、キム・ジョンウン体制下で作られた北朝鮮映画は、他の芸術分野のように飛躍的な発展をみせたとはいえず、依然として政治的プロパガンダの重要な媒体としての役割を果たし続けている。ときおり紹介される現代の映画作品は、あいかわらず定型化された内容のドラマが主流となっている。具体的には、キム・ジョンイルの死後初めて製作された劇映画『野の花の少女』(二〇一二)や北朝鮮・英国・ベルギー合作の『キム同志《ドンム》、空を飛ぶ』、『私たちの家族の話』(二〇一六)が代表的な例である。これらの作品では共通して山村の若い女性とその周辺の人物が素朴で暖かい人間愛と自己犠牲的な精神、強靭な意志によって不屈の努力を続け、最高指導者への絶対的な忠誠心を持つという北朝鮮労働者階級の人民性を描いている。キム・ジョンウン時代を代表するこの三作品は、女性を主人公に庶民劇のような素朴な楽しさを追求するという点で、新たに注目すべき研究テーマである。カメラワークや人物描写の映像面での進歩はみられるが、イデオロギー的には以前よりも保守的な傾向を示しているという点にも注意すべきだろう。

特に若い層を意識した文化的開放性に関していうと、一九八〇年代に『春の日の雪解けI・II』(一九八五)で初めて登場したキスシ

図46 朝英合作スポーツ映画『キム同志、空を飛ぶ』(2012)

ーンは、現代の北朝鮮映画ではもはや見つけられない。脱北者によると、『春の日の雪解け』は現在上映禁止となっているようだ。こうした規制は今も継続している。韓国の女性アイドルグループを連想させるモランボン楽団の舞台やテレビドラマが示す変化は、映画ではまだ起きていないようだ。テレビドラマに関しては、二〇〇〇年の『カモメ』で水着姿の女性が登場し、二〇〇一年のドラマシリーズ『家庭』で不倫問題が扱われたりしている。遅々として進まない内容展開に視聴者の不満が生じ、「それでもドラマか」という抗議さえ受け、最終的にはキム・ジョンイルの指示で二〇一一年に放映終了されたドラマシリーズ『桂月香《ケ・ウォルヒャン》』は愛国心を持つ妓生の物語である（『朝鮮日報』二〇一一年六月二五日）。しかし、『野の花の少女』や『私たちの家族の話』に出てくる女性主人公たちの姿は、文字通り清純で少女のようなイメージの若い女性である。このようにテレビドラマよりも厳しい文化的基準で製作されている北朝鮮の映画が、テレビドラマはもちろん、他の大衆娯楽の分野で押し寄せてくる外の世界の大衆文化に対抗して国民の関心を引きつけることができるのか。また、「民族解放と共産主義革命の完成」のために党の指示に従うことが人民が自らを守る唯一の道であることを、映画がどの程度効果的に伝えられるのだろうか。これこそがキム・ジョンウン時代に北朝鮮映画が取り組むべき最優先課題といえよう。

註

（1） Kim, Soh Young (2006) The Discursive Variation of Korean National Cinema and the Formation of Korean New Wave Cinema.

訳者あとがき

本書は第Ⅰ部「コリアン・シネマ」と第Ⅱ部「トランスナショナル・シネマ」の二部構成となっている。第Ⅰ部は二〇〇〇年マンチェスター大学出版会から刊行されたイ・ヒャンジン（李香鎮）著の *Contemporary Korean Cinema: Identity, Culture, Politics*（現代コリアン・シネマ——アイデンティティ、文化、政治）の日本語訳である。第Ⅱ部は、イが二〇〇〇年以降、共著書やジャーナルで発表した論稿四本と、本書のために書き下ろした最新の論稿「グローバルシネマとしての韓国映画と北朝鮮映画——二〇〇〇年から現在まで」から成る。第二部の「春香伝——ニュー・コリアン・シネマで古い伝統を「売りこむ」」（*Chunhyang*: Marketing an Old Tradition in New Korean Cinema）、「アジアン・ノワールにおける無法者の影——広島、香港、ソウル」（The Shadow of Outlaws in Asian Noir: Hiroshima, Hong Kong and Seoul）、「一九六〇年代韓国ホラー映画における家族、死、そして怨魂《ウォンホン》」（Family, Death and the wonhon in Four Films of the 1960s）はそれぞれ、*New Korean Cinema*（ニュー・コリアン・シネマ）（シン・スリンガー編、ニューヨーク大学出版会、二〇〇五）、*Neo-Noir*（ネオ・ノワール）（ボールド・グリター・タック編、ウォールフラワー・プレス、二〇〇九）、*Korean Horror Film*（韓国ホラー映画）（ペアス・マーティン編、エジンバラ大学出版会）に収録されたものである。また「『ナヌムの家』から『鬼郷』まで——映画を通した旧日本軍性奴隷制の記憶継承」（From *The Murmuring* (2000) to *Spirits' Homecoming* (2015): On-Screen Memory Succession of Japanese Military Sexual Slavery During World War II）は、韓国・高麗大学アジア研究所が発行する *Journal of Asiatic Studies*（アジア研究ジャーナル）上で二〇一六年に発表された。

イ・ヒャンジンは韓国・釜山生まれ。延世大学で社会学を学び、修士号を取得した後、渡欧した。英国・シェフィールド大学東アジア学部で教鞭をとりながら、リーズ大学コミュニケーション学部で本書のベースとなった論文を執筆し、博士号を取得した。二〇〇五—〇七年に立教大学、東京大学、同志社大学の客員研究員として行った研究に基づき、『韓流の社会学』（岩波書店、二〇〇八）を発表した。二〇〇八年より、立教大学異文化コミュニケーション学部教授。二〇一四—一五年には、ハーバード大学東アジア言語・文明学部からキム・クー客員教授として招聘された。また、カンヌ国際映画祭、ベルリン国際映画祭、釜山国際映画祭には毎年のように招待されている。専門は韓国、北朝鮮、日本を中心とするアジア映画研究で、最近の研究ではアジア映画のトランスナショナリティに焦点を置いている。

本書の原著である *Contemporary Korean Cinema: Identity, Culture, Politics* は、コリアン・シネマ研究における正典的テクストとして世界的に知られている。韓国と北朝鮮両方の映画史を扱った初めての英語による書籍だという金字塔的意味合いもあるが、堅固な理論的土台と鋭い洞察力に基づき、明快で力強い議論が展開される本書は、映画分析におけるアプローチと手法を学ぶ者にとって重要なテクストとなっている。実際、同書は世界各地の大学で映画研究や東アジア研究の教科書として使われてきた。国際的な受容と高い評価は、同書がスペイン語、イタリア語、フランス語、中国語に翻訳されているという事実からも明らかだ。また、ジェンダー、セクシュアリティ、民族的アイデンティティ、伝統文化と近代化、政治と文化の関係などの視点に基づく分析は、同書が映画研究にとどまらず、周辺の幅広い学術分野に対しても訴求力を持つことを示唆している。

このように、国際的に高い評価を受け、日本でも関心があると考えられる主題を扱った同書の日本語版がないことを、イの同僚で友人でもある訳者は長い間もどかしく思っていた。イが研究と生活の拠点としている日本で、少しでも多くの読者にイの研究を届けられないものかという思いから、みすず書房の編集者・島原裕司氏に相談したのが本企画の始まりだった。訳者は翻訳・通訳の仕事に関わってきたが、映画研究、ましてやコリア研究の専門家ではない。本企画に取り組むことには不安があった。しかし、イ自身が寄せてくれた強い信頼と、廊下を隔てただけの至近距離にいるイと個々の問題について確認できるという好環境だけを頼りに、翻訳作業を進めることにした。イには日本語訳に目を通してもらい、問題となった箇所では二人で議論を重ねた。しかし基本的には、訳出の選択で迷った時は、著者であるイの意見を常に尊重した。

本書の刊行にあたっては、多くの方たちのお世話になった。本企画の初期段階では前出の島原氏にご尽力いただいた。感謝を申し上げる。また、島原氏の退職後、本企画の編集を担当してくださったみすず書房の松原理佳氏には、詳細で的確なフィードバックをいただいたことを、そして、社長の守田省吾氏にはいつも暖かいご支援をいただいていることに対し、心から感謝の意を表したい。本書には、他の翻訳者による翻訳を下敷きとした部分がある。第二章までの素訳とリサーチで協力してくれた元・立教大学大学院異文化コミュニケーション研究科博士課程前期学生の山田安仁花氏、第Ⅱ部における最初の三稿の下訳を担当してくれた同後期学生の松本弘法氏にお礼を述べたい。そして何よりも、本書の著者であるイ・ヒャンジンの秀でた才能と研究に対する情熱、また、ユーモア、笑顔、友情に対し、最大級の敬意と愛着を表したい。本書を通して、日本でもヒャンジン・ファンが増えることを切に願っている。

二〇一七年十月

武田珂代子

人名索引

ア

アルチュセール，ルイ　11, 12
アルドリッチ，ロバート　328
アレン，G. R.　31
アン・ジョンファ（安鍾和）　66, 101
アン・ソギョン（安夕影）　42, 66
アン・ハムグァン（安含光）　42
アン・ヘリョン（安海龍）　344, 345
アンダーソン，ベネディクト　193
アンドリュー，ダドリー　17

イ

イ・ウォンセ（李元世）　201, 252
イ・ガンチョン（李康天）　82
イ・ギュファン（李圭煥）　38, 43, 68, 81, 101
イ・ギョンソン（李慶孫）　35–37
イ・グァンフン（李光勲）　81
イ・グァンモ（李光模）　73, 74, 83, 86
イ・グヨン（李亀永）　35
イ・ジェハン（李宰漢）　363
イ・ジェヨン（李在容）　286
イ・ジャンホ（李長鎬）　80, 83, 85, 178, 201, 204, 225, 227, 229–231, 253, 271, 272, 342
イ・ジュニク（李濬謚）　286
イ・ジュニク（李俊益）　366
イ・ジョングク（李廷国）　76, 83
イ・ジョンハ（李正夏）　75
イ・ジョンヒャン（李廷香）　iii
イ・スンマン（李承晩）　50, 66, 68, 163, 182
イ・ソング（李星究）　101
イ・チャンドン（李滄東）　74, 83, 84, 86, 203, 272, 365, 378
イ・テ（李泰）　179–181, 183
イ・ドゥヨン（李斗鏞）　81, 359
イ・ヒョイン（李孝仁）　75
イ・ヒョンサン（李鉉相）　182
イ・ピルウ（李弼雨）　36
イ・マニ（李晩熙）　71, 80, 82, 317
イ・ミョンウ（李銘牛）　30, 100, 101
イ・ミョンセ（李明世）　81, 84, 86
イ・ミョンバク（李明博）　vi, 358
イ・ムニョル（李文烈）　232
イ・ヨングァン（李庸観）　75
イ・ヨンシル（李英實）　80
イ・ヨンス（李容洙）　347
イ・ヨンベ（李竜培）　75
イ・ヨンミン（李庸民）　317
イケグチ，エドワード　352
市川彩　86
伊藤博文　53
今村昌平　362
イム・グォンテク（林權澤）　74, 81, 83, 84, 102, 144, 171, 173, 178, 195, 240, 266–268, 272–279, 282–284, 286, 287, 342, 361, 362, 365
イム・サンス（林常樹）　308
イム・ファ（林和）　42

ウ・エ・オ

ウー，ジョン（呉宇森）　290, 293, 294, 302–304, 306, 313
ヴェーバー，マックス　194
ウォン，カーウァイ（王家衛）　290, 362, 373
梅宮辰夫　295
エイゼンシュテイン，セルゲイ　5, 21
エティエンヌ，ショームトン　291
エンゲルス，フリードリヒ　11

オ・ビョンチョ（呉炳草）　144, 147, 151, 204, 206–208, 211
大島渚　362
尾崎紅葉　35
小津安二郎　372
オム・ギルソン（厳吉善）　53, 357

カ

梶芽衣子　298
ガダマー，ハンス＝ゲオルク　17
金子信雄　296
カン・ウソク（康祐碩）　84, 358, 369
カン・ジェギュ（姜帝圭）　81, 84, 86, 357, 358
カン・デジン（姜大振）　82, 272
カン・ドクキョン（姜徳景）　344, 345
カン・ヘジョン（姜惠貞）　309
カン・ホ（姜湖）　42, 66

キ

ギアツ，クリフォード　15–17, 255
北野武　290–293, 301, 302, 313, 373
ギデンズ，アンソニー　194
キム・イルソン（金日成）　vi, 20, 44, 45, 48–56, 58–61, 136, 142, 145–147, 149, 150, 152, 153, 156–160, 162, 185–188, 191, 194, 198, 204–206, 208–210, 257, 258, 374, 382, 383
キム・ウィソク（金義石）　81
キム・ウンソン（金運成）　353
キム・ギドク（金基悳）　69
キム・ギドク（金基徳）　267, 372, 373
キム・ギヨン（金綺泳）　82, 289, 317
キム・ジウン（金知雲）　291, 366, 369, 373
キム・ジェギュ（金載圭）　72
キム・ジョンイル（金正日）　ii, vi, 20, 44–47, 49, 53, 54, 56, 58, 60, 90, 136, 147, 149, 150, 152, 188, 260, 357, 360, 365, 374, 375, 380, 382–386
キム・ジョンウォン（Kim Chongwon）　30, 88
キム・ジョンウン（金正恩）　iv, vi, vii, 363–365, 374, 375, 379–386
キム・ジョンスク（金正淑）　60
キム・ジョンヒョク（金正革）　66
キム・スナム（金壽南）　75
キム・スヨン（金洙容）　69, 83, 101
キム・チュンソン　377
キム・チョルジュ（金哲柱）　60
キム，デシル．ギブソン　344
キム・デジュン（金大中）　73, 74, 357, 368
キム・ドゥボン（金枓奉）　44
キム・ドサン（金陶山）　29, 30, 42, 88
キム・ドンウォン（金東元）　341, 342, 344, 349, 350, 354
キム・ハクスン（金学順）　346
キム・ハクスン（金学詢）　376
キム・ハンミン（金漢珉）　370, 376
キム・ヒャン（金鄕）　101
キム・ヒョンジク（金亨稷）　60
キム・ヒョンソク　267
キム・ホソン（金鎬善）　80, 84
キム・ホンジュン（金弘準）　76
キム・ユヨン（金幽影）　41, 42

ク・コ

クォン・チョルフィ（権哲輝）　317
グラムシ，アントニオ　11, 12
クリード，バーバラ　329
黒澤明　289, 302, 372
クワン，スタンリー（關錦鵬）　362
クーン，アネット　5
コルブラン，ヘンリー　28, 86
コン・ジョン（孔枝泳）　367
コン・ユ（孔劉）　367

サ・シ・ス・ソ

崔洋一　viii, 363
サイード，E. W.　14, 15
シン・サンオク（申相玉）　46, 58, 70, 79, 80, 81, 93, 94, 101–109, 114, 117, 122–124, 129, 130, 139, 140, 375
シン・スンス（申承洙）　253
シン，ネルソン（申奈舜）　360
菅原文太　295

スコセッシ，マーティン　304
スペラーバーグ，ジェイムズ　5
ソ・グァンジェ（徐光霽）　37, 42, 66
ソヌ・ワン（鮮于浣）　84
ゾラ，エミール　232
ソン・シンド（宋神道）　348, 349

タ

高倉健　302, 314
ターナー，グレアム　4

チ

チェ・イッキュ（崔益奎）　144, 152, 155
チェ・インギュ（崔寅奎）　43, 66–68, 91
チェ・ウニ（崔銀姫）　46, 58
チェ・ドンフン（崔東勲）　366
チェ・プンギ（蔡豐旗）　204, 211, 212, 215
チェ・ミンシク（崔岷植）　306, 307, 309
チェン，カイコー（陳凱歌）　372
チェン，ジャッキー（成龍）　304
チャン，イーモー（張芸謀）　372
チャン・ギルス（張吉秀）　83, 86, 271, 272
チャン・ジュナン（張駿桓）　369
チャン・スンオプ（張承業）　274
チャン・ソヌ（張善宇）　74, 76, 82–84, 86, 203, 240, 253, 271, 342, 362
チャン・フン（張薫）　358, 366
チャン・ユニョン（張允炫）　81, 86
チャン・ヨンボク（張英福）　357, 377
チャン・リュル（張律）　363
チュ・ギョンジュン　267
チュ・ミン（秋民）　66
チョ・ギョンスン（曺敬順）　144, 158, 159, 204, 217, 221
チョ・サンヒョン（趙相賢）　280
チョ・ジョンネ（趙晶来）　337–340, 351, 354, 366
チョ・セヒ（趙世熙）　252
チョ・ヒムン（Cho Hŭimun）　30, 86
チョ・ヘジョン（Cho Hae Joang）　382
チョウ，ユンファ（周潤發）　303–305
チョン・イニョプ（鄭仁燁）　80
チョン・ジウ（鄭址宇）　81
チョン・ジヨン（鄭智泳）　74, 83, 86, 144, 177, 178, 181, 183, 271, 272, 342, 361
チョン・ソヨン（鄭素影）　79
チョン・チャングン（全昌根）　82
チョン・ドゥファン（全斗煥）　73, 74, 172

ツ・テ・ト

塚本晋也　290, 291
ティ，ロン（狄龍）　303
テイラー，G.　31
デンジン，ノーマン　93
土井敏邦　344, 345, 350
トムスン，E. P.　198, 246
トンプソン，J. B.　10

ナ・ニ・ノ

ナ・ウンギュ（羅雲奎）　32, 38–40, 56, 89
中田秀夫　318
名和宏　295
ニコラス，ビル　354
ノ・テウ（盧泰愚）　73, 178

ハ

パク・キチェ（朴基采）　66
パク・クァンス（朴光洙）　76, 83, 86, 202, 204, 240, 242, 243, 253, 271, 272, 342, 362
パク・クァンヒョン（朴光鉉）　358
パク・クムチョル（朴金喆）　42
パク・サンホ（朴商昊）　69
パク・スンピル（朴承弼）　29, 36
パク・チャヌク（朴贊郁）　290, 291, 293, 294, 306–308, 313, 357, 365, 368–373, 378
パク・チョルス（朴哲洙）　64, 74, 81, 84, 86
パク・チョンウォン（朴鐘元）　76, 83, 84, 86, 202, 204, 232, 237, 271, 342
パク・チョンヒョン（朴晶鉉）　36
パク・テウォン（朴太遠）　81, 93, 94, 102, 105, 109–114, 120, 128, 129, 133, 134, 137, 140

パク・パリャン（朴八陽）　42
パク・ホニョン（朴憲永）　44
パク・ユハ（朴裕河）　340
早川孤舟　100
バルト，ロラン　17, 18
ハワード，マイケル　144
ハン・サンフン（韓相勲）　81, 93, 94, 102, 113–115, 128, 129, 137, 140
ハン・ヒョンモ（韓瀅模）　79
パン・ハンジュン（方漢駿）　43

ヒ・フ・ヘ・ホ

ヒッチコック，アルフレッド　328
ピョ・グァン　377
ビョン・ヨンジュ（邊永柱）　338, 342, 344–349, 354
ファン・ドンヒョク（黄東赫）　367
深作欣二　290, 292–294, 296–302, 373
福本清三　298
フーコー，ミシェル　14, 15
ペ・ソギン（裵錫仁）　70
ペ・チャンホ（裵昶浩）　81, 83, 201, 253
ペ・ヨンギュン（裵鏞均）　74
ヘイウッド，アンドリュー　143, 144, 194
ペク・インジュン（白仁俊）　103
ベフ，ハルミ　286
ホウ，シャオシェン（侯孝賢）　362, 373
ボストウィック，H. R.　28, 86
ボード，レイモンド　291
ホン・ギソン（洪基善）　76
ホン・サンス（洪尚秀）　82, 86, 240, 372
ポン・ジュノ（奉俊昊）　iv, 365, 368–372, 378
ホン・ソンギ（洪性麒）　67, 101

マ・ミ・メ・モ

マクドゥーガル，G. J.　338
松方弘樹　296
マック，アラン（麦兆輝）　290, 304
マルヴィ，ローラ　140
マルクス，カール　10, 197
三池崇史　290, 291, 373
溝口健二　318, 372
メッツ，クリスチャン　17
メン・チョルミン　377
モリス，H. G.　31

ヤ・ユ・ヨ

ヤン，エドワード（楊徳昌）　362, 373
ヤン・チンジャ（梁澄子）　348, 349, 351
ヤン・ヨンヒ（梁英姫）　viii
ユ・ウォンジュン（兪元俊）　93, 103, 114, 116–122, 124, 129, 130, 132, 135, 140
ユ・ジテ　306
ユ・ジンソン（兪鎮仙）　80
ユ・ヒョンモク（兪賢穆）　40, 69, 82, 86, 88, 144, 163, 165, 289
ユン・ギジョン（尹基鼎）　42
ユン・ジェギュン（尹齊均）　376
ユン・ペンナム（尹白南）　29, 36
ユン・ボンチュン（尹逢春）　39, 66
ユン・リョンギュ（尹龍奎）　93, 103, 114, 116–122, 124, 129, 130, 132, 135, 140
ヨン・サンホ（延尚昊）　iii

ラ・リ・レ・ロ

ラウ，アンドリュー（劉偉強）　290, 304
李相日　viii
リー，ブルース（李小龍）　304
リュ・スンワン（柳承完）　366
レイ，チーホン（李子雄）　303
ロー，カー（羅卡）　304

ワ

渡哲也　298

作品名索引

ア　行

カ　行

サ　行

タ　行

ナ　行

ハ　行

フィルモグラフィー

＊　作品名は『　』に入れて表記した．ただし別に通用しているタイトルがある場合は（　）に入れて併記した．

＊　作品の初公開年または製作年は（　）に入れて表記した．

＊　原作がある場合は「原作」に作者および原作名を記した．ただし原作名が作品名と同じ場合は省略した．

＊　「製作」はプロダクションまたはプロデューサーを記した．

1 日本植民地時代の朝鮮映画

『義理的仇討』（1919）
製作　団成社
監督・脚本　キム・ドサン
キャスト　キム・ドサン，イ・ギョンファン，ユン・ヒョク
＊朝鮮初の映画

『虎列剌《コレラ》（人生の悪鬼）』（1920）
製作　朝鮮総督府
監督　キム・ソラン
キャスト　聚星座（劇団），ハ・ジマン（詳細不明）

『長恨夢』（1920）
原作　尾崎紅葉「金色夜叉」
製作　朝鮮文芸団
監督・脚本　イ・ギセ
キャスト　イ・ギセ，マ・ホジョン

『国境』（1923）
製作　団成社，松竹キノドラマ
監督・脚本　キム・ドサン
キャスト　パク・スニル，キム・ドサン

『月下の誓い』（1923）
製作　朝鮮総督府
監督・脚本　ユン・ペンナム
キャスト　イ・ウォルファ，クォン・イルチョン，ムン・スイル
＊朝鮮初の劇映画

『春香伝《チュニャン》』（1923）
製作　東亜文化協会
監督・脚本　早川孤舟（早川増太郎）
キャスト　キム・ジョソン，ハン・リョン（ハン・ミョンオク）

『薔花紅蓮伝《チャンファホンニョン》』（1924）
製作　団成社
監督　パク・ジョンヒョン
脚本　キム・ヨンファン，イ・グヨン
キャスト　キム・オッキ，キム・ソルジャ

『雲英伝《ウニョン》』（1925）
製作　朝鮮キネマ
監督・脚本　ユン・ペンナム
キャスト　キム・ウヨン，アン・ジョンファ

『沈清伝《シムチョン》』（1925）

製作　ユン・ペンナム（尹白南）プロダクション
監督　イ・ギョンソン
脚本　ユン・カビョン
キャスト　ナ・ウンギュ，チェ・ドクソン，キム・ウヨン

『双玉涙』（1925）
原作　菊池幽芳「己が罪」
製作　高麗映画製作所
監督・脚本　イ・グヨン
キャスト　キム・ジョンリョン，キム・ソジン，チョ・チョンソン，キム・テギュン

『まぬけ』（1926）
原作　ノ・スヒョン（盧壽鉉）「まぬけ者の骨折り損」
製作　半島キネマ
監督・脚本　イ・ピルウ
キャスト　イ・ウォンギュ，キム・ソジン

『長恨夢』（1926）
原作　尾崎紅葉「金色夜叉」
製作　鶏林《ケリム》映画協会
監督　イ・ギョンソン
脚本　チョ・イルジェ
キャスト　キム・ジョンスク，チュ・サムソン，シム・フン

『アリラン』（1926）
製作　朝鮮キネマ
監督・脚本　ナ・ウンギュ
キャスト　ナ・ウンギュ，シン・イルソン，ナム・グンウン

『風雲児』（1926）
製作　朝鮮キネマ
監督・脚本　ナ・ウンギュ
キャスト　ナ・ウンギュ，キム・ジョンスク，チュ・インギュ

『野鼠』（1927）
製作　朝鮮キネマ
監督・脚本　ナ・ウンギュ
キャスト　ナ・ウンギュ，シン・イルソン

『落花流水』（1927）
製作　金剛《クムガン》キネマ
監督　イ・グヨン
脚本　イ・グヨン，キム・ヨンファン
キャスト　ボク・ヘスク，イ・ウォニョン

『流浪』（1928）
製作　朝鮮映画芸術協会
監督　キム・ユヨン
脚本　キム・ヨンパル
キャスト　チョ・ギョンヒ，ソ・グァンジェ，イム・ファ，キム・ジャンス，チャ・ナムゴン，カン・ギョンヒ

『愛を求めて（豆満江《トゥマンガン》を越えて）』（1928）
製作　ナ・ウンギュ（羅雲奎）プロダクション
監督・脚本　ナ・ウンギュ
キャスト　ナ・ウンギュ，イ・グムヨン，チョン・オク，ユン・ボンチュン，イ・ギョンソン

『昏街』（1929）
製作　ソウル・キノ
監督・脚本　キム・ユヨン
キャスト　イム・ファ，イ・ヨンヒ，パク・ヨンホ，ナム・グンウン

『暗路』（1929）
製作　南郷《ナミャン》キネマ
監督　カン・ホ（独狐星《トッコソン》）
脚本　カン・ユニ，カン・ホ
キャスト　カン・ホ，パク・キョンオク，

イ・ジャンヘ，イ・ホンネ

『大きな墓』(1931)
原作　ハン・ウ（韓愚）
製作　X キネマ
監督　ユン・ボンチュン，パク・ユンス
脚本　パク・ユンス
キャスト　ユン・ボンチュン，パク・ユンス

『夫は警備隊へ』(1931)
製作　遠山満プロダクション
監督　島田章
脚本　島田章，ナ・ウンギュ
キャスト　ナ・ウンギュ，遠山満

『地下村』(1931)
製作　青服《チョンボク》キノ
監督　カン・ホ
脚本　アン・ソギョン，パク・ワンシク，カン・ホ
キャスト　カン・チュニ，イム・ファ，イ・ギュソル，イ・ハンネ，イ・ジョンエ，シン・ヨン

『主なき渡し船』(1932)
製作　流新《ユシン》キネマ
監督　イ・ギュファン
脚本　ナ・ウンギュ，イ・ギュファン
キャスト　ナ・ウンギュ，ムン・イェボン，キム・ヨンシル

『春香《チュニャン》伝』(1935)
原作　イ・グァンス（李光洙）
「一説春香伝」
製作　朝鮮映画京城撮影所
監督　イ・ミョンウ
脚本　イ・ギセ，イ・グヨン
キャスト　ムン・イェボン，パク・チェヘン，ノ・ジェシン，ハン・イルソン，キム・ヨンシル
*朝鮮初のトーキー

『五夢女《オモンニョ》』(1937)
製作　朝鮮映画京城撮影所
監督　ナ・ウンギュ
脚本　イ・ギュファン
キャスト　ユン・ボンチュン，キム・イルヘ，ノ・ジェシン，チェ・ウンボン，イム・ウンハク

『旅路（旅人《ナグネ》）』(1937)
製作　聖峰《ソンボン》映画園，新興キネマ
監督・脚本　イ・ギュファン
キャスト　ムン・イェボン，パク・チェヘン，ワン・ピョン

『沈清《シムチョン》伝』(1937)
製作　紀新洋行《キシンヤンヘン》
監督　アン・ソギョン
脚本　イ・ギセ
キャスト　ソク・クムソン，キム・ソヨン，キム・シンジェ

『軍用列車』(1938)
製作　聖峰《ソンボン》映画園，東宝
監督　ソ・グァンジェ
脚本　チョ・ヨンピル，菊池盛夫
キャスト　ワン・ピョン，パク・チェヘン，キム・ヨンシク，ムン・イェボン

『無情』(1939)
原作　イ・グァンス（李光洙）
製作　朝鮮映画株式会社
監督・脚本　パク・キチェ
キャスト　キム・シンジェ，イ・グムヨン，ハン・ウンジン

『授業料』(1940)
原作　ウ・スヨン（禹壽栄）

製作　高麗映画社
監督　チェ・インギュ，パン・ハンジュン
脚本　八木保太郎，ユ・チジン
キャスト　ボク・ヘスク，キム・シンジェ，ムン・イェボン

『志願兵』（1941）
製作　東亜映画製作所
監督　アン・ソギョン
脚本　パク・ヨンヒ
キャスト　チェ・ウンボン，ムン・イェボン，イ・グムヨン，キム・イルヘ，イ・ベクス，イム・ウンハク，キム・ボクチン，キム・ヨノク，キム・チャンジン

『太陽の子供達』（1944）
製作　社団法人朝鮮映画社
監督　チェ・インギュ
脚本　西亀元貞
キャスト　キム・シンジェ，チュ・インギュ，ムン・イェボン

『愛と誓い』（1945）
製作　社団法人朝鮮映画社
監督　チェ・インギュ
脚本　八木隆一郎
キャスト　キム・シンジェ，キム・ユホ，トク・ウンギ，高田稔

2 北朝鮮映画

『我が故郷』（1949）
製作　国立映画撮影所
監督　カン・ホンシク
脚本　キム・スング
キャスト　ユ・ウォンジュン，ユ・ギョンエ，ムン・イェボン
＊北朝鮮初の劇映画

『溶鉱炉』（1950）
製作　朝鮮労働党映画班
監督　ミン・ジョンシク
脚本　キム・ヨングン
（詳細不明）

『国境守備隊』（1950）
製作　朝鮮人民軍映画製作班
（詳細不明）

『郷土を守る人々』（1952）
製作　国立映画撮影所
監督　ユン・リョンギュ
脚本　ユン・ドゥホン
キャスト　シム・ヨン，ユ・ギュンエ，シン・セミン，チョ・ヒョギョン

『再び前線へ』（1952）
製作　朝鮮人民軍映画製作班
監督　チョン・サンイン
脚本　ハン・ウォンレ，カン・ホ
キャスト　パク・ハク，パク・オクリョン

『飛行機狩り』（1953）
製作　朝鮮人民軍映画製作班
監督　カン・ホンシク
脚本　ハン・サンウン
キャスト　チュ・ソクポン，チェ・ホナム，キム・ヨン，パク・ハク

『偵察兵』（1953）
製作　朝鮮人民軍映画製作班
監督　チョン・ドンミン
脚本　ハン・サンウン
キャスト　パク・ハク，チョン・ウンボン，チェ・ウンボン

『新婚夫婦』（1955）
製作　朝鮮映画撮影所
監督　ユン・リョンギュ

脚本　チュ・ドンイン
キャスト　キム・ヒョンスク，ユ・ウォンジュン，ムン・イェボン

『美しい歌』（1955）
製作　朝鮮映画撮影所
監督　チョン・ドンミン
脚本　チュ・ドンイン
（詳細不明）

『沈清伝《シムチョン》』（1957）
製作　朝鮮芸術映画撮影所
監督　チョン・ドンミン
脚本　チュ・ドンイン
（詳細不明）

『春香伝《チュニャン》』（1959）
製作　朝鮮芸術映画撮影所
監督　ユン・リョンギュ
脚本　キム・スング
（詳細不明）

『分界線の村で』（1961）
製作　朝鮮芸術映画撮影所
監督　パク・ハク
脚本　リ・ジヨン
キャスト　ソン・ヘリム
＊初の「人民賞」受賞作

『旋盤工』（1963）
製作　朝鮮芸術映画撮影所
監督　オ・ビョンチョ
脚本　ハン・ソン
キャスト　チェ・ブシル，ソン・ヨンエ，チョン・ウンモ
＊「人民賞」受賞作

『大地の息子』（1963）
製作　朝鮮芸術映画撮影所
監督　チュ・ドンイン
脚本　シン・テウク
キャスト　オム・ギルソン，ソヌ・ヨンスン，キム・ダリョン

『成長の途上にて』（1965）
製作　朝鮮芸術映画撮影所
監督　チョン・ウンボン，オ・ビョンチョ，チョン・ジャンファン
脚本　ペク・インジュン
キャスト　チョン・ギュワン，オム・ギルソン，チェ・ブシル，キム・ドンシク，ファン・ヨンイル

『ある分隊長の物語Ⅰ・Ⅱ』（1965）
製作　朝鮮芸術映画撮影所（旺載山創作団）
監督　パク・ハク
脚本　リ・ジョンスン
キャスト　チュ・ソクポン，ウ・イニ

『崔鶴信《チェ・ハクシン》の一家』（1966）
製作　朝鮮人民軍2.8映画撮影所
監督　オ・ビョンチョ
脚本　ペク・インジュン
キャスト　ユ・ウォンジュン，キム・ソニョン，キム・ヒョンスク，チェ・ブシル，キム・ウニョン

『初めの一歩』（1966）
製作　朝鮮芸術映画撮影所
監督　リュ・ホソン
脚本　キム・ジェホ
キャスト　チェ・ブギル，チョ・ギョンスン，チュ・スンヒ

『川は流れる』（1967）
製作　朝鮮人民軍2.8映画撮影所
監督　チャン・ウンガン，パク・ドンヨン
脚本　ユ・ジョンヒョク
キャスト　チャン・ギョンへ，キム・ヨンフィ，チェ・デヒョン

『遊撃隊の五兄弟Ⅰ－Ⅲ』（1968–69）
製作　朝鮮人民軍2.8映画撮影所
監督　チェ・イッキュ
脚本　パク・スンス
キャスト　オム・ギルソン，パク・テス，キム・リョンリン，キム・スング，ハン・ジンソプ
＊「人民賞」受賞作

『血の海』（1969）
原作　キム・イルソン
製作　朝鮮芸術映画撮影所
監督　チェ・イッキュ
脚本　パク・スンス
キャスト　ヤン・ヘリョン，キム・スンオ，チョン・テウン，リ・グムソン，チョン・ヨンヒ，チョン・ウンモ
＊「人民賞」受賞作

『社会主義祖国を訪れた英洙《ヨンス》と英玉《ヨンオク》』（1969）
製作　朝鮮芸術映画撮影所
監督　オ・ビョンチョ
脚本　リ・ジョンスン
キャスト　チェ・チャンス，チョ・チャンリム，ユン・マンソン

『花咲く村』（1970）
製作　朝鮮芸術映画撮影所
監督　キム・ヨンホ
脚本　ハン・ボッキュ
キャスト　キム・リョンリン，キム・グァンナム，パク・ミン，チョン・ミスク
＊「人民賞」受賞

『ある自衛団員の運命』（1970）
製作　朝鮮芸術映画撮影所
監督　チェ・イッキュ
脚本　キム・ビョンフン
キャスト　オム・ギルソン，シン・ドンチョル，ソン・ヘリム，キム・リョンリン
＊「人民賞」受賞作

『リンゴを摘む時』（1971）
製作　朝鮮芸術映画撮影所
監督　キム・ヨンホ
脚本　キム・セリュン
キャスト　チョン・ヨンヒ，チョン・ミスク，キム・セヨン，ファン・ハギュン，ファン・ミン

『労働家庭Ⅰ・Ⅱ』（1971）
製作　朝鮮芸術映画撮影所
監督　リュ・ホソン
脚本　パク・ポンハク，チェ・ヨンス
キャスト　リ・グァンロク，キム・リョンリン，キム・スング，ユ・ウォンジュン，カン・ヨソン
＊「人民賞」受賞作

『赤いネクタイを捜す少女』（1971）
製作　朝鮮芸術映画撮影所
監督　ホン・シゴル
脚本　キム・ソンチョル，キム・リョンソ
キャスト　チョン・スニ，チョン・ドゥヨン，キム・ドクソン

『花を売る乙女』（1972）
製作　朝鮮芸術映画撮影所
監督　パク・ハク，チェ・イッキュ
脚本　キム・イルソン
キャスト　ホン・ヨンヒ，パク・ファソン，キム・リョンリン，リュ・フナム
＊「人民賞」受賞作

『金姫《クミ》と銀姫《ウニ》の運命』（1974）
製作　朝鮮人民軍2.8芸術映画撮影所
監督　パク・ハク，オム・ギルソン
脚本　ペク・インジュン
キャスト　チョン・チュンラン，キム・

スング，チェ・ミョングァン，キム・グァンムン

『明るい太陽の下で』（1976）
製作　朝鮮芸術映画撮影所
監督　ユ・ウォンジュン
脚本　キム・ジュミョン
キャスト　パク・テス，キム・ヒョンスク，ユ・ウォンジュン，リ・ロックァン，パク・ヨンハク

『世に燃え上がる炎』（1977）
製作　朝鮮芸術映画撮影所
監督　パク・ハク，オム・ギルソン
脚本　ペク・インジュン
キャスト　キム・ジュンシク，キム・リョンリン，チョ・ギョンスン

『この世の果てまで』（1977）
製作　朝鮮芸術映画撮影所
監督　キム・ヨンホ
脚本　リ・チュング
キャスト　キム・ソニョン，キム・ヨンスク，カン・ヨソン，チョ・ミョンソン

『見えない要塞』（1978）
製作　朝鮮芸術映画撮影所
監督　チャン・ウンガン
脚本　ソル・ジュヨン
キャスト　キム・グァンムン，ファン・ヨンイル，チョン・ウィギョム

『安重根《アン・ジュングン》と伊藤博文（安重根　伊藤博文を撃つ）』（1979）
製作　朝鮮芸術映画撮影所（白頭山創作団）
監督　オム・ギルソン
キャスト　リ・インムン，ロ・ボクシル，チョ・ミョンソン，ファン・ヨンイル
＊「人民賞」受賞作

『同胞』（1979）
製作　朝鮮人民軍2.8芸術映画撮影所
監督　ミン・ジョンシク
脚本　キム・セリュン
キャスト　チョン・ジェヨン，カン・ヨソン，キム・グァンオク，キム・オッキ，カン・スンジョン

『名もなき英雄たちⅠ–XX』（1979–81）
製作　朝鮮人民軍2.8芸術映画撮影所
監督　リュ・ホソン，コ・ハンリム，キム・グァンドク，チャン・ヨンボク
脚本　リ・ジヌ
キャスト　キム・リョンリン，キム・ジョンファ，チョン・ウンモ，ソン・テウォン，ユン・チャン，パク・テス，チェ・チャンス，ソ・ギョンソプ，キム・ヨンヒ，ソ・オクスン，キム・ユイル，キム・ユンホン

『初めて行く道』（1980）
製作　朝鮮芸術映画撮影所
監督　オ・ビョンチョ
脚本　ハン・サンウン
キャスト　キム・ジュンシク，チョン・ジェヨン，クァク・ミョンソ

『春香伝《チュニャンジョン》』（1980）
製作　朝鮮芸術映画撮影所
監督　ユ・ウォンジュン，ユン・リョンギュ
脚本　ペク・インジュン，キム・スング
キャスト　キム・ヨンスク，チェ・スンギュ，キム・ソニョン，ユ・ウォンジュン

『十四回目の冬』（1980）
製作　朝鮮芸術映画撮影所
監督　キム・ヨンホ
脚本　リ・チュング

キャスト　ホン・ヨンヒ，ユ・ウォンジュン，チェ・チャンス，ソ・ギョンソプ

『白頭山《ペクトゥサン》』（1980）
製作　朝鮮芸術映画撮影所
監督　オム・ギルソン
脚本　リ・ジョンスン
キャスト　チョ・ミョンソン，オ・バスン，キム・チョンス

『朝鮮の星Ⅰ－Ⅹ』（1980–87）
製作　朝鮮芸術映画撮影所（白頭山創作団，普天堡創作団）
監督　オム・ギルソン，チョ・ギョンスン
脚本　リ・ジョンスン
キャスト　キム・ウォン，リ・チュング，キム・ソンマン，クァク・ウォヌ，パク・ソン，チョン・ジョンフィ

『ある党員の物語』（1981）
製作　朝鮮人民軍2.8芸術映画撮影所
監督　オ・ビョンチョ，キム・ユサム
脚本　ソル・ジュヨン
キャスト　キム・リョンジョ，キム・ドクソン，パク・ポンイク，チョン・ウィギョム

『月尾島《ウォルミド》』（1982）
製作　朝鮮人民軍2.8芸術映画撮影所
監督　チョ・ギョンスン
脚本　リ・ジヌ
キャスト　チェ・チャンス，チョ・ギョンスン，ユン・スギョン，チェ・デヒョン，チョン・ウィギョム

『旅団長のかつての上官』（1984）
製作　朝鮮人民軍2.8芸術映画撮影所
監督　チェ・プンギ
脚本　リ・ソンイル
キャスト　チョン・ジェヨン，リ・イクスン，キム・リョノク，コン・ヨンリョル
＊「人民賞」受賞作

『試練を乗り越えて』（1983）
製作　朝鮮芸術映画撮影所
監督　オ・ビョンチョ
脚本　ハン・サンウン
キャスト　ソ・ギョンソプ，キム・リョンリン，チュ・ジョンイム，キム・グァンナム，ラ・ドチュン

『しゃくなげ』（1983）
製作　朝鮮人民軍2.8芸術映画撮影所
監督　パク・チャンソン
脚本　ソル・ジュヨン
キャスト　ヤン・ヘリョン，チョン・リョンジュ，キム・ヘソン，リ・インムン

『帰らざる密使』（1984）
製作　シン（申）フィルム
監督　チェ・ウニ
脚本　シン・サンオク
キャスト　キム・ジュンシク，リャン・ヘスン，キム・ユンホン，キム・ジョンファ，キム・オッキ，ホン・スンジョン，チェ・チャンス，ムン・イェボン

『雪寒嶺《ソルハルリョン》の三人の乙女』（1984）
製作　朝鮮芸術映画撮影所
監督　コ・ハクリム
脚本　リェ・ブヨン
キャスト　キム・スンファ，イ・グムスク，ユ・ギョンスク

『青い松Ⅰ・Ⅱ』（1984）
製作　朝鮮芸術映画撮影所（普天堡創作団，白頭山創作団）
（詳細不明）

『プルガサリ』（1985）
製作　シン（申）フィルム
監督　シン・サンオク，チョン・ゴンジョ，中野昭慶（特撮）
脚本　キム・セリュン
キャスト　リ・イングォン，チャン・ソニ，ハム・ギソプ，リ・リョンウン，パク・ヨンハク

『春の日の雪解けⅠ・Ⅱ』（1985）
製作　朝鮮芸術映画撮影所
監督　コ・ハクリム，イム・チャンボム
脚本　リ・ジヌ
キャスト　キム・ヨンミン，キム・ジュンシク，ソ・ギョンソプ，ムン・イェボン，キム・オクチル

『愛、愛、私の愛』（1985）
製作　シン（申）フィルム
監督　シン・サンオク（チェ・ウニ）
脚本　リ・ヒョンス，ハン・ドンホ
キャスト　チャン・ソニ，リ・ハクチョル，キム・ミョンヒ，ソン・ウンジュ，パン・ボクスン，チェ・チャンス

『光州《クァンジュ》は叫ぶ』（1985）
製作　シン（申）フィルム
監督　チョン・ゴンジョ
脚本　チュ・ドンイン
キャスト　キム・チョル，パク・ミファ，チェ・ボンシク，テ・サンフン，ムン・ジョンボク

『塩』（1985）
製作　シン（申）フィルム
監督　シン・サンオク
キャスト　チェ・ウニ
（詳細不明）

『洪吉童《ホン・ギルドン》伝』（1986）
製作　朝鮮人民軍2.8芸術映画撮影所
監督　キム・ギリン
キャスト　リ・ヨンホ，パク・チュニ，チュ・ソクポン

『温達《オン・ダル》伝』（1986）
製作　朝鮮人民軍2.8芸術映画撮影所
監督　ハ・ウンマン
脚本　ソル・ジュヨン
キャスト　チェ・スンギュ，チェ・グモク，ユ・ギョンエ，キム・デソン，ファン・ヨンイル

『トラジの花』（1987）
製作　朝鮮芸術映画撮影所
監督　チョ・ギョンスン
脚本　リ・チュングク
キャスト　オ・ミラン，ソン・ヨノク，キム・ヘソン，キム・リョンジョ，キム・イルヒョン，リ・ウォンボク

『夜明けⅠ・Ⅱ』（1987）
製作　朝鮮芸術映画撮影所（白頭山創作団，普天堡創作団）
監督　イ・チェジュン
脚本　ペク・インジュン
（詳細不明）

『林巨正《リム・コッチョン》Ⅰ–Ⅴ』（1987–89）
製作　朝鮮芸術映画撮影所（旺載山創作団）
監督　チャン・ヨンボク
脚本　キム・セリュン
キャスト　チェ・チャンス，リ・ギョンファン，チュ・ソクポン，ソン・マンガプ，シン・ミョンウク

『民族の太陽Ⅰ–Ⅳ』（1987–90）
製作　朝鮮芸術映画撮影所（白頭山創作団，普天堡創作団）

監督　オム・ギルソン, パク・チャンソン
脚本　ペク・インジュン, リ・チュング, キム・ヒボン
（詳細不明）

『私が見た国』（1988）
製作　朝鮮芸術映画撮影所（三池淵創作団）
監督　コ・ハンリム
脚本　チェ・イルシム
キャスト　パク・キジュ, キム・リョンリン, パク・ソプ

『赤いカエデⅠ–Ⅲ』（1990）
製作　朝鮮芸術映画撮影所（月飛山創作団）, 朝鮮人民軍 2.8 芸術映画撮影所
監督　キム・ユサム
脚本　リ・ジヌ
キャスト　チョン・ウィギョム, チャン・ユソン, キム・ジュンナム, リ・ジョク, クォン・ダルス, ソン・ヨノク

『音楽家 鄭律成《チョン・リュルソン》』（1992）
製作　朝鮮人民軍 2.8 芸術映画撮影所
監督　チョ・ギョンスン
脚本　オ・ヘヨン
キャスト　リ・ウォンボク, オ・ミラン

『民族と運命Ⅰ–LXIV』（1992–2009）
製作　朝鮮芸術映画撮影所, 朝鮮人民軍 2.8 芸術映画撮影所
監督　チェ・サングン, パク・チョンジュ, パク・チュグク
脚本　チェ・サングン, シン・サンホ, リ・チュング, オ・ジンホン
キャスト　チェ・チャンス, ソ・ギョンソプ, ソ・シンヒャン, パク・ヨンミ, キム・ソンナム, パク・ヒョシン, チョン・ジョンヒ, イム・サグァン, オ・ミラン

『生きている霊魂たち』（2000）
製作　朝鮮芸術映画撮影所
監督　キム・チュンソン
脚本　コ・ウォンギル, キム・ヨンシク
キャスト　キム・チョル, キム・リョンファ, リ・ヨンホ, キム・スン

『青い絹の上で』（2001）
製作　朝鮮芸術映画撮影所
監督　リム・チャンボム, チョン・グァンイル
脚本　キム・グクソン, アン・チョル
キャスト　リ・ヨンホ, リ・ギョンヒ

『青磁の魂』（2003）
製作　朝鮮芸術映画撮影所
監督　ピョ・グァン
脚本　ヒョン・サンム, オ・グミョン
キャスト　チョ・ミョンソン, イ・ソングァン, キム・リョンファ, ソ・ガン, キム・ヘギョン

『血に染まった略牌』（2004）
監督　ピョ・グァン
脚本　オ・グミョン
キャスト　リ・リョンフン, リ・ヨンホ, キム・ヘギョン, リム・ホナム, ソ・グァン, シン・ミョンオク, チェ・スンボク

『ある女学生の日記』（2006）
製作　朝鮮芸術映画撮影所
監督　チャン・インハク
脚本　アン・ジュンボ
キャスト　パク・ミヒャン, キム・チョル, キム・ジンミ

『平壌《ピョンヤン》ナルパラム』（2006）
製作　朝鮮芸術映画撮影所
監督　ピョ・グァン, メン・チョルミン

脚本　キム・ジョンソク，チョ・セヒョク
キャスト　リ・リョンフン，キム・ヘギョン

『東海《トンヘ》の歌』（2009）
監督　チャン・ヨンボク
脚本　リュ・ブヨン，パク・チョンサン
キャスト　キム・チョル

『野の花の少女』（2012）
製作　朝鮮人民軍 4.25 芸術映画撮影所
監督　リ・ヒョチョル
脚本　リ・スクキョン
キャスト　キムヘリョン，リ・ソルギョン，ユン・ヒャンチュン

『私たちの家族の話』（2016）
製作　朝鮮芸術映画撮影所
監督　リ・ユンホ，ハ・ヨンギ
脚本　ウォン・ヨンシル，チャン・スニョン
キャスト　ペク・ソルミ

3 韓国映画

『自由万歳』（1946）
製作　コリョ（高麗）映画
監督　チェ・インギュ
脚本　チョン・チャングン
キャスト　ファン・ヨヒ，チョン・チャングン，ユ・ゲソン

『柳寛順《ユ・グァンスン》』（1948）
製作　啓蒙文化協会
監督　ユン・ボンチュン
脚本　イ・グヨン
キャスト　コ・チュニ，イ・ソンギョン，イ・イルソン

『女性日記』（1949）
製作　チョニ映画
監督　ホン・ソンギ
脚本　ファン・オンスン
キャスト　チュ・ジュンニョ，ファン・ジョンスン
＊韓国初のカラー映画

『城壁を破って』（1949）
製作　キム・ボチョル（金寶哲）プロダクション
監督　ハン・ヒョンモ
脚本　キム・ヨンス
キャスト　イ・ジプキル，ク・ジョンソク，クォン・ヨンパル

『波市《パシ》』（1949）
製作　コリョ（高麗）映画
監督　チェ・インギュ
脚本　チョン・チャングン
キャスト　チェ・ジエ，チェ・ヘソン，ファン・ジョンスン

『春香伝《チュニャンジョン》』（1955）
製作　トンミョン（東明）映画
監督・脚本　イ・ギュファン
キャスト　イ・ミン，チョ・ミリョン，ノ・ギョンヒ

『ピアゴル』（1955）
製作　ペクホ（白狐）プロダクション
監督・脚本　イ・ガンチョン
キャスト　キム・ジンギュ，ノ・ギョンヒ，イ・イェチュン

『自由夫人』（1956）
製作　サムスン（三星）映画社
原作　チョン・ビソク（鄭飛石）
監督　ハン・ヒョンモ
脚本　キム・ソンミン，イ・チョンギ

キャスト　パク・アム，キム・ジョンニム，ヤン・ミヒ

『大春香伝《テチュニャン》』（1957）
製作　サムスン（三星）映画
監督・脚本　キム・ヒャン
キャスト　パク・オクチン，パク・オクラン

『春香伝《チュニャン》』（1958）
製作　ソウルカラーラボ
監督　アン・ジョンファ
脚本　チョン・チョジョン
キャスト　チェ・ヒョン，コ・ユミ

『高宗《コジョン》皇帝と義士安重根《アン・ジュングン》』（1959）
製作　テベク（太白）映画
監督　チョン・チャングン
脚本　イ・ジョンソン，チョン・チャングン
キャスト　キム・スンホ，チョン・チャングン，チェ・ナムヒョン

『チャンマル村の理髪師』（1959）
製作　ハンソン（漢城）映画
監督　チェ・フン
脚本　チェ・ヨアン
キャスト　チェ・ムリョン，チョ・ミリョン，キム・ジミ

『朴《バク》さん（朴書房《バクソバン》）』（1960）
製作　ファソン（華盛）映画
監督　カン・デジン
脚本　チョ・ナムサ
キャスト　キム・スンホ，ファン・ジョンスン，チョ・ミリョン，キム・ジンギュ

『下女』（1960）
製作　韓国文芸映画社
監督・脚本　キム・ギヨン
キャスト　キム・ジンギュ，イ・ウンシム，チュ・ジュンニョ

『ああ、白凡金九《ペクボムキムグ》先生』（1960）
製作　中央文化映画社
監督　チョン・チャングン
脚本　チェ・グムドン
キャスト　チョン・チャングン，チョ・ミリョン

『春香伝《チュニャン》』（1961）
製作　ホン・ソンギ（洪性麒）プロダクション
監督　ホン・ソンギ
脚本　ユ・ドゥヨン
キャスト　キム・ジミ，シン・グィシク

『成春香《ソン・チュニャン》』（1961）
製作　シン（申）フィルム
監督　シン・サンオク
脚本　イム・ヒジェ
キャスト　チェ・ウニ，キム・ジンギュ，ハン・ウンジン

『荷馬車（馬夫）』（1961）
製作　ファソン（華盛）映画
監督　カン・デジン
脚本　イム・ヒジェ
キャスト　キム・スンホ，シン・ヨンギュン，チョ・ミリョン，ファン・ジョンスン

『誤発弾』（1961）
原作　イ・ボムソン（李範宣）
製作　テハン（大韓）映画
監督　ユ・ヒョンモク
脚本　ナ・ソウン，イ・ジョンギ
キャスト　チェ・ムリョン，キム・ジンギュ，ムン・ジョンスク

『離れの客とお母さん』（1961）
原作　チュ・ヨソプ（朱耀燮）
製作　シン（申）フィルム
監督　シン・サンオク
脚本　イム・ヒジェ
キャスト　キム・ジンギュ，チェ・ウニ，ハン・ウンジン

『帰らざる海兵』（1963）
製作　テウォン（大元）映画
監督　イ・マニ
脚本　チャン・グクチン
キャスト　チャン・ドンフィ，チェ・ムリョン，ク・ボンソ

『赤いマフラー』（1964）
製作　シン（申）フィルム
監督　シン・サンオク
脚本　キム・ガンユン
キャスト　シン・ヨンギュン，チェ・ウニ，チェ・ムリョン

『魔の階段』（1964）
製作　世紀商事
監督　イ・マニ
脚本　イ・ジョンテク
キャスト　キム・ジンギュ，ムン・ジョンスク，パン・ソンジャ

『殺人魔』（1965）
製作　第一映画
監督・脚本　イ・ヨンミン
キャスト　ト・グムボン，イ・イェチュン，チョン・エラン，イ・ビナ，ナムグン・ウォン，チュ・ソギャン

『南と北』（1965）
製作　ククトン（極東）興業
監督　キム・ギドク
脚本　ハン・ウンサ
キャスト　シン・ヨンギュン，チェ・ムリョン，ナムグン・ウォン

『殉教者』（1965）
製作　ハプトン（合同）映画
監督　ユ・ヒョンモク
脚本　イ・ジンソプ，キム・ガンユン
キャスト　キム・ジュンギュ，ナムグン・ウォン，チャン・ドンフィ

『浜辺の村』（1965）
原作　オ・ヨンス（呉永壽）
製作　テヤン（大洋）映画
監督　キム・スヨン
脚本　シン・ボンスン
キャスト　コ・ウナ，シン・ヨンギュン，ファン・ジョンスン

『七人の女捕虜』（1965）
製作　ハプトン（合同）映画
監督　イ・マニ
脚本　ハン・ウジョン
キャスト　ムン・ジョンスク，リュ・ギュソン，イ・ミンジャ

『非武装地帯』（1965）
製作　第一映画
監督　パク・サンホ
脚本　ピョン・ハヨン
キャスト　イ・ヨングァン，チュ・ミナ，チョ・ミリョン，ナムグン・ウォン

『晩秋』（1966）
製作　テヤン（大洋）映画
監督　イ・マニ
脚本　キム・ジホン
キャスト　シン・ソンイル，ムン・ジョンスク，キム・ジョンチョル

『八道江山《パルドガンサン》』（1967）

製作　国立映画製作所
監督　ペ・ソギン
脚本　ソ・グンベ，シン・ボンスン
キャスト　キム・ヒガプ，ファン・ジョンスン，キム・ジンギュ

『石だらけの地』(1967)
製作　テハン（大韓）映画
監督　チョン・チャンファ
脚本　チェ・グムドン
キャスト　キム・スンホ，ナムグン・ウォン，ナム・ジョンイム

『サリ谷《コル》の神話』(1967)
原作　ソヌ・フィ（鮮于輝）
製作　ハプトン（合同）映画
監督　イ・マニ
脚本　ソ・ユンソン
キャスト　ユン・ジョンヒ，チェ・ナムヒョン，キム・ソクフン

『月下の共同墓地』(1967)
製作　第一映画
監督・脚本　クォン・チョルフィ
キャスト　カン・ミエ，パク・ノシク，ト・グンボン，ファン・ヘ

『カインの後裔』(1968)
製作　韓国映画
監督　ユ・ヒョンモク
脚本　イ・サンヒョン
キャスト　キム・ジンギュ，パク・ノシク，ムン・ヒ

『憎くてももう一度』(1968)
製作　テヤン（大洋）映画
監督　チョン・ソヨン
脚本　イ・ソンジェ
キャスト　シン・ヨンギュン，ムン・ヒ，チョン・ゲヒョン

『春香《チュニャン》伝』(1971)
製作　テチャン（泰昌）興業
監督　イ・ソング
脚本　イ・オリョン
キャスト　ムン・ヒ，シン・ソンイル
＊韓国初の70ミリ映画

『火女』(1971)
製作　ウジン（宇進）フィルム
監督・脚本　キム・ギヨン
キャスト　ユン・ヨジョン，ナムグン・ウォン，チェ・ムリョン

『証言』(1973)
製作　韓国映画振興公社
監督　イム・グォンテク
脚本　キム・ガンユン
キャスト　シン・イリョン，キム・チャンスク

『星たちの故郷』(1974)
原作　チェ・イノ（崔仁浩）
製作　ファチョン（貨泉）公社
監督　イ・ジャンホ
脚本　イ・ヒウ
キャスト　アン・インスク，シン・ソンイル，ユン・イルボン

『英子《ヨンジャ》の全盛時代』(1975)
原作　チョ・ソンジャク（趙善作）
製作　テチャン（泰昌）興業
監督・脚本　キム・ホソン
キャスト　ソン・ジェホ，ヨム・ボクスン，チェ・ブラム

『森浦《サンポ》への道』(1975)
原作　ファン・ソギョン（黄皙暎）
製作　ヨンバン（聯邦）映画
監督　イ・マニ
脚本　ユ・ドンフン

キャスト　ペク・イルソプ，キム・ジンギュ，ムン・スク

『馬鹿たちの行進』（1975）
製作　ファチョン（貨泉）公社
監督　ハ・ギルジョン
脚本　チェ・イノ
キャスト　ユン・ムンソプ，ハ・ジェヨン，イ・ヨンオク

『火花（炎）』（1975）
原作　ソヌ・フィ（鮮于輝）
製作　ナマ（南亜）振興
監督　ユ・ヒョンモク
脚本　イ・ウンソン，ユン・サミュク
キャスト　ハ・ミョンジュン，キム・ジンギュ，コ・ウナ

『高校ヤルゲ』（1976）
原作　チョ・フンパ（趙欣坡）
「ヤルゲ伝」
製作　ヨンバンフィルム
監督　ソク・ネミョン
脚本　ユン・サミュク
キャスト　イ・スンヒョン，チョン・ユニ，キム・ジョンフン，ハ・ミョンジュン

『成春香《ソン・チュニャン》伝』（1976）
製作　ウソン（宇星）社
監督　パク・テウォン
脚本　イ・ムヌン
キャスト　チャン・ミヒ，イ・ドクファ，チャン・ウクチェ，チェ・ミナ，シン・グ，ト・グムボン

『冬の女』（1977）
原作　チョ・ヘイル（趙海一）
製作　ファチョン（貨泉）公社
監督　キム・ホソン
脚本　キム・スンオク
キャスト　チャン・ミヒ，シン・ソンイル，キム・チュリョン

『族譜』（1978）
原作　梶山季之
製作　ファチョン（貨泉）公社
監督　イム・グォンテク
脚本　ハン・ウンサ
キャスト　チュ・ソンテ，ハ・ミョンジュン，ハン・ヘスク

『長雨』（1979）
原作　ユン・フンギル（尹興吉）
製作　ナマ（南亜）振興
監督　ユ・ヒョンモク
脚本　ユン・サミュク
キャスト　イ・デグン，ファン・ジョンスン，キム・ソクフン

『旗なき旗手』（1979）
原作　ソヌ・フィ（鮮于輝）
製作　ファチョン（貨泉）公社
監督　イム・グォンテク
脚本　ナ・ハンボン
キャスト　ハ・ミョンジュン，キム・ヨンエ，チュ・ヒョン

『戦友が残した一言』（1979）
原作　ファン・ギリョン
製作　ハンジン（韓振）興業
監督　イ・ウォンセ
脚本　ペク・キョル
キャスト　チン・ボンジン，チャン・ヒョク，チョン・ヨンソン

『風吹く良き日』（1980）
製作　トンア（東亜）輸出公司
監督・脚本　イ・ジャンホ
キャスト　アン・ソンギ，キム・ソンチ

ャン，イ・ヨンホ

『チャッコ』(1980)
原作　キム・ジュンヒ（金重熙）
製作　サミョン（三映）フィルム
監督　イム・グォンテク
脚本　ソン・ギルハン
キャスト　キム・ヒラ，チェ・ユンソク，パン・ヒ

『避幕《ピマク》』(1980)
製作　セギョン（世耕）興業
監督　イ・ドゥヨン
脚本　ユン・サミュク
キャスト　ユ・ジイン，ナムグン・ウォン，キム・ユンギョン

『都会に行った娘』(1981)
製作　テチャン（泰昌）興業
監督　キム・スヨン
脚本　キム・スンオク
キャスト　ユ・ジイン，クム・ボラ，イ・ヨンオク

『曼陀羅《マンダラ》』(1981)
原作　キム・ソンドン（金聖東）
製作　ファチョン（貨泉）公社
監督　イム・グォンテク
脚本　イ・サンヒョン，ソン・ギルハン
キャスト　アン・ソンギ，チョン・ムソン，パン・ヒ

『暗闇の子供たち』(1981)
原作　ファン・ソギョン（黄晳暎）
製作　ファチョン（貨泉）公社
監督・脚本　イ・ジャンホ
キャスト　ナ・ヨンヒ，アン・ソンギ，キム・ヒラ

『三度は短く 三度は長く』(1981)
原作　イ・オリョン（李御寧）
製作　トンア（東亜）輸出公司
監督　キム・ホソン
脚本　チ・サンハク，ホン・パ
キャスト　ソン・ジェホ，チャン・ミヒ，チェ・ブラム

『小さなボール』(1981)
原作　チョ・セヒ（趙世熙）
「こびとが打ち上げた小さなボール」
製作　ハンジン（韓振）興業
監督　イ・ウォンセ
脚本　ホン・パ
キャスト　アン・ソンギ，チョン・ヤンジャ，キム・チュリョン

『コバン村の人々』(1982)
原作　イ・チョリョン（李喆鎔）
製作　ヒョンジン（現進）映画
監督・脚本　ペ・チャンホ
キャスト　キム・ボヨン，アン・ソンギ，キム・ヒラ

『カモメよ、すいすいと飛ぶな』(1982)
製作　ウジン（宇進）フィルム
監督　チョン・ジヌ
脚本　ソン・ギルハン
キャスト　ハ・ジェヨン，ナ・ヨンヒ，チャン・ヒョク

『炎の娘』(1983)
原作　ハン・スンウォン（韓勝源）
製作　トンア（東亜）興行
監督　イム・グォンテク
脚本　ソン・ギルハン
キャスト　パク・クンヒョン，パン・ヒ，キム・ヒラ

『馬鹿宣言』(1983)
原作　イ・ドンチョル（李東哲）

製作　ファチョン（貨泉）公社
監督　イ・ジャンホ
脚本　ユン・シモン
キャスト　イ・ボヒ，キム・ミョンゴン，イ・ヒソン

『糸車よ糸車よ』（1983）
製作　ハンリム（翰林）映画
監督　イ・ドゥヨン
脚本　イム・チュン
キャスト　ウォン・ミギョン，シン・イルリョン，チェ・ソンホ

『寡婦の舞』（1983）
原作　イ・ドンチョル（李東哲）
製作　ファチョン（貨泉）公社
監督　イ・ジャンホ
脚本　イム・ジンテク，イ・ジャンホ
キャスト　イ・ボヒ，パク・ウォンスク，パク・チョンジャ

『鯨とり（コレサニャン）』（1984）
原作　チェ・イノ（崔仁浩）
製作　サミョン（三映）フィルム
監督　ペ・チャンホ
脚本　チェ・イノ
キャスト　アン・ソンギ，イ・ミスク，キム・スチョル

『その年の冬は暖かかった』（1984）
原作　パク・ワンソ（朴婉緒）
製作　セギョン（世耕）興業
監督　ペ・チャンホ
脚本　イ・ムヌン
キャスト　アン・ソンギ，イ・ミスク，ユ・ジイン

『膝と膝の間』（1984）
製作　テフン（泰興）映画
監督・脚本　イ・ジャンホ
キャスト　イ・ボヒ，アン・ソンギ，イム・ソンミン

『ディープ・ブルー・ナイト』（1985）
原作　チェ・イノ（崔仁浩）
製作　トンア（東亜）輸出公司
監督　ペ・チャンホ
脚本　チェ・イノ
キャスト　アン・ソンギ，チャン・ミヒ，チン・ユヨン

『キルソドム』（1985）
製作　ファチョン（貨泉）公社
監督　イム・グォンテク
脚本　ソン・ギルハン
キャスト　キム・ジミ，シン・ソンイル，ハン・ジイル（ソリョン）

『哀恋妃』（1985）
原作　パン・ギファン（方基煥）「於于同」
製作　テフン（泰興）映画
監督　イ・ジャンホ
脚本　イ・ヒョンファ
キャスト　イ・ボヒ，アン・ソンギ，パク・ウォンスク

『オミ（母）』（1985）
製作　ファン・ギソン（黄奇性）事団
監督　パク・チョルス
脚本　キム・スヒョン
キャスト　ユン・ヨジョン，チョン・ヘソン，シン・ソンイル

『チケット』（1986）
製作　ジミフィルム
監督　イム・グォンテク
脚本　ソン・ギルハン
キャスト　キム・ジミ，アン・ソヨン，チョン・セヨン，イ・ヘヨン

『黄真伊《ファン・ジニ》』(1986)
製作　トンア(東亜)輸出公司
監督　ペ・チャンホ
脚本　チェ・イノ
キャスト　チャン・ミヒ，アン・ソンギ，チョン・ムソン，シン・イルリョン

『シバジ』(1986)
製作　シンハン(新韓)映画社
監督　イム・グォンテク
脚本　ソン・ギルハン
キャスト　カン・スヨン，イ・グスン，ユン・ヤンハ

『ソウルのイエス』(1986)
製作　ヒョンジン(現進)映画
監督・脚本　チャン・ソヌ，ソヌ・ワン
キャスト　キム・ミョンゴン，オ・スミ，アン・ヨンナム

『わが青春の甘き日々』(1987)
製作　テフン(泰興)映画
監督　ペ・チャンホ
脚本　ペ・チャンホ，イ・ミョンセ
キャスト　アン・ソンギ，ファン・シネ，チョン・ムソン

『旅人《ナグネ》は休まない』(1987)
原作　イ・ジェハ(李祭夏)
製作　パン映画社
監督・脚本　イ・ジャンホ
キャスト　キム・ミョンゴン，イ・ボヒ，チュ・ソギャン

『アダダ』(1987)
原作　ケ・ヨンムク(桂鎔黙)「白痴アダダ」
製作　ファチョン(貨泉)公社
監督　イム・グォンテク
脚本　ユン・サミュク
キャスト　シン・ヘス，ハン・ジイル，イ・ギョンヨン，チョン・ムソン，パク・ウン

『成春香《ソン・チュニャン》』(1987)
製作　ファプン(禾豊)興行
監督　ハン・サンフン
脚本　キム・ヨンジン
キャスト　イ・ナソン，キム・ソンス，ヨン・ギュジン，サ・ミジャ，キム・ソンウォン，クァク・ウンギョン

『ハロー、林巨正《イム・コッチョン》』(1987)
製作　ファン・ギソン(黄奇性)事団
監督　パク・チョルス
脚本　チ・サンハク
キャスト　イ・ハンス，キム・ミョンゴン，イ・ヨンファ

『売春』(1988)
原作　ユン・イルン(尹一雄)
製作　チュヌ(春友)映画
監督　ユ・ジンソン
脚本　イ・ヒウ
キャスト　ナ・ヨンヒ，マ・フンシク

『アメリカ、アメリカ』(1988)
製作　ジミフィルム
監督　チャン・ギルス
脚本　ソン・ギルハン
キャスト　イ・ボヒ，キル・ヨンウ，キム・ジミ，シン・ソンイル

『チルスとマンス』(1988)
製作　トンア(東亜)輸出公司
監督　パク・クァンス
脚本　チェ・インソク
キャスト　アン・ソンギ，パク・チュンフン，ペ・ジョンオク

『五月—夢の国』（1988）
製作　チャンサンコンメ
監督　チャン・ドンホン，イ・ウン，チャン・ユンヒョン
脚本　コン・スチャン，ホン・ギソン
キャスト　クォン・インチャン，キム・ギョンソン，キム・ソンギョン，キム・ヒョンジュ
＊上映禁止指定

『上渓洞《サンゲドン》オリンピック』（1988）
製作　プルン映像
監督　キム・ドンウォン

『波羅羯諦《ハラギャティ》』（1989）
原作　ハン・スンウォン（韓勝源）
製作　テフン（泰興）映画
監督　イム・グォンテク
脚本　ハン・スンウォン
キャスト　カン・スヨン，ユ・インチョン，ハン・ジイル

『ソウルの虹』（1989）
原作　ユ・ホンジョン（柳洪鍾）
製作　ククトン（極東）スクリーン
監督　キム・ホソン
脚本　イム・ユスン
キャスト　キム・ジュスン，カン・リナ，チュ・ホソン

『墜落するものには翼がある』（1989）
原作　イ・ムニョル（李文烈）
製作　タナム興業
監督　チャン・ギルス
脚本　ユン・デソン，チャン・ギルス，イ・ジョンハク
キャスト　カン・スヨン，ソン・チャンミン

『達磨はなぜ東へ行ったのか』（1989）
製作　ペ・ヨンギュン（裵鏞均）プロダクション
監督・脚本　ペ・ヨンギュン
キャスト　イ・パニョン，シン・ウォンソプ

『九老《クロ》アリラン』（1989）
原作　イ・ムニョル（李文烈）
製作　ファチョン（貨泉）公社
監督　パク・チョンウォン
脚本　イ・ハヨン
キャスト　オク・ソリ，イ・ギョンヨン，チェ・ミンシク

『ウムクペミの愛』（1990）
原作　パク・ヨンハン（朴栄漢）
製作　モガドコリア
監督　チャン・ソヌ
脚本　チャン・ソヌ，イム・ジョンジェ
キャスト　パク・ジュンフン，チェ・ミョンギル，ユ・ヘリ

『ストライキ前夜』（1990）
製作　チャンサンコンメ
監督　イ・ウン，イ・ジェグ，チャン・ドンホン，チャン・ユニョン
脚本　コン・スチャン，キム・ウンチェ
キャスト　カン・ヌンウォン，コ・ドンオプ，キム・ドンボム，パク・チョンチョル
＊上映禁止指定

『真由美』（1990）
製作　キル映画社
監督　シン・サンオク
脚本　シン・ボンスン
キャスト　キム・ソラ，イ・ハクチェ，シン・ソンイル，ユン・イルボン，ユン・ヤンハ，チェ・ジョンウォン，イ・ホソン

『南部軍』(1990)
原作　イ・テ（李泰）
製作　ナム（南）プロダクション
監督　チョン・ジヨン
脚本　チャン・ソヌ
キャスト　アン・ソンギ，チェ・ミンス，イ・ヘヨン，チェ・ジンシル

『将軍の息子』(1990)
原作　ホン・ソンユ（洪性裕）「人生劇場」
製作　テフン（泰興）映画
監督　イム・グォンテク
脚本　ユン・サミュク
キャスト　パク・サンミン，イ・イルジェ，シン・ヒョンジュン，キム・ヒョンイル

『追われし者の挽歌』(1990)
原作　チェ・インソク（崔仁碩）
製作　トンア（東亜）輸出公司
監督　パク・クァンス
脚本　ユン・デソン，キム・ソンス，パク・クァンス
キャスト　ムン・ソングン，シム・ヘジン，パク・チュンフン

『銀馬将軍は来なかった』(1991)
原作　アン・ジョンヒョ（安正孝）
製作　ハンジン（韓振）興業
監督　チャン・ギルス
脚本　チャン・ギルス，チョ・ジェホン
キャスト　イ・ヘスク，キム・ボヨン，チョン・ムソン，ソン・チャンミン

『開闢』(1991)
製作　チュヌ（春友）映画
監督　イム・グォンテク
脚本　キム・ヨンオク
キャスト　イ・ドクファ，イ・ヘヨン，イ・ソック，キム・ミョンゴン

『競馬場へ行く道』(1991)
原作　ハ・イルジ
製作　テフン（泰興）映画
監督　チャン・ソヌ
脚本　ハ・イルジ，チャン・ソヌ
キャスト　カン・スヨン，ムン・ソングン，キム・ボヨン

『ホワイト・バッジ』(1992)
原作　アン・ジョンヒョ（安正孝）
製作　テイル（大一）フィルム
監督　チョン・ジヨン
脚本　チョン・ジヨン，チョ・ヨンチョル（チョ・セレ），コン・スヨン（コン・スチャン），シム・スンボ
キャスト　アン・ソンギ，イ・ギョンヨン，シム・ヘジン，キム・セジュン

『ミョンジャ・明子《あきこ》・ソーニャ』(1992)
製作　ジミフィルム
監督　イ・ジャンホ
脚本　ソン・ギルハン
キャスト　キム・ジミ，キム・ミョンゴン，イ・ヨンハ，イ・ヘヨン

『われらの歪んだ英雄』(1992)
原作　イ・ムニョル（李文烈）
製作　テドン（大東）興業
監督　パク・チョンウォン
脚本　チャン・ヒョンス，ノ・ヒョジョン
キャスト　チェ・ミンシク，シン・グ，コ・ジョンイル，ホン・ギョンイン

『結婚物語』(1992)
製作　イギョン（益榮）映画社
監督　キム・ウィソク
脚本　パク・ホンス
キャスト　チェ・ミンス，シム・ヘジン

『風の丘を越えて／西便制《ソピョンジェ》』(1993)
　原作　イ・チョンジュン（李清俊）
　　　「南道の人」
　製作　テフン（泰興）映画
　監督　イム・グォンテク
　脚本　キム・ミョンゴン
　キャスト　キム・ミョンゴン，オ・ジョンヘ，キム・ギュチョル，アン・ビョンギョン，チェ・ドンジュン，シン・セギル，カン・ソンスク

『あの島へ行きたい』(1993)
　原作　イム・チョルウ（林哲佑）
　製作　パク・クァンス（朴光洙）フィルム
　監督　パク・クァンス
　脚本　イム・チョルウ，イ・チャンドン，パク・クァンス
　キャスト　アン・ソンギ，ムン・ソングン，シム・ヘジン，チェ・ヒョンイン

『華厳経』(1993)
　原作　コ・ウン（高銀）
　製作　テフン（泰興）映画
　監督・脚本　チャン・ソヌ
　キャスト　オ・テギョン，キム・ヘソン，ウォン・ミギョン，イ・ヘヨン，チョン・スヨン，イ・ホジェ，シン・ヒョンジュン，トッコ・ヨンジェ

『トゥー・カップス』(1993)
　製作　カン・ウソク（康祐碩）プロダクション
　監督　カン・ウソク
　脚本　キム・ソンホン
　キャスト　アン・ソンギ，パク・チュンフン，チ・スウォン

『太白《テベク》山脈』(1994)
　原作　チョ・ジョンネ（趙廷来）
　製作　テフン（泰興）映画
　監督　イム・グォンテク
　脚本　ソン・ヌンハン
　キャスト　アン・ソンギ，キム・ミョンゴン，キム・ガプス，シン・ヒョンジュン，オ・ジョンヘ，パン・ウンジン，チョン・ギョンスン

『私からあなたへ』(1994)
　原作　チャン・ジョンイル（蔣正一）
　製作　企画時代，イウ映像
　監督　チャン・ソヌ
　脚本　チャン・ソヌ，ク・ソンジュ
　キャスト　ムン・ソングン，チョン・ソンギョン，ヨ・ギュンドン

『二人の女の物語』(1994)
　製作　コリョ（高麗）映画
　監督　イ・ジョングク
　脚本　ユ・サンウク，イ・ジョングク
　キャスト　キム・ソラ，ユン・ユソン，チョン・ドンファン，キム・ヒラ，ナム・スジョン，キム・ジェソン，キム・ボッキ

『ハリウッドキッドの生涯』(1994)
　原作　アン・ジョンヒョ（安正孝）
　製作　ヨンファ・セサン（映画世上）
　監督　チョン・ジヨン
　脚本　ユ・ジヒョン，シム・スンボ，イ・ウォングン，チョン・ジヨン
　キャスト　チェ・ミンス，トッコ・ヨンジェ

『ドクター・ポン』(1995)
　製作　ファン・ギソン（黄奇性）事団
　監督　イ・グァンフン
　脚本　ユク・チョンウォン
　キャスト　ハン・ソッキュ，キム・ヘス

『サイの角のようにひとりで行け』(1995)

原作　コン・ジヨン（孔枝泳）
製作　オ・ビョンチョル（呉炳哲）プロダクション
監督　オ・ビョンチョル
脚本　コン・ジヨン
キャスト　カン・スヨン，シム・ヘジン，イ・ミヨン

『テロリスト』（1995）
原作　イ・ヒョンセ（李賢世）
　　「カロンの夜明け」
製作　ソニク・フィルム
監督・脚本　キム・ヨンビン
キャスト　チェ・ミンス，トッコ・ヨンジェ

『美しき青年 全泰壱《チョン・テイル》』（1995）
製作　シネ 2000
監督　パク・クァンス
脚本　イ・チャンドン，キム・ジョンファン，イ・ヒョイン，ホ・ジノ，パク・クァンス
キャスト　ホン・ギョンイン，キム・ソンジェ，ムン・ソングン

『灼熱の屋上』（1995）
製作　スン（淳）フィルム
監督　イ・ミニョン
脚本　イ・ギョンシク，チョ・ミンホ，イ・ミニョン，チャン・ジン
キャスト　ソン・オクスク，ハ・ユミ，ソン・スク，ファン・ミソン，チョン・ソンギョン，イム・ヒスク

『301・302』（1995）
製作　パク・チョルス（朴哲洙）フィルム
監督　パク・チョルス
脚本　イ・ソグン
キャスト　パン・ウンジン，ファン・シネ

『ナヌムの家』（1995）
製作　記録映画製作所ポイム
監督　ビョン・ヨンジュ
出演　カン・ドクキョン，キム・スンドク，パク・トゥリ，パク・オンニョン，ホン・ガンニム，ソン・パニム，ハ・グンジャ

『銀杏のベッド』（1996）
製作　シンシネ
監督・脚本　カン・ジェギュ
キャスト　ハン・ソッキュ，シム・ヘジン，チン・ヒギョン，シン・ヒョンジュン

『祝祭』（1996）
原作　イ・チョンジュン（李清俊）
製作　テフン（泰興）映画
監督　イム・グォンテク
脚本　ユク・サンヒョ
キャスト　アン・ソンギ，オ・ジョンへ，ハン・ウンジン，チョン・ギョンスン

『学生府君神位』（1996）
製作　パク・チョルス（朴哲洙）フィルム
監督　パク・チョルス
脚本　キム・サンス，パク・チョルス，創作時代
キャスト　パン・ウンジン，チェ・ソン，クォン・ソンドク，ムン・ジョンスク

『ラブ・ストーリー』（1996）
製作　ペ・チャンホ（裵昶浩）プロダクション
監督　ペ・チャンホ
脚本　ペ・チャンホ
キャスト　ペ・チャンホ，キム・ユミ

『つぼみ』（1996）
原作　チェ・ユン（崔允）

「あそこに音もなく花びらが散って」
製作　ミラシン・コリア
監督　チャン・ソヌ
脚本　チャン・ムニル
キャスト　イ・ジョンヒョン，ムン・ソングン，イ・ヨンラン

『豚が井戸に落ちた日』(1996)
原作　ク・ヒョソ（具孝書）「面識のない夏」
製作　トンア（東亜）輸出公司
監督　ホン・サンス
脚本　ホン・サンス，チョン・デソン，ヨ・ヘヨン，キム・アラ，ソ・シネ
キャスト　チョ・ウンスク，キム・ウィソン，イ・ウンギョン

『最後の情事』(1996)
製作　シネ 2000
監督・脚本　イ・ミョンセ
キャスト　カン・スヨン，キム・ガプス

『ジャングル・ストーリー』(1996)
製作　フリーシネマ
監督　キム・ホンジュン
脚本　カン・ホン，キム・ホンジュン，イ・ジョンウク
キャスト　ユン・ドヒョン，キム・チャンワン，チョ・ヨンウォン

『コルセット』(1996)
製作　ミョンフィルム
監督　チョン・ビョンガク
脚本　チェ・ムニ
キャスト　イ・ヘウン，イ・ギョンヨン，キム・スンウ

『ナヌムの家 II』(1997)
製作　記録映画製作所ポイム
監督　ビョン・ヨンジュ
出演　カン・ドクキョン，キム・スンドク，パク・トゥリ，パク・オンニョン，シム・ミジャ，キム・ボクドン，ユン・ドゥリ，イ・ヨンス

『グリーンフィッシュ』(1997)
製作　イーストフィルム
監督　イ・チャンドン
脚本　イ・チャンドン，オ・スンウク
キャスト　ムン・ソングン，ハン・ソッキュ，シム・ヘジン

『接続』(1997)
製作　ミョンフィルム
監督　チャン・ユニョン
脚本　キム・ウンジョン，チョ・ミョンジュ，チャン・ユニョン
キャスト　ハン・ソッキュ，チョン・ドヨン

『故郷の春（スプリング・イン・ホームタウン）』(1998)
製作　ペクトゥデガン（白頭大幹）
監督・脚本　イ・グァンモ
キャスト　イ・イン，ソン・オクスク，アン・ソンギ

『美術館の隣の動物園』(1998)
製作　シネ 2000
監督　イ・ジョンヒャン
脚本　イ・ジョンヒャン，キム・ジン，イ・テギョン
キャスト　シム・ウナ，アン・ソンギ，イ・ソンジェ，ソン・ソンミ

『LIES ／嘘』(1999)
原作　チャン・ジョンイル（蔣正一）「私に嘘をついてみて」
製作　シンシネ
監督・脚本　チャン・ソヌ

キャスト　イ・サンヒョン，キム・テヨン，チョン・ヘジン，ハン・グァンテク

『シュリ』（1999）
製作　カン・ジェギュ（姜帝圭）フィルム
監督・脚本　カン・ジェギュ
キャスト　ハン・ソッキュ，キム・ユンジン，チェ・ミンシク，ソン・ガンホ

『NOWHERE　情け容赦無し』（1999）
製作　テウォン・エンターテインメント
監督・脚本　イ・ミョンセ
キャスト　アン・ソンギ，チャン・ドンゴン，パク・チュンフン，チェ・ジウ

『アタック・ザ・ガス・ステーション！』（1999）
製作　良い映画
監督　キム・サンジン
脚本　パク・チョンウ
キャスト　イ・ソンジェ，ユ・オソン，ユ・ジテ，カン・ソンジン

『ハッピー・エンド』（1999）
製作　ミョンフィルム
監督・脚本　チョン・ジウ
キャスト　チェ・ミンシク，チョン・ドヨン，チュ・ジンモ

『我が心のオルガン』（1999）
原作　ハ・グンチャン（河瑾燦）「女生徒」
製作　アートヒル
監督・脚本　イ・ヨンジェ
キャスト　チョン・ドヨン，イ・ビョンホン，イ・ミヨン

『息づかい』（1999）
製作　記録映画製作所ポイム
監督　ビョン・ヨンジュ
出演　イ・ヨンス，キム・ユンシム，キム・ブンソン，ソ・ボンイム，シム・ダリョン，カン・ミョラン

『ペパーミント・キャンディー』（2000）
製作　イーストフィルム，NHK
監督・脚本　イ・チャンドン
キャスト　ソル・ギョング，ムン・ソリ，キム・ヨジン

『春香伝』（2000）
製作　テフン（泰興）映画
監督　イム・グォンテク
脚本　キム・ミョンゴン
キャスト　イ・ヒョジョン，チョ・スンウ，イ・ジョンホン，キム・ハギョン

『破られた沈黙――韓国の日本軍慰安婦』（Silence Broken: Korean Comfort Women）（2000）
監督　デシル・キム・ギブソン

『情』（2000）
製作　ペ・チャンホ（裵昶浩）プロダクション
監督　ペ・チャンホ
脚本　ペ・チャンホ，キム・ユミ
キャスト　キム・ユミ，キム・ミョンゴン，ユン・ユソン，ナム・ジョンヒ，キム・ジョング

『JSA』（2000）
製作　ミョンフィルム
監督　パク・チャヌク
脚本　キム・ヒョンソク，イ・ムヨン，チョン・ソンサン，パク・チャヌク
キャスト　イ・ビョンホン，イ・ヨンエ，ソン・ガンホ，シン・ハギュン

『酔画仙』(2002)
製作　テフン(泰興)映画
監督　イム・グォンテク
脚本　イム・グォンテク, カン・ヨンオク
キャスト　チェ・ミンシク, アン・ソンギ, ソン・イェジン, ユ・ホジョン

『爆烈野球団!』(2002)
製作　ミョンフィルム
監督・脚本　キム・ヒョンソク
キャスト　ソン・ガンホ, キム・ヘス, キム・ジュヒョク, ファン・ジョンミン

『オアシス』(2002)
製作　イーストフィルム
監督・脚本　イ・チャンドン
キャスト　ソル・ギョング, ムン・ソリ, アン・ネサン

『復讐者に憐れみを』(2002)
製作　スタジオボックス
監督　パク・チャヌク
脚本　イ・ジョンヨン, パク・リダメ(イ・ムヨン)
キャスト　ソン・ガンホ, シン・ハギュン, ペ・ドゥナ
*「復讐三部作」第1作

『スキャンダル』(2003)
原作　コデルロス・ド・ラクロ「危険な関係」
製作　映画社ポム(春)
監督　イ・ジェヨン
脚本　イ・ジェヨン, キム・デウ, キム・ヒョンジョン
キャスト　ペ・ヨンジュン, イ・ミスク, チョン・ドヨン, イ・ソヨン, チョ・ヒョンジェ

『黄山ヶ原(黄山伐《ファンサンボル》)』(2003)
製作　シネワールド
監督　イ・ジュニク
脚本　チェ・ソクファン, チョ・チョリョン
キャスト　パク・チュンフン, チョン・ジニョン, イ・ムンシク

『オールド・ボーイ』(2003)
原作　土屋ガロン・作, 嶺岸信明・画「オールドボーイ ルーズ戦記」
製作　ショーイースト, エッグフィルム
監督　パク・チャヌク
脚本　ファン・ジョユン, イム・ジュンヒョン, パク・チャヌク
キャスト　チェ・ミンシク, ユ・ジテ, カン・ヘジョン
*「復讐三部作」第2作

『童僧』(2003)
製作　スペクトラムフィルムコリア
監督　チュ・ギョンジュン
脚本　キム・チョン, キム・ソンミ, チュ・ギョンジュン
キャスト　キム・テジン, キム・イェリョン, キム・ミンギョ

『アリラン』(2003)
製作　シオリエンターテイメント
監督　イ・ドゥヨン
脚本　パク・ムラク, イ・ドゥヨン
キャスト　チェ・ジュボン, ノ・イクヒョン, ファン・シンジョン, チェ・デウォン
*ナ・ウンギュ『アリラン』(1926)のリメイク

『シルミド』(2003)
製作　シネマサービス
監督　カン・ウソク
脚本　キム・ヒジェ

キャスト　アン・ソンギ，ソル・ギョング，ホ・ジュノ，チョン・ジェヨン

『殺人の追憶』(2003)
製作　サイダス
監督　ポン・ジュノ
脚本　ポン・ジュノ，シム・ソンボ
キャスト　ソン・ガンホ，キム・サンギョン

『箪笥《たんす》』(2003)
製作　魔術の笛，映画社ポム（春）
監督・脚本　キム・ジウン
キャスト　イム・スジョン，ムン・グニョン，ヨム・ジョンア，キム・ガプス

『地球を守れ！』(2003)
製作　サイダス
監督・脚本　チャン・ジュナン
キャスト　シン・ハギュン，ペク・ユンシク，ファン・ジョンミン

『ブラザーフッド』(2004)
製作　カン・ジェギュ(姜帝圭)フィルム
監督　カン・ジェギュ
脚本　カン・ジェギュ，ハン・ジフン，キム・サンドン
キャスト　チャン・ドンゴン，ウォンビン，イ・ウンジュ，コン・ヒョンジン

『下流人生～愛こそすべて～』(2004)
製作　テフン（泰興）映画
監督　イム・グォンテク
脚本　イム・グォンテク，キム・ミヨン
キャスト　チョ・スンウ，キム・ミンソン，キム・ハクチュン，ユ・ハジュン

『私の頭の中の消しゴム』(2004)
原作　江頭美智留，松田裕子「Pure Soul ～君が僕を忘れても～」
製作　サイダス
監督・脚本　イ・ジェハン
キャスト　チョン・ウソン，ソン・イェジン

『親切なクムジャさん』(2005)
製作　モホフィルム
監督　パク・チャヌク
脚本　パク・チャヌク，チョン・ソギョン
キャスト　イ・ヨンエ，チェ・ミンシク，クォン・イェヨン，キム・シフ
*「復讐三部作」第3作

『トンマッコルへようこそ』(2005)
製作　フィルム・イット・スダ
監督　パク・クァンヒョン
脚本　チャン・ジン，パク・クァンヒョン，キム・ジュン
キャスト　チョン・ジェヨン，シン・ハギュン，カン・ヘジョン

『グエムル―漢江《ハンガン》の怪物―』(2006)
製作　映画社チョンオラム（青於藍）
監督　ポン・ジュノ
脚本　ポン・ジュノ，ハ・ジュヌォン，パク・チョルヒョン
キャスト　ソン・ガンホ，ピョン・ヒボン，パク・ヘイル，ペ・ドゥナ，コ・アソン

『ス SOO』(2007)
製作　Triz Club
監督　崔洋一
脚本　崔洋一，イ・ジュニル，イ・スンファン，チ・ジャク
キャスト　チ・ジニ，カン・ソンヨン，オ・マンソク，イ・ギヨン，チョ・ギョンファン，ムン・ソングン

『終わらない戦争』（2008）
監督　キム・ドンウォン
出演　ジャン・ラフ・オハーン，フェリシダッド・デ・ロス・レイエス，ピラール・フリアス，韋紹蘭（ウェイ・シャオラン），イ・スサン（李秀山）

『義兄弟』（2010）
製作　ショーボックス
監督　チャン・フン
脚本　チャン・ミンソク
キャスト　ソン・ガンホ，カン・ドンウォン，チョン・グクファン

『高地戦』（2011）
製作　TPS カンパニー
監督　チャン・フン
脚本　パク・サンヨン
キャスト　シン・ハギュン，コ・ス，イ・ジェフン

『トガニ 幼き瞳の告発』（2011）
原作　コン・ジヨン（孔枝泳）
製作　サムゴリピクチャーズ
監督・脚本　ファン・ドンヒョク
キャスト　コン・ユ，チョン・ユミ，キム・ヒョンス

『豚の王』（2011）
製作　スタジオダダショー
監督・脚本　ヨン・サンホ
＊アニメーション

『バトル・オーシャン 海上決戦』（2014）
製作　ビッグストーンピクチャーズ
監督　キム・ハンミン
脚本　キム・ハンミン，チョン・チョルホン
キャスト　チェ・ミンシク，リュ・スンリョン，パク・ボゴム

『国際市場で逢いましょう』（2014）
製作　JK フィルム
監督　ユン・ジェギュン
脚本　パク・スジン
キャスト　ファン・ジョンミン，キム・ユンジン，オ・ダルス，チョン・ジニョン，チャン・ヨンナム，ユンホ

『ダイビング・ベル』（2014）
製作　アジアプレス，シネポート
監督　イ・サンホ，アン・ヘリョン

『ノーザン・リミット・ライン 南北海戦』（2015）
原作　チェ・スンジョ「西海海戦」
製作　ロゼッタシネマ
監督・脚本　キム・ハクスン
キャスト　キム・ムヨル，チン・グ，イ・ヒョヌ，イ・チョンア

『暗殺』（2015）
製作　ケーパーフィルム
監督　チェ・ドンフン
脚本　チェ・ドンフン，イ・ギチョル
キャスト　チョン・ジヒョン，イ・ジョンジェ，ハ・ジョンウ

『密偵』（2016）
製作　ワーナー・ブラザース・コリア，映画社クリム
監督　キム・ジウン
脚本　イ・ジミン，パク・チョンデ，キム・ジウン
キャスト　ソン・ガンホ，コン・ユ，ハン・ジミン，鶴見辰吾，イ・ビョンホン

『空と星と風の詩人～尹東柱《ユン・ドンジュ》の生涯～』（2016）
製作　Luz Y Sonidos
監督　イ・ジュニク

脚本　シン・ヨンシク
キャスト　カン・ハヌル，パク・ジョンミン，キム・イヌ

『オペレーション・クロマイト』(2016)
製作　テウォンエンターテイメント
監督　イ・ジェハン
脚本　イ・マニ，イ・ジェハン
キャスト　イ・ジョンジェ，イ・ボムス，リーアム・ニーソン

『お嬢さん』(2016)
原作　サラ・ウォーターズ「荊の城」
製作　モホフィルム，ヤングフィルム
監督　パク・チャヌク
脚本　パク・チャヌク，チョン・ソギョン
キャスト　キム・ミニ，キム・テリ，ハ・ジョンウ，チョ・ジヌン，キム・ヘスク，ムン・ソリ

『鬼郷』(2016)
製作　JOエンターテインメント
監督・脚本　チョ・ジョンネ
キャスト　カン・ハナ，チェ・リ，ソン・スク，ソ・ミジ，オ・ジヘ

『新感染 ファイナル・エクスプレス』(2016)
製作　映画社レッドピーター
監督　ヨン・サンホ
脚本　ヨン・サンホ，パク・チュソク
キャスト　コン・ユ，キム・スアン，チョン・ユミ，マ・ドンソク，チェ・ウシク

『軍艦島《クナムド》』(2017)
製作　外柔内剛
監督　リュ・スンワン
脚本　リュ・スンワン，シン・ギョンイル
キャスト　ファン・ジョンミン，ソ・ジソブ，ソン・ジュンギ，イ・ジョンヒョン

『タクシー運転手』(2017)
製作　ザ・ランプ
監督　チャン・フン
脚本　オム・ユナ
キャスト　ソン・ガンホ，トーマス・クレッチマン

『朴烈《パク・ヨル》』(2017)
製作　メガボックス・プラスエム
監督　イ・ジュニク
脚本　ファン・ソング
キャスト　イ・ジェフン，チェ・ヒソ

4 トランスナショナル，その他

『春夏秋冬そして春』(2003)
製作　パンドラフィルム，LJフィルム
監督・脚本　キム・ギドク
キャスト　オ・ヨンス，キム・ジョンホ，ソ・ジェギョン，キム・ヨンミン，ハ・ヨジン
＊韓国，ドイツ合作

『血と骨』(2004)
原作　梁石日「血と骨」
監督　崔洋一
脚本　チョン・ウィシン（鄭義信），崔洋一
キャスト　ビートたけし，鈴木京香，新井浩文，田畑智子，オダギリジョー

『王后沈清（エンプレス・チョン）』(2005)
製作　AKOM，SEKスタジオ
監督　ネルソン・シン
＊南北合作アニメーション

『キムチを売る女（芒種）』(2005)
製作　DOOエンターテインメント
監督・脚本　チャン・リュル

キャスト　リュ・ヨニ（劉蓮姫），キム・バク（金博），チュ・グァンヒョン（朱光弦），ワン・ドンフィ（王同輝）
*中国，韓国合作

『オレの心は負けてない』（2007）
製作　在日の慰安婦裁判を支える会
プロデューサー　ヤン・チンジャ（梁澄子）
監督　アン・ヘリョン

『サヨナライツカ』（2009）
原作　辻仁成
製作　トゥーベアピクチャーズ，スパイロフィルム
監督　イ・ジェハン
脚本　イ・ジェハン，イ・シンホ，イ・マニ
キャスト　中山美穂，西島秀俊，石田ゆり子，加藤雅也

『豆満江《トゥマンガン》』（2011）
製作 リュルフィルム，アリゾナフィルム
監督・脚本　チャン・リュル
キャスト　チェ・ゴン（崔健），ユン・ラン（尹蘭），イム・グムリョン（林今龍），イ・ギョンリム（李京霖），キム・ヒョンソン（金鉉盛）
*中国，韓国，フランス合作

『キム同志《ドンム》、空を飛ぶ』（2012）
製作　Koryo Group，Another Dimension of An Idea，朝鮮映画輸出入社
監督　キム・グァンフン，ニコラス・ボナー，Anja Daelemans
脚本　シン・ミョンシク，キム・チョル
キャスト　ハン・ジョンシム，パク・チュングク
*北朝鮮，イギリス，ベルギー合作

『スノーピアサー』（2013）
原作　ジャック・ロブ，バンジャマン・ルグラン，ジャン＝マルク・ロシェット「Le Transperceneige」
製作　モホフィルム，オーパスピクチャーズ，スティルキング・フィルムズ
監督　ポン・ジュノ
脚本　ポン・ジュノ，ケリー・マスターソン
キャスト　クリス・エヴァンス，ソン・ガンホ，コ・アソン，ジェイミー・ベル，ジョン・ハート
*韓国，アメリカ，フランス合作

『イノセント・ガーデン』（2013）
製作　スコット・フリー・プロダクションズ
監督　パク・チャヌク
脚本　ウェントワース・ミラー
キャスト　ミア・ワシコウスカ，ニコール・キッドマン，マシュー・グード
*アメリカ，イギリス合作

『〝記憶〟と生きる』（2015）
監督　土井敏邦
出演　カン・ドクキョン，キム・スンドク，パク・オクリョン

『オクジャ』（2017）
製作　ケイト・ストリート・ピクチャー・カンパニー，ルイス・ピクチャーズ，プランBエンターテインメント
監督　ポン・ジュノ
脚本　ポン・ジュノ，ジョン・ロンソン
キャスト　ティルダ・スウィントン，ポール・ダノ，アン・ソヒョン，ピョン・ヒボン，スティーブン・ユァン
*韓国，アメリカ合作

著者略歴

（李香鎮／ Hyangjin Lee）

韓国・釜山生まれ．専門は韓国，北朝鮮，日本を中心とするアジア映画研究．英国シェフィールド大学東アジア学部准教授，立教大学，東京大学，同志社大学客員研究員（2005–07年）を経て，2008 年より立教大学異文化コミュニケーション学部教授．2014 年ハーバード大学東アジア言語・文明学部キム・クー客員教授．韓国・延世大学で社会学修士号，リーズ大学コミュニケーション学部で博士号を取得．著書に『韓流の社会学』（岩波書店，2008），共著書に「ソフトパワーとしての韓流と嫌韓流論，そして韓流食客たち」（韓国人研究者フォーラム編集委員会編『国家主義を超える日韓の共生と交流』明石書店，2016），The “Division Blockbuster” in South Korea: The Evolution of Cinematic Representations of War and Division (*Divided Lenses: Screen Memories of War in East Asia*, University of Hawaii Press, 2016), Buying Youth: Japanese Fandom of the Korean Wave (*Critical Readings on Ethnic Minorities and Multiculturalism in Japan*, Brill, 2013) などがある．

訳者略歴

武田珂代子〈たけだ・かよこ〉熊本市生まれ．専門は翻訳通訳学．米国ミドルベリー国際大学モントレー校（MIIS）翻訳通訳大学院日本語科主任を経て，2011 年より立教大学異文化コミュニケーション学部教授．MIIS で翻訳通訳修士号，ロビラ・イ・ビルジリ大学（スペイン）で翻訳通訳・異文化間研究博士号を取得．著書に『東京裁判における通訳』（みすず書房，2008），訳書に A・ピム『翻訳理論の探求』（みすず書房，2010），F・ガイバ『ニュルンベルク裁判の通訳』（みすず書房，2013），編著書に『翻訳通訳の新地平』（晃洋書房，2016）などがある．

イ・ヒャンジン

コリアン・シネマ

北朝鮮・韓国・トランスナショナル

武田珂代子訳

2018年 2月15日　第1刷発行

発行所 株式会社 みすず書房
〒113-0033 東京都文京区本郷2丁目20-7
電話 03-3814-0131(営業) 03-3815-9181(編集)
www.msz.co.jp

本文印刷所 萩原印刷
扉・表紙・カバー印刷所 リヒトプランニング
製本所 松岳社

Printed in Japan
ISBN 978-4-622-08664-2
[コリアンシネマ]